广东劳动体制改革四十年丛书

广东技能人才
供给侧改革与模式创新

陈斯毅 著

中山大学出版社
SUN YAT-SEN UNIVERSITY PRESS
·广州·

版权所有　翻印必究

图书在版编目（CIP）数据

广东技能人才供给侧改革与模式创新/陈斯毅著. —广州：中山大学出版社，2018.9

（广东劳动体制改革四十年丛书）

ISBN 978-7-306-06401-1

Ⅰ.①广…　Ⅱ.①陈…　Ⅲ.①技术人才—人才管理—体制改革—研究—广东　Ⅳ.①C964.2

中国版本图书馆 CIP 数据核字（2018）第 163493 号

出版人：	王天琪
策划编辑：	吕肖剑
责任编辑：	王延红
封面设计：	刘　犇
责任校对：	付　辉　罗雪梅
责任技编：	何雅涛
出版发行：	中山大学出版社
电　话：	编辑部 020 - 84110771，84113349，84111997，84110779
	发行部 020 - 84111998，84111981，84111160
地　址：	广州市新港西路 135 号
邮　编：	510275　传　真：020 - 84036565
网　址：	http://www.zsup.com.cn　E-mail: zdcbs@mail.sysu.edu.cn
印刷者：	广州家联印刷有限公司
规　格：	787mm×1092mm　1/16　23.75 印张　400 千字
版次印次：	2018 年 9 月第 1 版　2018 年 9 月第 1 次印刷
定　价：	58.00 元

如发现本书因印装质量影响阅读，请与出版社发行部联系调换

谨以此书

——— 献 给 ———

中国改革开放四十年！

丛书总序

光阴如箭，斗转星移。改革开放40年来，中国社会面貌发生了历史性的根本变化。习近平总书记在2018年新年贺词中强调"改革开放是当代中国发展进步的必由之路，是实现中国梦的必由之路""幸福都是奋斗出来的"。聆听总书记的新年贺词，我们心潮澎湃，感慨万千。作为一名一直奋斗在劳动保障体制改革第一线的工作者，我们深深体会到，改革开放的历程是艰苦奋斗的历程，人们自主择业、安居乐业的幸福生活是改革开放的重要成果。这里面有着劳动保障战线几代人的不懈努力，他们兢兢业业、奋力拼搏在改革第一线，从理论政策研究和业务工作实践上为劳动者实现比较充分的就业做出了积极贡献。陈斯毅同志就是他们中的一位。斯毅同志工作在改革开放的一线，结合实际，潜心学习，认真思考，努力实践，撰写了一些记录当时改革开放进展情况的文章和调研报告，并应中山大学出版社之约，以亲历者角度，把多年来撰写的文章结集出版，定名为"广东劳动体制改革四十年丛书"（以下简称"丛书"）。现在摆在我们面前的这套丛书，是他多年来辛勤耕耘的结果，体现了他在工作中刻苦钻研、积极探索的创新精神。

我国劳动保障体制改革40年来的发展历程，是一段艰辛而辉煌的历程，是各级党政领导和社会各界、各有关部门人士共同努力、积极推进的发展过程，所取得的成就举世瞩目。在体制改革过程中，面对中国人口众多、体制转轨、就业压力巨大的情况，劳动保障部门一直承担着保民生、保稳定、促发展的重要任务和使命。从改革开放初期解决知青回城就业、实行"三结合"就业方针、建立劳动服务公司，到培育发展劳动力市场、调整就业结构、实施再就业工程、实现比较充分的就业；从改革国企招工用工制度，实行劳动合同制，到不断深化改革，推进城乡统筹就业，实行全员劳动合同制，建立和谐的劳动关系；从恢复发展职业教育培训工作，到大力发展职业教育培训事业，加快培养高技能人才；从改革高度集中统一的劳动工资管理体制，到破"三铁"，改革平均主义工资分配制度，深化企业工资分配制度改革等。在这个不断发展的过程中，全国各地、各部门按照党中央、国务院的统一部署，积极探索，创造了许多有益的实践经验。特别是作为沿海开放省份的广东省人力资源和社会保障部门，承担着许多改革试点任务，如率先开放劳务市场、改革企业用工和工资分配制度、发展技工教育和职业培训、实施再就业工程，推进城乡统筹就业、探索建立市场就业机制等，为全国的改革发展发挥了先行先试和示范带头作用，提供了许多宝贵经验。

陈斯毅同志在广东省劳动厅（后改为人力资源和社会保障厅）工作30多年，先后在计划劳动力处、厅办公室、综合规划处、培训就业处、劳动工资处、职业能力建设处等多个部门工作，后来被任命为副巡视员，分管培训就业工作。退休后在广东省就业促进会任副会长，并被聘为中国就业促进会专家委员会副主任。他长期坚持把做好劳动保障工作作为己任，积极研究和探索解决工作中遇到的问题，曾被中国就业促进会评为中国就业改革发展30年做出重要贡献的工作者。他所撰写的"广东劳动体制改革四十年丛书"，包括劳动就业、职业教育培训、劳动用工、工资分配等方面的内容，既反映了他亲身参加劳动保障制度改革的经历，也体现了他在改革过程中的深入思考和努力实践，从客观角度记述了40年来广东劳动保障领域改革开放过程、重要事件以及改革开放取得的成就和经验等，作为纪念改革开放40周年的史料，编辑成册，让广大读者能够多层面、多视角回顾和了解广东劳动保障领域在这一时期不平凡的改革发展历程和所取得的重要成果。其精神难能可贵。

陈斯毅同志在劳动保障部门工作期间，得到领导和同事们的信任和支持，先后在多个岗位工作和历练，有较多的机会接触到国家和省级领导，聆听上级领导的改革思路；有机会接触到基层和企业广大职工群众，听取老百姓对改革开放的呼声；在多个岗位工作，接触政策业务面较广，因而视野较开阔。他在工作岗位上，能够始终坚持从人民利益出发，坚持依据党的方针政策，结合实际情况，创造性地参与制定具体政策并加以贯彻执行。在实际工作中注意及时深入调研，了解政策贯彻执行情况，总结经验，写成文章，因而留下了一批宝贵的文稿。这套丛书就是他从多年保存的文稿中筛选出来的。丛书内容按照劳动就业、职业培训、劳动用工、工资分配等四个方面，分为四册：

一是《广东劳动就业体制改革与创新》，聚焦改革开放40年来广东省就业体制改革与创新历程，紧紧围绕促进充分就业这一目标，以培育发展劳动力市场为主线，梳理了广东省劳动力市场发轫、发展、调整、深化、创新五个阶段的发展历程，展示了广东在改革就业管理体制、培育发展劳动力市场、实施再就业工程、制定积极就业政策、推进城乡统筹就业、创新就业机制等重点、难点问题上所采取的政策措施、探索实践以及取得的成果和经验。

二是《广东技能人才供给侧改革与模式创新》，集中反映了广东在40年的改革开放过程中，率先提出技能人才的概念，并围绕加快培养适应市场经济发展需要的，具有创新意识、实干精神、实操能力的技能人才这条主线，不断深化技工教育和职业培训体制改革，推进技能人才供给体制改革和模式创新的过程，按照写作时间顺序和重点内容，从九个不同的侧面，反映了广东所采取的政策措施、取得的成就与经验。

三是《广东劳动制度改革的探索实践》，集中反映了广东企业劳动用工制度改革、发展变化、巩固完善的全过程。客观描述了广东为了适应改革开放，吸引外资和发展非公有制企业的需要，率先取消指令性劳动工资计划，实行劳动合同制的情况；反映了从实行劳动合同制、搞活固定工制度到全面实行全员劳动合同制的改革全过程，以及率先创建劳动监察制度到依法完善劳动合同制度、加强企业劳动用工宏观调控的做法与经验。

四是《广东企业工资制度改革探索与创新》，收集了作者本人负责劳动制度综合改革和劳动工资处工作时所撰写的文章。主要反映了广东率先取消指令性劳动工资计划，探索建立企业工资分配与经济效益挂钩办法，下放企业工资分配自主权的改革进展情况；特别是积极研究建立新型的企业工资分配制度和工资正常增长机制，提出实行积极工资政策、实施工资倍增计划和保障分配公平等政策建议，从理论和实践上探索了工资分配制度改革之路。

综览"丛书"，我发现有以下几个鲜明特点：

一是从总体上看，这些文稿基本上保持了原文的风貌，能够客观地记录不同阶段各项制度改革的进程、所采取的政策措施和取得的成就。这是本套丛书的基本特色，反映了作者坚持以人为本的改革理念和刻苦钻研、勇于创新的精神。

二是坚持从实践中来，到实践中去。注重理论联系实际，坚持以科学理论为指导，在研究解决实际问题上下功夫，所提出的一些观点，都是从实际出发，着眼于解决工作一线遇到的问题；所提炼出来的经验，都是对实际工作的总结。

三是注重依据和把握中央的政策方针和总体要求，紧密结合本省省情和地方实际，研究提出具体对策建议，并且具有较强的操作性和创新性。

四是观点鲜明，内容丰富，资料翔实，文笔流畅，一些认识具有前瞻性、指导性。

五是"丛书"的编排主要按照时间顺序，以改革为主线，根据每个阶段改革创新的重点内容划分章节，每一章都有一个比较集中的主题，能让读者通过阅读改革重点事件，了解广东省在改革开放进程中勇于探索、先走一步而创造出来的特色和业绩，从而窥见广东劳动保障制度改革开放发展的全貌。

改革未有穷期，创新永无止境。劳动保障工作作为全社会普遍关注的重大民生问题，多年来，不少专家和实际工作者撰写了许多著作和文章，从不同角度探索其发展规律，研究改革创新的路子。本"丛书"作者能够站在全局高度，结合实际，把劳动保障领域理论研究融入改革开放的实践过程中,针对劳动保障领域改革发展不同阶段的重点、难点问题,积极探索研究,客观、系统地反映了劳动保障领域一些重大政策制度演变过程和发展趋势,不断总结和提出一些具有开创性、可操作性的意见和建议,供各级决策者参考,其求真务实的精神难能可贵,值得学习和发扬光大。

由于本书内容涉及时间跨度长,在文字表述和引用数据方面有待进一步改进。但瑕不掩瑜,我相信,该"丛书"的出版,将使更多的人关注劳动保障问题,将为今后进一步深化改革提供宝贵经验,贡献可资借鉴的研究成果,可以帮助从事劳动保障工作的同志了解劳动保障领域改革的历史进程,也适合从事劳动保障领域专业研究人员、各类院校师生作为学习资料,系统了解劳动保障制度改革的背景和制度政策演变过程。愿这套"丛书"的出版,能够为广大读者了解和研究改革开放40年来劳动保障领域各项改革提供有益的借鉴和帮助,共同为将改革进行到底,实现中华民族伟大复兴做出贡献!

张小建
(国家人力资源和社会保障部原副部长
中国就业促进会会长)
2018年5月

序一

广东省是我国改革开放的先行地区。改革开放40年来，中共广东省委、省政府高度重视人才工作，以改革发展战略的高度，大力发展教育事业，积极培养各类专门人才，包括大力发展技工教育和职业培训事业，培养了一大批适应技术进步、生产方式转变和社会公共服务需要的技术型、创新型、复合型技能人才，为全省改革开放和经济社会发展提供了技能人才支撑。

早在1996年，中共广东省委、省政府就提出了"增创新优势、科技是依托、人才是关键"的人才战略，并成立了以时任省委常委、副省长卢钟鹤同志为组长的广东省人才资源开发领导小组，省计委、高教厅、教育厅、人事厅、劳动厅、科委、统计局、法制局等部门为成员单位，领导小组办公室设在省计委，由我兼任办公室主任，负责有关协调工作。根据省人大的有关建议提案，省委、省政府决定，由省人才资源开发领导小组牵头，组织编制全省"九五"至2010年人才规划。经过一年多的调查研究、分析研判、专家论证等，编写了《广东省"九五"及2010年人才规划纲要》（草稿），纲要（草稿）包括人才现状分析报告、人才需求预测报告及人才政策研究报告，并提出了广东省未来15年人才资源开发的目标建议和政策措施建议。

记得在一次由我主持召开的编制人才规划的协调会议上，省劳动厅陈斯毅同志认为，技术工人也是人才，属于技能人才，应当纳入省的人才规划。当时有的同志有不同意见。对此，我认为，经济和社会发展，需要各种专门人才，培养人才的方式也应该是多种多样的。凡是有一技之长，能够为经济社会发展做出贡献的劳动者，都应该成为人才的一分子。所以，我赞成陈斯毅同志的建议。经过讨论，与会同志统一了意见，拟定把技能人才纳入全省人才总体规划。由省高教厅、省教育厅、省人事厅分别组织编写全省有关高教、教育、专门人才规划草案，同时，请省劳动厅编写全省技能人才规划草案。会后，我向卢钟鹤副省长做了汇报，卢钟鹤副省长表示同意会议协调的意见。

陈斯毅同志从事劳动保障工作30多年，先后担任省劳动厅办公室副主任、综合规划处处长、省人力资源与社会保障厅副巡视员，对技能人才工作有深入的研究。近期，他应中山大学出版社的约稿，把多年来撰写的关于技能人才的文稿，编辑成"广东劳动体制改革四十年丛书"，共有四册，其中一册为《广东技能人才供给侧改革与模式创新》。该书回顾了广东省技能人才工作中的探索历程，记述了作者参与劳动保障领域技能人才工作的体会。

我感到，该书有如下特色：一是内容丰富。全书分为多个章节，比较全面地阐述了加快培养技能人才的重要性、必要性，大体上记述了改革开放以来技能人才管理体制改革发展的过程。二是重点突出。作者能够抓住改革进程中的每个阶段、社会关注的重点、难点问题进行剖析，提出发展技工教育和职业培训制度改革创新的政策建议，对推动改革发展起到了积极的作用。三是创新性强。书中不少篇幅介绍了广东率先改革的技能人才管理体制的创新模式。四是精神可贵。作者在几十年的职业生涯中，始终牢记宗旨责任，围绕中心，服务大局，锲而不舍，身体力行。更可贵的是退休后继续伏案笔耕，并将文稿结集成册，值得学习。

该书既为广大读者提供了研究广东技能人才培养体制改革创新的资料，又具有见证改革开放历程的价值，不失为一本比较系统的广东劳动保障领域改革开放的参考书。对广大读者特别是有志于从事劳动就业、人力资源开发和职业教育研究的同志来说，值得一读。

是为序。

唐　豪
（广东省第十一届政协副主席）
2018年8月

序二

广大读者,特别是从事职业培训、技工教育和技能人才工作的朋友们,我向大家推荐摆在我面前的《广东技能人才供给侧改革与模式创新》一书。这本书是陈斯毅同志献给改革开放40周年的厚礼,也是他送给从事职业培训、技工教育和技能人才工作者的厚礼。该书较为全面系统地展现了广东职业培训、技工教育和技能人才改革创新的历史画卷,我作为第一个读者,读后如亲临其境,深受启发,真是本领域的一本难得的好书!我作为在该领域工作的老同志,不仅乐意为该书作序,而且更乐意向广大读者推荐这本书,从而使这本书产生更大的出版价值!

陈斯毅同志是一位在广东劳动保障工作战线工作30多年的老同志,多年奋战在职业培训、技工教育和技能人才工作的第一线,是该领域改革创新的亲历者,几乎参与了其改革创新的全过程;不仅仅是见证者,而且是扎扎实实的亲为者。他在劳动就业、工资分配、职业培训、技工教育和技能人才培养等方面,有独到的见解,并亲力亲为,推动其政策制定、制度创新和组织实施的具体工作。广东省劳动保障制度、技能人才培养体制的改革创新,凝聚着陈斯毅同志的心血和奉献。他退休后仍担任广东省就业促进会副会长,并被聘为中国就业促进会专家委员会副主任、广东省职业能力建设协会首席指导专家,继续热心在改革创新的第一线操劳。他刻苦钻研、任劳任怨、积极奉献的敬业精神,值得我们学习。

这本书是陈斯毅同志多年工作成果的积累,凝聚着作者的心血,反映了作者在多年劳动保障和人才培养领域改革开放过程中的深入思考,是广东职业培训、技工教育和技能人才事业改革创新的历史写照。真实的历史材料、典型的经验和改革创新的发展思维，构成了该书的主体内容。全书9个模块，50多个节，章节模块，重点突出，特色鲜明。每个模块内容都彰显了该领域改革创新的要点和特色。

广东作为国家改革开放的前沿阵地和综合试验场，在劳动保障领域大胆创新探索，创造了许多宝贵的经验。在今天看来，这些经验，对今后推动新时代该领域的事业改革创新，仍然具有很好的指导价值。这也正是我为什么要向大家推荐这本书的理由所在。

当前，职业培训、技工教育和技能人才建设工作，仍是我国改革创新的重点，尤其是国家把教育扶贫、产教融合和技能人才培养工作放在改革创新的突出位置。脱贫奔康、人才培养的任务相当繁重。我希望这本书不仅是总结历史经验的一本好书，更是助力新时代全面深化改革创新的一本好书。最后，我期望广大读者，在这本书里读出改革创新的智慧，为促进新时代进一步深化改革、全面开放奉献自己的力量。

毕结礼

（中国职工培训和技工教育协会副会长）

2018年6月13日于北京

自　序

2018年，我国迎来了改革开放40周年。站在新时代全面深化改革的新起点上，回顾40年来人力资源和社会保障领域改革开放的伟大历史进程，面对新时代、新变化，我们感慨万千。经过几代人的艰苦奋斗，我们伟大的有中国特色的社会主义国家，终于改写了贫穷落后的历史，迎来从站起来、富起来到强起来的历史飞跃。

笔者在劳动保障战线工作30多年，作为这场社会变革的亲历者，几乎参与了这个领域改革开放的全过程，亲身参与了劳动用工、劳动就业、职业培训与技能人才培养、工资分配和社会保险等一些重大改革的研究和组织实施工作。在工作实践过程中，笔者深深体会到，人力资源是经济社会发展的第一资源，人才是推动创新发展的第一动力，各类教育是培养人才的摇篮，技工教育与职业培训，肩负着培养技能人才的重要任务。不论是解决就业问题，还是促进经济社会发展，都必须着力提高劳动者的整体素质。基于这样的认识，笔者在实际工作中，满怀着对社会底层劳动者的关切，撰写了一些关于加强职业教育培训、加快培养技能人才的文章或调研报告，阐述了自己的一些看法和观点。这些文稿资料，从改革亲历者角度，反映了广东以及全国在改革开放进程中逐步加强职业（技工）教育与职业培训的做法和经验。特别是从理论上，大胆做出技术工人是技能人才的判断，从思想上扭转了轻视技术工人的观念，从体制上冲破了传统的人才管理体制束缚，率先把技能人才纳入国家人才发展规划，提高了技能劳动者的社会地位，明确了职业教育培训的主要任务是为国家经济社会发展培养高素质的技能人才。这些文稿勾勒出广东在改革开放过程中探索技能人才培养体制改革创新的发展进程和脉络，从一个侧面反映了劳动保障部门在发展职业教育培训、培养技能人才方面所做出的努力和所取得的成就。虽然这些文稿只是改革大潮中的一朵朵浪花，但是把它们梳理定格，编辑成书，作为历史的见证，为后人提供一些可资借鉴的史料，无疑是有着独特价值的。一些未能在文稿中叙述的鲜为人知的故事和线索，笔者在本书注解和参阅资料中做进一步的介绍，以便让读者对技能人才培养体制改革有一个更加清晰的了解。

基于这样的考虑，笔者在《广东劳动就业体制改革与创新》一书出版后，又着手编辑此书。在编辑整理和核对文稿时，笔者发现，多年来在推进广东职业教育培训体制改革过程中，笔者始终坚持一个理念、围绕一条主线，推进职业教育培训制度改革。这个理念和主线就是，如何加快培养具有创新意识、实干精神、实操能力的技能人才，为广东经济社会发展服务。广东职业教育培训事业改革发展的过程，实际上就是技能人才供给体制改革和模式创新的过程。于是，笔者决定把改革开放以来自己撰写的有关职业教育培训方面的文章编辑成册，定名为《广东技能人才供给侧改革与模式创新》，以此作为一名改革亲历者向改革开放40周年的献礼！

笔者接受过师范教育后，到劳动保障部门工作30多年，分管技工教育和职业培训以及人才工作的时间较长，因而对职业教育培训体制改革很感兴趣，很有感情，长期跟踪职业教育培训制度问题，所撰写的文章约有200余篇。

本书基本上按照上述主线、写作时间顺序和重点，分为九章。第一章是讨论经济发展与技能人才供给问题，所撰写的《必须重视建立与经济发展相协调的人才优势》《人力资本与我国可持续发展战略》《全面开发人力资源与广东可持续发展》等文章，阐述了一些新的观点，反映了笔者在人才培养和经济发展相互关系方面的总体思考。第二章讨论了职业教育培训的目的和目标问题，率先提出技术工人是技能人才的概念，主持编制了全国第一个技能人才规划。这个观念，不仅突破了我国长期以来没有把技术工人纳入人才管理范畴的观念束缚，而且冲破了人才管理体制的障碍，提升了职业教育培训的社会地位，为发展职业教育培训事业做出了积极贡献。第三章讨论了技工学校的发展问题。面对改革开放初期技工学校管理体制不顺、经费短缺、生源逐年减少、行业企业剥离兴办技校的社会职能、技工学校面临关闭等突出问题，笔者提出技工学校是劳动保障部门培养技能人才的一块试验田，是职业教育的一个重要组成部分，在教育部门综合管理前提下，应当给劳动保障部门保留这块试验田，探索出一条提高劳动者素质、培养技能人才和解决就业问题的新路子，从而使技工学校走出一条具有自身特色的发展新路子。第四章讨论了大力发展职业培训，加快培养技能人才问题。笔者认为，根据经济社会发展需要，采取多种形式广泛开展职业技能培训，是加快培养技能人才的重要途径，应当重视和鼓励社会力量举办职业教育培训机构，加快培养经济社会发展急需的技能人才，促进就业和经济发展。以上四章，从理论与实践的结合上，阐述了发展职业教育培训，加快培养技能人才的重要性、必要性以及技能人才培养体制改革问题。

第五章，侧重于介绍笔者在工作实践中探讨技能人才培养模式创新的问题。在全国率先提出实施智力扶贫工程，主动把职业教育与就业、扶贫脱贫结合起来，积极探索职业教育培训和人才培养的新功能、新模式。第六章率先提出创建技能人才培养"三大基地"，即综合性职业培训基地、高技能人才实训基地和技能大师工作室，抓住技能人才成长的规律和特点，通过抓好"三大基地"建设，强化实操训练，采取以师带徒等创新模式，加快培养高技能人才。第七章提倡加强校企合作，强调学校应当加强与产业企业合作办学，根据企业需求，注重培养技能人才的实际操作能力；把加强产教融合、校企合作办学作为解决教育与生产实际脱节问题的重要途径，创新办学模式。第八章是探索加快技能人才成长的新途径、新模式，主张通过改革技能人才评价方式、开展大规模的职业技能竞赛和宣传表彰奖励等新模式，通过多种渠道及时发现和选拔技能人才，引导广大劳动者自学成才、加快成长，开辟了加快发现、选拔和培养高技能人才的新路子。第九章提出要努力构建以培训促进就业的新机制，把培训与就业、培训与创业紧密结合起来，通过职业培训，提高劳动者素质，化解结构性失业问题，促进就业创业，提升就业质量，推动实现高质量就业。特别是率先提出实施创业富民工程，把创业提高到战略高度来认识，推动了创业培训的发展。

本书的脉络基本上是沿着笔者在改革实践过程中，对技能人才培养规律认识的逐步深化而展开的，围绕加快技能人才供给这条主线来编排全书内容结构。因而，技能人才供给体制改革和模式创新，也就构成了全书的基本特色。

人才是推动经济社会发展的第一资源。党中央、国务院历来高度重视人才队伍建设。2018年3月7日，习近平总书记在参加十三届全国人大一次会议广东代表团讨论时强调，发展是第一要务，人才是第一资源，创新是第一动力。中国如果不走创新驱动道路，新旧动能不能顺利转换，是不可能强大起来的。强起来靠创新，创新靠人才。人才政策、创新机制都是下一步改革的重点。总书记的讲话，为我们指明了今后人才工作的方向。今后，我们要继续全面深化技能人才供给体制机制改革，为加快培养高技能人才做出新贡献。

改革开放40年来，笔者在工作实践过程中关注民生，积极思考，所撰写的这些文章，反映了笔者坚持以人为本的改革理念和创新实践。其中有些文稿得到了历届劳动保障部领导、人力资源与劳动保障厅领导的指导和帮助，有些文稿吸收了同事们的工作思路和想法，这些都让笔者受益匪浅。借《广东技能人才供给侧改革与模式创新》正式出版之机，谨向劳动保障领域各位领导和同事们、朋友们致以诚挚的感谢！由于涉及人数众多，恕不一一点名致谢。本书的编辑出版得到中国就业促进会、中国职工培训和技工教育协会、广东省体制改革研究会、广东省就业创业研究会、广东省职业能力建设协会、广东省营销师协会和深圳容大生物技术有限公司等有关单位和同仁的大力支持，特别是得到了中山大学出版社领导和各位编辑同志的大力支持，在此一并表示衷心感谢！

由于丛书编撰时间紧和水平有限，书中难免有错漏之处，我们真诚地期待广大读者的批评指正。期望这套"丛书"的出版，能够为广大读者了解和研究改革开放40年来广东劳动保障领域各项改革提供有益的借鉴和帮助！期望在改革开放的新时代，职业教育培训战线的同仁们，继续按照党中央的战略部署，继续深化职业教育体制机制改革，大力发展职业教育，加快培养大国工匠和高技能人才，为顺利实现"两个一百年"的宏伟目标提供强大的人才智力支撑，做出新的更大贡献！

陈斯毅

2018年6月11日

目　录

绪论　广东技能人才培养体制改革发展 40 年回顾与展望 …………… 1
 第一节　改革发展概况 ……………………………………………… 1
 第二节　取得的成就和不足 ………………………………………… 16
 第三节　经验启示和展望 …………………………………………… 24

第一章　经济发展与技能人才培养 ………………………………………… 30
 第一节　必须重视建立与经济发展相协调的人才优势 ………… 31
 第二节　人力资本与我国可持续发展战略 ……………………… 37
 第三节　全面开发人力资源与广东可持续发展 ………………… 43
 第四节　人力资源开发是经济发展的主动力 …………………… 55
 第五节　围绕推动产业升级，加快培养高技能人才 …………… 60
 第六节　涌动的春潮——粤东职业技能开发巡礼 ……………… 66

第二章　人才体制的重大突破——首创技能人才概念 ………………… 69
 第一节　冲破人才体制障碍，加快培养技能人才 ……………… 71
 第二节　广东技能人才开发状况的调查报告 …………………… 76
 第三节　广东省技术工人现状分析及需求预测 ………………… 83
 第四节　广东省技能人才现状及对策建议 ……………………… 90
 第五节　广东的技能强省之路 …………………………………… 97
 第六节　广东技能人才队伍建设现状与发展展望 ……………… 100
 第七节　广东技能人才队伍建设现状与发展对策 ……………… 109
 第八节　广东省"九五"至 2010 年技能人才规划 ……………… 118

第三章　技校是技能人才培养的试验田 ………………………………… 131
 第一节　技工教育必须在调整改革中加快发展 ………………… 133
 第二节　大力发展中等职业教育是当务之急 …………………… 142

1

第三节　以改革创新精神大力发展技工教育 ………………… 147
第四节　瞄准市场需求，加快发展技工教育 ………………… 154
第五节　广东省技工教育改革发展的实践及今后设想 ……… 162
第六节　广东职业培训和技工教育的新发展 ………………… 168

第四章　大力发展职业培训，加快培养技能人才 …………… 174
第一节　履行第一要务，加快培养高技能人才的思考 ……… 174
第二节　关于促进民办职业培训事业健康发展的若干思考 … 181
第三节　21世纪广东职业教育培训事业发展回顾与展望 …… 186
第四节　加快建立面向城乡劳动者的职业培训制度 ………… 197
第五节　贯彻国务院《意见》，加强技能人才队伍建设的思考 … 202
第六节　要高度重视互联网＋对职业教育带来的新影响 …… 207

第五章　智力扶贫——模式创新之一 …………………………… 211
第一节　关于实施智力扶贫的几点建议 ……………………… 212
第二节　广东省技工学校承担智力扶贫任务的实施方案 …… 217
第三节　广东省技工学校实施智力扶贫工程的调研报告 …… 220
第四节　社会各界对实施智力扶贫工程的评价 ……………… 226

第六章　创建高技能人才实训基地——模式创新之二 ……… 234
第一节　充分发挥实训基地作用，加快高技能人才培养 …… 235
第二节　加快培养高技能人才，推动产业转型升级 ………… 239
第三节　创新培养模式，多渠道打造技能人才培养高地 …… 246
第四节　减少职业资格认证对加快培养技能人才的影响与对策
　　　　思考 ………………………………………………… 249
第五节　新时期广东高技能人才的杰出代表 ………………… 260

第七章　谱写产教融合、校企合作新篇——模式创新之三 … 270
第一节　体制障碍与制度创新 ………………………………… 270
第二节　加强校企合作，加快高技能人才队伍建设 ………… 275
第三节　加强职业培训，助推经济发展 ……………………… 278
第四节　当前职业教育供给侧结构性改革的主要任务 ……… 285

第八章 创新高技能人才评价、选拔机制——模式创新之四 291
- 第一节 以科学人才观为指导，大力推进企业高技能人才评价体系创新 292
- 第二节 广东职业培训与技能鉴定工作的新发展 297
- 第三节 关于职业技能竞赛的管理与运作 302
- 第四节 关于在电视台开设技能人才展示宣传栏目的实施方案 311
- 第五节 关于进一步做好《技行天下》节目制作的报告 313

第九章 创建培训促就业新机制——模式创新之五 317
- 第一节 努力构建以培训促就业新机制 317
- 第二节 技术进步呼唤"素质就业" 325
- 第三节 结构性失业加剧，技能型人才趋紧 328
- 第四节 以促进就业为目标，大力加强技工教育和职业培训 332
- 第五节 关于开发智力密集型产业相关职业的思考 338
- 第六节 实施创业培训工程，促进创业带动就业 349

主要参考文献 354

后 记 356

绪论

广东技能人才培养体制改革发展 40 年回顾与展望

"发展是第一要务，人才是第一资源，创新是第一动力"①。无论是发展还是创新，关键在人才。我国技工教育和职业培训作为技能人才培养的重要阵地，伴随着改革开放的进程，不断同步推进改革，为国家培养各类技能人才做出了重要贡献。特别是广东省技工教育和职业培训工作，在 40 年来的改革开放过程中，按照中央部署，出台了许多政策法规，围绕加快培养技能人才，不断深化改革，积极推动创新发展，经过多年不懈努力，学校规模不断扩大，办学模式不断创新，办学层次不断提高，办学质量不断提升，为经济社会发展培养了大量技能人才，成为全国职业教育培训领域的一面旗帜，对促进经济发展起到了重大作用。

经过 40 年的改革开放，我国社会生产力水平显著提高，人民生活水平显著提高，社会面貌发生了根本性变化，十几亿人的温饱问题得到解决，总体上实现了小康。习近平总书记在党的十九大报告中宣告：经过长期努力，中国特色社会主义进入了新时代。站在新时代，回顾 40 年来走过的历程，认真总结经验，为继续全面深化改革提供有益的借鉴，是一件有意义的事情。本书收集整理了 40 年来笔者撰写的涉及技能人才培养体制改革的文章，目的是回顾总结广东技工教育和职业培训工作的历程，着重介绍广东在这个领域改革发展各阶段的重点和突破创新之处，以及取得的成就和经验，以期能够为今后继续全面深化改革、建立现代职业教育体系、加快技能人才队伍建设提供有益的借鉴。

第一节 改革发展概况

纵观党的十一届三中全会以来职业教育政策制定、贯彻实施和发展演

---

① 习近平总书记 2018 年 3 月 7 日参加十三届全国人大一次会议广东代表团的审议时强调。

变过程，可以看出，40年来，广东技工教育和职业培训事业的发展大体可分为四个阶段。每个阶段有不同的发展目标、改革重点和创新举措。这些重大改革实践，在改革开放的历史长河中，贯穿着一条不断加快培养技能人才的发展主线，令人瞩目。

一、第一阶段（1978—1991年），恢复发展，调整结构

这个阶段的主要改革目标是，恢复发展包括技工学校在内的中等职业教育，调整高中阶段的教育结构。1978年12月，党中央召开十一届三中全会，做出"把全党工作重心转移到社会主义现代化建设上来"的重大战略决策，正式拉了改革开放的序幕，开创了建设中国特色社会主义的新阶段。鉴于技工学校在"十年动乱"期间基本被撤销的情况，1978年4月22日，邓小平在全国教育工作会议上提出"教育事业必须和国民经济发展的要求相适应"的要求，强调"应该考虑各级各类学校发展的比例，特别是扩大农业中学、各种中等专业学校、技工学校的比例"。1979年，技工学校恢复"文革"前的管理体制，重新划归劳动部门管理。1980年，国务院批转教育部、劳动总局《关于中等教育结构改革的报告》提出，要改革中等教育结构，发展职业技术教育，促进高中阶段教育发展。

在这个阶段，广东省劳动部门按照中央部署，结合实际情况，围绕改革发展目标，着重抓了五项工作：

一是抓紧复办技工学校。按照国务院规定，广东省劳动局发出通知，要求在"文化大革命"中被改为工厂的广州市等市和行业企业技工学校尽快复办，已复办的海南、湛江、韶关、汕头、佛山、江门等七所技校被占用的校舍、设备等，要迅速归还技校。各地各行业不得随意撤销合并技校，不得随意改变技校性质，已改为中专、电大的必须尽快改回来。据统计，1979年，全省已复办技工学校75所，在校生总数有9700人。在复办技工学校的同时，1980年4月，广东省政府办公厅发出《关于我省技工学校招生问题的复函》（粤府办〔1980〕649号），同意省劳动局成立广东省技工学校招生办公室，负责组织全省技校招生工作，并且明确招生对象是有城镇户口、具有初中或高中毕业文化水平的未婚青年。自此，技工学校真正开始恢复招生。据统计，至1985年，广东省复办技工学校共有97所，在校生1.45万人，平均在校生规模尚不足150人。其中54所技校没有实习工场，不符合招生条件。实际上，当时不少技校只有牌子，没有招生，造成

在校生平均规模小。

二是开始抓技工学校的整顿、改革和发展。1984年党中央召开十二届三中全会后，基于对经济形势的分析，中央认为经济发展对技能劳动者的需求很大。但是，据统计，1985年全国有中专2529所，在校生101.3万人，技校3548所，在校生仅74.2万人。加上职业高中，全国中等职业学校学生仅占高中阶段学生的35%左右，不能满足经济社会发展需要。于是，中共中央于1985年5月做出《关于教育体制改革的决定》，强调指出"社会主义现代化建设不但需要高级技术专家，而且迫切需要千百万受过良好职业技术教育的中、初级技术人员、管理人员、技工和其他受过良好的职业培训的城乡劳动者。没有这样一支劳动技术大军、先进的科学技术和先进的设备就不能成为现实的社会生产力"。中央要求：调整中等教育结构，大力发展职业技术教育；改革有关的劳动人事制度，把实行先培训后就业原则作为改革教育体制的一个重点；实行中学阶段两次分流，大力发展职业技术教育，逐渐建立一个从初级到高级与普通教育相互沟通的职业技术教育体系。这些决定，为我国职业教育恢复发展奠定了重要基础。此后，国家教委、计委、经委三部门联合发出《加强合作促进就业前职业技术教育发展的意见》（教职字〔1986〕011号），强调努力兴办各种形式的职业技术教育，办好现有中专、技校，调整普通中学结构，发展职业高中，培养高级技术工人；国家劳动人事部和教委联合颁发《技工学校工作条例》，明确技校是培养技术工人的中等职业技术学校，属于高中阶段的职业教育，其目标是培养中级技术工人。并再次明确在国家教育部门统筹指导下，技工教育归劳动人事部综合管理。国家教委颁发《高等教育管理暂行规定》，明确提出要逐步建立起一个从初级到高级、行业配套、结构合理且能与普通教育相互沟通的职业教育体系。文件中首次提出创办"高等职业技术院校"的要求，并将其定位为高中后实施的一种新型的大专层次的高等职业教育。这是我国高等教育结构的重大变革。

根据上述有关文件精神，广东省开始着手抓技工学校的整顿、改革和发展工作。1983年，省教育厅、劳动局等五单位转发教育部等部门《关于改革城市中等教育结构发展职业技术教育的意见》，强调把发展中等职业教育作为实现四个现代化目标的一项重大举措来抓，改革和办好中专和技校，力争到1990年各类职业技术学校在校生与普通高中在校生的比例大体相当。1987年4月，省政府办公厅转发省劳动局《关于做好技工学校整顿改革的意见》，强调全省技工学校不同程度存在办学条件差、教学质量低、专业布局不合理等问题，需要进行调整、整顿。长期挂技工学校牌子而不招生或根本不具备招生条件的技校要撤销。同时，要扩大技校办学自主权，改革教学内容和方法，突出操作技能训练，建立实习工场，充实实习设备，有计划地发展技工学校。特别是没有技工学校的市、县，要积极创办技工学校；要改革学制，采取多种形式办学，挖掘潜力，把技校办好办活，多出人才，出好人才。为了改变技工学校招生受指令性计划限制，不利于学校自主招生的情况，广东省于1988年率先改革技工学校的招生制度，改革指令性招生计划，实行指令性与指导性相结合的招生办法，同时，明确技校毕业生毕业后当工人要实行劳动合同制。经过这次整顿，全省技校开始在整顿和改革中得到较快的恢复发展。据统计，广东省技工学校在校生从1985年的1.45万人发展到1990年的5.21万人。

三是启动职业技能培训。改革开放初期，政府劳动部门的主要精力放在解决就业问题上，尚未顾及职业培训工作。1985年劳动人事部印发《关于就业训练若干问题的暂行办法》（以下简称《办法》），提出要贯彻"先培训，后就业"的原则，对待业青年进行职业技能培训，逐步做到经过就业训练考核合格后，才能推荐就业，从此拉开了职业培训工作的序幕。广东省及时贯彻劳动人事部印发的《办法》，明确提出以下三条要求：①坚持贯彻"先培训后就业"原则，社会待业青年必须经过职业技术培训，并取得毕（结）业证书或技术考核合格证书，才能参加招工考试；从事技术性工作的个体经营者，必须具有对口专业的毕（结）业证书或技术操作合格证书，工商部门才能发给营业执照；各类职业学校毕业生和取得专业技术合格证书的待业青年，从事个体经营者，工商部门应优先发给营业执照。②技工学校要承担起社会培训任务，对待业青年开展职业技能培训。③各市、县劳动部门要争取两三年内建立一所就业训练中心。同时，允许社会力量采取多种形式办学。全省从此拉开了对社会劳动力进行职业技能培训的序幕。

四是开始探索加强和规范工人技术培训考核。为了加强职业培训的管理和考核工作，从1987年起，广东省和部分市成立了工人文化技术考核委员会，负责组织指导全省工人文化技术（业务）考核工作，研究制定工人技术考核、发证的规定和实施办法。同时，强调加快高级工培训，探索实行技师、高级技师聘任制。1990年7月，经国务院批准，劳动部颁布了《工人考核条例》（以下简称《条例》）。当年9月，广东省政府颁发了《广东省工人技术业务培训管理办法》和《广东省工人技术业务考核办法》（粤府〔1990〕75号）（以下简称两个《办法》）。这是当时广东省贯彻《条例》,率先由省政府印发的规范职业培训和考核的两个重要《办法》。《办法》规定凡举办工人技术业务培训的企事业单位,均应报劳动部门审批,发给办学许可证,明确办学目标、学制、项目内容和管理制度;经考核合格者,发给《技术等级证书》《技师合格证书》或《岗位合格证书》,用人单位凭相应证书录用和确定工资等级。《办法》还规定了举办工人技术业务培训班的单位,应当具备的条件。

随着改革的推进,全省各地开始出现社会力量办学机构,并对培训结果进行考核,发给培训证书。这个阶段抓的几项工作,为今后改革发展奠定了基础。自此,广东省大规模的职业技能培训开始走上发展轨道。

二、第二阶段(1992—2001年)继续调整改革,理顺管理体制,确立技能人才的社会地位,扩大办学规模

世纪之交的90年代是我国社会主义现代化建设非常关键的十年。为了适应社会主义市场经济快速发展对劳动者素质的要求,党的十三届七中全会提出要大力发展职业教育。根据十三届七中全会精神,国务院于1991年颁发《关于大力发展职业技术教育的决定》(国发〔1991〕55号)(以下简称《决定》)。党的十四大后,党中央更加重视职业教育。中共中央、国务院于1993年和1999年先后印发了《中国教育改革与发展纲要》(以下简称《纲要》)和《关于深化教育改革全面推进素质教育的决定》(中发〔1999〕9号),1996年第八届全国人大常委会第19次会议通过颁发《职业教育法》。上述几个文件,是这个阶段我国职业教育改革发展的重要指导文件,构成了这个阶段改革的主要内容。

特别是国务院1991年颁发的《决定》,是新中国成立以来中央政府首次专门针对职业教育发布的宏观指导性文件,确定了未来10年要积极贯彻大力发展职业技术教育的方针。其目标是,逐步做到使大多数新增劳动者基本上能够受到适应从业需要的最基本的职业技术训练,在一些专业性技术性要求较高的劳动岗位,就业者能够较普遍地受到系统的职业技术教育,初步建立起有中国特色的、从初级到高级、行业配套、结构合理、形式多样、又能与其他教育相互沟通、协调发展的职业技术教育体系基本框架。其主要任务是:①努力办好现有各类职业技术学校,扩大中职招生规模;②在全社会广泛开展短期职业技术培训;③在普通教育中积极开展职业指导;④积极发展在职培训和成人教育;⑤鼓励社会力量办学。同时要求,

凡进行技术等级考核的工种，逐步实行"双证书"（即毕业证书和技术等级或岗位合格证书）制度。

《中华人民共和国职业教育法》（以下简称《职业教育法》）明确规定"建立健全职业学校教育与职业培训并举，并与其他教育相互沟通、协调发展的职业教育体系"。在管理体制上明确规定"国务院教育行政部门负责职业教育工作的统筹规划、综合协调、宏观管理。劳动行政部门和其他有关部门在国务院规定的职责范围内，分别负责有关的职业教育工作"。"县级以上地方各级政府应当加强对本行政区域内职业教育工作的领导、统筹协调和督导评估。"这标志着我国职业教育开始走上制度化、法制化的新轨道。

根据党和国家的总体部署，广东劳动保障部门在这个阶段的改革重点是：继续理顺技工学校管理体制，改革技工学校招生制度，扩大技工学校办学规模；鼓励发展民办职业培训，制订全国首个技能人才规划，确立技能人才的社会地位，围绕培养技能人才，推进素质教育，加快发展技工教育和职业培训事业，取得了明显成效。

（一）主动改革和理顺职业教育管理体制，为技校发展奠定了基础

广东省委、省政府印发《关于教育改革与发展的决定》，率先提出要大力发展中等职业教育，积极发展高等职业教育，努力开创了广东省职业教育的新局面。虽然在贯彻执行中，遇到经济结构调整，中等职业教育招生困难，技工学校招生数量持续下降。针对这些情况，1993年广东省政府印发《关于我省技工教育深化改革的意见》（粤府办〔1993〕41号），提出进一步改革技校办学体制，改革招生和毕业生就业制度，改革学校内部管理制度，实行校长负责制等。特别是根据《职业教育法》的有关规定，广东进一步依法理顺职业教育的管理体制，明确规定，教育行政部门负责职业教育工作的统筹规划、综合协调、宏观管理。劳动行政部门和其他有关部门在国家规定的职责范围内，分别负责有关的职业教育工作；对高等教育，尤其是高等职业教育，实行中央和省两级管理，且以省级政府管理为主的新体制。同时提出"建立健全职业学校教育与职业培训并举，并与其他教育相互沟通、协调发展的职业教育体系"，"构建不同类型教育相互沟通相互衔接的教育体制"。这些规定，再次确立了职业教育的管理体制，为技工学校的发展奠定了基础。这种管理体制在改革过程中，虽然多次受到干扰和冲击，但是广东的这种管理体制基本保持了稳定，为发展技工教育提供了有利的体制保障。

（二）改革技工学校招生制度，扩大办学规模

由于长期受传统观念的影响，当时社会上普遍存在着重普教、轻职教的观念，加上广东经济发展创造了许多就业岗位，不少人不读书就可以就业，因而城镇待业青年不愿意报读技工学校，导致技校生源不足，招生困难。为了改变这种局面，广东省采取积极措施，着力改革招生制度，主要举措是：改指令性招生计划为指导性计划，下放招生自主权，允许技校自主确定招生计划、招生对象；改革招生考试制度，实行招生考试和面试考核相结合，实行宽进严出，登记入学；突破中等职业学校只许招收城镇户籍学生，不许招收农村初高中毕业生的传统做法，率先面向社会、面向本省农村招生；突破招生的地区、年龄、学历、档案限制，允许学校自主确定招生对象、招生地点、招生时间，且放宽年龄、学历地域限制，允许技校招收外省学生；改革学制，改变一年一次招生为春秋两次招生，实行多种办学形式，开设劳动预备制培训班，学制一年。通过上述改革，大大拓宽了技工学校的生源渠道，使技工学校招生规模开始得到实质性的恢复发展。至1995年，全省技工学校168所，在校生达11.10万人。2000年，全省技校发展至186所，当年招生5.83万人，在校生15.46万人，平均在校生规模831人；2001年，全省技工学校调整为159所，当年招生人数上升至7.07万人。经过三年调整改革，全省技校在校生人数从1990年的5.22万人增加至2001年的16.7万人。技校数量虽然有所减少，但招生数量大幅度增加，在校生人数约占全省中等职业技术学校在校生总量的1/5。

（三）率先制订全国第一个技能人才队伍建设规划，明确提出技术工人是技能人才的概念，明确职业教育和培训的目标是大力培养技能人才

为了提高职业教育培训机构的办学质量，1993年8月，广东省劳动局转发劳动部《关于颁发职业技能鉴定规定》，开始启动职业技能鉴定制度和机构建设，部署推行职业资格证书制度，对参加职业技能培训的人员，按照国际职业技能标准进行考核，开始推进素质教育。经考核合格的发给职业资格证书，作为衡量技工教育和职业培训质量的凭证。

1996年，为了贯彻中央关于广东要"增创新优势，更上一层楼"的战略要求，广东省八届人大常委会第十九次会议通过《关于强化人才宏观管理 加大人力资源开发力度的决议》（以下简称《决议》），要求各级政府抓

紧制订人才规划，统筹推进人才开发工作。省政府根据省人大《决议》，成立了由卢钟鹤副省长任组长的省人才资源开发领导小组，牵头组织编制《广东省"九五"及2010年人才规划纲要》（以下简称《纲要》）。领导小组听取了省劳动厅关于中级技工及以上职业资格的人员是技能人才的意见，决定由省劳动厅牵头制订技能人才规划。根据省人才开发领导小组的部署，省劳动厅组织开展了技能人才队伍建设现状调查，通过抽样调查推算出1995年，全省中级技工及以上技能人才约有170.85万人，占从业人员总数不足的13.6%。其中高技能人才只占技能人才总量的2%左右。针对技能人才短缺的突出问题，省劳动厅牵头制定了《广东省"九五"至2010年技能人才规划》（以下简称《技能人才规划》），该《技能人才规划》第一次明确提出，为了树立起全面的人才观，形成完整的人才发展战略，应当把技能人才开发摆上各级政府重要议事日程。在技术工人中，取得中级及以上职业资格证书的技术工人是技能人才。1997年11月，省人才资源开发领导小组召开第二次会议，听取了省计委唐豪副主任关于《纲要》编制情况的说明，并进行了讨论。会上，卢钟鹤副省长和唐豪同志强调：把技能人才列入人才范围，符合广东实际，也符合发达国家的做法。对这个问题不必要争论，要统一思想认识；在规划《纲要》时，要重点突出高技能人才的培养。这段话，写进了省人才办工作会议纪要。此后，《技能人才规划》中的部分主要内容纳入了广东省的人才规划《纲要》，成为广东省贯彻科教兴省战略的重大举措之一。同时，明确了各类职业院校的办学目标是培养各类中高级技能人才。

1999年，根据中共中央、国务院印发的《关于深化教育改革 全面推进素质教育的决定》和劳动保障部的工作部署，广东省劳动部门把培养劳动者的实践能力、创新创业能力作为重点，大力推进技工学校、就业训练中心、职业培训机构结构调整和改革，全面开展在职培训、劳动预备制培训、创业培训、再就业培训，加快培养技艺精湛的技能人才。

（四）规范发展民办职业培训事业

劳动保障部关于贯彻落实国务院1991年《决定》时提出，技校、就业训练中心应进行必要的调整和重组。从企业分离出来的技校，要实行独立办学、联合办学或改为企业内部培训中心。根据劳动部的部署，1992年，广东省劳动局印发《关于深化工人技术培训制度改革的意见》（粤劳培〔1992〕50号），最早提出鼓励大中型企业开办技工学校或工人技术培训中心。大力发展工人技术培训的社会化办学,扩大培训覆盖面,形成了公办和民办共同发展格局。1993年12月,省劳动局印发《广东省职业技术培训社会办学管理细则》(粤劳培〔1993〕100号),对贯彻国务院《决定》后出现大量社会力量办学情况,进一步提出规范社会力量办学的管理办法。1994年12月,劳动部印发《职业培训实体管理规定》,明确了建立职业培训实体应当具备的条件、经费来源、审批程序等。根据《民办教育促进法》和国务院《关于大力发展职业教育的决定》(国发〔2005〕35号)精神,省委、省政府于2006年再次印发《关于大力发展职业技术教育的决定》(粤发〔2006〕21号),提出要"完善政府主导、依靠企业、充分发挥行业作用、社会力量积极参与、公办与民办共同发展的多元化办学格局"。把民办职业技术教育和职业培训机构纳入职业技术教育发展总体规划,加大扶持力度。自此,广东社会力量办学得到迅速发展,据统计,至2001年,全省民办培训机构发展至1528所,年培训量达84.9万人。

三、第三阶段(2002—2012年)深化改革,集成创新,加快发展

进入21世纪后,我国面临加入世贸组织和经济全球化快速发展的新形势,迫切需要加快人力资源开发,提高劳动者素质,增强国际竞争力。党的十六大提出,21世纪头20年是我国全面建设小康社会,开创社会主义事业新局面的重要战略机遇期。小康大业,人才为本。必须实施人才强国战略,把人才工作纳入国民经济和社会发展的总体规划,大力开发人才资源,走人才强国之路。面对新的形势,广东在基本完成技工学校结构调整后,推动技工教育和职业培训进入快速发展的黄金期。在此期间,广东围绕贯彻落实中央关于加快高技能人才培养的部署,采取积极措施,大力推进七大创新举措。

(一)创立了技能人才的新理念,进一步明确职业教育的目标是培养各类技能人才

广东自从1996年制订技能人才规划,提出技术工人是技能人才的概念后,人才队伍增添了一支新的有生力量。2003年12月,党中央、国务院召开全国人才工作会议,胡锦涛总书记提出要牢固树立科学人才观,牢固树立人人都可以成才的观念。会议第一次使用了"高技能人才"的概念,强

调高技能人才在党和国家事业中有着不可替代的重要作用。要把技能人才纳入人才队伍建设总体规划。会后，中共中央、国务院印发了《关于进一步加强人才工作的决定》，明确提出加快构建现代职业教育体系，加快培养高技能人才。为了贯彻中央人才会议精神，推动高技能人才培养工作尽快取得突破性进展，劳动保障部于2005年5月召开国家高技能人才东部地区培训工程启动会，张小建副部长肯定了广东提出技能人才的概念，并提出进一步完善的意见，把技术工人队伍分为技能劳动者、技能人才和高技能人才。其中，取得高级工以上职业资格证书的称为高技能人才。而技能人才又可分为技术技能型、知识技能型和复合技能型三种类型。

2004年3月，广东省劳动保障厅印发《贯彻全国人才工作会议精神，加快培养高技能人才的实施意见》，提出实施三年30万高技能人才培养工程，具体包括以下措施：决定在全省建设25所高级技校和技师学院，主要承担培养高技能人才的任务；选择有条件的行业企业建立一批高技能人才实训基地和技师工作站（室）；创新高技能人才评价方式；成立高技能人才工作协调办公室等。2004年8月，广东省委、省政府印发《贯彻中共中央国务院关于加强人才工作的决定》的意见（粤发〔2004〕15号），吸收了省劳动保障厅的建议，进一步强调实施高技能人才培养工程；加快高技能人才实训基地、技师工作站（室）建设；完善职业资格制度、创新技能人才评价办法；设立南粤技术能手奖，加快培养一批适应广东建设世界制造业基地需要、熟练掌握专业知识和技术，能解决关键技术、工艺性难题的高技能人才。

（二）创新职业教育扶贫方式，组织实施智力扶贫工程

在20世纪90年代后期，广东省提出技校每年招收新生中要有2%以上的名额招录贫困地区考生，并予以减免学杂费。李长春同志到广东任省委书记后，到清远市技校调研时了解到这种情况，认为这是一个好办法。2001年9月，时任中共中央政治局委员、广东省委书记李长春同志在全省扶贫开发工作会议上指出：佛山对口支援清远设了一个培训基地，对贫困家庭子女免费接受培训。毕业后，由佛山市组织当地企业对口招工，实现稳定就业。这是个速效扶贫法。这个办法很好，请省劳动保障部门会同省扶贫办总结他们的经验，在其他贫困地区推广。根据李长春同志的批示，广东省劳动保障厅会同省扶贫办，深入佛山、清远、江门等市、县调研，认真总结了近年来技工学校采取减、免、奖、补等措施培养贫困家庭子女的做法和经验，创造

性地概括提出依托技工学校实施智力扶贫工程的建议。把近年来技工学校采取减、免、奖、补等措施培养贫困家庭子女，实现培养一人、脱贫一户的做法，概括定名为智力扶贫工程。这个建议经省委、省政府批准后从2002年起开始实施，连续五年，由省财政每年资助5000名家庭人均纯收入低于1500元的贫困家庭子女入读技工学校，每人每年补贴3500元。毕业后推荐就业，做到"培训一人、就业一人、脱贫一户"。这项工作把职业教育、就业与扶贫结合起来，被誉为一种有效的扶贫方式，是一个创举。

（三）创建技能大师工作室

2004年3月，省劳动保障厅根据全国人才工作会议精神和省委、省政府的贯彻意见，印发《贯彻全国人才工作会议精神，加快培养高技能人才的实施意见》，提出采取多种措施，加快培养高技能人才。其中一条重要措施是：选择有条件的行业企业，在全国率先建立一批高技能人才实训基地和技师工作站（后改为技能大师工作室）。2005年7月，广东省劳动保障厅率先印发了《技师工作站设置标准和认定办法》，要求企事业单位完善职工培训制度，建立技能大师工作室，采取名师带徒等方式，加强高技能人才队伍建设。

（四）创建技师学院，提高技工学校办学层次，着力加快培养高技能人才

2002年5月，省劳动保障厅印发《技工学校布局结构改革调整实施总体方案》，再次提出按照调整布局、提高层次、突出特色、服务就业的方针，突出抓好布局结构、规模结构、层次结构调整改革。这一轮调整的重点是提高办学层次结构，着力办好以培养高技能人才为主的高级技校，并在办好高级技校基础上创建技师（培训）学院。广东从2002年起批准建立技师培训学院，这在全国是个创举。主要做法：一是制定完善从合格技校、省一类技校、省重点技校、国家重点技校、国家高级技校到技师学院的办学标准；二是根据各层次办学标准开展评估，以评估为手段，引导和推动技工学校提高办学层次。据统计，从2002年至2012年间，广东省技工学校的层次结构发生了很大变化。在全部技校中，高级技校和技师学院约40多所，占总数的35%左右；在校生规模从2002年的79.02万人发展到2010年的231.3万人。

（五）创建高技能人才培养基地

2004年3月，省劳动保障厅印发《贯彻全国人才工作会议精神，加快

培养高技能人才的实施意见》，提出实施三年30万高技能人才培养工程，在全省选择有条件的行业企业建立一批高技能人才实训基地。随后又印发了《关于设立高技能人才实训基地若干问题的通知》（粤劳社函〔2004〕325号），进一步明确高训基地的主要任务、应具备的条件和申报程序等，进一步推动了高技能人才实训基地的建设和发展。

（六）率先提出实施创业富民工程，积极组织开展创业培训

广东省是最早开展创业培训、实施创业带动就业的省份之一。早在2003年，省劳动保障厅根据全国再就业工作会议精神，印发了《建立创业培训示范基地工作方案》（粤劳社〔2003〕120号），提出从2003年起在全省建立起21个创业培训示范基地，为下岗失业人员提供创业培训以及创业方面的综合配套服务。2006年初，省政府印发《关于贯彻落实国务院关于进一步加强就业再就业工作的通知的意见》，提出组织实施创业富民工程；省劳动保障厅印发了《全面开展SIYB①培训 实施创业富民工程方案》，提出从2006年起，以提高劳动者技能素质和自主创业能力、促进就业为目标，在全省范围内全面实施创业富民工程，着力培养和造就一批创业带头人，发挥创业带动就业的倍增效应。

【参考资料】国务院于2002年8月召开了全国职业教育工作会议，再次做出《关于大力推进职业教育改革与发展的决定》（以下简称《决定》），针对职业教育改革发展进程中面临的管理体制、办学体制、教育质量不适应发展需要的有关问题，强调要大力推进职业教育的改革发展，力争在"十一五"期间初步建立起适应社会主义市场经济体制、与市场需求和劳动者就业紧密结合、结构合理、灵活开放、特色鲜明、自主发展的现代职业教育体系（第一次提出），为社会输送2200多万名中职毕业生，800多万名高职毕业生。推进职业教育体制改革，建立并逐步完善在国务院领导下，分级管理、地方为主、政府统筹、社会参与的职业教育管理体制。为了加强统筹协调，第一次明确在国务院领导下，建立职业教育工作部际联席会议制度，深化职业教育办学体制改革，形成政府主导，依靠企业，充分发挥行业作用，社会力量积极参与的多元办学格局。

① SIYB，START & IMPROVE YOUR BUSINESS，创办并改善你的企业。

2005年10月，针对职业教育办学机制以及人才培养的规模、结构、质量还不能适应经济发展需要的实际情况，国务院再次做出《关于大力发展职业教育的决定》（以下简称《决定》）。对"十一五"期间职业教育改革发展目标做出新的表述："进一步建立和完善适应社会主义市场经济体制，满足人民群众终身学习需要，与市场需求和劳动就业紧密结合、校企合作、工学结合、结构合理、形式多样、灵活开放、自主发展、有中国特色的现代职业教育体系。"在体制上，坚持在国务院领导下，分级管理、地方为主、政府统筹、社会参与的管理体制和继续完善政府主导，依靠企业，充分发挥行业作用，社会力量积极参与，公办与民办共同发展的多元办学格局。重点深化公办职业院校内部管理体制改革创新。明确中职实行校长负责制和聘任制，高职实行党委领导下的校长负责制和任期制。目标是到2010年，中职招生规模达到800万人，与普通高中招生规模大体相当；高职招生规模占高等教育招生规模的一半以上。"十一五"期间，为社会输送中职毕业生2500多万名，高职毕业生1100多万名。《决定》第一次提出坚持"以服务为宗旨，以就业为导向"的职业教育办学方针，推动职业教育办学指导思想实现"三个转变"，同时提出深化教育教学改革的一系列措施，加快构建起初、中、高三个层次的、结构比较合理的职业教育体系。

（七）抓好相关方面的配套改革

在进行上述改革创新的同时，广东还着力抓好以下配套改革：

一是加快发展职业培训和完善职业技能鉴定制度，为加快培养高技能人才提供服务和重要支撑。全面推进职业技能开发和鉴定工作。1998年，省劳动局印发《全面推进职业技能开发事业实施意见的通知》（粤劳技〔1998〕93号），提出建立职业教育培训体系、鉴定体系、服务体系、管理体系和激励体系，形成一个有效的运行机制，推动职业教育培训事业和技能人才培养工作快速发展。

二是创建综合性职业培训基地。2001年，省劳动保障厅发出《关于优化培训资源　创建综合性职业培训基地的通知》（粤劳社〔2001〕115号），第一次提出每个地级市都应当创建一所兼有职业需求预测、职业培训、技能鉴定、职业咨询指导、职业介绍、社会保障紧密联系的多功能的职业培训基地，承担职业技能培训、劳动预备制培训、再就业培训、在职培训、转岗职业培训、创业培训、农村劳动力转移培训和职业技能鉴定以及介绍就业等服务功能。这是广东在改革开放过程中的一个创举。

三是开展城乡统筹就业,组织开展农村劳动力转移培训。在基本完成下岗失业并轨工作后,广东从2002年起开始研究城乡统筹就业问题。2005年,广东省委、省政府印发《关于构建和谐广东的若干意见》,做出加快农村富余劳动力培训转移就业的重要决策。根据省委、省政府的部署,劳动保障厅印发了两个方案。一个是《广东省百万农村青年技能培训工程实施方案》,提出每年要培训转移本省农村劳动力80万人;另一个是《广东省农民工技能提升培训计划实施方案》,主要培训对象是进入广东城镇务工的外省劳动力(包括城乡)。两个方案都以"提升技能、稳定就业、促进发展"为主题,紧紧围绕推动广东经济结构调整和产业升级,运用财政补贴政策,大规模组织开展技能培训,着力提高农村劳动者素质,满足社会经济发展需要。2007年11月,中共中央办公室和国务院办公室印发《关于加强农村实用人才队伍建设和农村人力资源开发的意见》(中办发〔2007〕24号),提出大力发展农村职业教育,健全面向全体劳动者的职业教育培训制度,推进农村劳动力转移培训工程,着力建设并稳定一支宏大的适应新农村建设需要的实用人才队伍,并以此推动农村人力资源开发。广东结合实际,在贯彻过程中,进一步明确提出要按照培养合格技能劳动者的要求,逐步建立统一的农民工培训项目和资金统筹管理体制,力争到2015年有培训需求的农民工都得到一次以上的技能培训,掌握一项实用技能。

综上所述,可以看出,21世纪头10年,广东省各级党政领导高度重视职业教育培训工作,密集出台了一系列政策文件,提出了许多改革创新的举措,从加快高技能人才、农村实用人才、创业人才、农村劳动力转移等方面,推动职业教育培训和技能人才培养事业的发展。据统计,至2010年年底,全省共有技工学校245所,在校生人数达75.56万人;民办职业培训机构(不含企业)有1260多所,年培训量达426万余人;经批准建立的职业技能鉴定机构有450多家,年鉴定量150多万人,创下历史最好水平。

四、第四阶段(从2012年至今),坚持内涵创新发展,着力提高办学质量,推动职业教育转型发展

2012年11月,党的十八大胜利召开,习近平总书记在十八大报告中强调指出,要"深化教育领域改革","加快发展现代职业教育",并且要"加快现代职业教育体系建设,深化产教融合、校企合作,培养高素质劳动者和技能型人才"。这标志着中国职业教育进入一个注重质量发展的新阶段,

意味着职业教育要按照建设现代职业教育体系要求，深化改革，加快转型，注重内涵，创新发展。

根据党的十八大和十八届三中全会精神，党中央、国务院印发了《国家中长期人才发展规划纲要（2010—2020年）》和《国家中长期教育改革与发展规划纲要（2010—2020年）》两个重要文件，国务院印发了《关于加快发展现代职业教育的决定》，教育部、人力资源社会保障部等6部门印发《现代职业教育体系建设规划（2014—2020年）》，中组部、人社部印发了《高技能人才队伍建设中长期规划2010—2020年》，这些文件都着眼于加快高技能人才队伍建设，强调加快各类职业教育的改革和内涵发展。这些文件标志着我国现代职业教育的顶层设计已经完成。

为了贯彻党中央、国务院的部署，广东省委、省政府印发了《广东省中长期人才发展规划纲要（2010—2020年）》和《广东省职业技术教育改革发展规划纲要（2011—2020年）》，省委、省政府两办印发《关于进一步加强高技能人才工作的实施意见》等文件，再次强调围绕加快高技能人才队伍建设，加快建立现代职业教育体系。因而，这个阶段广东技工教育和职业培训事业发展的主要任务是推进职业教育培训供给侧改革，强调高端引领、内涵发展，加快培养各类高技能职业人才。特别是通过实施五项行动计划，突出抓好高新技术专业建设和创新创业教育培训，加快培养大国工匠和高技能人才。

（1）实施技工教育和职业培训创新发展行动计划，打造20个各具特色的品牌技工院校，在稳规模的同时，提升人才培养质量。

（2）实施南粤工匠和高技能人才培养行动计划，主要是继续完善技能人才培养、引进、使用、选拔、评价、激励、保障等各环节的政策，鼓励发展民办职业教育，弘扬工匠精神，推动技能人才队伍整体建设。

（3）营造有利于技能人才成长的体制机制，包括制度建设、提供公共服务、提高技能人才工资待遇等。

（4）全面开展创新创业教育，加快培养创新型技能人才。

（5）与有关部门紧密合作，建立现代职业教育体系，构建职业教育与普通教育衔接贯通的教育"立交桥"，打通技能人才成长通道；完善技能人才评价体系，营造有利于技能人才成长的体制机制和评价认证制度。

近年来，广东省技能人才队伍建设取得了显著成就，主要表现在：技能人才队伍不断扩大。至2017年底，全省技能人才1115万人，占从业人员的比重为17%；其中高技能人才329万人，占技能人才总量的29.5%；技工学校教育形成了比较合理的结构体系。全省技工院校共有156所，其中技师学院35所，高级技校48所，近年来年均招生达20万人左右，2017年在校生人数达57.1万人，初步形成全国规模最大的技工教育体系，高技能人才培养平台不断壮大。全省共建成高技能人才培训基地64个，公共实训基地57个，技能大师工作室39个。其中，国家级高技能人才培训基地和国家级技能大师工作室各29个，均居全国首位。职业技能培训规模不断扩大，2017年，全省非学历性的短期职业技能培训总人数达300多万人次，高技能人才有明显增加。

第二节 取得的成就和不足

一、取得的主要成就

通过40年来广东省职业教育培训事业的改革开放历程可以看到，改革开放40年来，广东技工教育和职业培训领域几乎每轮改革，都围绕着培养技能人才这条主线，沿着更新观念、改革体制、扩大规模、调整结构、创新模式、提高质量等方面展开，其中不少方面取得了历史性突破和重大发展。特别是进入21世纪以来的18年，是广东技工教育和职业培训事业发展最快、办学规模不断扩大的时间段，成绩显著，主要表现在以下几个方面：

（一）鄙视职业教育技术工人的思想观念有了很大的改变，技能人才队伍不断壮大

各级政府把职业教育放在经济社会发展的重要位置，重视和加强了领导，加大了资金投入；在社会层面，人们鄙视职业教育、不愿意接受职业教育培训的观念有了较大转变，报读职业院校的学生不断增加。职业教育院校成为承担各类技能人才培养的主阵地。据统计，技能人才从无到有，至2017年，全省技能人才总量达到1115万人，约占全省城镇从业人员总数的17%，其中，高技能人才有329万人，占技能人才总量的29.5%，均居全国首位，基本摆脱了高技能人才严重短缺的局面。

（二）技工学校教育在调整改革中加快发展，办学结构明显改善

首先是从办学规模来看，全省技工学校1979年复办时只有75所、在校生人数9700万人。至2017年底，广东省技工院校有156所，其中，技师学院35所，高级技工学校49所，在校生人数57.1万人，约占全国技工学校在校生总数的20%；其中，高级班和技师班在校生达到25.3万人，占本省技校在校生总量的44.3%。在全部技工院校中，民办技工院校有62所，约占全省技校总量的40%，在校生约占本省技工学校在校生总量的25%。其次是技工教育办学结构明显改善。从布局结构来看，欠发达地区技工学校有较大发展，每个地市至少有一所以上技工学校；从层次结构来看，在全省156所技工院校中，技师学院35所，高级技工学校49所，高级班和技师班在校生规模达到25.3万人，占在校生总量的44.3%。其中，部分优质技工院校招收的高中生占总招生人数的70%，高技班招生人数占总招生人数的90%以上，是广东省技工教育历史上的最好水平。各地逐步提高教育培训层次。技工学校由过去主要培养初、中级技工，逐步提升为培养高级技工甚至技师。一批高级技校、技师学院和高技能人才实训基地的设立，提高了高级工培养的比重。从专业结构来看，高新技术专业所占比例明显增加，专业结构不断调整优化，技术层次不断提高。"十五"期间，根据广东产业结构调整和技术进步对人力资源需求变化的实际情况，各类技工教育学校在调整过程中，保留了一批日常生活、生产必需的传统专业，如厨点师、美容美发、汽车维修、电工焊接等专业；淘汰了一批旧的、技能单一的传统专业；开拓了一批适应市场需求的与现代产业匹配的新专业，如数控技术应用、模具制作、计算机应用、电子电工、机电制冷、印刷技术、电子商务、汽车维修与检测以及现代物流、木工家具、动漫制作等。广东省出台了《关于开展广东省技工院校重点和特色专业建设的指导意见》，2016年来共安排1.45亿元资金重点支持面向先进制造业、现代服务业、战略性新兴产业的省级重点专业83个和面向传统优势产业的特色专业20个，出台了《关于加快建立广东省技工院校专业动态调整机制的指导意见》，大力推进专业设置与产业发展需求相对接、专业建设与社会需求相对接、专业标准与职业标准相对接。目前，广东省技工院校开设的400多个专业，基本覆盖全省现代产业体系的各行业、各产业，新增的110个专业中80%实现与现代产业对接。从所有制结构来看，民办技工教育有较大发展，成为

广东省技工教育事业的一支重要力量。①

（三）职业培训规模迅速发展，覆盖对象、工种不断扩大，成为职业教育的重要力量

40年来，广东省建立了以就业为导向，以职业能力为核心，并与国家职业资格相对应的多形式、多层次、开放式的职业培训体系，形成了职前培训与职后培训并举、社会化培训与企业内部培训并举、公办与民办并重、素质培训与技能培训并重的运作新格局，培训领域不断拓宽，培训规模不断扩大。就培训对象来说，从过去主要对失业人员进行就业前培训扩大到承担职业技能培训、劳动预备制培训、上岗前培训、再就业培训、在岗培训、技能提升培训、农村劳动力转移培训和创业培训等包括社会各类劳动者的、多种形式的职业培训。例如，广东省从2001年起启动了第二期"三年百万"再就业培训工程，动员各地建立了294个再就业培训定点机构，积极组织开展以提高下岗失业人员再就业能力和择业能力为主要目标的再就业培训。据不完全统计，"十五"期间，全省共培训下岗失业人员150多万人，培训后再就业率达65%以上，有效地实现了下岗失业人员再就业。

从2000年以来，广东省进一步贯彻落实国务院《关于积极推进劳动预备制度　加快提高劳动者素质的意见》，要求各地依托劳动保障部门举办的就业训练中心和部分民办培训机构，以促进青年就业为目标，对未能继续升学的城乡初、高中毕业生进行半年至一年的职业技能训练和上岗前培训，使其取得相应的职业资格或掌握一定的职业技能后，在国家政策的指导和帮助下，通过市场实现就业。

大力开展农村劳动力转移培训。改革开放以来，广东省农村富余劳动力向非农产业转移就业的规模不断扩大，转移速度不断加快。但是，80%以上的农村剩余劳动力整体素质不高，缺乏职业技能，向非农产业转移就业难度大，难以实现稳定就业。针对这一实际情况，广东省从20世纪90年代中期开始把农村劳动力转移就业纳入职业培训范围，逐步加大工作力度。从2005年起，广东按照张德江书记的批示，省委、省政府决定启动农村百万青年职业技能培训工程，以县区就业训练中心为依托，建立农村劳动力转移就业培训基地，当年培训农村转移劳动力40万人。

---

① 文中相关数据来自广东省人社厅有关资料。

（四）加强技工教育和职业培训内涵建设，适应新技术发展的办学基础能力和办学条件有很大改善

随着中央和省级财政对职业教育经费投入的逐年增加，公办职业院校办学条件有明显改善。不少学校生校舍面积均达标，上升为示范校或高级技校。学校的教学和实训设备设施简陋的情形有明显改观，不少技校配备了具有国内甚至国际先进水平的数控、电子仪表、计算机网络等设备。不少公办学校占地面积从原来的几亩扩大至上千亩，办学环境明显改善。各级政府加大了对职教实训设备的投入，建成了一批实训中心。据初步统计，全省职教实训中心有200多个，其中高技能人才实训基地50个。2017年，广东省人社厅出台了《广东省技工教育创新发展行动计划（2016—2020年）》，进一步通过重点实施八项计划，推动技工院校人才培养质量大幅提升。主要是完善投入机制，营造技工教育发展的良好环境。近几年，广东省财政不断加大对技工教育的投入，"十二五"期间，新增技师学院专项资金，每年安排1亿元用于技师学院建设，安排5000万元用于技工院校实训中心建设，安排3亿元用于扶持全国一流技师学院创建工作。目前，广东省技工院校每年可用专项资金近5亿元。

（五）着力推进体制机制创新，不断优化技工教育发展环境

根据广东省经济结构转型升级的实际情况，广东不断改革僵化的办学体制和办学模式，着力推动技工教育，实现技能人才培养模式创新，全面提升办学质量。

一是加强校企合作办学。实施校企双制培养模式。全省建成30所校企双制示范校。这种办学模式被马凯副总理在全国职业教育工作会议上称为具有中国特色的高技能人才培养模式。为了应对智能制造对技能人才培养的新需求，广东与西门子等世界一流企业签署《合作备忘录》，全方位、高水平地建设技能大赛、师资培养、实训基地的校企合作平台。广东省安排2.5亿元支持粤东西北地区15所技工院校实施产业共建项目，构建校企合作的长效机制。此外，通过召开校企合作工作座谈会、建立校企联盟、定期举行联盟会议、举办高层论坛等，从机制上保障校企合作的顺利推动与实施。

二是推行模块式技能人才培训方法，将某一职业分列出若干单项能力，并以此作为模块进行培训，以不同的模块组合成适应不同要求的培训内容，

着重培养学生的实际操作能力。

三是推行弹性学制。打破了过去僵化的固定学年制,从而对职业学校的学生实行"2+1"或"1+2"等培训方式。学生在学校学习两年后,一般可以到社会、企业实习一年,以增强适应社会的能力。

四是创新竞赛机制,打造技能人才成长的"快车道"。广东省技工院校把职业技能竞赛作为培养高技能人才和深化教学改革的重要抓手,每年参加大赛项目达30多个,大量优秀学生和教师通过竞赛成长为高技能人才。特别是从2011年我国首次参加世界技能大赛以来,广东省技工院校选手参加了4届世界技能大赛,累计获得6金、7银、11铜和13优胜奖的优异成绩,奖牌数居全国第一。

(六)技能人才评价的基础工作取得很大发展

职业教育基础能力建设主要包括职业标准、课程教材、题库、评价方式、师资队伍和设施设备等方面。首先是职业标准开发工作取得新进展。按照以职业活动为导向,以职业能力为核心的指导思想,全省初步建立起职业标准体系,并按照国家职业标准全面开展了培训工作。其次是结合广东实际,编写了一批新教材,开发建立了省级鉴定题库。最后是加强师资队伍和考评员队伍建设。广东省财政投入8000万设立省级技工教育师资培训专项资金,开展教师轮训。与德国赛会共建中德合作师资培训基地,构建起学院+基地的师资培训网络,年培训教师5000多人次。全省有10名技工院校教师获国务院政府特殊津贴。目前全省技工院校具有本科以上学历、技师以上职业资格、一体化教师等三类教师分别占在职教师的65.7%、28.7%、29.4%。开展技工院校教师正高级专业技术职称改革试点,不断提高教师素质水平。

(七)创新创业教育培训工作发展迅速,取得了明显成效

从2002年起,广东省开始把创业培训作为促进与扩大就业再就业的重要手段,在广州市、深圳市、佛山市进行创业培训试点,启动SYB和SIYB创业培训项目。2003年在深圳召开经验交流会,总结推广创业培训经验,同时,加强创业培训师资队伍建设,培训创业培训教师210人,至2005年全省共批准设立了15个创业培训示范基地,并先后召开了创业培训师资、管理人员培训班和推介会,有力地推动了全省创业培训工作的发展。全省参加创业培训人数达4.31万人,成功创业1.28万人,创造就业岗位6.52

万个，平均每人创业带动 4.9 人就业，实现了一人创业带动多人就业的倍增效应。特别是 2014 年，党中央、国务院提出推动"大众创业、万众创新"以来，广东省出台了一系列鼓励创新创业的扶持政策，实施创业带动就业工程，突出抓好高校毕业生等重点群体的就业创业教育培训，建立创业孵化基地，开展创新创业大赛，推动创新创业教育培训迈上新台阶。据统计，仅 2017 年全省重点支持建设区域性创业孵化基地 26 家，成功促进创业 12.79 万人，带动就业 43.2 万人。

二、存在的主要问题

40 年来，尽管广东省在职业教育培训领域的改革取到了重大突破和发展，但是站在新时代，以国际视野和战略眼光来进行审视和反思时，我们发现一些多年来一直在强调的问题尚未解决，如职业教育培训领域还存在发展理念、管理体制、办学机制、教育质量等一些长期困扰职业教育发展的深层次问题。从现代社会经济发展对职业教育的需求来看，产教融合、校企合作、中职高衔接、职普教互通、高技能人才短缺等问题，有待通过进一步深化改革予以解决。这些问题集中体现在：

（一）发展理念仍然落后，导致职业教育社会地位不高

尽管国家层面的政策文件多次强调要把职业教育放到经济社会发展的战略位置，但是在实际工作中，由于受社会、历史、文化等方面的影响，重普教、轻职教，重研究型人才培养、轻技能型人才培养的现象依然十分普遍。学习成绩好的初中毕业生可以升上普通高中，上普通大学；成绩不够好的学生只能读职校，且没有上升的通道。在招生政策方面，普通高中和高校招生，往往将职业院校招生批次安排在最后，职业院校只能录取成绩低的学生。在用人上，大、中专毕业生是干部，可以报考公务员，职业学校毕业生只能当工人，不能报考公务员。这在很大程度上挫伤了人们报读职业学校的积极性。

发展理念落后，还表现在缺乏国际视野和现代理念上。在诸多具体政策和制度安排上，没有把职业教育与普通教育摆在同等地位，公平对待，使人们认为职业教育是二流、三流教育。在人才培养目标定位上，认为职业教育只是培养技能人才，而没有认识到，职业教育可以培养包括企业家、管理者和技术技能人才在内的各类职业人才。视野的局限和观念的滞后，

不仅造成全社会对职业教育定位偏低,而且导致了职业教育功能缺失,体制不顺、人才成长的上升通道不畅等问题。

(二)管理体制不顺,导致内外衔接不畅,层次结构合理的现代职业教育体系尚未生成

技工教育和职业培训属于职业教育范畴。从1985年以来,国务院多次发文明确提出要理顺职业教育管理体制,建立一个能与普通教育相互沟通的职业教育体系,分工明确,各负其责。1996年,全国人大颁布的《职业教育法》,已经从法律上做出明确规定。但是,这个问题至今还没有从根本上得到解决,主要表现在:其一,管理体制不顺。从中央到地方虽然普遍成立了职业教育工作联席会议制度。但联席会议不是行政实体机构,实际管理权仍分散在教育、人社及其他有关部门。联席会议对各部门的统筹协调力度不够,导致多头管理、政出多门,资源分散,无法整合;相互封闭,内外衔接不顺,运行不畅。其二,办学体制不顺。主要表现在三个方面:(1)行业组织和企业作为职业教育的办学主体,在改革中受到严重削弱。《职业教育法》只是规定行业、企业应该参与职业教育,并没有规定行业和企业有举办职业学校的权利、责任和义务。特别是1998年国务院机构改革和大规模国企改革后,产业部门和企业取消了举办和管理职业教育的职能。国企在改革中也被剥离了办教育(包括职业教育)的职能,严重挫伤了行业企业举办职业教育的积极性,导致企业举办的职业学校从1995年的2580所锐减到2006年的559所。企业职业培训机构没有面向社会招生。(2)学校内部办学体制不顺。政府有关部门对学校教育教学具体事务干预过多,学校办学自主权没有真正落实。特别是在专业设置和调整、教材编写、人事管理、教师评聘、收入分配等方面,缺乏自主权。(3)公办与民办职业学校在师资待遇、资金投入、生均拨款等方面存在着严重的不公平现象,导致民办职校发展慢、规模小、招生难。其三,内外衔接不顺畅。主要表现在:职业教育系统内部中职与高职衔接不畅,无法贯通,中职毕业生无法继续升读高职;职教与普教相互封闭,不相衔接,中、高职毕业生无法再报考普通高校;中、高职课程体系不完整且缺乏衔接,导致完整的职业教育体系无法形成。这个问题讲了多年,至今还没有得到很好解决。

(三)办学基础比较薄弱,难以保证教育质量

多年来,职业教育地位不高,投入不足等原因,造成职业教育基础十

分薄弱。

一是教师队伍建设存在不少薄弱环节。首先是师德师风建设不如人意，其次是由于教育经费不足，职业院校教师编制少，配备师资少。特别是在招生规模不断扩大情况下，师资更显不足。加上教师队伍结构不合理，单纯传授书本知识的多，有一技之长或专业特长的教师严重不足，难以传授职业技能。

二是教材陈旧滞后。随着科学技术的迅速发展，国家统编教材多年没修订，导致教材与经济社会发展严重脱节，致使教学质量下降。

三是职业标准和评价方式陈旧、落后，难以对学校教育质量和学生的职业能力进行统一、规范的评价。

四是职业教育资金投入政策落实难，经费缺口大。《职业教育法》多次强调要多渠道筹集资金，加大职业教育的投入，但由于指导思想的偏差，城市教育附加费的使用、企业按比例提取教育培训经费的有关规定均难以落实。特别是欠发达地区财政困难，导致职业教育投入严重不足。

（四）技能人才队伍结构不合理，教育质量有待整体提升

统计资料表明，广东与全国一样，技能人才规模小，不能适应现代经济发展需要。特别是技能人才队伍结构不合理，高技能人才严重短缺，只占技能人才队伍的5%左右。市场供求情况也表明，在劳动力市场上，技能人才求人倍率一直高居1.4左右，高技能人才求人倍率为2.0左右。广东以及全国职业教育规模有了较大的发展，每年中、高级职业教育毕业生有700多万人，但是真正能够掌握一技之长的技能人才不多，这说明教育质量有待提升。

（五）职业教育体系尚未健全

主要表现在由于管理体制的障碍，初、中、高级职业教育学校尚未相互衔接和贯通，职业教育与普通教育没有衔接沟通，导致现代职业教育体系不健全。

第三节 经验启示和展望

一、经验启示

回顾"十五"期间广东省职业教育发展的历程,认真总结成功经验,深入分析存在问题,我们从中得到很多有益的启示。当前和今后一个时期,要加快发展职业教育,必须注意把握以下几个问题。

(一)必须坚持牢固树立科学的职业教育和人才观

职业教育是一种贯穿于个人职业生涯发展全过程的终身教育。包括就业前准备教育、职业培训、岗位培训、技能晋级培训和转岗转业培训;包括学校正规教育和非正规培训,以及技能培训、素质培训和创业培训等。要促进各类职业教育培训实体的均衡发展,特别是要重视发展企业岗位培训和民办教育。人才是对经济社会发展有价值的人力资源。职业教育与普通教育的目的都是培养新时代经济社会发展所需要的人才,其社会地位是平等的,要把两者有效地衔接贯通起来,建立各类人才成长的"立交桥",以利于各类人才的成长。

(二)必须牢固确立以能力为本的办学理念、着力培养各类高技能人才

目前,学校形态的职业教育存在着注重知识灌输而忽视实际操作能力培养,注重书本知识,存在忽视生产实际甚至与企业生产脱节的倾向。学校教学评估也强化了这一倾向,因此,所培养出来的学生缺乏实践操作能力,不受企业的欢迎。为了适应劳动者就业和企业发展要求,职业教育的办学理念必须由注重知识(应知)教育转为注重能力(应会)培养、注意实际岗位操作能力训练上来。并按这个办学理念,切实强化职业道德教育,加强产教融合、校企合作,加强职业教育的标准、课程教材开发和实训基地、教师队伍等基础能力建设,并以此为突破口,做大做强整个职业教育。

(三)必须坚持以促进就业、服务发展为导向的发展方向

职业教育实质上就是劳动者职业生涯和就业教育,应当本着以服务为

宗旨、以就业为导向的办学指导思想，通盘考虑和决定不同阶段、不同形式、不同层次的职业教育培训的规模和发展方向，特别是要适应当今社会新技术迅速发展的趋势，适应广大劳动者在就业前、就业中以及就业后职业变换对职业技能不断提升的需要。在这里，需要就是方向，需要就是规模，需要就是动力。这就要求我们根据我国劳动人口的阶段性特征、就业结构和技术进步情况，不断深化职业教育供给侧改革，合理确定职教发展规模和层次结构。

（四）必须坚持市场化原则，建立更加灵活、有效的职业教育体制机制

在社会主义市场条件下，劳动者就业不再是按计划安排就业，而是要通过市场自主择业。以就业为导向，实质上就是以市场需求为导向。因此，必须坚持市场化原则，遵循市场规律，运用市场机制去整合优化各类教育培训资源，按照互利双赢的原则促进校企合作办学，形成合力，提高资源利用效率。要按照市场化原则，对办学体制机制各个环节进行改革，建立一个适应市场经济发展需要的管理体制，赋予学校比较大的办学自主权，适应市场需求，不断创新教学模式，推行模块式教学、推行学分制或弹性学制，推行工学交替的学习模式等，形成更加灵活、开放和有效的办学运作机制，满足人们多样化的终身学习需要。

二、今后展望

党的十九大报告提出："建设教育强国是中华民族伟大复兴的基础工程，必须把教育事业放在优先位置，深化教育改革，加快教育现代化，办好人民满意的教育。要全面贯彻党的教育方针，落实立德树人根本任务，发展素质教育，推进教育公平，培养德智体美全面发展的社会主义建设者和接班人"。"完善职业教育和培训体系，深化产教融合、校企合作"。"办好继续教育，加快建设学习型社会，大力提高国民素质"。加快发展现代职业教育，意味着我国职业教育要加快从传统模式向现代模式转型发展。这是我国职业教育发展史上一个重要的里程碑。

综观当今世界职业教育发展趋势，结合我国经济社会发展的阶段性特征和现阶段职业教育的实际，笔者认为，当前和今后一个时期，是我国全面建成小康社会，开创社会主义现代化建设新局面的重要战略机遇期，也

是职业教育发展的新的"黄金"期。在经济全球化趋势深入发展、科技进步日新月异，经济结构不断加快调整升级，国际竞争日趋激烈、社会转型矛盾突出等新的形势下，经济社会发展对人力资源能力建设的要求不断提高，特别是对高技能人才的需求不断增加。这就对发展职业教育提出了更高的要求。因此，在新的历史发展阶段，发展职业教育的总的指导思想应当是：以习近平新时代中国特色社会主义思想为指导，按照中央顶层设计，全面贯彻落实党的十九大关于大力发展现代职业教育、完善职业教育和培训体系的方针，贯彻落实广东职业教育现代化建设纲要，以就业为导向，以能力建设为核心，以企业培训为主体，大力发展各类职业教育培训事业，按照市场规律和终身学习理念，全面深化办学体制机制、教学模式和学习方式的改革，形成公办与民办并举、学校教育与企业培训并重、职教与普教互通、政府主导与社会支持紧密结合的，适应现代化建设需要的、结构合理、形式多样、灵活开放、自主发展的现代职业教育体系；实施高端带动战略，抓住关键环节，冲破传统观念束缚，大力推进职业教育战略突围，全面推动技工教育和职业培训事业的加快转型发展。

（一）以现代理念为指导，明确职业教育培养目标

长期以来，职业院校教育的培养目标一直局限于培养生产一线的技术工人。这个培养目标定位太低，人为地制造了干部与工人之间的制度藩篱，不仅阻碍了职业教育的发展，阻碍了职业教育与普通教育的沟通衔接，而且更重要的是固化了干部和人才的观念，不利于人才的成长。在现代社会，人力资源是第一资源，劳动者从事的职业是可以经常变动的，不能把劳动者一旦接受中等教育或第一次就业时的职业，定格为干部或工人。职业是一个大系统，具体的职业是人们从事社会工作的类别，包括就业和创业。职业教育的目标是培养各类职业岗位（包括创业）所需要的各类人才（包括企业家、职业经理人等）。从这个意义上说，职业教育是一个广义的概念，它可以涵盖普通教育。因此，我们要以现代职业教育的理念，明确职业教育院校的目标是培养各层次的创新型技能人才。

要从改变社会人才观念、用人观念和教育观念入手，引导广大劳动者改变"学而优则仕"的陈腐观念，树立只要为社会创造财富、做出贡献就是人才的观念以及人人可以成才、行行出状元的观念，鼓励劳动者通过多种途径接受职业教育，自学成才。同时，要按照因材施教的原则，改革学制与教学方法，发展个性化的教学方式，允许劳动者个人分阶段接受教育

等，使劳动者在整个职业生涯发展过程中都有机会接受职业教育与培训，不断提高自身的职业能力，从而适应社会发展需要。此外，还要充分发挥民办职业教育的作用，充分利用各类社会资源和海外资金，合作兴办职业教育培训实体，通过合作办学实现与国际接轨，培养国际化创新型高技能人才。

（二）深化体制改革，创建职业教育行政管理部门，充分发挥政府主导作用，真正提高其战略地位和协调能力

传统的职业教育管理体制是在《职业教育法》规定的框架内由教育部门综合管理的。实践证明，这样的管理体制造成教育与产业企业分离，不适应现代经济社会发展需要，应当进行改革。建议抓紧修改《职业教育法》，明确规定成立国家职业教育委员会，把现分属于教育部、人社部和其他部门主管的有关职业教育培训、技能鉴定等相关职能划入国家职业教育委员会，直接由国务院领导并赋予国家层面的行政管理权限，使之与其战略地位相符。县级以上各级政府均应成立地方职业教育委员会，负责对当地职业教育内外关系进行统筹规划、综合协调和监督管理。理顺职业教育这个大系统的管理体制，以便于对内对外加强沟通和协调。

政府的主导作用体现在：加大公共财政投入，建设一批示范性的、能起示范作用的职业教育院校；建设一批面向社会的、高层次的公共实训基地，着力培养高层次的、社会紧缺的高技能人才，实施高端带动战略，带动各类培训工作的发展。指导建立校企合作制度和现代企业职工培训制度。特别是通过政府发布规章，明确规定校企合作双方的责、权、利，实现互利双赢，谋求共同发展。要建立专门的职业技能开发机构，负责开展新职业、新标准、新教材、新题库的开发任务，同时，进一步完善就业准入制度和职业资格证书制度，为职业教育适应市场、持续发展提供技术支撑。要建立政府对欠发达地区和困难群体的财政资助补充制度，以推动整个职业教育实现新突破。

（三）坚持市场导向，创新职业院校管理体制和运行机制

职业院校作为市场经济条件下的办学主体，要探索建立在党委领导下以多元主体联合或合作办学为基础的现代职业院校治理架构，形成党委领导下的学校理事会或董事会体制，由理事会或董事会聘任校（院）长和副校（院）长，实行理事会或董事会领导下的校（院）长负责制。由校

（院）长主持成立校（院）务管理委员会，负责学校日常教学管理工作，形成灵活的办学机制。

充分发挥职业院校的基础性作用。深化职业院校内部体制改革，扩大办学自主权，激活办学积极性，继续扩大职业学校教育办学规模；同时，着力提高教学质量，使中职在校生规模与普通高中在校生规模保持大体相当的比例，形成职业教育与普通教育共同发展的局面。

充分发挥企业在职业教育中的主体作用。鼓励大中型企业在税前提取职业教育经费，建立职业培训实体，在企业内部广泛开展岗位培训、转岗培训和员工技能晋升培训。指导企业建立现代学徒制度和校企合作制度，努力提升职工素质。

（四）抓住职教、普教相互衔接贯通的关键环节，突破"瓶颈"制约，形成有利于人才成长的职业教育体系

首先是要成立国家职业教育教材和职业资格标准编制委员会，抓紧开发或更新不同层次的职业教育课程标准和教材，使各类各层次专业课程内容与国家职业标准对接，与学位等级水平相衔接。其次是要通过一定形式实现职教系统内初、中、高等职业教育的衔接，让学生获得不断上升的学习机会。最后是在职业教育与普通教育之间，要通过设立学分制度，采取学分互认或转换方式，实现职、普教之间的相互衔接，形成职业人才正常的向上成长通道。

（五）深化招生用人制度改革，架设职教、普教相互融洽发展的"立交桥"

首先是实行职业教育宽进严出的招生制度，面向所有社会劳动者招生。学生学习结业时按质量评价标准进行考评，获取相应的学历（学位）和职业资格证书或培训证书。可将相应的学历（学位）和职业资格证书或岗位培训证书作为升学或转入普通高等教育学校的凭证。其次要深化用人制度改革，职业院校毕业生与普通教育院校毕业生具有同等的待遇，不再区分为干部与工人身份。党政机关和事业单位招收公务员及其他研究人员，不得歧视和限制职业院校毕业生。各类职业院校毕业生在同等条件下可以报考公务员和其他职位。

（六）切实加强以师资队伍为核心的基础能力建设，提高职业教育质量

要按照合理布局的原则在全国建设一批职业教育师范大学，专门培养职业教育教师和科研人才。要根据职业教育的特点，制定教师资格标准、健全职业院校教师专业技术职务（职称）评聘办法，淡化学历标准，强化职业能力要求。改革职业院校教师聘任制度，鼓励学校根据用人需要，自主聘用在生产一线有精湛技术技能和丰富实践经验的人士担任兼职教师。完善教师轮训制度，不断提高教师素质和教学水平。

（七）必须充分运用现代信息技术，构建随时、随地、终身学习体系，不断改善职业教育供给

各类职业院校必须以现代职业教育办学理念为指导，高度重视现代信息技术在职业教育、远程教育和继续教育中的推广与应用，改善职业教育供给。特别是要注重运用现代信息技术改造传统教学模式和方法，采取自主研发课程和引进先进课程相结合、发展学历教育与非学历教育相结合、全日制与非全日制相结合、现场教学与即时在线学习相结合等多种形式，构建学历教育与非学历培训横向贯通、纵向衔接、协调发展的网络教育平台，促进泛在、移动、终身、个性化学习方式的形成，扩大职业教育覆盖面，持续提升从业人员职业素质。学校要结合自身发展实际，建立软件研发与运行维护团队，打造名师团队，借鉴国内外灵活多样的办学形式，采用最新的现代信息技术和教育技术，开发学校教育网站和名师微课、慕课等课程，向校内外客户开展一系列教学服务活动，提供个性化、多样化的学习课程，满足广大劳动者不同发展阶段的学习需要，不断扩大职业教育覆盖面，持续提升受教育者的学习水平。

第一章 经济发展与技能人才培养

【本章导读】改革开放初期,广东冲破计划经济制约,通过引进外资举办"三资"企业,发展劳动密集型企业,使广东经济进入快速发展的新阶段,较好地解决了就业和温饱问题,但是也带来了资源浪费、环境污染、发展后劲不足等问题。面对新的形势、中央要求广东要增创发展新优势。如何增创发展新优势,成为当时必须深入思考的大问题。面对潮水般涌入广东打工的外省民工,笔者认为,广东要取得经济发展新优势,除了继续推进体制改革外,更重要的是引进技术、培养人才。在各类生产要素中,人力资源是至关重要的,是优势所在。增创发展新优势,必须推动企业技术进步,而技术进步的关键在人才。因此,必须重视发展职业教育,重视建立与经济发展相协调的人才优势,千方百计通过提升人力资源整体素质来推动经济社会发展。于是,笔者在20世纪90年代初撰写的《必须重视建立与经济发展相协调的人才优势》《人力资本与我国可持续发展战略》《全面开发人力资源与广东可持续发展》等文章,阐述了个人观点,反映了笔者在这方面的思考。这些思想认识,后来逐步形成了一条以培养技能人才为主线的工作思路,为后来分管和指导技工教育培训工作打下了基础。正是因为有了这些认识,笔者在工作实践中率先提出技术工人是人才的概念,并创造性地提出实施智力扶贫、建立高技能人才实训基地、技师(技能大师)工作室等建议,从而为推动广东职业教育和培训事业的发展做了一些有益的事情。

第一节　必须重视建立与经济发展相协调的人才优势[①]

如何建立广东经济发展新优势？不少有识之士纷纷出谋献策，提出了继续利用毗邻港澳、华侨众多等有利条件，大力引进外资和技术，发展高新技术产业，发展出口导向型产业，发展第三产业以及规模经济、区域经济等主张。笔者认为，上述意见无疑是十分重要的。但是，世界范围的经济竞争，归根到底是人才竞争。要取得经济发展的优势，必须重视教育，重视建立与经济发展相协调的人才优势。如果没有培养与造就大批高素质的新型产业技术人才，特别是产业技术工人，就无法使高科技转化为现实生产力，无法提高生产效率，降低产品成本，增强产品在国内外市场上的竞争力，提高产业竞争优势。

一、世界上经济发达国家的实践经验表明，在教育方面投资最多的国家，是最具竞争力的国家

当今世界上高新技术层出不穷，市场竞争越来越激烈。许多经济学家普遍感到劳动力的技能教育已成为产业升级、产品更新换代、企业经营成功的决定性因素，也是未来经济列强争霸的关键。最终决定一个国家和地区经济与社会发展速度的，不是物质资本和物质资源，而是人力资源，尤其是人的文化技术素质。只有在劳动力素质上拥有优势，才会有产品优势和市场竞争优势。

日本在战后的一片废墟上，只用了 20 年时间，便奇迹般建成世界经济技术强国，其诀窍在于一手抓引进先进技术，一手抓教育，提高劳动力的整体素质。日本从 1950 年到 1970 年的 20 年间，工业生产总值增长 15 倍，每年平均增长 14.1%。教育经费的投入增长 25 倍，占政府行政经费的 20% 以上。大量的资金投入使全国普及了高中教育，超过法定成年年龄后仍继续在校学习的青年人占 96%。1/3 以上人口受过大学教育。高中

[①] 本节写于 1994 年 5 月，曾发表于《广东经济》杂志、《广州日报》1994 年 5 月 26 日。

阶段开设的课程中，50%是工业性职业课程。据外国计算，一项重要技术，从研究、设计、试验到生产需要10~15年；即使是成熟的技术，从试制到成批生产也要3~5年，而日本从买进到投产平均只用两年半时间。因而他们只用20年时间和花费100亿美元的代价，就掌握了世界各国在半个世纪内开发的几乎全部科技成果。因而他们赢得了时间，取得了经济发展的优势。

德国的自然资源并不丰富，但战后经济发展很快，特别是高科技产业，其产品在全球贸易中所占比例达20%，居世界各国首位。西德经济之所以迅速发展，主要依靠先进的科技和训练有素的劳动力。德国学者认为，人的素质提高后，机器的可使用率就会提高。而机器使用率的提高所带来的效益远远超过培训费用。熟练的员工是一支战略上灵活机动的力量，它使企业有可能利用技术进步，对发生的变化做出快速反应，从而形成竞争优势，所以德国政府十分重视教育，特别是重视职业技术教育，把职业技术教育视为经济发展的"车轮"。据调查，目前，德国90%以上的青年在普通中学毕业后都要接受职业教育。

被称为亚洲"四小龙"的香港、台湾、新加坡、韩国的经济"起飞"，除了拥有优势的地位环境和有利的历史条件外，培养一支素质较好的廉价劳动力队伍，是其起飞的推进器。新加坡10多年来经济得以高速发展，主要归功于全国上下重视人才培训。特别是有针对性地培养新兴工业所需要的高科技人才。据调查，从20世纪80年代初起，新加坡每年有200名电脑高级工程师和2000名高级技工进入工作岗位，从而保证其信息工业、自动控制仪表和生物工程等产业的发展，并很快使高技术产品以高质量的姿态进入国际市场。高技术人才使新加坡在短期内实现了电脑化，从而出现了有高效率著称的"新加坡工作方式"，促使外国资金源源不断地进入这个国家。韩国在其经济发展进程中，一直把人力资源开发的重点放在教育，特别是职业技术教育上。认为教育是支持长期经济快速增长，实现经济发展战略的有效途径，因而政府大部分投资向教育部门倾斜，通过增加教育投资来实现人力资源效用最大化，强化经济运行的效率和提高产品的国际竞争能力。教育支出从20世纪60年代以来一直占政府支出的20%以上，相当于政府行政管理费用的2倍。因此，在韩国，17~18岁年龄组的人中，仍在中学学习的占85%，约1/3的青年可以升入大学。

二、我国职业教育远远滞后于经济发展的状况，这削弱了经济发展的竞争力

从整体看，由于基础教育薄弱，我国劳动力资源整体素质较低。第四次人口普查资料表明，我国平均每万人拥有大专以上文化程度的人口只有142人，高中文化程度人口804人，初中文化程度人口2334人。文盲半文盲率仍达15.88%。而广东高中以上文化程度人口所占比重低于全国平均水平。这意味着广东劳动力资源整体素质偏低。拿整体教育水平较高的广州市来说，"八五"期间新增城镇社会劳动力平均每年5.5万人，而该市1990年大中专学校、技工学校和各类职业中学招生数只占新增劳动力人数的38%。这与发达国家普及高中阶段教育的差距很大。惠州等市"三资"企业劳资干部反映，在当地招收的劳动力绝大部分是初中以下文化程度的，不能适应企业发展需要。

从教育结构看，广东省高、中等教育结构很不合理，与经济发展不相协调。重高等教育，轻中等教育，特别是忽视中等职业技术教育的情况相当严重。目前高校毕业生与中等职业技术学校（含中师、中技）毕业生之比为1∶2。中等教育结构也很不合理，在初中毕业生升学率低、高中阶段在校生基数小的情况下，目前广东省中等职业技术学校（含中专、中师、中技和职业高中）在校生只占高中阶段在校生总数的55.3%，其中技工学校在校生仅占8.6%。从全民单位现有科技人员结构来看，工程技术人员（含科研人员）只占其总数的23.3%，这种状况直接导致了掌握现代工业生产的技术人员和实际操作人员的严重短缺，远远不能满足高新技术产业发展的需要，削弱了企业发展后劲。据预测，至2000年，仅广州就缺50万技术人员，而每年毕业的大中专毕业生只有1万多人。

再从专业结构和课程设置来看，近年来专业结构有所调整，但仍与社会需要脱节，工科类、财经类在校生所占比例不足50%。课程设置方面，普通高中和大部分中专学校不设置工业性课程。学校重理论灌输，轻能力培养，毕业生的实际工作能力差。这与西方国家高、中等教育中，理工科比重大，重视实际技术能力训练的做法有很大差距。如日本在授予的全部学位中，理科学位占68%，平均每1万人口中，拥有工程师240名。

教育基础薄弱，结构不合理，严重滞后于经济的发展，除了体制上的原因外，问题主要是在办学的指导思想上。长期以来，我们一直把教育当

作福利和消费部门，不把它当作生产性部门，因而对教育的投入少。发达国家对教育的投入一般占国民经济总值的8%以上，第三世界国家对教育的投入也占国民生产总值的4%以上，而我国对教育的投入，比例远远低于4%的水平。据统计，1992年广东省教育经费投入41.23亿元，仅占全省生产总值的1.8%。

三、教育落后，劳动力素质低下，对于发展现代工业的制约十分明显

一是不利于引进吸收、消化世界各国现代科技成果，以及缩短赶超世界先进水平的时间。10多年来，广东省利用外资，引进技术举办三资企业、三来一补企业达6万多户，此外还改造了部分国有企业，积极发展高新技术产业，但是，科技进步对工业增长的贡献率只有20%左右，综合技术能力达到国外20世纪80年代水平的企业只占10%。1992年广东全省申请专利登记数仅为4356件，原因是企业科技人员不足，员工素质不高。如某碳素厂从日本引进的高压浸渍设备投入运转后，易损部件"密封圈"和"破坏板"一直无法自行解决，只好长期依赖进口。一家仿古工厂引进的3台先进设备，有2台因无人能掌握其操作技术而闲置，这已不是个别现象。而日本从1950年至1975年，从外国引进技术共25777项，其中60项属于专利技术，在炼油、钢铁等方面专利技术所占比例高达80%以上。但是，到了60年代中期以后，日本消化、吸收了世界各国近半个世纪以来开发的几乎全部科技成果，并在这个基础上，创新、开发了许多新技术和新产品，并通过专利保护，开始向国外出口技术回收投资，从而形成了良性循环。由此看来，国内与之相比，差距是十分明显的。

二是不利于自主开发高科技产品，提高产品质量，增强产品在国际市场上的竞争力。在强手如林的世界市场上，市场需求将朝高级化方向发展。一个企业，一个地区，甚至一个国家，如果没有自主开发未来新技术、新产品的能力，就不能取得竞争的优势。即使有了先进技术、设备，而没有人把这些技术应用于生产，形成高质量的产品，也不可能形成现实竞争力，获得利润。据统计，我国科研单位研究人员与技术人员的比例是失调的，许多研究机构研究人员与技术人员之比为4：1；而在国外，一般比例为1：2/1：3。许多新产品不是研究不出来，而是生产不出来。目前，我国每年的3万多项专利和3万多项科研成果中，实际转化率不到30%，远远低

于发达国家 70% 的水平。据广州市有关部门分析，企业现有的中、高级技术仅分别占企业技工人数的 40% 和 5%，而占生产一线人数 82% 的青年工人，平均技术等级只有初级以下水平。因此，企业的技术开发创新能力不足，一些产品不是设计不出来，而是制造不出来，更谈不上提高产品质量了。据报道，我国近年来不重视职业技术教育，企业的高级技术工年均增长不到 7%，70% 的企业高级技工不足，无法研制新产品，据对 300 家中小企业调查，75% 的企业缺乏电脑调试维修人员，65% 企业缺乏数控设备操作人员，约有一半企业由于技工不足而影响新产品研制。这些情况表明，技术人员不足，结构失调，都将大大降低企业的技术开发力。

三是不利于实现企业管理现代化。企业有了技术现代化，没有管理现代化，将无法获得高的产出。向管理要效益、挖掘人的潜能、提高劳动生产率，是世界各国现代化企业的一致做法。管理现代化的标志是管理体制机构高效化、人员专家化、管理方法科学化、管理技术自动化。这里面，关键是管理人员专家化，即拥有高素质人才和劳动力。没有高素质的劳动力，就不能实现企业管理现代化。据报道，目前我国工商企业（含乡镇）管理人才仅有 130 万，平均每个企业不足 5 人。另据部分省、市近期调查，约有 1/3 的厂级主要管理人员不能胜任工作。我国大中型企业尚有 60% 的工程技术人员对采用新技术、新产品的开发不适应；有 23% 左右对引进新技术和进口设备不适应；有 45% 以上对电子计算机等电子技术不适应；有 21% 左右其专业知识和技术水平与岗位要求不适应。广东的情况也大致如此。这种情况，不仅大大削弱了企业的技术开发能力，也降低了企业的管理水平。

四、事实证明，全球性高新技术产业的竞争，既是综合国力的竞争，又是科技人才的竞争，而归根到底是教育的竞争

教育是培养人才的根本途径，是具有全局性、先导性的基础产业，它决定着经济发展的未来。广东要在 20 世纪末基本实现现代化，要在未来的国际竞争中占领制高点，就必须正视当前基础教育薄弱、教育结构不合理、职业技术人才短缺的现状，确立教育作为全局性、先导性基础产业在经济建设和社会发展中的优先、超前的战略地位，重视抓好教育，尽快培养出一批掌握最新技术、站在学科前沿，具有创新、开创能力的拔尖人才。特

别是要结合广东产业发展特点，把人才资源开发重点放在发展职业技术教育上，培养出一大批适应新兴工业所需要的拥有专门知识、相当技能和具有实际操作能力的技术工人，以加速科技成果的转化。

第一，要采取培养与引进相结合的办法，造就一支掌握最新技术的拔尖人才队伍。建议在制定广东高新技术发展战略时，应制订相应的人才培养、引进和使用计划。教育作为一个产业，同样要求根据市场原则进行教育资源优化配置。高层次人才的培养，主要依靠高等教育。要在保持现有高等教育规模的基础上，重点抓好专业结构的调整，增加理工科和财经类在校生的比重，使之与经济发展相协调。要根据广东高新技术产业发展的战略目标，采取多种形式，积极引进国内外专门技术人才，建造起跨世纪的力量雄厚的科研队伍和技术体系。一方面要从国内引进从事与应用技术相关的基础理论和高、新、尖技术研究方面的人才，另一方面要眼睛向外，着眼于21世纪，从台湾、德国、日本、美国引进电子技术方面的人才，并在科研与生产相结合上下功夫，研制适应市场需求的高品质产品，增强企业的技术力量和技术开发力。

第二，要大力发展中等职业技术教育。面对世界高新技术的兴起及其向各个领域的渗透，我国职业技术教育不但要在传统工艺技术领域继续推进，而且特别要注意向高新技术领域进军，以弥补普通教育在这方面的严重不足。目前，要针对中等技术人才数量少、质量低的状况，大力扩大办学规模，增加在校生数量，提高技工学校、职业中学在校学生在高中阶段教育中的比重。要改革办学体制，在现有146所技工学校中挑选一批基础较好的学校，通过与企业、部门联合办校等多种形式改为高级技工学院或理工学院，提高教育层次和质量。要瞄准新兴产业为对技术工人的需求，改变课程设置，增加工业性课程，提高学生的实际技术设计操作能力。争取在短期内培养出一大批训练有素的、具有实际操作能力的技术人员，解决技术人员在生产实际中操作能力差的问题。

第三，要加快普及基础教育。各级政府要实行向基础教育倾斜的政策，大量增加对基础教育的投入，1995年起，政府对教育的投资要逐步增加至占国民生产总值4%左右，要采取一些强制性措施，尽快普及九年义务教育，使劳动力资源的整体素质提高一大步。

第四，要鼓励大中型企业和企业集团举办技术教育开发学校（中心），变招工为招生，直接把科研与培养技术工人结合起来，把技术开发与研制新产品结合起来，直接培养本行业企业生产所需要的技术人员。有条件的企业，应当积极引进先进技术设备，直接用于教育，一边培养高级技术人员，一边鼓励受训人员边学习，边设计、边制造新产品，以解决科研与教育，科研与生产脱节的弊端，加快技术成果转化为现实生产力的步伐。

第五，大力培养师资队伍，提高师资水平。根据教师队伍不稳，缺员严重，特别是中等技术学校师资严重不足的实际情况，大力加强对各类师范院校的建设，扩大规模，调整专业结构。特别是要增设技术师范专业，培养学有专长的师资队伍，以适应大力发展中等职业技术教育的需要。

第二节　人力资本与我国可持续发展战略[①]

1992年6月联合国环境与发展大会之后，我国政府组织编制了《中国21世纪议程》。《中国21世纪议程》从我国的具体国情出发，提出了我国现代化建设必须走可持续发展的道路，这是一项重大的战略决策。可持续发展就是人口、经济、社会、资源和环境的协调发展。实施这一战略，既要达到发展经济的目的，又要保护人类赖以生存的自然资源和环境，使子孙后代能够永续发展和安居乐业。在这里，科技进步对人口、经济、社会、资源和环境各领域都将起到积极作用。而推动科技进步的关键，在于提高劳动者素质，在于知识和人力资本的积累。因此，各级政府和社会各界应当充分认识和重视人力资本在可持续发展中的地位和作用，并采取有力措施，开发人力资源，提高劳动者素质，促进经济社会持续发展。

一、人力资本对可持续发展的作用

长期以来，西方传统的经济增长理论，仅仅强调生产过程中"物"的因素，而忽视了"人"的因素。20世纪60年代以来，经济的迅速发展，使经济学家的眼光转移到经济发展与科技革命上来。于是，人力资本理论应运而生。1979年诺贝尔经济学奖得主、美国著名经济学家舒尔茨（T. W. Schultz）提出了人力资本理论。他认为资本概念应包括物质资本和人力资本两种形式，其中，物质资本是体现在生产资料上的资本；人力资本则是体现在人——主要是劳动者身上的资本，是国民财富的重要组成部分。

---

① 本节写于1996年10月8日，为笔者参加广东省可持续发展学术研讨会所撰写的论文。

人力资本是通过对人力资源的投资而形成的,包括人们用于接受教育和培训支出、保健支出、劳动力流动支出等。舒尔茨人力资本理论的提出,解释了资本主义国家战后"高速增长之谜"。北京大学经济研究中心周其仁教授在一次专题会上指出,近年来产权理论似乎一直存在着过多注意物质资本,而对人力资本及其市场形成过程则有注意不够甚至不加注意的偏差。他认为,在现代市场经济的企业中,已经不是一种而是两种产权,过去始终被人们当成物化商品加以支配的劳动力,已经上升为人力资本形态的积极活跃的特殊产权,在某种意义上有可能反过来驾驭物质资本,使现代企业的合约体系有了全新的特殊性。但是在我国,人力资本在社会经济可持续发展中的地位与作用,尚未引起人们的充分认识和足够重视,这对实施《中国21世纪议程》十分不利。对此,我们应当从以下几个方面加深认识。

(一)人力资源状况是世界各国国情的重要组成部分,是经济社会持续发展的依据和出发点

在经济、社会发展所必需的各种资源中,有物质、劳动力、技术和生态环境等资源。其中,可利用的自然资源大多数是不可再生资源,其开发潜力都是有限的。单纯依靠增加资源投入来维持经济增长,必将使自然资源遭到破坏,使经济长期增长趋向于零,甚至负增长。而人力资源是最宝贵、最重要的资源,它具有与其他资源不同的特殊性质。人力资源的潜力极其巨大,只要开发利用得当,就是用之不尽的可再生资源。党的十四届五中全会指出:"科学技术是第一生产力,教育是基础,实施科教兴国战略是历史的必然选择。"人类社会发展史也表明,社会最基本的生产力是人,科学技术的载体是人,社会经济发展也是由掌握了一定文化科学和技术的人创造的。没有国民整体素质的提高,没有高素质的人,就无法实现经济的现代化。由此可见,增加人力资本投入,发展教育和培训,充分开发人力资源,提高劳动者素质,是一个国家兴旺发达的重要途径,也是一个国家走向可持续发展的根本大计。

(二)重视人力资本积累,提高劳动者素质,是推动两个转变,保持可持续发展的关键

在社会生产力和科学技术迅猛发展的今天,人力资源开发的意义越来越重要,它已成为提高劳动生产率的核心,成为推动经济、社会可持续发展的关键因素。经济增长理论的最新研究成果表明:一个国家长期经济增

长的根本动力是知识和人力资本积累这样一些内生因素,而不是自然资源数量和人口数量这些外在因素。世界各国的长期经济增长率之所以高低悬殊,可以从其知识和人力资本积累的差异上找到原因,如日本和德国,第二次世界大战毁灭了它们大部分物质资本,但是这两个国家在战后短暂的时间却创造了经济迅速增长的奇迹。其主要原因是,它们不仅保留了大部分人力资源,而且十分重视人力资源开发的投入,积累了雄厚的人力资本。特别是日本,人口比我国还稠密,而资源比我国还要匮乏,但由于它通过提高劳动者知识水平和产业技术水平,发现新材料、新能源,其先进的技术节约了原材料和能源的使用,高附加值产品出口换取国内经济发展所需要的资源,并且使环境污染得到了防治,推动了经济的发展,也改变了资源和环境对就业的约束。韩国和新加坡的经济腾飞并迅速工业化,主要有高水平的知识和人力资本积累。据资料显示,20世纪70年代中期前后,亚洲"四小龙"在开始由劳动密集型产业向资金、技术密集型产业转变过程中,特别重视加强职业技术教育,以保证能够提供在技能上训练有素的人力来支持实现工业的升级。为什么人力资本积累能够推动经济持续发展呢?因为在世界的科技、经济、社会都在以加速度发展的今天,知识和人力资本积累及其在生产中的应用,可以在其他条件不变时降低产品成本,从而提高投资的回报率。也就是说,长期经济增长率的大部分不是来自劳动和物质资本数量的增加,而是来自知识和人力资本积累水平的提高。所以,我国要实现经济增长方式由粗放型向集约型转变,保持长期可持续的经济增长,促使人口、经济、社会、资源和环境的协调发展,就必须重视增加人力资源开发的投入。

(三)从微观经济角度看,人力资源开发与利用也构成了现代企业经营管理的核心内容

世界经济的一体化,全球市场竞争的加剧,技术进步的影响,客观上要求企业适应环境的新变化,通过改革和加强管理,逐步形成有利于节约资源、降低物耗、增加效益、改善环境的经营机制,有利于自主创新的技术进步机制,有利于市场公平竞争、资源优化配置的运行机制,从而推动我国经济和社会向可持续发展模式转变。而在这一改革和转变过程中,人的因素起着决定性作用。加拿大当代经济学家普遍认为,当今迅速变动的世界经济环境大大改变了企业各种生产要素的作用,相对于人力资源而言,不仅资本、原材料等传统竞争手段的有效性正慢慢地相对减弱,就连技术

这个对企业发展作用愈来愈大的生产要素,也必须同人力资源开发有机结合才能充分发挥作用。这是因为竞争对手通过技术市场和研究开发,可以用更短的时间学习和掌握同样的技术,制造出新产品;世界金融市场的开放,使企业更容易获得经营所需的资本;国际贸易的自由化和流通手段的发展,降低了获取原材料的成本和难度。因此,现代企业要在全球范围内经营,要在激烈的市场竞争中生存发展,主要依靠的是企业所拥有的人。企业活力的源泉在于人,所有有竞争力的新产品、新工艺的根源在于人,在于有知识、有能力和勇于变革创新的人。我国一方面拥有众多的剩余劳动力,另一方面劳动报酬水平较低,这是我们的优势,关键在于如何科学利用。搞好人力资源开发利用,合理配置人力资源有利于降低产品成本和出口成本,有利于增强产品的市场竞争能力,推动经济增长。由此可见,搞好企业人力资源开发和管理,对于节约资源、增加有效供给、推进两个根本性转变越来越具有战略性意义。

(四)从个人来看,人力资源的质量变化对社会生产和其他社会活动影响越来越大

世界各国社会经济发展实践证明,未经开发的低素质人力资源,尚不能认为是宝贵财富,而有可能成为一个国家的沉重负担。只有经过科学开发,具有健康体质和现代文化素质,并掌握了熟练劳动技能的高质量的人力资源才是最宝贵的财富。因为,一个没有劳动能力的人,无法从事社会生产;一个没有较高素质的人,无法从事现代社会生产。在现代社会经济技术日益发展的条件下,人力资源质量状况(指劳动者在其实践活动中表现出来的劳动能力的综合水平)如何,对社会生产和其他社会活动的影响是显而易见的。劳动者整体素质的提高,不仅对于推动物质生产有着积极意义,而且对于发挥人的潜能,增强参政议政意识,从经济、政治、精神上提高人们的社会地位,增强综合国力和发展后劲,也具有十分重要的作用。一个国家的现代化,不仅是"物"的现代化,也是"人"的现代化,并最终取决于人的现代化。如果只注重物质生产的发展,而忽视人力资源的开发,结果将导致贫富悬殊等社会问题增多,精神文化出现极大反差,致使综合国力不强,经济社会不能持续发展。

二、搞好人力资本积累，促进社会、经济、环境协调发展

上述情况表明，人力资源开发状况对我国社会经济协调发展有着深刻影响。改革开放以来，我国政府在人力资源开发利用方面取得了可喜的成绩。但由于我国经济基础薄弱，对人力资源开发投入较少，加上近年来推动经济体制改革，新的教育培训体制尚未形成，有关政策正在变动之中，致使劳动者整体素质偏低，无法适应科技进步和社会经济持续发展的要求。今后我们要从以下几个方面着手，采取积极措施，搞好人力资源开发，促进社会、经济和环境的协调发展。

（一）牢固树立"科教兴国"的战略思想，把人力资源开发提高到应有的位置

十四届五中全会《中共中央关于制定国民经济和社会发展"九五"计划和2010年远景目标的建议》（以下简称《建议》）把实施科教兴国战略作为一条重要方针，提出了今后15年的工作任务和重点，明确要求坚持以教育为本，大力普及义务教育，积极发展职业教育和成人教育，适度发展高等教育，优化教育结构。各级政府和有关方面必须认真学习贯彻五中全会《建议》精神，牢固树立"科教兴国"的战略思想，把人力资源开发纳入社会经济发展规划，摆上各级政府工作的重要位置，作为头等大事来抓。切实转变把社会教育事业投入当作消费行为的旧观念，转变重仕途、轻工匠的旧观念，转变技术工人不是人才，轻视职业教育的旧观念。同时，采取积极措施加强对新增劳动力和在职职工的职业技能培训和失业职工的转业训练，加大职业技能教育培训的比重，改善我国人力资源素质结构，以适应科技进步和经济发展的需要。

（二）理顺体制，增辟财源，增加人力资源开发的投入

开发人力资源，提高人的全面素质，是一种对国民经济产生长远影响的投资行为。各级政府领导和有关部门要从促进经济可持续发展高度，认识增加人力资本投入的必要性。要理顺投资体制，继续坚持并不断完善以国家财政拨款为主，多渠道筹措经费的体制，并随着经济的发展不断增加对教育培训事业的投入。同时，要根据受益原则动员社会各方面投入。广

东省政府决定从1993年起,按第二、三产业产值1%的份额筹集专项资金用于发展教育等社会事业,这项基金来源要保证,要拿出一定比例用于职业技能开发,改变广东省职业技能开发滞后状况。要按照《中华人民共和国劳动法》规定,监督用人单位按照职工工资总额的1.5%提取职工教育经费,专项用于职工的职业技能培训;要从失业保险基金中,拿出一定比例用于失业职工的转业训练。

（三）大力发展职业技术教育和培训事业

在我国整个教育链条中,职业技术教育是个相当薄弱的环节,导致现代工业生产第一线技术人员,尤其是技术操作人员的短缺,这与我国工业现代化生产的发展十分不相适应。当前及今后相当长的一段时间里,我们要把中等职业技术教育放在突出位置,各县区至少应办一所技工学校和综合性中专学校,大型企业集国应自办一所技校。通过大力发展技工学校和职业中学,扩大高中阶段教育规模,逐步做到职业学校年招生数和在校生数在高中阶段学生中所占的比例保持在60%以上。各地级市应积极发展高级技工学校或高级职业院校,同时,建立3~4所专门为技工学校培养师资的职业技术学院,改善职业教育结构,提高劳动者的就业能力和职业技术水平。

（四）要重视发展岗位培训和转业训练

开展岗位培训和转业训练是对在职职工和失业人员进行继续教育的重要途径,也是开发人力资源的重要措施。各行业、企事业单位,要按照国家职业分类和职业等级标准的要求,建立不同的岗位规范,以"干什么学什么"为原则,对在职职工进行岗位培训。对下岗或失业职工,要通过建立转业训练基地,加强对其进行转业训练,帮助他们掌握一技之长,促其实现再就业。

（五）坚持实行"先培训后就业,先培训后上岗,未经培训不得就业或上岗"的原则

一方面要引导新成长劳动力积极参加职业技能培训,推迟新成长劳动力的就业年龄,减轻就业压力;另一方面要促使广大劳动者,包括失业职工,接受职业技术教育和培训,不断更新知识,提高职业技能,以适应经济社会发展需要。

（六）建立完善职业资格证书制度，推动人力资源开发事业的发展

在市场经济中，职业资格证书是劳动者择优就业和用人单位择优录用的凭证。这一制度，有利于调动劳动者参与职业技能学习培训的积极性，推动人力资源开发事业的发展。各级劳动部门和行业主管部门要依据国家职业分类和职业技能标准，规范职业教育的专业设置和培训内容。同时，要建立职业（岗位）资格证书制度，使从业人员凭职业（岗位）证书上岗或转岗。会同教育部门，做好各类职业学校、中专学校和培训机构毕（结）业生的职业技能鉴定工作，确认其职业技能等级，颁发职业资格证书，为劳动者进入市场竞争就业提供方便，从而推动人力资源开发工作进入规范化发展轨道。

第三节　全面开发人力资源与广东可持续发展[①]

面对 21 世纪知识经济迅速崛起的挑战，如何转变经济增长方式，走可持续发展道路，成为世界各国必须认真思考的一个重大问题。影响一个国家或地区实现可持续发展的因素很多，在世界经济一体化和知识经济迅速崛起的时代背景下，人力资源开发状况是个决定性因素。广东要在世纪之交尽快转变经济增长方式，走上可持续发展的道路，就必须尽快转变观念，重视开发人力资源，全面提高人的素质。因此，研究人力资源开发与可持续发展之间的关系，深入分析广东人力资源开发现状和存在的问题，寻找开发人力资源的对策措施，对于广东稳步实施可持续发展战略，率先实现现代化具有十分重大的现实意义。

一、实施可持续发展战略呼唤全面开发人力资源

人类社会经济发展历程告诉我们，迄今为止，人类文明经历了两个主要的经济时代：即以使用自然资源为主的农业经济时代和以使用机器和能源为主的工业经济时代。传统的工业经济以制造业为中心，以掠夺人类赖

---

① 本节写于 1999 年 12 月 20 日，为作者参加粤港澳可持续发展学术研讨会所撰写的论文。

以生存的自然资源和物质资源而达到迅速增加物质财富为目的，形成了高投入—高产出—高消耗—高污染的发展模式。这一发展模式虽然在较大程度上满足了人们的消费需求，为人类发展和财富的积累做出了巨大的贡献。但与此同时，也给人类社会带来了严重的恶果。主要表现为：过度耗费自然资源和物质资源，造成自然生态环境的加速恶化和人文价值观的退化，破坏了人类自身生存与发展的条件，严重威胁着人类的可持续发展。人类的出路何在？世界上一些有远见卓识的学者和政治家早在20世纪70年代就看到传统发展模式的弊端，对它的发展的不可持续性进行反思和批判，提出了可持续发展的理念。

可持续发展是一种以人的全面发展为目标，人口、经济、社会、资源和环境协调、持续发展的新发展观。实施这一发展战略要求人们在发展经济的同时，保护好人类赖以生存的自然资源和环境，使子孙后代能够永续发展和安居乐业。在这里面，科技进步对人口、经济、社会、资源和环境各领域都将起到积极作用。而推动科技进步的关键在于全面开发人力资源，提高劳动者整体素质。目前，世界上一些发达国家依靠开发人力资源，利用人才智力，运用高技术，科学、合理、综合、高效地利用现有资源，同时，开发尚未利用的富有自然资源来替代几近耗尽的稀缺自然资源，极大地提高了劳动生产率，满足了人类不断增长的物质和文化上的需要，同时也较好地解决了日益加剧的资源短缺和环境污染方面的矛盾。由此可见，开发人力资源在实施可持续发展战略中具有十分重要的地位和作用。

（一）从经济发展动力角度看，人力资源是社会经济活动中居于主体地位的能动性资源和根本动力

人类社会的存在和发展离不开资源。一般而言，投入于社会经济活动的资源主要是自然资源、物质资源和人力资源。这三者在任何社会生产过程中都是不可或缺的最基本的要素。然而，在不同的社会发展阶段，各要素所起的作用又有很大差别。在农业经济时代，由于人类改造自然界的能力有限，自然资源的多少与丰腴程度往往决定着社会财富的多少。到了以制造业为中心的工业经济时代，生产过程中机器设备等物质资本处于支配地位，劳动者则服务于机器，生产管理水平较低，货币资本稀缺度大于人力资本，因此，资本所有者不但雇佣劳动而且支配劳动，从而成为决定财富增长的重要因素。自进入20世纪中叶以来，随着科技的飞速发展，人力尤其是知识智力在生产活动中的地位超过了物力，过去机器支配人的局面

转变为人对物的支配。人力资源在整个经济中起着发起、操纵、控制其他资源的作用,尤其高素质人才担负起发明、创新的任务,而其他任何生产要素都不具有这种能力。例如,高素质人才不仅可以根据国民经济的发展和市场需求,实现对物质资源生产总量与结构的调节,而且还可以采用高新技术对物质资源进行深度开发,改造传统产业,研制出新材料、新产品,提高产品质量,开辟新市场,从而推动着社会经济的发展。由此可见,在科技进步日新月异的新经济时代,人力资源已成为社会经济发展的根本动力。

(二)从资源角度看,高素质的人才资源可以替代自然和物质资源,消除资源短缺的约束,为社会经济可持续发展开辟广阔的前景

人类的生存和发展离不开生产,离不开赖以生存的、现实的自然环境。然而,从人类的需要来看,所有的物质资源大多数是不可再生资源,其开发潜力是有限的,单纯依靠增加资本投入来维持经济增长,必将使自然资源遭到破坏,使经济长期增长趋向于零,甚至负增长。只有人力资源是最宝贵、最重要的资源,人类认识自然、改造自然,开发资源的能力是无限的。只要开发利用得当,就是用之不尽的可再生资源。现在看来,在未来经济发展进程中,人类将面临资源稀缺和资金短缺的严重约束。据有关部门测算,如果我国要在 21 世纪中叶赶上中等发达国家的水平,人均 GNP 平均每年需增长 7%～9%,如果经济仍然以常规的消耗方式(即使技术有一定进步,消耗系数有所降低)增长,那么主要资源——耕地、淡水、森林、石油、铁矿等,都满足不了增长的需要,而且缺口很大。如果按照这些方式继续走下去,将会导致许多重要资源枯竭和生态环境的严重恶化。另外,我国是一个发展中国家,资本积累供给能力远不能满足经济增长预期目标的要求。按 21 世纪头 10 年 GNP 年均增长 7.5% 测算,国民经济投资能力应为 30% 以上,投资额为 77236 亿元,而国内可投资的资本为 65421 亿元,资本缺口为 11815 亿元。① 广东的经济发展也同样面临严重的资源稀缺和资本短缺的约束。1998 年末,广东户籍人口达 7115.65 多万,人口密度超过了 402 人/平方千米,相当于全国人口平均密度的 3.7 倍;人均拥有耕地 0.5 亩,远远低于联合国所定的人均 0.8 亩的警戒线;工业相对发达的珠三角土

---

① 参见周天勇著《劳动与经济增长》。

地资源已基本开发完毕，环境污染十分严重，净水资源缺乏；重化工业主要原材料如煤炭、生铁、铝锭、化工原料贫乏。加上长期以来，我们只注重资本投入的数量，不注重资本投入的使用效益，致使投资和资产在使用过程中严重浪费，资本产出效益很低。据统计，从1981年至1994年，广东资本投入增长明显快于经济增长，全社会资本投资的增长速度比全省生产总值增长速度高出30%以上。"七五"期间，投资效率为62.7%，"八五"期间降为52.1%，投入多，产出少，投资效益较低。这充分说明，我们多年来的经济增长是靠资源和资金过量低效消耗而实现的。这种高消耗型的经济增长方式是维持不下去的，必须切实把增长动力从重视资本数量投入转向依靠提高劳动者素质和科技进步上来，以及依靠人的智力开发新材料、新产品上来。现代经济发展已经证明，就一个国家或地区的经济增长来说，人力资源素质提高对经济增长的贡献比自然资源和资本资源的贡献要大得多，并能够推动一个国家经济走上要持续发展轨道。这是因为：①高素质的人力资源可以缓解物质资源的不足。例如许多自然资源相对短缺的国家和地区（如日本、新加坡、瑞士、中国台湾），通过提高人的科学技术素质，生产技术含量大、耗费资源少、附加值高的商品，出口创汇后购买所需的资源。这意味着人力资源作为一种资源可以缓解对相对稀缺的自然资源的需求。②高素质的人力资源不仅能深度开发和有效利用自然资源，节约资金投入，而且能够创造出新的物质资源以弥补原有资源的不足。例如人们可以利用生物工程技术，改良粮食和水果等农作物品种，大幅度提高其产量和质量。在工业方面，不断涌现的各种各样的新材料、新能源技术，可以合成各种新材料和开发各种新能源。例如无用的"石头"——铀被用来产生巨大的核裂变能，成为目前世界上第四大能源。这些情况表明，开发人力资源，培养高素质人才，可以解决人类面临的资源短缺的矛盾，从而为实现生态平衡和资源的可持续发展开辟广阔的前景。

（三）从财富积累的来源看，提高人力资源素质是推动科技进步，实现技术创新，积累物质财富的活的源泉

发展中国家的普遍特点是经济发展所需的资金短缺，因而在相当长的时期内，它们都把物质资本当作财富积累的源泉，比较重视资金的投入和自然资源的开发，注重大量吸收外资来促进本国经济的迅速发展，不大注重人力资源开发和利用。这样一来，同样是吸引、利用外资，在不同国家或地区会产生大不相同的效果。究其原因，主要在于人力资源质量方面存

在着巨大差异。例如日本和西欧一些国家在二战中物质资本受到严重损失,然而,这些国家拥有较多具有较高文化教育水平和生产技能的劳动者。这些高素质的劳动者对资本和先进技术的吸收、消化能力强,一旦注入物质资本和引进先进技术,他们能够迅速吸收、消化,并实现技术创新,创造出本国的名牌产品,从而增加高附加值,实现高利润。而发展中国家由于教育落后,劳动者的文化水平和生产技术水平不高。在这种人力资源素质的制约下,它们虽然大量引进外资和先进技术,却不能有效地吸收和消化,不能创造出高附加值的产品,只是停留在生产劳动密集型产品的阶段,因而难以有效地实现财富积累。据专家分析,信息技术是使资源达到优化配置,从而成为物质财富积累的重要手段和源泉。在7个主要工业化国家中,1995年仅靠信息网络,资源利用效率已比信息网络不存在的1985年至少提高了20%,保守估计到2010年可以提高60%。美国发展经济学家埃德曼通过比较发现,1960~1978年间,实行人力资源投资战略的国家,实际人均国民生产总值增长率为4.68%,而实行物质资本投资战略的国家只增长3.8%。由此可见,向人力资源投资相对于物质资本投资可以带来更多的剩余价值,创造更多的财富。改革开放20年来,广东大量吸引外资,引进先进技术设备,但由于劳动力整体素质低,未能很好地吸收消化,实现技术创新,致使经济发展还处于主要依靠外延扩张为特征的阶段。要加速经济增长方式的转变,必须重视全面开发人力资源。

总之,人力资源是实现可持续发展的根本动力和最重要的资源。任何国家和地区都不可能在十分广阔、层出不穷的高新技术领域全面领先。广东如果想要在世界大市场占一席之地,就必须全面开发人力资源,提高劳动者素质。这是广东实现可持续发展的必然选择。

二、广东人力资源开发现状和认识误区

作为重要的社会经济资源——人力资源,其数量和质量状况必须与经济发展规模、结构和增长方式相适应。目前,广东人力资源开发状况如何呢?下面仅从人力资源数量和质量两个方面进行分析,力求有一个清晰、准确的把握。

(一)人力资源数量状况

人力资源,又称劳动力资源,是一个国家或地区具有劳动能力人口的

总和。据统计，广东户籍总人口数由1949年的2782.72万人增加到1998年末的7115.65万人，共增加4360.71万人，年均增加1.9%，比全国人口年增率高出0.2个百分点。1998年广东占全国总人口的5.7%，在全国31个省（区、市）中居第5位。人口密度达到402人/平方千米，是美国人口密度的20多倍。

按国内劳动年龄计算，1998年广东劳动年龄人口有4104.31万人，占总人口的57.68%。其中16～25岁人口比重为27.97%，26～50岁人口比重为64.06%。男51～59岁，女51～54岁人口比重为7.97%。劳动力群体重心开始向青壮年偏移。从产业构成看，比全国三大产业的劳动力构成比例要好一些。1998年广东第一产业劳动力有1554.33万人，第二产业有1214.96万人，第三产业有1014.58万人。其比例为41.1∶32.1∶26.8，全国为54.3∶22.7∶23.0。从城乡构成看，农村乡镇劳动力2603.3万人，城镇劳动力1180.56万人，其比例为68.8∶31.2。上述情况表明，广东人口密度大，劳动力资源丰富，但劳动者年龄开始向青壮年偏移，经济发展中面临着大量农村剩余劳动力向第二、第三产业转移的压力，制约着产业结构的升级和调整。

（二）人力资源质量状况

广东人力资源素质总体偏低，高层次人才偏少，人才数量、结构与经济发展不相适应，这对于实现可持续发展极为不利。从人口的整体素质看，据统计，1995年广东的总人口和从业人员数居全国第5位，国内生产总值及指数，第二、第三产业增加值，固定资产投资，地方财政收入和支出，外贸进出口总额，实际利用外资等十多个宏观经济指标均居全国第一位，而大专以上人才数量仅居全国第6位、中等学校在校生数居全国第4位。广东每万人中大专以上人才人数为202人，比全国少一人，仅为上海的21.5%、江苏的76.5%、辽宁的44.9%；每万人中高中阶段人数为954人，仅为上海的45.4%、江苏的89.9%，还略低于辽宁；每万人中从事科技活动人数为15人，仅为全国的63.0%。1998年，广东总人口为7143.43万人，其中文盲半文盲人口4.85万人；大学文化程度人口173万人，占全省总人口数的2.4%，高中文化程度人口为725万人，所占比重为10%。这些情况说明，广东人口文化素质整体偏低的特点十分突出，明显滞后于社会经济的发展。

从劳动者的职业素质来看，也存在着专业技术、技能人才偏少的问题。

据统计，在社会劳动者总数中，1997年全省人才总量为446万人，比1995年增长16%。其中，有专业技术职称的人才共177万人，高、中、初级职称的比重为5∶26∶69。中级技工及以上技能人才为187万人，技师（含高级技师）、高级技工和中级技工的比重为2∶44∶54。在人才总量中，学历人才314万人，占70%。其中大学本科以上50万人、大专111万人、中专（含中师、中技）153万人，比重为16∶35∶49。这说明高层次的专业技术技能人才严重不足，全面发展的、高素质的劳动者人数少，难以适应科技革命条件下科技知识不断更新和发展的需要。

（三）目前存在的认识误区

《中国21世纪议程》提出了人口与经济、社会、资源和环境相互协调与持续发展的总体战略、对策和运行方案，要求摆脱传统的经济发展模式，逐步由粗放型发展向集约型发展转变。按照这一新的发展思想，我们重视认识和审视广东人力资源开发现状，感到广东在人力资源开发方面还存在一些认识误区。

1. 在经济发展思想上仍存在"重物轻人"的认识误区

长期以来，由于受传统发展观的影响，不少地方政府在经济发展的指导思想上，仍存在着以物为中心、重物轻人的发展观念，认为经济增长的速度取决于物力资本的投入水平，要保持经济的持续快速发展，必须加大固定资产的投入，而教育和培训等方面的投入，被认为不是生产性投入，而是一种消费，不能直接形成看得见、摸得着的物质生产力。思想上歧视人力资本的作用，导致了行动上"重物轻人"的投资结果。据统计，1949年至1979年间，我国教育总支出仅占国民生产总值的1.19%，而同期世界各国平均水平为5.7%，发达国家为6.1%，发展中国家为4%以上。直至1998年，我国财政性教育经费支出占国内生产总值的比例也仅为2.55%。广东的情况也大致如此。人力资本投资总体上远远低于物质资本投资的增长速度，这是导致人力资本积累少的重要原因。

2. 在人才观念上，没有摆脱旧的人才观念的束缚

目前，我国政府部门通常把人才界定为："中专以上学历和初级以上专业技术职称的人员。"这种界定是计划经济的产物。受这种片面的人才观的影响，人们对人才的认识视野不宽，培养不力，画地为牢，分割管理，极不利于人才的成长和流动，不利于发现和合理配置人力资源。特别是对职业技能人才的培养引进重视不够，投入少，规模小，无法适应新技术革命对职业技能人才的需求。现代经济发展证明，人才是多层次、多规格的。高等教育培养出来的是高级人才，基础教育教养出来的是初级人才，职业技术教育培养出来的是具有某方面知识和技能的专门人才。作为现代经济社会中的人才一般应具有三方面的特点：①知识面要宽，对高等数学、计算机、外语、社会科学、现代管理等方面的知识都应了解和掌握；②知识融合度要高，不仅要掌握多学科的知识，而且能融会贯通、运用自如；③创新能力要强，例如比尔·盖茨尽管没有大学毕业，但他却具有极强的创造能力，被称为创新型人才。因此，我们必须尽快放弃传统的、狭隘的人才观念，树立与市场经济相适应的现代人才观和人力资源整体开发的观念，打破人才的身份界限，重视培养动手能力强的创新型技能人才，培养"数以亿计的高素质的劳动者和数以千万计的专门人才"。

3. 存在着教育脱离经济、脱离生产和科研实际的误区

目前，我国学校的教育培养基本上停留在单纯传播知识这一层面上，形成了脱离实际的应试教育，在高校招生分数线和指挥棒的影响下，中小学的应试教育愈演愈烈，致使绝大多数学校对学生创新能力和操作能力的培养至今没有摆上应有的位置。在传统的教育思想影响下，学校教育尤其是高校教育，出现了学术化、经院化、贵族化的倾向，重理论、轻应用，重仕途、轻工匠；在专业设置上，出现专业分工过细、知识面狭窄的偏向；在学校设置上，出现了重普通教育、轻职业技术教育的倾向；在毕业生的分配使用上，把大中专毕业生一概视为"干部"，而把职业技术学校毕业的学生一律视为"工人"，鄙视工匠，从而在实际经济活动中把理论与应用、教育与生产技能严重割裂开来，导致教育培训脱离经济、脱离生产、脱离市场需求。这是当前教育的一个很大的误区，不能适应现代化建设的需要。

4. 教育结构存在很大误区

现代教育是多层次、多功能的，一般由基础教育、中等职业技术教育、高等教育和高等职业技术教育、成人教育组成。各类教育与市场经济都有密切的联系，应当如何根据市场需求合理安排教育结构，这是必须重视的重大问题。长期以来，我国教育结构存在许多误区。主要是基础教育水平低，普通高中招生过少，形成过早分流，许多适龄青年得不到公平教育的机会，导致大多数无法继续升学的初中毕业生谋生无术、就业无能，不能很好地适应现代经济发展的需求。基础教育的重要性不仅在于为高一级学校输送合格新生，更重要的是提高未来一代劳动者的整体素质。但我国只普及九年基础义务教育，水平过低，人的各方面潜能得不到充分发

展，过早就业后，难以参加成人教育，从而导致社会上低素质的人力资源比重过大。新技术革命带来的经济结构调整要求有一定的人力结构与之相适应。然而，现阶段我国用来培养应用型人才的职业技术教育规模小、层次单一（目前绝大部分处于高中阶段教育，高等职教极少），缺乏培养高层次技术人员的高等职业教育院校，致使接受中等职业教育毕业的人员被"钦定"为工人后，继续深造无望，导致社会上技能人才过少，人才比例结构不合理。而普通高等教育主要是培养从事科研与开发的各种类高层次人才，这些人员的理论与实践有一定差距，动手能力差；而中等职业教育的毕业生又因为缺乏较高深的理论知识，两者之间的空缺只有靠高等职业技术教育来填补。因此，走出误区，建立多层次的结构合理的职业技术教育体系显得十分有必要。

三、加快开发人力资源的对策思考

目前，广东经济经过 20 年的持续高速发展，已进入工业化中期阶段，过去依靠资源的过量低效耗而实现的高速增长已不能再持续下去了。人力资源开发状况成为社会经济可持续发展的"瓶颈"。在这一情况下，广东要实现可持续发展，必须确立以人力资源开发为中心的可持续发展战略，转变观念、走出误区，把人力资源开发作为未来经济增长的主要动力，摆上优先发展的战略位置，在实行计划生育，优生优育，严格控制人口总量的同时，要增加人力资本投入，大力发展教育培训，全面开发人力资源，为转变经济增长方式，走可持续发展道路打下良好基础。

（一）要切实转变观念、牢固树立以人力资源开发利用为中心的可持续发展战略

观念的转变是根本的转变。各级党政领导必须充分认识人力资源开发利用是支持可持续发展的最持久的动力和最重要的基础，牢固树立以人力资源开发利用为中心的可持续发展战略，把优先开发利用人力资源作为基本国策，形成全社会的共识，并立即动手制订规划和政策，抓好落实。各地在制订国民经济和社会发展规划时，要以人的全面发展为核心，相应制定充分开发和合理配置人力资源的政策，特别是在奖金投入方面，国家和地方财政要加大对教育培训资金的投入。我们已看到，我国政府对教育的投入不足，既与财政收入占 GNP 的比重严重偏低（1996 年为 11.1%）和政

府职能错位有关,也与各级领导的思想观念有关。要增加政府教育投入,除了认识上要予以足够重视外,还必须进行相关配套改革,提高财政收入比重,调整财政支出结构。要广泛吸收社会各方面资金投入,扩大资金投入来源,形成多元化投入格局。要像抓控制人口数量这个硬指标一样,把提高人口质量作为政绩考核的硬指标来抓。通过强化教育培训和利用人力来发展经济,转换经济增长方式。

(二)着力优化教育资源,大力调整教育结构,密切教育与生产活动的联系

科技的更新换代不仅推动着国民经济的产业结构不断发生重新组合,而且推动经济增长方式不断由劳动密集型向知识密集型转变,这就要求广大劳动者的职业技术技能不断向高层次发展,要求各类教育向高层次发展。目前,广东省教育资源比较丰富,但存在着配置不合理、结构失调、浪费严重的现象。必须根据市场经济发展的需求,着力优化教育资源,调整教育结构,扩大办学规模。

一是要提高基础教育的层次。目前广东省只提倡实行九年义务基础教育,大量的初中及以下文化程度的劳动者由于缺乏相当的文化基础知识和职业技能,无法适应就业和率先实现现代化的需要。有人主张在实行九年义务教育后实行分流,把中专、职中、技校在校生占高中阶段在校生的比重提高至60%以上,降低普通高中的招生比例。这是不可取的。国外一些教育经济学家的研究表明,现代生产的发展要求劳动者具有相应的文化基础知识水平,蒸汽时代的劳动者必须有小学程度;电气时代则应有初中程度,今天的生产已进入信息时代,要求劳动者具有高中以上文化程度。实践也证明,过早分流将造成劳动者整体素质低,接受现代知识能力差,无法适应现代科技迅猛发展的需要。因此,建议抓住我国高校扩招这个机会,把广东的基础教育提升至高中这个层次,实行普及高中教育与中等职业教育并举的方针和允许一部分地区普及高中教育的方针。尤其是在大中城市,应扩大普通高中招生规模,普通高中在校生人数占高中阶段在校生的比例应达65%~70%,小城镇和农村为50%左右。政府提供平等的升学机会,由学生自行选择。通过适当扩大普通高中的招生规模,大幅度提高劳动者的文化基础知识和整体素质。

二是大力发展职业教育。职业技术教育是现代教育的重要组成部分,与经济建设的联系最密切。广东要率先基本实现现代化,必须切实改变职

业学校（包括职中、中专和技校）规模小、层次低的状况，在现有的职业高中和技工学校的基础上，把部分高级技工学校和普通专科学校改革为高等职业技术院校，提高职业教育层次，形成高等职教体系，以便就读于中等职业学校的学生和在职员工以及未能继续升学的高中毕业生，有机会进入高等职业技术院校，为社会培养大批急需的、应用型的高级技能人才。各类学校教育都要面向市场，面向现代化，密切与生产活动的联系。高等院校的系、所要积极与大型企业联合建立科研基地，通过产、学、研结合的形式，既培养研究与开发实力强的高层次人才，又出科研成果并尽快应用于生产实际；各类职业教育要发挥与经济、企业有直接联系的优势，瞄准现代市场经济对应用型人才的需求，着力培养大批动手能力强的技能人才。基础教育是培养人的活动，不能完全推向市场，要弱化"应试"教育，全面实行素质技能教育，使人的各方面的素质得到充分发挥。

（三）大力发展以知识更新为主要内容的各类培训和继续教育

随着知识经济时代的到来，知识更新周期越来越短。科学家预测，到2020年人类将拥有的知识当中，90%目前还没有创造出来。新的知识将产生新的产业和新的职业，同时旧的职业将被逐步淘汰。在工业发达国家，1950～1965年，由于自动化技术的发展，原有的8000多个技术工种已消失，同时出现6000多个新的技术工种。即使是一时还保留的职业，也可能由于新科技的注入而要求不断掌握新的技能。因此，经常性的培训和继续教育成为开发人力资源不可缺少的重要手段。广东要从实际出发，重点抓好职前培训、在职培训和成人教育，取消上学的年龄限制。职前培训要以政府有关部门为主导，发动社会各方力量参与，健全劳动预备制度和就业准入制度，全面开展对新成长劳动力就业前的职业技能培训，各技术性工作岗位不得录用未取得相应证书的人员；在职培训主要由用人单位负责，并按职工工资总额的3%左右提取教育培训费用。大型企业和高新技术企业应自办人力资源开发培训基地（中心），开发劳动者的职业技能；各中小企业可采取委托大专院校或相关行业举办的培训中心对本单位在职人员进行上岗培训或任职培训。知识经济时代的到来要求人力资源开发终身化。由于知识老化加速，在人的一生中，大学阶段只能获得需用知识的10%左右，而其余的90%的知识都要在工作中不断学习才能获得。因此，还要采取各种形式实施终身教育，广东要结合自身优势，重点抓好成人教育和自学考试教育。抓紧制定政策，鼓励政府机关和各用人单位给每个职工在任职2年内提供1～2次接受培训的机会，从而使继续学习成为人们的自觉行动。

(四) 改革体制，培育市场，充分发挥市场在开发人力资源中的作用

现行人力资源开发（主要指教育和培训）管理体制，是在计划经济体制下形成的。这一体制决定了管理分割，教育经费绝大部分来自财政计划拨款，学校缺乏招生和分配的自主权，大中专毕业生被"钦定"为国家干部，职中和技校毕业生被定为"工人"等旧的框框。尽管近年来的改革已在一定程度突破了旧体制的框框，但是，人力资源开发体制还不能与社会主义市场经济相适应。这种状况造成了三种突出倾向：①政府对教育培训的投入少，学校缺乏办学自主权，教育脱离生产实际。②用人单位对职工的在职培训、继续教育投资少。③劳动者对学习技术、提高自身素质缺乏热情和积极性。究其原因，都与体制不顺、人力资源市场尚未真正建立有关。广东要抓住当前有利时机，在承认人力资源所特有的人力资本商品化、市场化、社会化的前提下，从体制改革入手，尽快培育统一的人力资源市场：①彻底改变往各类学校毕业生身上贴上"干部""工人"标志的身份界限，允许他们自主进入市场，公平竞争，自主择业，到了哪个岗位就享受哪种待遇；逐步建立统一的人力资源管理部门，实现现代人力资源的合理流动。②在劳动力市场上，工资具有十分重要的功能。对于劳动者来说，工资甚至决定着劳动者本人是否参加学习和培训以使自己的收入最大化；对于用人单位来说，工资决定着它应怎样有效地录用、使用和培训职工，并付给相应的报酬；对于教育培训单位来说，工资决定着它应向人们提供什么样的培训课程才能获得最好的收益。因此，我们应充分发挥工资机制在人力资源开发中的作用，赋予用人单位自主用人权和分配自主权，只要用人单位按照市场价格支付劳动者报酬，就可以形成比较合理的人力资本投资回报机制，从而激发劳动者学习文化技术、更新知识的积极性。③政府必须通过立法，解决作为投资主体的用人单位和劳动者之间的关系，建立劳动产权制度，对双方因提高人力素质而获得的资本收益予以保障，以强化提高职业技术技能的激励机制。

(五) 着力构建吸引人才、留住人才的宽松环境

在当今世界，为了在经济竞争中占有一席之地，高级专门人才已成为最激烈的竞争领域。广东凭借改革开放早，经济发展相对较快，毗邻港、

澳等优势，采取适当的政策，创造更具吸引力的政策环境、工作环境和投资环境，吸引更多的国内外高级专门人才到广东工作。据统计，截至1995年，我国共向国外派遣各类留学人员25万人，目前尚有16万多人滞留在国外，其中有13%的人获得了专利授权，80%以上是理工科毕业生。另外，通过各种渠道移居美国的本科以上的各类专业人才有45万多人。我们除了采取简化手续，给予入户、住房等优惠待遇外，还应创造一种和谐的、开放性的工作环境和人际关系，吸引国内外人才来粤工作。着重引进各行业的学科带头人，懂技术会管理的复合型人才和紧缺的专业技术技能人才。要加强粤、港、澳在经济、科技、人才领域的合作与交流，不断拓宽引进海内外人才智力的渠道，采取聘请、咨询讲学、技术承包、技术入股等多种方式进行合作开发。同时，拓宽省内人才出国、出港的培训渠道，开展学术信息交流，拓宽人才成长的新路。

（六）加快建立人才资源开发评估制度

要使人力资源开发绩效得到客观公正的评价，并对人才资本投资给予相应的投资回报，就必须建立客观、公正的人力资源开发评估制度。1981年我国恢复了职称评聘制度，1993年又确立了实行学历文凭证书和职业资格证书并重的新体制，这是我国人力资源开发评估制度的突破。当前要重点抓好覆盖全省的职业技能鉴定网络建设，打破地区和部门界限，按照国家职业分类标准，客观、公正地评估各类技能人才。要重点对66个职业实行就业准入制度，从事这66个职业的人员，要经过培训、考核和鉴定，取得相应的职业资格证书后，方可上岗。

同时，在人力资格评估体系中，要尽快引进国际标准化组织提供的ISO9000系列标准，使广东人力资源开发评估制度尽快与国际标准接轨。

第四节 人力资源开发是经济发展的主动力①

改革开放以来，广东依靠引进外资和技术，依靠外延扩大再生产实现了经济的迅速增长。广东要基本实现现代化的动力在哪里？人们的认识尚未一致。我认为，广东是一个自然资源相对缺乏的省份，又是一个人口大

---

① 本节写于1998年初，曾发表于《广东经济》1998年第6期。

省,继续走依靠外延扩大再生产的路子难以实现经济社会的可持续发展。广东要走出一条节约物质资源和最大限度利用人力资源的发展战略。搞好人力资源开发,提高人的素质,解除经济发展的"瓶颈",是广东未来经济发展的主动力。

一、搞好人力资源开发的意义

(一) 搞好人力资源开发是现代社会经济持续发展的基本动力

对一个国家或地区的经济增长来说,物质资本的多寡固然重要,但人的素质的提高对经济增长的贡献比物质资本与劳动力数量的增加重要得多。高素质的人力资源不仅能够开发自然资源,而且可以创造出新的物质资源以弥补其不足。如二战后日本和德国物质资本相当不足,资源短缺,但由于重视人力资源开发,造就了一批训练有素的劳动大军和企业家队伍,吸收了国外的先进技术,弥补了资源资金方面的不足,实现了经济的高速增长。高素质的人力资源对经济增长可以产生倍数效应。据美国经济学家测算,1900—1957年,美国物质资本投资增加4.5倍,利润只增加3.55倍;人力资源投资增加3.5倍,利润却增加17.55倍,人力资本投资所增加的利润是物质资本投资的5倍。受传统经济理论的影响,不少人认为,发展中国家劳动力资源过剩,而物质资本缺乏,只有引进外资,大规模地进行物质资本投资,才能从根本上改变贫穷落后的面貌,因而只重视采取一系列扩大物质资金投入以及引进外资和技术的战略,忽视甚至放松人力资源开发投入。结果是经济发展和现代化进程并不像想象的那么顺利,所投入的资金、引进的先进技术和资本,大都由于劳动者缺乏现代化生产所必需的技术和知识,而不能被有效地利用,从而大大降低了物质资本的使用效率,造成了资源和资本的巨大浪费。由此可见,重视人力资源的开发是多么重要!

(二) 搞好人力资源开发,是分流企业富余人员,促进下岗职工再就业的重要措施

如何提高失业职工和富余人员素质,促进下岗职工再就业,成为改革攻坚的一个关键环节。通过在职培训、岗位培训和转业训练等多种途径,大力开发人力资源,提高企业现有人力资源的素质,有利于改变劳动者职

业技能与经济发展不相适应的状况，使失业职工能够早日重新就业，下岗职工能够得到分流安置。同时，通过搞好人力资源开发，把企业管理重心从过去对物的管理转移到对人的管理上来，按照生产经营需要和精简的原则，合理设置机构，合理配置人力资源，节约使用劳动力，这有利于达到降低消耗、提高劳动生产率的目的。

二、正确认识广东省人力资源开发的现状

广东是一个自然资源相对贫乏的省份，又是一个人力资源大省。近年来，各级政府部门在开发人力资源方面做了大量工作，劳动者文化技术水平有所提高。但是高素质劳动力少，低素质劳动力多的状况仍然没有发生根本性改变。这一现状的主要特点是：

第一，人力资源总量丰富，但文化素质低，文盲半文盲比例大。

据统计，至1995年年末，全省劳动力总数4429.5万人，其中从业人员3551.2万人，城镇待业人员68.20万人，16岁以上在校学生148万人。劳动力资源十分丰富，占总人口比重为61%，高于全国61%的平均水平，尤其是青年人口比重高，在全部劳动人口中，40岁以下的占73.4%，而且每年还有大量新的需要就业的劳动适龄人口加入从业大军，可见，广东省人口年龄结构属年轻型，正是进行人力资源开发的最佳时机。全省城镇劳动力1048.70万人，乡村2502.50万人；全省文盲半文盲（15岁及15岁以上）人数为591.91万人，占15岁及15岁以上人口比例的11.38%。在16岁及16岁以上人口中，接受过大专以上教育的占2.285%，高中程度10.867%，初中程度30.341%，小学45.352%。比上海和其他一些地区都低，其中小学文化程度的人口比重为40.445%，高于全国37%的平均水平。在25岁以上人口中，文盲及文化不明者所占的比重，发达国家如美国、日本、加拿大分别为1%、0.4%、2%，广东与此相去甚远。这种情况说明，广东省劳动力整体素质偏低的特点十分突出，与经济发展不相适应。

第二，职工的劳动能力、职业技能较低，结构不合理。

从广东省劳动者职业素质来看，存在着文化水平低、技术水平低、管理水平低和专业技术人员少的"三低一少"状况。据统计，广东省第二、第三产业实际从业人员（含外省劳动力400多万）共2321万人，其中，技术工人仅有336万多人，约占总数的14.5%。在技术工人总数中，技师1.68万人（高级技师21人），高级技工71.5万人，中级技工135万人，初

级技工127万人,分别占从业人员总数的0.07%、3%、5.6%和5.3%。如果把中级以上的技工归为熟练工人,也仅占9.1%。据国家教委统计,在全国26个省市(云南、贵州、西藏等因数据不全未列入)中,广东省的高级技工、技师人数占工人总数的比重列全国倒数第二,中级技工比例列倒数第三,高级技工排第15位,与经济发展程度反差巨大。另外,三个产业劳动力结构和产值结构的偏离度,1994年广东为51.8%,远远高于世界平均水平,也说明广东各产业劳动力分布极不平衡,结构有待调整。

第三,科技素质较低,专业技术人员和现代管理人员少,分布不合理。

广东省科技基础薄弱,与经济大省的地位不相称。1993年,广东人口占全国的5.58%,GDP占全国的9.34%,但万人中科技活动人员仅有12.79人,低于鲁、江、浙和全国,与上海相比差十倍。广东第四次人口普查时有大专及以上学历的人口占在业人口的1.92%,高于全国和江苏,但万人中的科技活动单位的科学家和工程师人数却低于全国和江苏,仍未能与经济发展地位同步,尤其是具有现代管理知识的管理人才少。据广东第四次人口普查时的统计,在国家机关、企事业单位负责人中,初中及初中以下文化程度的占45.56%,大学本科学历的仅有6.42%。专业技术人员队伍中,初中及初中以下文化程度的占28.01%。按职业分类标准的要求,他们中的相当一部分是不合格的。另外,从地区分布来看,专业科技人员主要集中在经济发达地区,粤西、粤北等贫困地区留不住人才。如珠海、中山、佛山的国有单位科技人员与行业人数的比重为16.8%、17.75%、17.69%,比河源、梅州、清远、汕尾的11.26%、13.5%、13.4%、8.05%高出不少。

第四,企业人力资源的开发与管理薄弱,短期化行为严重。

企业经营者对人力资源开发认识不深,认为花钱办教育"远水不解近渴";一部分企业领导人因袭重物轻人,重资金积累轻人力开发的旧观念,没有把人力资源开发作为企业的长期发展战略,不舍得投入。加上在体制转轨期间,职工流动性大,因此,他们认为开展职工培训教育是"为他人作嫁衣",对在职工队伍中开展技术竞赛、在职培训重视不够。企业文化建设和思想政治工作也十分薄弱,不利于人才的成长。

三、搞好人力资源开发的对策建议

第一,政府要建立统一的人力资源开发协调机构。

人力资源开发一般包括就业与劳动力开发、科学与技术、生活素质三大范畴。涉及面广、政策性强。为了保证全面有效地进行人力资源开发，各级政府要建立精干的人力资源开发协调机构。其主要职责是：①协调制定人力资源的开发规划，保证各有关部门的规划和国家的发展计划相吻合、相一致；②协调制定人力资源开发的政策措施，保证各部门出台的政策措施与政府计划协调一致；③定期召开协商会议，交流经验和信息，研究解决遇到的问题，保证各方面进行有效的协作。

第二，增加人力资源开发的投入。

发达国家投入人力资源开发的比例正在逐年增加，1992年教育经费占国民生产总值的比例，全世界平均为5.7%，发达国家为6.1%，发展中国家为4%，而我国多年在3%以下徘徊，人均教育经费只有美国、日本的1/150，印度的2/3。1985年以来，广东省内人均生产总值、人均总投资和人均教育经费均明显增长，但是，教育投资占社会总投资的比重却从1985年的2.87%下降为1993年的1.24%。不仅如此，教育投入不仅数额少，而且投入结构很不合理，高等教育和基础教育的投入较多，而职业技能开发的投入严重不足，1988～1995年，广东省政府对技校办学共投入2.8亿元，基建投资3.69亿元，连维持教职工人头费都不够。建议国家和地方政府要大大增加各类教育的财政支出。考虑到我国财力有限，接受高等教育的毕竟是少数，因此，要大力发展中等和高等职业教育，增加这方面的投入，同时增加对基础教育的投入，以改变投资结构的不合理状况。此外，要广辟财源，大力吸收企业、民间和国外投资资金，用于发展教育培训事业。

第三，大力发展各类教育和培训事业。

教育和培训是人力资源开发的基本途径。目前广东省教育和培训事业状况与经济发展不相适应。主要表现为教育结构不合理，在整个教育链条中，职业技术教育是个十分薄弱的环节，导致现代工业生产第一线技术操作人员严重短缺。各级政府应当在继续抓好普及基础教育的基础上，大力发展各类职业技术教育，以开发人们适应职业变化和参加再教育的能力。与此同时，要大力鼓励发展非正规教育，如大力发展成人教育，职前、职中培训和转业训练，实施劳动预备制度，对未能继续升学的初、高中毕业生进行1～2年的职业技术培训，逐步形成比较完整的、结构合理的职业教育培训体系，提高人的整体素质。

第四，建立人才资源评估制度。建立这一制度，包括以下相互联系的几个方面。

一是建立人才信息网络，掌握劳动力市场供求情况，定期评估科技进步对人才需求的影响，以调整人力资源开发计划方案。

二是建立职业技能评估鉴定机构，制定切实可行的评估标准，对人的能力水平、类别进行全面、公正的评估鉴定。

三是建立职业资格证书制度，对劳动者的职业技能等级经鉴定后，颁发职业资格证书，从而推动人力资源开发工作进入规范化发展轨道。

第五，营造有利于人才成长和流动的管理机制。

各级政府要加大改革力度，建立有利于人才成长和流动的管理体制，充分发挥市场机制的作用，促进人力资源的合理配置，使人尽其才，实现自身价值乃至价值增值；要建立有利于人才平等竞争、各展其能的环境，通过市场招聘、公开考核，择优录用，使人才脱颖而出，更快成长，要把工资分配与职业技能、岗位贡献、分级考核密切联系起来，制定出全面、完整、系统的并与上述几方面相一致的工资分配制度，使之成为吸引、稳定、保留、发挥人才作用的凝聚力工程。要提高劳动人事部门在政府经济管理部门中的地位和作用，劳动人事部门要参与带有全局性的经济形势和有关数据分析预测，研究和确定包括降低失业率人工成本，提高经济效益，促进就业和经济发展的战略与政策的实施，使人力资源配置和流动在促进经济发展的宽松的氛围中有条不紊地运行。

第五节 围绕推动产业升级，加快培养高技能人才[①]

高技能人才作为高端人力资源，在经济发展、产业优化升级中起着基础性、战略性甚至决定性的作用。近年来，广东以科学发展观为统领，深入贯彻落实国家关于加强技能人才队伍建设的战略部署，将高技能人才培养工作列为省委、省政府实施人才强省战略、构建现代产业体系、加快经济发展方式转变的重要举措，围绕推动产业优化升级迫切需要解决的高技能人才紧缺问题，制定实施了一系列促进高技能人才成长的新政策，推动广东省高技能人才队伍建设事业实现了跨越式大发展。至2009年年底，广东省技能人才规模达到1240万人，其中高技能人才达193万人，比2008年增长16.1%，总量约占全国的1/10，为广东经济转型和产业升级提供了强

---

① 本节写于2010年4月8日，为作者参加全省高技能人才培养论坛所撰写的主报告。

有力的技能人才支持。

一、主要做法和体会

在市场经济条件下,市场需求就是我们的工作任务和要求。经过30年来的改革开放,广东经济社会发展进入一个重要转型阶段,产业结构调整升级和发展方式转变迫切需要大量适应现代制造业和服务业发展的高技能人才。而广东省高技能人才在社会从业人员中所占比重为3.5%,远远低于发达国家20%以上的水平,围绕高技能人才结构性紧缺问题,近年来广东省采取了一系列措施加快培养高技能人才。

(一)加快提高技工教育培养层次,着力优化专业结构

广东省始终坚持推动技工教育内涵发展、高端发展,着力提高培养层次,优化专业结构,培养适应市场需求的高技能人才。

一是加快高级技工学校建设。采取分类同步推进方式,在珠三角地区着重改造建设一批具有全国影响力的示范性高级技校,在东西两翼和北部山区各市建设一所与当地产业发展相配套的高级技校,进一步提升技工学校办学层次和提高技校高技能人才培养能力。

二是着力优化技能人才培养层次结构。建立技工学校专业设置的动态调整机制,重点面向现代服务业、先进制造业、高新技术、电子信息等行业,不断优化传统专业,及时开设化学检验、现代汽车检测等科技含量高、复合性强的专业,淘汰与产业发展不相适应的旧专业,较好地实现专业建设与产业升级、市场需求的有效对接。

三是汲取国际先进理念和经验。积极开展对外交流合作,实施"双百双向"技工教育师资交流工程,学习借鉴德国、新加坡等职业教育发达国家的成功经验和方法,引进先进职业教育模式,深化教学改革,提升专业建设水平。

目前,广东省高级技工学校达36所,其中,高级公办技师学院21所。2009年全省技校在校生规模达64万多人,其中,技师班在校生规模达18.2万人,占在校生总量的28.4%,同比增长49.3%。技校生生源结构不断优化,高技能人才培养比例大幅提高,初步形成以高级技校、技师学院为龙头的技校高技能人才培养格局。

（二）瞄准现代产业发展需要，着力打造高技能人才两大实训基地

广东省根据先进制造业和现代服务业的发展方向，大力实施高端带动战略，重点建设高技能人才公共实训基地和企业高技能人才实训基地两大平台，形成政府公共实训与企业、院校培训互补的格局，增强了高技能人才的培养和实训能力，这较好地解决了广东省高技能人才实训形式不多、培养层次不高的问题。一方面，广东省以政府投入为主，紧密围绕区域支柱产业发展和产业结构调整，单独建设或依托高级技工学校建设高技能人才公共实训基地，开设了高端和新兴的培训和实训项目，并购置和配备了先进的实训设备，面向社会各类群体提供优质的技能实训服务。广东省先后建设了18个专业性高技能人才公共实训基地，累计开展技能人才实训5万多人。另一方面，广东省积极搭建企业高技能人才培养孵化平台，在全国首创企业技师工作站，分别在钢铁、电力、石化、港口四个行业企业建设技师工作站，又在钢铁、电力、建筑、铁路等领域6个大中型企业建设了首批国家高技能人才培养示范基地，并在一些行业企业开办的培训学校建设了一批省级企业高技能人才实训基地，结合产业调整升级和企业的用人需求，通过开展师傅在生产岗位上的"传、帮、带"，组织技术攻关与技术创新研讨交流等，提高企业各等级技能人才的技能水平、创新能力和职业素质。

（三）突出抓好企业岗位培训，着力推动职工岗位成才

一是强化政策支持。广东省以省政府名义出台了高规格的"广东省全民技能提升储备计划"，将企业在岗职工技能培训列入计划的重点培训内容，为充分发挥企业培养技能人才的主体作用、全面推动企业开展在岗培训提供了重要的政策保障。

二是强化舆论引导。围绕岗位成才，积极运用舆论宣传手段，引导和推动企业特别是大中型企业结合技术创新和转型升级，建立健全职工在岗教育培训制度，完善企业实训车间、高技能实训基地等培训基地建设，提高企业培养高技能人才的自觉性和主动性。如广东省茂名石化公司，在各级人力资源社会保障部门的帮助和引导下，建立了较完善的全员技术练兵和技能培训制度，形成了培训、鉴定和激励为一体的技能人才培养机制，积极开展名师带徒、专业知识交叉培训、仿真实训和多面手活动等岗位技

能培训，促使一大批职工成为技能人才，成为岗位能手，实现了岗位成才，其中有6名职工还被国家认定为全国技术能手。

三是充分利用资源。结合行业技术发展趋势，推动行业主管部门、行业协会和商会等制定高技能人才培养规划和提出高技能人才合理配置标准，带动企业组织开展职工在岗培训和转岗培训，在自有岗位上加快高技能人才的培养。2009年，广东省各类企业组织开展职工岗位培训达380万人次，使广大产业从业人员的技能素质得到全面提升，高技能人才队伍进一步壮大。

（四）突出抓好校企合作，着力打造高技能人才培养新模式

紧密结合产业调整升级和企业的用人需求，积极推动技工学校、职业院校和职业培训机构与企业广泛开展校企合作，联合培养高技能人才。

一是创新校企合作模式。引进德国"双元制"、新加坡"教学工厂"等先进模式，探索出"引厂入校"和"定向培训"等富有成效的校企合作模式，有效整合学校和企业的师资、设备和资金等资源，实现技能培训与岗位需求紧密衔接，共同培养适合企业实际需要的高技能人才。

二是搭建校企合作平台。创造性地推行技工教育弹性学分制，鼓励企业在岗职工以非全日制学生身份入读技工学校，有针对性地开展技能提升服务，为职工的再发展储备技能。大力实施"百校千企"计划，组织100所优质技工院校与1000所知名企业对接，推动学校与企业共同研究确定专业建设、高技能人才培养计划、师资建设、研发课题等，主动将量身定制的培训服务送进企业，也将企业先进的技术和创新成果等引进学校，促进教学改革，加快高技能人才培养。

三是完善激励政策。加紧研究出台广东省技工院校校企合作指导意见，采取税费优惠和给予补贴等方式，鼓励企业与技工院校共建生产实训基地。

（五）加快开发社会培训资源，着力构建多元化、多层次的技能人才培训体系

一是广泛发动开展职业技能培训。坚持统筹兼顾，以服务于当地经济建设、产业升级和企业发展为核心，建立投入多元化机制，除加大公办资源投入外，还鼓励社会各类民办资源投入，加快推动各类职业培训机构和省、市、县（区）、镇（街道）四级就业训练中心，以及民办技工学校和民办职业培训机构的发展，不断扩大技能培训点的覆盖面，形成了以公办培

训为主导、民办培训为补充的多元职业技能培训体系。

二是建立多层次的培训模式。推动高级技工学校、培训学院等开展行业高端职业工种的技能培训，着力培养顶尖的高技能人才；大力鼓励省重点技工学校和职业培训学校等大规模开展当地特色产业辅助职业的初、中等级技能培训，为下阶段晋升高技能人才和助推主体产业发展提供大量的人才储备。同时，结合产业结构调整，采取长期教育与短期培训相结合、集中授课与分散培训相结合、定向培训与储备培训相结合等方式开展多形式的技能培训，使广东省技能培训的层次更明显、等级更鲜明，整体推进各层次技能人才培养。

三是大力拓宽培训渠道。在全国建设了首个远程职业培训网络平台，面向社会不同群体开发有针对性的远程培训课件，并通过远程培训网络平台为6941人提供了高技能培训课程服务，其中有70%的学员实现了高技能素质自主提升。通过统筹规划，整体提升培养，2009年，广东省共培养各类技能人才186万人，同比增长28.3%。

（六）不断改进技能鉴定方式，着力健全高技能人才多元化评价体系

广东省以职业能力为导向，初步建立了社会化职业技能鉴定、企业评价和专项职业能力考核的高技能人才多元化评价体系，畅通了高技能人才成长的道路。

一是积极探索企业高技能人才评价新模式。制定了全省企业高技能人才评价工作管理规定，在韶关市凡口矿开展全国企业高技能人才评价试点，注重考核职工的职业能力，较全面地反映职工的核心能力、工作业绩、生产现场能力和理论知识水平等整体能力，打破了以往单一评价的模式，有效促进高技能人才评价体系的建设。目前，广东省已有3.5万名职工通过企业评价方式脱颖而出，被评定为高技能人才。

二是加强职业鉴定质量管理。探索建立新型的鉴定质量管理保障体系，完善社会化职业技能鉴定手段，提高鉴定质量。2009年，全省共有141万人获得职业资格证书，总量居全国首位。

三是加快专项能力的开发。按照部省签署的工作备忘录的要求，着力建设国内首家具有国际先进水平的香港知名设计学院广东工业设计培训学院，以打造工业设计培训基地为带动，共开发了155个职业和专项职业能力项目，为培养认定更多高端人力资源提供重要的技术支撑。

（七）全力以赴营造良好的社会氛围，着力完善技能人才成长的激励机制

一是制定出台高技能人才优惠政策。广东省出台了优秀农民工入户城镇的具体政策，将入户城镇政策拓宽到具有中级以上职业资格的农民工，入户的优秀农民工可享受配偶和未成年子女随迁、廉租房和经济适用房等政策，有效激励了各地高技能人才留在广东。

二是高规格设立"南粤技术能手"奖。由省政府对在技术创新和科技成果转化方面有突出贡献，并取得重大经济效益和社会效益的高技能人才给予表彰。目前，广东省已经组织开展了两届"南粤技术能手"评选表彰活动，共评选出141名"南粤技术能手"，营造了尊重知识、尊重劳动、尊重技能、尊重人才的良好社会氛围。

三是广泛开展竞赛选拔人才活动。充分调动各地、各部门以及行业企业的积极性，以开展全省职业技能大赛和"省长杯"工业设计大赛为带动，广泛组织开展各类职业技能竞赛，及时对在竞赛中涌现出的拥有专业技能的人才予以职业资格认定。2009年，广东省有193名技能人才通过竞赛获得"广东省技术能手"荣誉称号。

二、下一步工作打算

2010年是广东巩固应对国际金融危机阶段性成果、保持经济社会平稳较快发展的关键之年。在新的一年里，广东要牢牢把握转变经济发展方式这一核心，全面贯彻落实这次全国职业能力建设工作会议的精神，认真学习和借鉴各兄弟省、市的先进做法和宝贵经验，结合广东实际，重点做好以下工作：

一是大力实施技能强省战略，深入实施国家特别职业培训计划和高技能人才振兴计划，加快培养适应广东省主体产业和特色产业发展需要的高技能人才，提高企业自主创新能力和企业竞争力，助推广东省产业升级发展，实现经济发展方式转变。

二是构建完善高技能人才队伍建设发展的政策体系，制定出台推动企业培养技能人才的意见。

三是深入实施全民技能提升储备计划，进一步扩大技能提升培训和技能储备培训规模。

四是加快技工教育改革,进一步提高技校高技能人才的培养层次和能力。

五是提升高技能人才实训和鉴定服务质量,推动各类技能实训基地和鉴定机构的建设,着力提高人才培养质量。

六是完善高技能人才选拔激励机制,广泛开展职业技能大赛,及时发现和选拔技能人才。

第六节　涌动的春潮[①]

——粤东职业技能开发巡礼

素闻潮汕人吃苦耐劳,具有善于经营的本领。这些本领是神奇的潮汕平原所孕育,抑或是有着更为深刻的社会文化背景呢?

今年端午时节,荔熟蝉鸣,笔者赴汕参加汕头市高级技工学校揭牌庆典,原本是想看看粤东的市井风貌,一饱眼福,以遂多年心愿。想不到在与来宾的交谈中,却窥见了南海之滨涌动着的职业技能开发之潮。

走下飞机,我们乘坐泰国慈善家谢慧如先生赠送给汕头市高级技校的豪华中巴,沿着324国道直奔汕头市区。据说,从机场到市区两旁的这十多千米,地皮已被拍卖完毕。沿途崛起的一座座高楼,如澄海迎宾市场、变电厂、汕头高新技术开发区、南方集团公司和花园式住宅开发区等,规模不凡,风格独特,具有现代气息。尤其是各类学校,培训中心的招牌在市中心随处可见。坐落在市区金新路的市职业培训中心大楼、市第二技校、市高级技工学校等,令人目不暇接。据说,随着经济的发展,汕头形成了全方位开放的文化意识,中国港、澳、台地区和日、美、英等国家的管理人员、技术人员来汕工作,内地大、中专毕业生及民工如潮涌入,使当地超稳定的文化结构受到强烈冲击,汕头正敞开心胸承纳多种高层次、高品位的文化……

看到当天的报纸,笔者注意到,这个海滨城市不仅重视发展经济,而且重视教育,在文化建设方面有了新的氛围。据报道,由香港巨富李嘉诚先生捐资8.87亿港币兴建,1983年开始招生的汕头大学,在短短10年间已发展成为在海内外有一定影响,颇具特色的高校新秀,目前该校已拥有

[①] 本节发表于《中国劳动报》1994年9月17日一版。

文学院、法商学院、理学院、工学院等6院13个系19个专业，被国家列为高考第一批录取院校，潮汕人不仅大力发挥政策优势、侨乡优势、地缘优势，还十分注意开发人才优势，眼光逐步盯向高、新、尖各实用技术项目，重视发展职业技术教育事业，汕头市高级技工学校的诞生就是当地党政领导重视职业技术教育所结出的硕果。

6月15日上午，汕头市高级技工学校举行揭牌庆典活动，来宾如云，市委书记、市长、秘书长、办公室主任、计委主任，省、市劳动局长、教育局长，汕头大学和省内重点技校校长以及知名的爱国华侨等100多人前往祝贺，足见当地领导对职业教育的重视。市委书记许德立同志一大早就赶到高级技工学校看望广大师生和来宾，他兴致勃勃地说，经过10多年的探索，最近汕头市委、市政府提出了建设现代化国际港口城市的战略目标，汕头人不再满足于从事小商小贩活动和小打小闹，而是以工贸建市、以科技兴市，办大项目、大市场，大流通，使产业结构上档次、上水平。

然而，发展经济、发展科技，实现宏伟的发展目标，其成功的关键在于人的素质，犹如一个企业单靠企业家个人是不行的，企业的竞争力大小取决于职工素质的高低，而职工素质的提高有赖于教育，搞好教育和培训是至关重要的。目前，教育结构已滞后于市场经济的发展，尤其是生产所需的中等技术人员严重不足，这严重影响了科研成果的转化，影响到产品质量的提高。充分重视和大力发展职业技术教育，是当前企业走向市场、提高劳动生产率、保证经济效益的重要途径。

汕头市高级技工学校是在当地领导关心扶持下，在潮汕人民支持爱护下发展起来的一朵职业技术教育的奇葩。该校前身为地区工业学校，创办于1978年，校园内有泰国大慈善家谢慧如先生捐款建设的教学大楼，学校现开设模具钳工、维修钳工、化学分析、精细化工、机电等10个专业和相应的实习工厂，1993年5月被省政府批准为高级技工学校，1994年2月又被批准为国家重点技校，主要承担培养中、高级技工和全省技工学校生产实习指导教师的任务。建校以来，学校为社会输送各类技工和管理人员4500多名，培养技校师资210多人。

庆典活动上，在与汕头市劳动局程木水局长交谈中，笔者得知，他走马上任伊始，就专门研究过发展职业技能培训问题。他们认识到，抓好职业技能培训是加快汕头经济发展的重要措施，是新形势下劳动部门的一项重要工作，他们明确提出职业技能培训工作的指导思想，是实行"三大四统"，即大市场、大培训、大效益，统一管理、统一培训、统一考核、统一发证。目前，全市拥有技工学校 2 所，分校若干所，职业技能鉴定中心 16 所，培训中心 8 所，社会办学点 56 个，初步形成了全方位、多层次的办学网络体系，劳动部门对职业技能开发实行统一管理，并成立了职业技能开发培训中心和职业技能考核鉴定中心，负责实施四个"统一"。据介绍，1994 年一季度，市培训中心已举办培训班 11 个，培训人数 340 人，职业培训提高了劳动者素质。1994 年以来，该市已组织 200 多名劳务人员赴香港、澳门、毛里求斯、牙买加等地就业。

在潮阳市劳动局培训中心，我们更加体会到这个市重视培训、支持培训以及职工参加培训的热情。该中心负责开展各类培训、考核、发证等一条龙服务，当时有一个班正在上课，教师的认真，学员的专注都给我们留下了深刻的印象。

揭阳、潮州市劳动部门也十分重视职业技术教育。刚组建不久的揭阳市创办了技工学校，两市所属县区劳动部门均建立了就业培训中心，并对全市职业技术培训实行统一管理。

其实，除了劳动部门积极进行职业技能开发外，有关单位和企业也十分注意发展职业教育。1984 年 6 月成立的汕头广澳开发总公司同广东省社会科学大学合办了"广东省社会大学广澳教学部"，投资 1600 多万元，培养了国际贸易、金融、经营和旅游等方面的人才。汕头市教育基金会决定 1994 年拿出 30 万元资助老区 100 名应届毕业生到市属中专、技校就读，培养中等职业技术人才。此外，他们还决定对自费出国留学人员每人资助 2 万元，鼓励其学成后回汕工作。

春风带雨急，兴教如潮涌。重视教育，重视提高人的素质，不就是潮汕人敢于在市场经济大潮中拼搏的一个深厚的社会基础吗！

第二章　人才体制的重大突破
——首创技能人才概念

【本章导读】1996年，根据广东省第八届人大常委会第十九次会议通过的《关于强化人才宏观管理　加大人才资源开发力度的决议》，省政府成立了以卢钟鹤副省长为组长的省人才资源开发领导小组，办公室设在省计委。编制全省人才规划是其主要任务之一。为了充分开发各种人才，增创广东发展新优势，省计委副主任、领导小组副组长唐豪同志（后任广东省政协副主席）主持召开关于组织制定"九五"至2010年人才规划工作的座谈会。会上，关于人才问题，引起了一场争论。争论的焦点是：技术工人是不是人才？长期以来有关部门都把具有中专以上学历和初级以上专业技术职称的人员以及党政干部视为人才，而对技术工人，却没有视为人才，没有纳入人才管理范畴。笔者时任广东省劳动厅综合规划处处长出席会议。会上，笔者提出人才是一个动态的概念，凡是为经济社会发展做出贡献的劳动者都是人才。技术工人中不少人具有高超的技能，应当视为技能人才，纳入人才规划，让全社会形成尊重技术工人的氛围，解决好技能人才短缺问题，以促进经济社会发展。当时相关部门与会同志没有赞成本人的观点，认为不应当把技术工人视为人才。主持会议的唐豪副主任力排众议，支持本人观点，并决定请省劳动厅牵头制订广东省技能人才"九五"至2010年规划，报省政府审核后颁布实施。这是广东人才管理体制的一项历史性重大突破和创举。会后，在甘兆炯厅长的指导下，笔者按照省人才领导小组的部署，牵头组织开展全省性的调研，据不完全统计，全省共抽样调查企业6890家，涉及从业人员180万人。在此基础上，制订了《广东省技能人才队伍建设"九五"至2010年规划》（以下简称《规划》①）。《规划》中明确提出："技能人才是指具有中级及以上职业技术特长，按照国家职业标准，经职业技能鉴定合格，取得中级及以上职业资格证书的人员以及以年资为标准在技术岗位工作的技术工人。"技师和高级技师为高技能人才。自此，技能人才这个概念逐步被劳动保障部和社会各界广泛接受，并上升为国家战略。2003年，党中央、国务院召开全国人才工作会议，把高技能人才队伍建设纳入国家人才队伍建设总体规划，随后印发的《关于进一步加强人才工作的决定》（中发〔2003〕16号）明确提出，"要树立科学人才观。人才存在于人民群众之中。只要具有一定的知识或技能，能够进行创造性劳动，为推进社会主义物质文明、政治文明、精神文明建设，在建设中国特色社会主义伟大事业中做出积极贡献，都是党和国家需要的人才"。"要加快高技能人才的培养"。这就从顶层设计层面破除了传统的人才观，确立了科学人才观，特别是把高技能人才纳入人才队伍进行规划部署。这是国家层面第一次关于"技能人才"的提法。2004年2月，省劳动保障厅决定成立高技能人才工作协调办公室，任命笔者为人才办主任，抽调了几位同志一起抓高技能人才培养工作。2005年5月，为了贯彻中央人才工作会议精神，劳动保障部启动了国家高技能人才东部地区培训工程，进一步明确技能人才可分为知识技能型、技术技能型和复合技能型三种类型。其中，取得初级职业资格证书的为技能劳动者，取得中级职业资格证书的称为中级技能人才，取得高级工及以上职业资格证书的称为高技能人才。年底，劳动保障部下发《关于做好高技能人才培养和人才保障工作的意见》，要求各省市劳动保障部门牵头成立高技能人才工作办公室，实施"三年五十万"新技师培养计划。2006年，中办、国办印发《关于进一步加强高技能人才工作的意见》（中办发〔2006〕15号），进一步明确了做好高技能人才工作的指导思想、目标任务、政策措施和

---

① 此《规划》后来收入广东人民出版社出版的《广东人才规划研究》一书。

第二章 人才体制的重大突破——首创技能人才概念

要求,推动了高技能人才培养工作的开展。2006年年初,笔者作为培训就业处处长,再次牵头制订了《广东省"十一五"技能人才队伍建设规划》,提出完善技能人才培养、评价、选拔、激励和流动保障体系,抓好职业训练局、高技能人才实训基地和技师工作站(室)等重点项目建设,多渠道加快培养高技能人才。

在这期间,笔者结合工作实际,撰写了一些文章。本章选录的8篇文章中,《冲破人才体制障碍 加快培养技能人才》一文是笔者在编制"九五"人才规划座谈会上的发言,首次提出技术工人是技能人才的概念,这在全国是个首创。后面几篇文章是当时为了撰写技能人才规划而深入实际调研的报告和工作实践中的总结体会,阐述了如何加快培养技能人才的问题。

第一节 冲破人才体制障碍,加快培养技能人才①

改革开放以来,随着企业劳动人事制度改革的逐步深化,笔者经常思考一个问题:我们在改革中提出"破三铁"(即铁饭碗、铁工资、铁交椅)是推进企业改革的要求。这"三铁",是在高度集中统一的计划经济体制下形成的,里面涉及干部与工人的管理体制问题。长期以来,我国对人力资源的管理体制是,把具有中专以上学历和初级以上专业技术职称的人员以及党政干部界定为人才,由各级组织人事部门管理。企业广大职工和技术工人不属于人才范畴,由劳动部门管理。干部是人才,由组织人事部门管理,能上不能下,形成了"铁交椅"的用人制度;工人不是人才,由劳动部门管理,一旦进入国有企业当工人,就拿着"铁饭碗",能进不能出。这种僵化的管理体制,严格地把劳动力分为干部与工人。这种人才观念和僵化的人才管理体制,是计划经济的产物。这种界定所形成的片面的人才观,存在着很大的误区,造成人们对人才的视野不宽,画地为牢,分割管理,培养无力,使用不当,极不利于人才的成长和流动,不利于人才的发现和合理配置,严重阻碍着经济社会发展,必须进行改革。

---

① 本节是1996年年初在省人才规划座谈会上的发言,后根据发言稿整理。

一、必须更新传统人才观念,树立科学人才观

对于人力资源管理来说,究竟哪些人是人才?哪些人不是人才?有哪些衡量标准?对这些问题,我们首先必须更新传统的人才观念,走出认识误区。改革开放的实践证明,衡量人才的标准,必须坚持解放思想、实事求是的原则,从实际出发,摆脱传统的人才观念束缚,确立三个最起码的衡量标准。

第一,人才是一种动态的概念。《辞海》对"人才"的解释有三:①指有才识学问、德才兼备的人;②指人的才能;③指人的品貌。总之,所谓人才,指的是人的品性行为。由此可见,我国历代以来,对人才的评价,均泛指具有学识、道德、才能、品貌的人。《辞海》的解释本身就说明,人才是一个动态的概念。对于一个具体的人来说,他(她)今天学识超群、具有优秀的做人道德品质,得到社会公认,他(她)就是一个人才。明天,他(她)不具备上述素质,他(她)就不能被称为人才。

第二,人才是具有一定专长或能力的劳动者。这是评价人才的重要基础之一。所谓人才,是相对而言的。一般来说,人才是指在人力资源中具有某些方面特长的劳动者。人类社会把人才的概念提出来,是相对于一般劳动者而言的。我们一讲人才,为什么会首先想到大、中专毕业生这些群体呢?毋庸置疑,他们都具有较高的学历、较好的知识素养和较强的管理能力,在我国社会主义现代化建设中都能够做出较大贡献,是劳动者群体中的佼佼者,有些人才还属于高层次专业技术人才。但是,我们不应当否认,在一般劳动者中,有一些人没有很高的学历,但具有特殊技能、绝招绝活,能够解决生产生活中的问题,或者具有把一些意念转化为产品的能力。这些人应当被视为人才,纳入人才管理范畴。

第三,人才是在社会生产活动中能够做出较大贡献、能够创造出价值的劳动者。所谓人才,除了应该具备某些方面的专长和技能外,还应当能够发挥出自己的知识和能力,为社会、为人类做出贡献。人的社会贡献有大有小,不论是高级知识分子,还是技术工人,都是社会发展不可缺少的力量。尤其在当今社会,技术工人是不可忽视的重要群体。广大技术工人具有较强的实践操作能力,在自己的岗位上默默无闻地工作,运用娴熟的技术技能和技艺从事产品生产,不仅能够不断提高产品质量,降低生产成本,而且能够将高新科技成果转化为现实生产力,不断推动社会进步,可

第二章 人才体制的重大突破——首创技能人才概念

以说他们是人才队伍中不可替代的一类重要人才。我国历史上常说的"三百六十行,行行出状元",往往指的就是这类具有高超技能的技术工人。

目前,社会上有些人对人才存在片面理解,认为有高学历、有干部身份的人才是人才。技术工人在学历层次、知识结构等方面没有达到人才的标准,称不上人才。因而,把技术工人排斥在人才范畴之外。这是认识上的极大误区。不少企业一提起人才,往往只盯着那些从事管理和技术工作的干部和专业技术人员,很少想到奋斗在生产一线的技术工人;往往把在管理方面有头脑、有经验、有专长者视为人才,而忽视在生产经营一线有能力、有技能的技术工人,这是十分错误的。技术工人长期从事某项工作,积累了丰富的实践经验,生产中一旦遇到什么难题,他们往往都能及时解决,他们虽然没职称,却很称职,能说他们不是人才吗?国际劳动组织亚太局局长曾评价说:"中国有一流的科技人员,这是许多发展中国家望尘莫及的,但中国的技术工人,在有些方面还不如有的东南亚国家。"科技进步、经济发展与缺乏高素质的熟练工人的内在矛盾之间变得越来越突出,成为我国经济发展的一大"隐患"。技术工人虽然是普通劳动者,没有被列入干部编制,但他们中的许多人在工作中深入到生产一线,有着丰富的实践经验、爱岗敬业、积极进取,既是技能精湛的劳动者,又是工艺创新发明者,是我国人才队伍建设中的重要组成部分。他们当中有的人还成为高层次的人才。如大家熟知的天津市原市长、国家领导人李瑞环同志,就曾是一名技术工人,参加过中华人民共和国初期北京十大建筑施工,有许多创新革新成果。可见,技术工人不仅是人才,而且有可能成为高层次人才。

综上所述,可以肯定地说,技术工人是一种应用型、技能型人才。我们必须破除不合时宜的、陈旧的人才观,确立符合国情、符合实际的、科学合理的人才观。只有切实转变思想观念,才能确立技术工人是人才的社会地位。

二、冲破体制障碍,明确界定技术工人是技能人才

上文,我们从思想认识和人才评价标准角度,说明技术工人是人才。有些人可能觉得还缺乏说服力,那么,我们再从生产实践中,拿出事实来证明,技术工人是社会经济发展急需的、紧缺的一种人才。改革开放十多年来,广东利用外资,引进技术,举办"三资"企业、"三来一补"企业达6万多户,改造了部分国有企业,积极发展高新技术企业,但是技术进步对

工业增长的贡献率只有20%左右，综合技术能力达到国外20世纪80年代技术水平的企业，只占10%左右。原因是什么？最主要的原因是企业科技人员不足，员工素质不高，技术工人短缺。如广东省某碳素厂从日本引进的高压浸渍设备投入运转后，易损部件"密封圈"和"破坏版"损坏后一直无法自行解决，只好长期依靠进口。黄埔发电厂静电漏电，厂里安排3个工程师用了几天时间无法解决，后来派了两个电工技师，半天就解决了。有一家仿古工艺厂引进三台先进设备，因没有人能够掌握其操作技术，造成其中两台闲置，无法正常生产。这些情况都是因为缺乏技术工人而导致的。从创新角度来说，缺乏技术工人，便无法把科研成果转化为产品。据报道，国外的科研机构中，研发人员、技术人员和技术工人的比例，一般为1∶2∶3，而我国科研单位研究人员与技术人员的比例是失调的。许多研究机构科研人员与技术人员之比为4∶1。据广州市有关部门统计分析，企业生产一线青工占82%，平均技术等级水平只有初级工以下，而中、高级技术工人所占比例很低。因此，企业的技术开发创新能力严重不足，一些产品不是设计不出来，而是制造不出来，更谈不上提高产品质量了。根据对全省300家中小企业的调查，75%的企业缺乏电脑调试维修人员，65%的企业缺乏数控机床操作人员，有50%以上的企业由于技术工人不足而影响新产品研发，大大降低了企业的技术研发能力。大量事实说明，在企业生产过程中，技术工人是一支不可忽视、不可或缺的人才队伍。按照其属性来说，其突出特征是具有操作性、应用性和技能性。因此，我们应当突破传统的人才体制障碍，把他们称为技术技能型人才，或者直接称之为技能人才，纳入人才管理体制，制订技能人才培养规划和政策，给予大力扶持，鼓励广大职工岗位成才，脱颖而出，让他们为推动广东经济社会发展做出更大的贡献。

三、制订技能人才规划，加快培养技能人才

承认技术工人是技能人才，就应当把他们纳入人才队伍进行管理，并按照中央部署，与其他各类人才一起制订规划，采取有力措施，加快培养技能人才。

第一，要制订技能人才发展规划和政策，营造有利于技能人才成长的体制环境。最近，省委、省政府正在组织起草"九五"期间至2010年人才发展规划，把人才工作与经济社会发展紧密结合起来，统筹考虑，同步推

第二章 人才体制的重大突破——首创技能人才概念

进。这是一个很好的开端。但是在部署制订人才规划时,没有把技能人才列进去,这是一个很大的遗憾。建议把技能人才纳入人才工作整体规划,由劳动部门单独制订技能人才规划,并与其他人才队伍建设统筹兼顾,协调有关政策,以利于整体推进技能人才培养、使用工作。

第二,要大力发展职业教育,加快培养技能人才。职业教育培训院校是培养技能人才的主力军、主阵地。但是,目前广东省中等职业教育基础薄弱,发展滞后,布局不合理,高等职业院校数量少,规模小,目前制造业从业人员平均受教育年限仅为9.47年,略高于初中毕业生水平,不能适应加快培养技术技能人才的需要。广东必须加快发展职业教育,通过新建一批技工学校、中专学校、职业学校,扩大现有办学规模;积极发展现有职业技术学院,提高办学层次,调整和改善职业教育结构,逐步建立起与经济发展相适应的技能人才培育体系,为经济和社会发展培养足够数量的技能人才。当然,在扩大办学规模的同时,要注意改变教学方式,通过加强校企合作、订单式培养、产教结合等多种教学模式,实现课程体系与职业标准对接、产业与专业教学结合、实训基地与工作环境融合,使学校与企业双方共同参与技能人才培养全过程,全面提高学生思想素质和实践操作能力,以适应市场经济发展对人才的需要。

第三,要鼓励企业采取多种形式培养技能人才。企业是用人的主体,也是人才培养的主体。各类企业都应当按照国家法律规定,建立健全企业内部职工职业培训制度,根据本企业实际需要,有计划、有步骤地开展岗位技能培训。对从事技术工种的劳动者,上岗前必须进行岗前培训;对不适应岗位要求而需要转岗的员工,应当对其进行转岗转业技能培训;对其他劳动者,应当进行经常性的技能提升培训,不断提高员工的职业技能素质。特别是要注重对关键岗位、关键工种的技术工人培训,建立技术工人继续教育制度、考核晋级制度和高级工培训制度,组织技术工人进行岗位培训、岗位练兵和技术比赛,引导技术工人不断地进行技术更新;要有计划地培训出一批又一批的能工巧匠,使企业不但在专业技术上有一批带头人,而且在技术性生产岗位、关键工种上也有一批操作技能带头人,以发挥企业专业技术人才和关键工种技能人才的带头作用。企业应当按照规定,从职工工资总额中提取一定比例的职工教育培训经费,设立专款用于开展职工职业技能培训,使企业早出人才、快出人才、多出人才。

第四,逐步建立完善技能人才评价制度,使年轻的技能人才脱颖而出。长期以来,我国对技术工人的评价,基本上是按照在技术岗位上的工作年限来评定其工资等级，从而确定其技术等级的。这种不论业绩和贡献大小，一律凭年资定级别的做法，造成有些人级别高，但技术水平低，贡献小。近年来，国家制定了职业技能标准，建立起职业技能鉴定制度职业资格证书制度。我们要加强职业技能鉴定机构建设，全面推行职业技能鉴定制度建设，不断扩大职业技能鉴定范围，坚持以能力和业绩为主要标准，客观评价技能人才，引导年轻的技能人才通过不断提升职业技能水平脱颖而出。

第五，要建立技能人才成长激励机制。主要是抓紧研究制定扶持政策，建立完善激励机制。①建立健全技能人才等级制度。《中华人民共和国劳动法》规定"国家确定职业分类，对规定的职业制定职业技能标准，实行职业资格证书制度"。按照国家职业技能标准序列，每个职业一般设定五个等级，即初级、中级、高级、技师和高级技师。经研究，我们认为，应当把技术岗位上取得中级以上职业资格证书的人员称为技能人才。其中，取得高级工以上证书的，称为高技能人才。这就畅通了技能人才成长的正常通道，有利于快出人才。②要抓紧研究改革企业工资分配制度，把技能人才的工资福利与其技能水平、工作业绩挂钩，形成工资增长激励机制。③建立奖励表彰制度，对有突出贡献的技能人才，由所在单位和政府给予重奖等，同时，要加大宣传表彰力度，从而逐步形成有效的技能人才成长激励机制。

第二节　广东技能人才开发状况的调查报告①

为了摸清广东省技术工人的现状，为修订"九五"期间至 2010 年人才规划做准备，1997 年八九月间，我们会同省委政研室、省计委、省府政研室在 1996 年初抽样调查的基础上，再次组成联合调研组，分赴省内 12 个市，对企业技能人才②的开发状况进行调研。从总体上看，改革开放以来，特别是"八五"期间，广东省在深化改革、扩大开放、推动经济社会发展进程中，全面贯彻科教兴省战略，采取了一系列重大政策措施，加大技能

---

① 本节写于 1997 年 7 月，是在制订全省技能人才规划后，在原来抽样调研基础上联合省委政策研究室等有关部门再次开展调研时撰写的一篇调研报告。

② 指具有职业技术特长，按照国家职业标准，经职业技能鉴定合格、取得中级技工及以上职业资格证书的人员和在技术岗位上具有一定工作年限并做出贡献的技术工人。这是笔者第一次提出关于技能人才的概念。

人才资源开发力度，促进人力资源合理流动，使全省技能人才开发取得了较好成绩。但全省技能人才总量不足，素质不高，未能适应广东社会主义市场经济发展需要，一些困难和问题不容忽视，必须采取强有力的措施促其健康发展。

一、广东省技能人才的基本情况

"八五"以来，广东省技能人才资源开发（包括培养、引进、使用和管理）工作取得了较好的成绩，各行业不同类型的技能人才总量逐年增加。据对6828个企业抽样调查推断，到1995年止，全省各类企业技能人才总量（按年资计，下同）为171.85万人，占全省企业职工总数的16.8%。"八五"期间，全省技能人才年均递增1.9%，与同期人口年均增长1.68%相比，增长速度趋缓。1990年每万人口中拥有技能人才402人，1995年为435人，仅增加33人。技能人才占社会劳动者的比重为5.12%。

（一）职业教育事业蓬勃发展，技能人才结构初步改善

"八五"期间，广东省积极调整教育结构，发展职业技术教育，使中等教育结构单一的状况得到根本性的改变。至1996年，中等职业学校在校学生与普通高中在校生的比例为55.2∶44.8。高等职业教育开始起步，多层次技能人才的教育培训呈现良好发展势头。特别是大部分技工学校千方百计广开门路，源源不断地为社会培养了大批技能人才。1995年全省各行业中、高级技工为74.77万人，占技能人才总量的43.5%；技师（含高级技师）为4.26万人，占技能人才总量的2.48%。

（二）职业技能培训规模不断扩大，从业人员技术技能素质有较大提高

至1996年止，全省劳动系统举办的就业训练中心有142所，年培训能力达40多万人次；社会团体和企业办的职业培训实体有3669个，年培训能力达50多万人次，在职工就业前、在岗和转岗、转业训练等方面发挥了巨大作用。劳动预备制度开始实施，为提高企业整体素质、提高劳动生产率和产品质量打下了坚实基础。

(三)职业技能鉴定体系初步建立,技能等级鉴定工作逐步铺开

至1996年年末,各级劳动部门已建立职业技能鉴定指导中心13个,经批准建立的职业技能鉴定所(站)492个,形成了职业技能鉴定规范化的运作机制,按照国家确定的职业分类及技能标准,实施职业技能考核、鉴定和对合格者发放国家职业资格证书。全省实行鉴定的工种有84个,取得职业技能证书的技能人才达41万人,其中技师和高级技师1.6万人。

(四)市场机制在技能人才流动、配置中开始发挥着基础性调节作用,吸引了大批外省技能人才进入广东就业

至1996年年底,全省人事部门举办人才交流中心114个,从省外调进各类专业技术人才33万人,接收大中专毕业生62万人,其中不乏技能人才;全省劳动部门建立社会职业介绍机构1576所,从省外引进具有中等职业教育以上学历的人才38.7万人。此外,各地还从国外(以及港澳台地区)引进了一大批技能人才。由劳动部门举办的职业介绍机构有1163所,接收技能人才求职登记60多万人次,介绍成功率达30%。

(五)技能人才成长的环境不断改善

改革开放以来,广东省不断深化企业劳动人事、工资、保险制度综合配套改革,逐步形成了有利于技能人才成长的管理体制和运行机制。有的地方打破了干部、工人身份界限,提高了技能人才的社会地位;实行新的分配、奖励政策和激励措施,推动企业开展群众性的职业技能竞赛和技术革新活动。如广州市每年组织技能大评比活动,对评选出来的20名"能工巧匠"予以重奖。此外,各地还在生活福利、住房、社会保障等方面采取了相应措施,逐步营造技能人才成长的外部环境。

二、技能人才开发过程中存在的主要问题

(一)认识滞后,位置未摆正,制约了技能人才的开发

目前,社会上仍然普遍存在着"重仕途、轻工匠,重文凭、轻技能"的人才观念。特别是部分领导干部、企业经营者等,普遍认为人才是具有中专及以上学历或取得一定专业技术职称的人,不承认活跃在生产经营一

线、具有一定技能专长的劳动者也是人才。企业劳动人事制度改革还不到位，企业干部、工人身份界限还没有真正打破。因此，没有形成真正重视技能人才的社会氛围，更缺乏对技能人才的激励机制，许多人不愿意学技艺，造成了技工学校招生困难。长期以来，仅把职业技能培训当作社会公益事业，缺乏技能人才成长的政策和措施。在分配方面，技能人才的技术贡献与工资福利没有直接挂钩，严重挫伤了广大职工（包括技能劳动者）学技术、用技术，开展技术革命和技术创新活动的积极性。

（二）企业技能人才总量相对不足，结构不合理，整体素质偏低

据统计，1995年全省各类技能人才占企业职工总数的比重仅为16.8%，低于全国平均水平。在全部技术工人中，取得技术等级证书（含初级工）的约占35.9%，其中不能列为技能人才的初级技工占51.4%。这些为数不多的技能人才主要集中在条件较好的企业里，而在大量的中小企业中数量很少。从技能人才的文化结构来看，大专以上学历的技能人才仅占技能人才总数的6.9%，中等职业教育学历的占13.9%，普通初、高中以下文化程度的占79.2%。从技能人才的技术等级结构看，中、高级技能人才严重缺乏，特别是不少乡镇企业和部分国有小企业的技能人才数量少，企业劳动生产率难以提高，工伤事故经常发生，产品不合格率呈上升趋势。

（三）技能人才的地区、产业分布不平衡、不合理

从地区分布看，技能人才主要集中在大中城市和经济发达的珠三角地区，而东西两翼、欠发达地区和贫困落后地区技能人才较少。据抽样调查统计，1995年，在人口仅占全省31.5%的珠三角地区，技能人才却占全省总数的51.31%。其中广州市拥有量占全省的20.16%。而经济欠发达的东西两翼，技能人才分别是全省的11.16%和12.18%；山区仅占全省的10%。这些地区虽然人口密集，但技能人才密度小，这与我省实现"东西两翼齐飞，广大山区崛起"的经济发展战略不相协调。从产业分布看，技能人才主要集中在第二、第三产业，分别占总量的52%和45.96%；第一产业仅占2.04%。其中农、林、牧、渔业与采掘业人才不仅所占份额小，且呈负增长。

（四）职业技能开发投入不足，教育培训体系不健全

一是不少地方政府职能部门、行业和企业对技能人才资源开发不够重

视，对职业技能教育培训事业投入较少，造成培训机构规模小、层次低、基础薄弱。如珠海市近年来不惜斥巨资招揽大量高新技术人才，但对职业教育培训重视不够，该市的技工学校创办多年，规模变化不大，培训能力也没有多大提高，这与经济特区经济社会发展很不相适应。不少地方职工培训经费不足，每人每年的培训费仅为60元。国家曾规定企业职工教育经费按工资总额的1.5%～2%提取，但普遍提取不足，或挪作他用。

二是投入结构不合理。目前，国家对职业技术教育的投入基本投向普通高中教育，投向技工学校的却很少。据了解，省财政每年拨给全省技工学校的资金仅800万元，且这部分资金还是从高等教育某项基金中划割出来的，对技工学校的发展没有安排专项资金。

三是教育培训与就业脱节，课程和专业设置盲目性大，未能适应市场需要，导致就业率低。在同一地区，技校、职业高中和中专的专业设置雷同、重复，造成资源浪费。如湛江市区的几所技（职）校都开设电工、机械、汽车驾驶等专业，毕业生就业十分困难。中山市的会计、电脑等专业也是如此。另外，多数学校教材、教学设备陈旧，"十几年一贯制"，基本不能满足市场经济对技术技能人才的需要。

四是缺少专门的技校师资培训基地，技校师资普遍缺乏。到目前为止，全省仍未有一所专门的职业教育师资培养院校（基地），绝大多数学校的师资配置数量达不到国家劳动部的要求。

（五）职业技能评价鉴定体系不健全，存在不少薄弱环节

主要是职业分类和职业技能标准制定工作滞后，鉴定机构的试题库、考评员队伍建设和鉴定装备等跟不上形势发展需要。目前仍有部分市县尚未开展职业技能鉴定，许多常见工种未建立起职业技能鉴定标准体系。

（六）技能人才的管理体制没有理顺，宏观上缺乏有效的调控手段

长期以来所形成的人才管理体制，存在条块交叉、政出多门、职能重叠等弊病。虽经几度改革，但改革不彻底，导致人才培养（如招生）、使用、流动等方面存在不少障碍。一些地区的社会办学出现不顾质量、滥竽充数的苗头；职业技能开发的主要指标（如经费、基建项目）尚未纳入国民经济发展规划和财政预算中，造成经费严重不足，办学缺乏必要的保障条件。职业技能开发的法律法规不完善，无法有效地引导技能人才的开发

和管理。

三、加快技能人才开发步伐的对策建议

（一）提高认识，摆正位置，加强领导

技能人才是人才资源的一个重要组成部分，是现代企业生产经营最基本、最大的智力因素，大量事实表明，当前技能人才不足，已成为广东省实现经济增长方式转变的一大制约要素。技能人才开发的成功与否将影响到广东省经济整体素质的提高。技能人才和学历人才都是广东省经济社会发展中的第一资源，在人才资源开发过程中，两者不可偏废。因此，要纠正对技能人才的片面认识，确立全面的人才观念，正确认识技能人才对经济社会发展的重大作用，确立技能人才应有的社会地位，增强搞好技能人才开发工作的自觉性，把技能人才开发纳入全省人才开发的规划。通过制订规划，加强领导，落实政策，促进全省技能人才资源的全面开发。

（二）坚持整体开发、重点发展的方针

技能人才资源开发要按照全省经济发展的整体需要，全方位进行，大力培养适应经济发展需要的各类技能人才。并把所有劳动者作为一个整体，进行技能开发，全面提高劳动者整体素质。在整体开发的基础上，根据广东省经济结构调整需要，重点开发支柱产业、第二、第三产业和新兴产业所急需的技能人才，特别是重点培养中高级技能人才。

（三）建立健全技能人才管理新体制，抓紧制定、完善一系列促进技能人才开发的政策措施

技能人才开发政策是实现人才规划的重要保证。要按照政府主导、市场调节、合理配置的原则，建立健全技能人才管理新体制。各级政府要加强统筹协调，处理好劳动、教育以及行业主管部门的关系，明确各自职能，齐抓共管，形成合力。特别是要明确由劳动行政部门负责管理技能人才队伍建设，增强劳动行政部门在技能人才培训、引进、使用和合理配置工作中的管理和调控能力，指导开展技能人才开发和配置，避免人才资源浪费。

当前，急需制定和完善下列有关政策：①扶持一批技能人才开发重点、大型项目的政策。②关于鼓励社会力量参与技能人才培训、教育的政策。③全方位引进广东省经济社会发展所急需的中、高级技能人才的政策。④

抓紧制定技术人才流动、就业、奖励等方面的政策。

(四)增加职业技能开发投入,扩大教育培训规模,提高办学层次,合理调整专业结构

按照"谁投资、谁受益"的原则,多渠道筹措经费,增加职业技能人才开发投入。在积极鼓励和引导企业、社会团体以及个人向职业技能教育捐款捐物、支持办学的同时,加强指导和管理。力争到21世纪初,通过新建一批高级技工学校、职业技术学校、技工学校、职业中学,扩大现有高级技校、职业技术院校办学规模,使全省职业技能教育实现多层次、规模化发展,以适应产业结构的调整和经济社会发展需要。为解决职业技能教育师资不足问题,建议将省国防技工学校改建成为职业技能师资教育学院,并指定若干所大学举办职业教育师资班。同时,在重要的区域经济中心建设一批规模较大、辐射面较广、层次较高、设施先进的职业技能培训实体。

充分发挥企业在开发技能人才工作中的重要作用,搞好培训基地的建设,积极开发转业转岗和在职技能培训。凡大型企业集团和有条件的中型企业,都必须设立职业技能培训的机构,要有固定的培训场所和设施。不具备开展职业技能培训的中小企业,应委托当地劳动部门组织培训,并把本企业应提取的职业培训经费,大部分上交劳动部门统筹安排使用。

(五)抓紧建立省级技能人才引进服务机构

建议由省政府协调,尽快落实机构设置、人员编制,由省财政部门分期拨出专款,解决其办公场所、设施等方面的建设和投入问题,多形式、多渠道引进技能人才。企业应根据需要,灵活多样地引进技能人才,除调入者外,还可采取短期借用、聘用、技术合作交流等形式引进。要特别重视密切与港、澳、台和国外有关机构的联系,加速引进各行业急需的高技能人才。

(六)深化企业劳动人事制度改革,建立健全技能人才评聘制度和激励机制

企业要建立规范的技能职务聘任制,根据本企业生产经营特点,科学合理地设置技能岗位,制定岗位技能规范、任职标准和工资、津贴标准以及任职期限,并通过全面考核,择优聘用上岗,赋予其相应的责、权、利。要逐步建立和完善技能人才成长、晋升的通道,健全技能人才的职称系列。要建

立和完善激励机制,对有突出贡献的"能工巧匠"等高技能人才予以重奖,并大力宣传他们的事迹,以进一步调动劳动者学习和掌握技能的积极性。

(七)全面建立职业技能鉴定制度,科学评价技能人才的技能水平

要按照国家职业技能标准,建立和完善职业技能鉴定社会管理体系,满足对劳动者职业技能水平进行社会化鉴定的要求,引导劳动者不断提高职业技能水平,增强就业能力和工作能力。加强职业技能鉴定机构建设,逐步扩大职业技能鉴定范围。建议由省政府拨出专项资金,加快省职业技能鉴定中心建设步伐,解决该中心工作场地和建立试题库等所需费用。同时,加快研究制定技能人才评价标准,规范考核鉴定行为,促进此项工作持续健康发展。

第三节 广东省技能人才现状分析及需求预测[①]

一、广东技术工人现状分析

(一)全省技能人才总量情况

据第五次人口普查资料显示,广东省从业人员受教育程度较低,初中以下占78.37%,高中与中专占16.48%,大专以上占5.15%。高中和大专及以上文化程度人口所占的比例虽然高于全国平均水平,却低于北京、上海、辽宁、江苏、浙江等省、市。这说明广东从业人员中高中及以上文化程度人口偏少。

另据调查分析,至2001年广东省共有技术工人824.5万,其中,中级以上技能人才363.33万人(其中获得职业资格证书的有251.38万人),比1995年增长47.13%(见表2-1)。初级技术工人有460.9万(其中获得职业技能证书的仅98.20万人),目前广东省技术工人构成为:初级技工、中级技工、高级技工、技师以上人员,他们之间的比值为:55.9∶32.3∶10.3∶1.5。

---

① 本节以广东省第五次人口普查资料为基础,结合相关统计资料所撰写而成,为广东省劳动和社会保障厅领导提供决策参考。执笔者为陈斯毅、罗福群。参与人员有葛国兴、王建平、李德琳、李龙等。本节曾发表于《广东经济月刊》2003年11月。

表2-1 广东省1995和2001年中级以上技术工人总量情况

单位：万人（%）

年度 职业资格等级	1995	2001	增长率
高级技师、技师	3.99	5.28	32.33
高级技工	74.39	78.13	5.03
中级技工	92.46	167.98	81.68
合　计	170.85	251.39	47.14

数据来源：1995年数据来自《广东省"九五"及2010年人才规划纲要》、2001年数据来自《全省职业技能鉴定统计情况》和统计局有关数据

广东省技术工人队伍自1995年以来发展较快，中级以上技术工人总数较1995年有显著增长，增幅近50%，其中，中级技工增长八成多，其次为高级技师和技师，增长了近三成。但技术工人规模较小，比重偏低，2001年技术工人仅占全省从业人员总量的20.3%，与目前全省经济发展要求不相适应，与发达国家有很大差距（发达国家一般在70%左右）。

（二）1996—2001年新增技术工人结构分析

1996—2001年期间，全省技工人数有较快增长，尤其是自1997年以来，绝对量增长迅速，这是近几年各有关部门大抓技能人才队伍建设的结果（见表2-2）。从全国来看，2001年共有1.4亿城镇职工，其中技术工人仅7000万，占职工总数的50%，而发达国家的比例都在75%以上，我国与发达国家也有较大的差距。从技术工人的级别来看，全国高级工、中级工和初级工比例为3.5%、35%、60%，这与发达国家的35%、50%、15%比例有较大的差距。广东近年来新增的技术工人中，初级工占54.94%，中级技工占42.25%，而高级工以上只占2.81%，可见，广东技术工人队伍总体的级别层次较低，难以满足经济发展需要。特别是新增的技术工人主要集中在第三产业，如汽车驾驶、美容美发、按摩、推销员等，而加工制造业，如数控、模具、仪表、电子电工、焊接等工种新增数量少，需求缺口很大。

表2-2　1996—2001年新增技术工人结构情况表

单位：人（%）

年度 职业资格等级	1996	1997	1998	1999	2000	2001	总计	比重
初级工	83062	82349	134414	195951	222297	263891	981964	54.9
中级工	52710	54804	130017	121336	163408	232875	755150	42.25
高级工	4297	4509	5224	3389	6566	13377	37362	2.09
技　师	2406	1969	3929	900	1992	1308	12504	0.70
高级技师	0	50	33	77	134	80	374	0.02
合　计	142475	143681	273617	321653	394397	511531	1787354	100

数据来源：根据《广东省职业技能鉴定统计》（2001年）整理分析

（三）1998—2001年新增技术工人地区分布分析

近几年广东新增技术工人基本集中在珠三角等经济发达地区。而且趋势越来越明显，在1998年全省新增技术工人总数中，珠三角地区占57.93%，至2001年提高到78.19%。同期的粤北山区等欠发达地区分别为12.14%和5.73%。这使得落后地区技术工人短缺的问题更加突出：与此同时，在全省高级技工中，珠三角占90%，粤北和东西两翼地区仅占10%左右，技师以上几乎为零。这对落后地区的经济发展形成严重的制约。

二、存在问题及原因分析

从广东省技术工人的现状分析来看，广东技术工人队伍的建设存在如下突出问题：

（一）技术工人总量少，比例偏低

据统计，广东2001年技术工人仅占全省从业人员总数的20.3%。由于一线技术工人短缺，严重影响了产品的质量，导致产品竞争力低下。近几年很多大的制造商之所以从珠三角迁往长三角，如苏州、上海、昆山等地，其原因之一是长三角的技术工人较珠三角更集中，使厂商更易获利。

（二）技术工人内部结构不合理，高级以上技能人才尤其短缺

广东现有的技术工人中，55.9%是初级技术工人，技师和高级技师仅占技术工人的1.5%。而目前全省最缺乏的却是中高级技术工人，广东技术工人结构不合理的问题十分突出，作为"制鞋大省"，在制鞋业250万名从业人员中，却找不到鞋业技师。深圳2002年向社会公布的"劳动力市场指导价位"，高级钳工以6600元的月薪超过了硕士研究生5900元的价位。可见，高级技工已经成为稀缺资源。

（三）技术工人在地区间的分布不平衡

广东省70%的技术工人集中在经济发达的珠江三角洲地区，东西两翼和粤北山区技术工人数量少，且逐年流失。如果这种状况持续下去，将给当地的发展带来严重影响，从而制约了广东省实现地区社会经济协调发展。

目前，广东技术工人尤其是高级技术工人短缺的原因是多方面的，主要有：①认识上存在误区。②体制上存在障碍。③资金投入严重不足。④职业学校先天不足，发展滞后。⑤企业缺乏培养技术工人的动力。

三、"十五"期间技术工人需求预测

随着广东省经济建设的快速发展，未来几年各行业对技术工人的需求将呈逐年上升趋势。按照经济发展的一般规律，处于工业化中后期发展阶段的国家或地区，其国民经济的发展与技术工人的增长存在正相关的关系。但这种分析是基于短期内经济结构和产业结构基本保持不变的假设前提下进行的，是一种静态分析，而现实的经济发展是动态的，结构也是在不断变化的。特别是未来几年中国加入世界贸易组织（WTO）后将面临激烈的国际竞争，要想参与国际分工，面对全球化带来的巨大挑战，就必须对现有产业结构做较大幅度的调整。广东省作为制造业大省，调整的力度会远大于其他省份。因此，必须考虑产业结构调整的影响，采取动态方法进行分析。

第一，广东发展高新技术产业对技术工人无论是数量是还是质量上都提出了更高的要求。作为技术成果转化的桥梁，技术工人不仅仅是操作者，也是创造者。

第二，产业升级特别是高新技术在改造传统产业过程中的广泛使用。

对技术工人的需求率会比产业结构调整初期要高得多。大量高素质的技术工人将是顺利实现产业升级的重要砝码。

第三,大力发展装备工业等高端制造产业对技术工人特别是懂技术又有经验的中高级技术工人也产生巨大的需求。未来的经济环境要求我们在使用经验公式进行技术工人需求预测时必须进行适当的调整。我们在考察以上变化条件和其他国家经验数据的基础上,确定调整系数为1.037。

根据"十五"规划,广东省"十五"期间,经济增长速度平均为9%,2005年生产总值达到16300亿人民币,则相应的技术工人增长速度为8.14%。

$$R_i = k \times 363.33 \times (1 + 8.14\%)^i$$

其中,R代表技术工人年增长率,i代表年份。k为调整系数,$k=1.037$。

预测至2005年中级以上技术工人需求总量为$R_4 = 515.25$万人

2004年中级以上技术工人需求量为$R_3 = 476.47$万人

2003年中级以上技术工人需求量为$R_2 = 440.61$万人

2005年需求缺口为515.25 - 363.33 = 151.92万人

2004年为476.47 - 363.33 = 113.14万人

2003年为440.61 - 363.33 = 77.28万人

从计算可以看出,未来三年广东省对中级以上技术工人的需求逐年上升,2003—2005年需求数分别为440.61万人、476.47万人和515.25万人,远超出目前363.33万人的数量,需要弥补的缺口非常大。但目前广东省技校共有186所,在校学生只有22万人,短期培训学员每年8~10万人,即使这些学生毕业或培训结束后全部加入到技术工人队伍中去,也无法弥补需求缺口。尤其珠三角地区需求缺口更大(见表2-3)。

表2-3 2003—2005年广东省技术工人需求总量和需求缺口

单位:万人

	需求总量	需求缺口
2003年(全省)	440.61	77.28
2004年(全省)	476.47	113.14
2005年(全省)	515.25	151.92
2005年(珠三角地区)	347.80	94.78

四、加快培养技术工人的对策建议

第一,在管理体制上,各级政府及有关部门必须贯彻执行《职业教育法》确定的管理体制,按照职责分工,发挥各自优势,加强沟通与协作,形成集中决策与分散管理相结合的开放式管理体制。鼓励各级政府有关部门、行业(企业)、社会力量举办各类职业学校,形成政府主导,依靠行业或企业,以及社会力量积极参与的多元化办学格局。同时,要根据社会经济发展需要和技能人才的成长规律,重点发展中等职业教育,通过对现有职业教育资源的调整重组,把技工学校教育做大做强。鼓励发展非学历性的职业培训和继续教育,适当发展高等职业教育,形成与社会经济发展相适应的、层次结构合理的职业教育培训体系。避免脱离实际,盲目超前发展,造成人才和资金的浪费。

第二,在资金上要增加投入,建立合理、稳定的职业教育投入分担体制,多渠道开拓经费来源,增加投入,不断改善办学条件。这是加快培养技术工人的重要保证。多年来在计划体制下,广东省各类职业学校投资渠道单一,资金投入严重不足,这是导致职业学校分散办学、规模过小的根本原因。职业教育培养的是实用型技能人才,学生不仅要学习必要的专业基础知识,还要在实际训练中学会操作技能。这就需要更多的教育成本,要加快培养中高级技能人才,必须按照谁办学、谁出资、谁受益的原则,建立合理分担教育经费的投入机制。对公办学校,应坚持以政府投入为主,大幅度提高政府对职业教育的投资比例;同时,鼓励与产业、企业界联合办学,增加资金来源。对民办学校,政府财政应当给予资助,同时在信贷、税收、土地使用方面给予优惠,鼓励银行低息贷款办学;鼓励企业、社团、私人投资办学,开辟投资渠道;要开放职教市场,吸引外商投资办学,形成以政府为主导,行业企业、社团、个人广泛参与的多渠道投资的办学格局,切实解决职业教育投入长期严重不足的问题,增强技工学校及其他职业学校的实力,扩大办学规模。

第三,在政策上要给予扶持。现行的职业教育政策体系不完善,中职与高职封闭办学,严重阻碍了职业教育的发展。建议在招生政策上,实行高职与普高不同的招生考试政策,允许高职面对各类中等职校单独组织考试招生,或凭中级专业资格证书按专业类别免试择优录取,面向社会招收具有中级职业资格证的在业或不在业的技术工人。中等职业学校要普遍实行凭初中毕（结）业证面向社会招生、登记入学的办法。这样既有利于扩大生源，又有利于中、高职的衔接，变终结性教育为终身教育；在待遇政策上，改变按学历确定待遇的做法，制定按照职业资格等级确定社会地位和经济收入的政策；在就业政策上，进一步打破干部、工人身份界限，按职业（工种）类别实行就业准入控制，提高职业资格证书含金量，引导广大劳动者改变观念，积极报读各类职业学校。

第四，在办学模式上，要根据技术工人的成长规律，改变统得过多，以学历为导向的长学制、封闭式办学模式，实行以职业技能训练为特色，以职业资格证书教育为导向的、多元化的技术工人培养模式。目前，我国已建立了一批高职、高专和高技等类型的高等职业教育学校。这些学校固然是培养高级技能人才的重要阵地，但是高职、高专以学历教育为导向，不少毕业生尚未具备高技能人才培养的资格条件；而高级技校和一些高层次的职业培训机构，其毕业生虽然没有大专层次的学历证书，却获得了高级职业资格证书。对于上述情况，我们应清醒地认识到，技术工人不是单纯由学校培养出来的，不能以是否具有学历来衡量水平高低，而应当以是否具有职业资格证书来衡量。因此，应当改变唯学历倾向，实行学历证书与职业资格证书并重的制度。同时，要重视发展技工学校，充分发挥技工学校和各类职业培养机构在培养技术工人上的重要作用，加快培养初中级技术工人。各类以培养高技能人才为目标的学校和培训机构，均应实行灵活学制和开放式办学模式，使更多的人通过边工作边学习，分阶段完成学业，直到获得相应的高级职业资格证书，从而为社会培养出更多的应用型高级技能人才。

第五，在机制上，要形成与市场经济要求相适应的灵活的办学机制。在这方面，关键是依法办学，全面落实学校办学自主权，让学校有权根据市场需求配置师资、使用资金、设置专业、开发课程。尤其是在经济全球化的背景下，应当允许学校根据专业分类和国家职业标准，自主开发课程；按国际先进水平要求，不断改善办学条件和教学设施。政府的责任主要是对其教学质量进行督导、评估，以确保教育质量。这样才能营造出一个有利于加快培养技能人才的机制和环境。

第六，发挥企业优势，广泛开展在职职工技术培训。目前许多企业在改制过程中往往将内部培训机构当作包袱剥离出来，这样不利于企业对技术工人特别是中高级技工的培养。因为技术工人是一种技能型人才,在企业实际工作岗位上培养出来的技术工人是最适合企业需要的。所以,企业要主动承担对在职职工的技术培训责任。建议大中型企业采取单独培训、合作培养和借助政府购买培训成果的方式,把企业内部培训基地办成中高级技术工人的摇篮。为确保企业在职职工的技术培训正常开展,企业应依照有关规定按职工工资总额的 2.5% 的比例按时足额提取教育培训经费,且保证用于职工的技术晋升培训。政府可将企业教育经费先按费或税的形式征收,待企业开展了培训工作后再等额返还。这样可以起到监督和激励的双重作用。当然,由于企业培训有一定成本,且培训过后存在受训者跳槽的风险,因此,政府必须制定相关政策(如补贴、奖金等)鼓励企业进行技术工人的培训投资。

第七,全面实行就业准入制度和职业资格证书制度,为社会培养合格的技能人才。推行就业准入制度和职业资格证书制度是培养合格技能人才的重要举措,各地要认真贯彻国家的规定,对技术工种从业人员进行职业技能培训,并规定取得职业资格证书后方可上岗的制度,提高就业的素质门槛,促使下岗失业人员和新成长的劳动力通过学习技能,提高其职业能力。要在各类职业学校推行职业资格证书制度,引导各类职业学校进一步转变办学观念,调整培养目标、专业设置和教学内容,按照国家职业标准和劳动力市场需求,设置专业,改革教学方式,突出职业技能训练,从而培养出符合社会需要的、合格的技能人才。

第四节 广东省技能人才现状及对策建议[①]

党中央、国务院领导同志十分重视技能人才培养工作,曾多次做出重要指示。在 2001 年建党 80 周年大会上,江泽民同志曾指出:不断提高全体人民的劳动技能和创造才能,……始终是我们党代表中国先进生产力发展要求必须履行的第一要务。胡锦涛同志在全国人才工作会议上强调,要树立科学的人才观,大力培养各类人才。各级各类高技能人才,在党和国家事业中有着不可替代的重要作用,必须纳入总体规划,认真抓好队伍建设。中央《进一步加强人才工作的决定》明确提出,要"加强高技能人才和农

---

① 本节写于 2004 年 5 月 20 日,为全省科技教育人才工作会议参阅材料。

第二章 人才体制的重大突破——首创技能人才概念

村实用人才队伍建设"。根据中央的部署，现对广东省技能人才现状进行分析，并提出加快技能人才培养的对策建议。

一、广东省技能人才总量及结构

（一）技能人才总量

广东省是人口大省，劳动力资源丰富。据统计，至2003年，全省社会从业人数达4134.37万人，其中城镇从业人员1280万人。在城镇从业人员当中，技术工人（以下统称技能人才）在经济建设中发挥着重要的作用，成为"推动技术创新和实现科技成果转化不可缺少的重要力量"。根据调查统计资料和近十年来广东省通过职业资格鉴定获证人数推算，截至2003年年底，广东拥有技能人才（含取得初级以上国家职业资格证书和在技术岗位工作三年以上的技术工人，下同）总量为478.15万人，比2000年增长35.43%，年均增长11.8%。技能人才占城镇从业人员的比例从2000年的30%上升至2003年的37.36%（见表2-4）。

从总量变化来看，技能人才总量稳步增长，全省技术工人总数从2000年的359.7万人增加至2003年的478.15万人。但2003年全省技能人才占城镇从业人员比重仍然偏低，只有37.36%。根据广东省"九五"至2010年技能人才开发规划，到2010年，广东省应拥有技能人才800.27万人，两者相比缺口很大，开发任务艰巨。

表2-4 广东省技能人才占城镇从业人员的比重

项目 年份	全省城镇 从业人员数（万人）	技能人才 （万人）	占比重 （%）
2000	1199.34	359.7	30
2003	1280	478.15	37.30

注：资料来源于2003年《广东统计年鉴》和广东省城镇就业人员情况统计报表

（二）技能人才结构

截至2003年年底，全省所有技能人才中有初级工248.83万人，中级工208.95万人，高级工17.31万人，技师和高级技师3.06万人，分别比2000

年增长 20.46%、49.78%、59.83%、7.75%（见表 2-5）。

表 2-5 广东省技能人才队伍的等级构成

年份 等级	2000 年		2003 年	
	人数（万）	比例（%）	人数（万）	比例（%）
初级工	206.56	57.42	248.83	52.04
中级工	139.5	38.78	208.95	43.7
高级工	10.83	3.01	17.31	3.62
技师、高级技师	2.84	0.79	3.06	0.64
合计	359.73	100	478.15	100

注：本表数据根据抽样调查、典型调查、1993—2003 年取得职业资格证书的人数以及近几年技能人才增长速度，经合理推算得到

从表 2-5 可以看出，近年来在技能人才总量不断增加的同时，技能人才的结构也有所改善。但从总体上看，初、中级技能人才所占的比重过大，2000 年全省初、中级技能人才占 96.2%，至 2003 年仍占 95.74%，变化不大，技术层次严重偏低；高级工以上技能人才的总量虽有所增加，但所占比例严重偏低（只占总量的 4.26%），特别是技师和高级技师的总量和增长速度更低，高技能人才严重短缺，不能满足社会经济发展的需要。

二、广东省与部分省、市技能人才队伍状况比较

广东省高技能人才严重短缺，高级工以上技能人才占技能人才总量的比例只有 4.26%，略低于全国 5% 的平均水平，但与上海的 9.4% 和北京的 7.3% 相比，差距很大，比欠发达的云南省还低 0.02 个百分点（见表 2-6），与制造业大省地位极不相称。广东省如果不高度重视高技能人才开发，加快培养高技能人才，那么将严重影响广东省企业竞争力，严重制约经济的快速发展，甚至影响广东省的投资环境和发展后劲。

表 2-6 2003 年广东省与我国部分省市及发达国家技能人才结构比较表 （%）

省份\人才等级\占比	合计	初级	中级	高级工	技师、高级技师
广东	100	52.04	43.7	3.62	0.64

续表 2-6

省份\人才等级占比	合计	初级	中级	高级工	技师、高级技师
上海	100	48.4	42.2	7.5	1.9
江苏	100	38	54	7.48	0.52
浙江	100	46.67	31.31	21.4	0.62
云南	100	55.6	40.1	3.5	0.8
山东	100	43.4	50	5.2	1.4
北京	100	46.3	46.1	6.1	1.5
全国平均	100	60	35	3.5	1.5
发达国家	100	15～25	45	30～40	

注：1. 发达国家、全国的数据见《中国教育与人力资源报告：从人口大国迈向资源强国》

2. 专家认为，在技术工人中，初级工、中级工、高级工和技师的合理比例为 32∶46∶14∶8

3. 浙江的数据指获证人数及比例，由浙江省劳动保障厅培训处提供；江苏的数据指 2002 年企业技能人才占企业从业人员比例，由江苏省劳动保障厅培训处提供；云南的数据来源于《人民日报·华东新闻》2003 年 4 月 16 日；其余各省的数据来源于中国劳动力市场网站

表 2-6 显示，广东省技能人才构成呈"金字塔"形结构，与发达国家的"纺锤形""橄榄形"结构相差甚远。专家认为，在工业化中期，在技术工人中，初级技工、中级技工、高级技工和技师的合理比例为 32∶46∶14∶8；在发达国家，初、中、高级技能人才的比例已达到 15～25∶45∶30～40。其层次结构明显优于广东省。技能人才的层次偏低，带来的负面影响是巨大的，不利于推动企业创新和实现科技成果的转化。资料显示，目前，我国企业产品平均合格率只有 70%，不良产品造成的损失每年近 2000 亿元；我国科技成果转化率只有 15%左右，技术进步对经济增长的贡献率只有 29%，远低于发达国家 60%～80%的水平。许多工厂的生产线比国际著名公司的设备还要先进，但生产出来的产品合格率低，缺乏竞争力。

三、存在问题和原因分析

根据调查及上述分析,我们认为,目前广东省技能人才队伍建设还存在如下突出问题:

(一)社会上还未真正全面树立起科学的人才观

原因是重学历、轻技能,重仕途、轻工匠的传统人才观念仍根深蒂固,传统的以学历为标准的用人观念仍然大有市场,技能人才的社会地位和作用没有被全社会所认识。一些政府部门、行业组织和企业,总以为科技人员、经营管理人员是人才,没有技能人才理念,用人观念没有实质性改变,传统的"干部""工人"身份依然存在。

(二)技能人才总量不足、布局不合理

广东省技能人才在全部城镇从业人口中所占比重较低,只有37.36%。一线技能人才短缺,特别是数控、模具、仪表、电子电工、焊接等工种,需求缺口很大,严重影响了广东省制造业产品的质量,导致产品竞争力低下。在地区分布上,70%的技能人才聚集在经济发达的珠江三角洲区域,东西两翼和粤北山区技能人才甚少,这种状况制约着广东省经济的全面、均衡、协调发展。原因是山区和欠发达地区重学历、轻技能的人才观念更严重,加上待遇低,技能人才外流严重,职业学校和社会培训机构少,办学条件相对较差,培养能力不够,加剧了技能人才的不合理分布。

(三)高技能人才严重短缺

到2003年年底,全省高技能人才(含高级工、技师和高级技师)只有20.37万人,仅占全省技能人才队伍的4.26%,相当于全国4%的水平,与北京、上海、浙江、江苏、山东以及发达国家30%~40%以上的比例相差甚远。原因是广东省大型企业少,且在改制过程中不重视对在职职工进行岗位培训;高级技工学校数量少,对高技能人才的培养还处于起步阶段,没有形成规模;高职院校没有打破传统的办学理念,对高技能人才的培养仍处于摸索阶段;社会培训机构由于规模小,场地、设备、师资的严重不足,对高级工以上的培训无能为力。这些情况都严重制约了高技能人才的培养。

（四）技能人才成长的激励机制尚未形成

主要表现在：技能人才低人一等。如技校毕业生，考取了高级工、技师和高级技师的国家职业资格证书，在工资上却没有享受与助理工程师、工程师和高级工程师同等的待遇；在报考大专院校或公务员等方面也受到限制，严重压抑了广大劳动者学技能当技术工人的积极性；技能人才的职业资格系列与工程技术人员的职称系列不能实现相互沟通，致使人才成长只能沿单一轨道发展，束缚了青年自我发展的意愿，使不少人不愿跨入技术工人的门槛，严重制约了技能人才的成长。

（五）投入少，培养能力严重不足

长期以来，广东省作为培养技能人才主渠道的各类职业学校，由于投入少、经费不足、设备老化等原因，造成培训规模小，层次低，导致技术工人培养能力严重不足。

四、对策建议

针对上述问题，我们对加快培养技能人才提出如下建议：

（一）全面树立科学人才观，进一步提高对技能人才的认识

按照科学人才观的表述，全社会都应当深刻认识技能人才是我国人才队伍的重要组成部分，是推动技术创新和实现科技成果转化不可缺少的重要力量，在社会经济发展中具有举足轻重的地位和作用。各级党委、政府要高度重视技能人才的培养、引进和使用工作，把技能人才培养工作纳入当地社会经济发展的总体规划并加以落实；必须贯彻执行《职业教育法》和《民办教育促进法》的规定，鼓励各级政府有关部门、行业（企业）、社会力量举办各类职业教育培训实体，形成多元化的办学格局；尤其是广东要把制造业从业人员人均受教育年限从9.47年提高到12年，就必须要根据社会经济发展需要和技能人才成长规律，重点大力发展中等职业教育，通过对现有职业教育资源的调整重组，把中等职业学校教育做大做强；鼓励发展民办非学历性的职业培训和继续教育，适当发展高等职业教育，形成与社会经济发展相适应的、层次结构合理的、与职业资格证书制度相适应的现代职业教育培训体系；充分发挥职业院校和高级技校、技师学院的培

训基地作用,扩大培训规模,提高培训层次和质量。

(二)加大投入力度,建立合理、稳定的职业教育培训投入分担体制,不断改善办学条件

要按照谁办学、谁出资、谁受益的原则,建立合理分担教育经费的投入机制。对公办学校,应坚持以政府投入为主,大幅度提高政府对职业教育培训的投入比例。鼓励行业、企业、社团、私人投资办学,开辟多元化投资渠道;要开放职教市场,吸引外商投资办学,政府应当在信贷、税收、土地使用等方面给予优惠;鼓励银行低息贷款办学,形成以政府为主导,行业、企业、社团、个人广泛参与的多渠道投资办学的格局,切实解决职业教育培训投入长期严重不足的问题,增强各类职业学校和培训实体的实力,扩大办学规模,提高办学层次和质量。

(三)全面实行就业准入制度和职业资格证书制度,为社会培养合格的技能人才

要认真贯彻国家规定,对从事技术工种(岗位)的从业人员要求必须凭职业资格证书才能上岗,提高就业的门槛,促使下岗失业人员和新成长的劳动力通过各种途径学习技能,提高其职业能力。要按照国务院的有关规定,在各类职业学校推行职业资格证书制度,引导各类职业学校进一步转变办学理念,按照国家职业标准和劳动力市场需求,调整培养目标、专业设置和教学内容。改革学制和教学方式,改革技师考评制度,突出职业技能训练,加快培养出符合社会需要的、合格的各类技能人才。

(四)加强校企合作,充分发挥企业在技能人才尤其是在高技能人才培养中的重要作用

在企业实际工作岗位上培养出来的技能人才是最符合企业需要的,政府要引导企业主动开展对在职职工的职业培训。企业有先进的设备、有实践的机会、有企业生产岗位的特殊要求,这些恰好是学校欠缺的。校企互动合作无疑是加快技能人才培养的最佳途径之一。企业应当采取单独培训、校企合作举办技能人才实训基地等多种形式,加快培养各类技能人才,并按职工工资总额的2.5%~3%的比例按时足额提取教育培训经费,保证用于职工的技术晋升培训。政府应将企业教育经费先按费或税的形式征收,待企业开展了培训工作后再全额返还。这样可以起到监督和激励的双重

作用。

(五)建立健全有关制度,营造有利于技能人才成长的良好环境

要尽快搭建普通教育与职业教育、中职与高职相互衔接贯通的国民教育体系。实行高职与普高不同的招生考试政策,允许高职面向社会以及各类中等职校单独组织考试招生,或凭中级职业资格证书按专业类别免试择优录取;要根据技能人才的成长规律,改变统得过多、以学历为导向的长学制、封闭式办学模式,实行以职业技能训练为特色,以职业资格证书教育为导向的多元化的技能人才培养模式。

要打破身份界限,切实提高技能人才的待遇水平。改变按学历确定待遇的做法,确立按照职业资格等级、职业能力和贡献决定工资收入的政策。要制定高技能人才表彰奖励政策。可以借鉴韩国实施"技能立国"的国策,设立南粤技术能手专项奖励基金,对有突出贡献的高技能人才实行特殊岗位津贴,在全社会营造尊重技能人才的氛围。

第五节 广东的技能强省之路[①]

经过近几年的探索实践,广东技能人才开发进入一个新的发展时期。目前,广东有高级技校 18 所,国家重点技校 22 所,省级重点技校 23 所,技师学院 6 所。技校年招生规模连续四年居全国前茅,2003 年招生总量达 9.7 万人,创历史新高。技校毕业生当年就业率达 95%。全省技能培训规模和参加职业技能鉴定的人数均创历史新高。

一、通过人才规划、政策调控、舆论导向和就业优惠四大举措,促进观念更新,着力提升技能人才开发的战略地位和原动力

第一,将技能人才开发纳入全省国民经济和社会发展总体规划,将培养技能人才与培养高素质管理人才和科技人才放在同等重要的战略地位。

---

① 本节应《中国劳动保障报》约稿,写于 2004 年初,发表于《中国劳动保障报》2004 年 1 月 17 日。

1997年，广东省制订了《广东省"九五"及2010年人才规划》，明确把技能人才纳入人才范畴，把技能人才开发纳入全省人才开发规划，并编制了《广东省"九五"及2010年技能人才规划》。这是一项重大的实践突破和制度创新，给广东技能人才开发带来了巨大的推动力。

第二，通过政策调控，把技能人才开发摆到突出位置。广东省政府1997年在《关于大力发展职业教育的决定》中明确指出，全社会都要从国家发展战略和全局出发，进一步提高思想认识，关心和支持职业教育。在《广东省"九五"及2010年人才规划纲要》中，对技能人才培养提出了明确目标：中级技工及以上技能人才占社会劳动者的比重，2000年为7.55%，2005年为12.15%，2010年为17.96%。省政府2001年在98号文件中首次提出"高级技工学校与高等职业技术学院同属于专科层次的全日制高等职业教育"。上述政策的制定，有力地提升了技能人才开发的战略地位。

第三，进行舆论引导，形成社会对"能力第一、学历第二""能力重于学历"这一新的人才评价标准的广泛共识。多年来，广东用"能力第一、学历第二""能力重于学历"的科学思想，引导社会重新认识人才评价标准。通过多种形式的宣传，初步形成了尊重技术技能人才的良好社会风气。"学技术上技校、招技工找技校"已逐渐成为社会和用人单位的共识。

第四，通过就业政策引导，提升技能人才的社会地位。广东对技能人才的待遇做出了明确规定：高级技师、技师、高级技工、中级技工可分别享受本单位高级工程师、工程师、助理工程师、技术员的同等工资福利待遇。深圳2003年还准许具有技师和高级技师资格的职工调入时携带孩子入户。2002年深圳市政府在颁布《人才居住证》实施办法时，将高级技师纳入享受市民待遇的高级人才范畴。广州在2000年放开了高级技能人才的准入条件，对获得高级职业资格证书的技校应届毕业生，实行"不限生源、不限专业、不限单位、不限时间"的"四不限"政策。这些就业政策的引导，有力地推动了技能人才的开发。

二、坚持体制创新、制度创新，从体制、资金、政策和技能人才培养规模等方面深化改革，铺设一条适应现代化进程需要的现代技能人才开发快车道

一是坚持规模效益与质量效益并重的原则，加快布局结构调整，优化资源配置。1999年，广东技校总数195所，当年招生5.28万人。2000年进

行了资源整合，技校总数压缩为140所。虽然全省技校的数量减少了，但办学实力却增强了。调整后，全省技校招生数量连续四年保持增长。经过结构调整，优化资源配置，广东已基本形成了以高级技校（技师学院）为龙头，重点技校为骨干，带动各类技校共同发展的新格局。

二是实施"四大改革"，系统推进技能人才的开发。这就是，加大办学体制改革力度，鼓励和支持社会力量办学，广州白云技校、华立技校在校生规模均在5000人左右，是广东鼓励社会办学的成功典范；积极推进课程、教材改革；深化招生制度改革，实行宽进严出，登记入学；大力推进教育手段改革，充分运用网络技术等现代教育手段。

三是多渠道筹措资金，加大投入，重点建设一批示范性国家重点技校和骨干专业。几年来，广东已基本建立起了多种渠道筹措职业教育经费的机制。各级政府对技工学校和培训机构的财政投入增长高于财政经常性收入的增长。省财政每年核拨1700万元技工教育专项经费，2004年起再增加1000万元左右。企业职工的教育经费，由占工资总额的1.5%增加到2.5%。连续几年的资金投入，带动各地、各校增加资金投入6亿多元，有效地改善了办学条件。

三、坚持协调发展的原则，实施"智力扶贫"工程，把技能人才开发与区域经济发展有机结合起来

从2002年起，广东启动了"智力扶贫"工程。广东省委、省政府决定：省财政拨款2.1亿元，连续四年，每年资助5000名农村贫困家庭子女免费就读技工学校，毕业后保证100%就业，实现"资助一人，培训一人，脱贫一户"的目标。同时，广东省委、省政府还决定每年由省财政出资1000万元，用于山区农村劳动力转移就业培训。

四、坚持面向市场需求，贯彻"五个并举"，架设现代技能人才开发"立交桥"

①坚持学历证书与职业资格证书并举。②全日制教育与短期培训并举。目前，全省有社会力量举办的职业技能培训机构2600所，年培训75万多人次，培训的专业工种达到500多个，覆盖了三个产业各个领域。③坚持劳动预备制培训与再就业培训并举。近3年来，全省接受劳动预备制培训的青年

约20万人，其中，已经就业的约18万人，组织下岗失业人员参加再就业培训的人数有120多万，其中，已经就业的约占60%。④坚持培训规模与培训质量并举。广东各级劳动保障行政部门组织专家对培训机构的培训质量逐一评估，凡是达不到评估标准的培训机构，予以注销或限期整改，2003年因培训质量低被广州市劳动保障局注销的培训机构就有23家。⑤坚持职业资格证书制度与就业准入制度并举，对全体劳动者进行全方位的职业技能培训。

五、坚持以振兴技能、全面建设小康社会为目标，全力打造技能强省

"十五"期间是广东为率先基本实现社会主义现代化奠定坚实基础的关键时期。与此相适应，广东现代技能人才开发提出以振兴技能、建设小康社会为目标，全力打造技能强省的战略思想。广东省委、省政府明确提出：要加大投入，每个市要建一所以上国家级重点技工学校，经济发达的县要建一所技校。争取在5年内，技工学校在校生要从目前的24万人增加到36万人，并以此作为实施"十项民心工程"的具体内容。为响应省委、省政府号召，各市纷纷采取有力措施，加强技工学校建设，广东的技工教育迎来了新一轮发展机遇。同时，省委、省政府还提出要建立一批技能培训基地，每年要培训45万农村富余劳动力，让他们掌握一技之长，实现就业转移。

按照《广东省"九五"及2010年人才开发规划》，广东力争到2010年培养100位"职业技能名专家"，1000名高级技师，10万名技师，建立起一个适应社会主义市场经济和劳动力市场需要的现代职业技能开发体系，为广东率先基本实现现代化的总体战略目标而努力奋斗。

第六节　广东技能人才队伍建设现状与发展展望[①]

近年来，广东以科学发展观为统领，深入贯彻落实党中央、国务院关于加强技能人才队伍建设的战略部署，将技能人才特别是高技能人才工作

---

① 本节写于2010年3月，发表于《广东发展蓝皮书（2010）》，为2010年优秀研究成果。

列为省委、省政府关于建设人才强省、推进经济发展方式转变的重要举措,切实加强组织领导,制定实施了一系列新的政策,大力构建开放式、多形式、多层次的职业培训体系,探索建立新的技能评价方式,进一步完善表彰激励机制,推动全省高技能人才队伍建设实现了新的跨越,为广东经济转型和产业结构优化升级提供了有力的技能人才支持。据统计,至2009年年底,全省技能人才总量达到1240万人,比上年增长17.70%,其中,高技能人才192.9万人,增长16.1%。全省技能人才总量规模居全国前列。

一、2009年广东技能人才建设现状

过去一年是广东经济社会发展面临重大挑战的一年。全球性金融危机给外贸出口和劳动密集型企业带来严重冲击,全省规模以上工业出口企业19506家,从业人员903.5万,裁员总数达92万人。严峻的经济形势迫使广东加快实施"双转移"战略,加快产业升级和发展方式转变步伐。在这一新的形势下,广东各级政府及有关部门采取了一系列积极措施,加快培养技能人才,助推经济转型,取得了积极成果。

(一)进一步完善职业技能培训政策,形成各级党政齐抓共管技能人才工作新格局

广东省委、省政府按照党中央、国务院关于加强技能人才队伍建设的战略部署,在贯彻实施《关于进一步加强高技能人才工作实施意见》的基础上,发出了《关于加强劳动力资源技能培训和配置工作的意见》《关于实施全民技能提升储备计划意见的通知》《关于鼓励创业带动就业工作的意见》和《珠三角地区改革发展规划纲要》等文件,基本形成了职业技能培训政策体系,进一步明确了加快技能人才队伍建设的指导思想、目标和具体的政策措施,为推动技能人才队伍建设提供了重要的政策支持。为了切实加强高技能人才培养工作,省和地级以上市普遍建立了高技能人才工作领导小组及办公室,建立了联席会议制度和议事制度,初步形成由党委统一领导、组织部门牵头抓总、人力资源部门统筹协调、各有关部门齐抓共管的技能人才工作新格局。

(二)进一步完善技能人才培养体系,拓宽技能人才成长通道

针对技能人才成长渠道少,培养时间长,难以适应经济发展需求等情

况，广东在过去一年中，按照全面实施特别职业培训计划和全民技能提升计划的要求，着力拓宽技能人才培养渠道。

一是积极构建多层次的职业培训体系。大力发展技工学校，省、市、县（区）镇（街道）三级就业训练中心、民办职业培训机构、企业职工培训中心和各类实训基地，形成了具有广东特色的以技工学校为龙头、公办培训机构为主导、民办培训和企业培训机构为基础的多元化、多层次的职业培训体系，对农村转移就业的劳动力、下岗失业人员、在岗职工和城镇新成长劳动力以及高校毕业生开展了多种形式的职业技能培训。据统计，至2009年年底全省培训总量达605万人次，比上年增长了21.5%。

二是加快建设高技能人才公共实训基地。采取高端带动方式加快培养高技能人才，加大培养力度。各地瞄准先进制造业和现代服务业的发展方向，先后建设了与当地支柱产业紧密相关的、体现先进性、开放性、公益性、专业性的高技能人才公共实训基地18个，承担技能人才实训量达4.2万人，其中技师和高级技师2.9万人。

三是强化企业岗位培训，推动大中型企业建立现代企业职工岗位培训制度和培训机构，组织开展职工在岗培训和转岗培训。分别在钢铁、电力、石化、港口等四个行业大型企业建设技师工作站5个，调动了企业培养高技能人才的主动性和积极性，通过采取以名师带徒、组织技术攻关、开展技能竞赛与技术创新活动等方式，加快培养高技能人才。据不完全统计，2009年全省各类企业共组织开展职工岗位培训380万人次，进一步壮大了高技能人才队伍。

四是强化校企合作，加快培养高技能人才。广东紧密结合产业调整升级和企业用人需求，组织大型企业与职业院校开展交流活动，搭建校企合作平台，开展"顶岗实习""引厂入校"和"订单式培训"等多种形式的职业技能培训，整合培训资源，实现校企资源共享、需求对接，初步形成了"量体裁衣"培养符合企业需求的各类技能人才的新机制。

五是抓好劳动预备制培训，全面提升新成长劳动力的职业技能。按照省政府关于全面实施全民技能提升储备计划的总体要求，广东进一步完善劳动预备制培训制度，重点对城乡新成长劳动力进行就业前技能培训。省财政部门在2008—2012年期间每年安排农村劳动力培训转移就业专项资金10亿元，按照人均1400元的补贴标准专项用于农村劳动力技能培训和转移就业。2009年，全省共组织农村劳动力免费技能培训82.4万人，此外，全省各地还积极组织开展了智力扶贫和退役士兵就业前技能免费培训。2009

年，全省共招收了60160名贫困家庭子女作为智力扶贫对象，已有四批共2万名贫困家庭子女经培训后实现100%就业；另招收退役士兵学员16663名，经培训后全部实现就业，开创了退役士兵就业安置工作的新路子。

（三）积极探索建立新的技能人才评价和选拔机制，促进技能人才快速成长

一是在建立完善社会化职业技能鉴定的基础上，积极探索企业高技能人才评价方式，初步形成了社会化职业技能鉴定、评价，院校职业资格认证和专项职业能力考核共同发展的多元评价机制。特别是在企业评价方面，制定了企业高技能人才评价工作管理规定，明确规定企业评价考核项目包括核心能力、工作业绩、生产现场能力和理论知识考核四个模块，统一评价内容，改变了过去单一的评价方式，推动企业高技能人才评价改革，形成了比较完善的评价办法，有效促进了高技能人才评价体系的建设。目前，全省已有763家企业对近100个职业（工种）的在职员工进行评价，参与评价的高技能人才达5.5万人，被评定为高技能人才的达3.5万人，这使得一部分具有较高实践能力的高技能人才脱颖而出。据统计，2009年全省参加职业技能鉴定人数达186万人次，其中获证人数达141万人，总量居全国首位。

二是高规格设立"南粤技术能手"奖项，开展南粤技术能手评选表彰活动。2009年广东进一步贯彻落实省委、省政府关于设立"南粤技术能手"奖的规定，在全省范围内开展第二届"南粤技术能手"评选表彰活动，对在技术创新和科技成果转化方面有突出贡献、并带来重大经济效益和社会效益的高技能人才给予表彰。经层层推荐，专家评定，全省评选出61名"南粤技术能手"，并由省政府予以表彰，营造了尊重知识、尊重劳动、尊重技能、尊重人才的良好社会氛围。

三是大力开展职业技能竞赛活动，选拔技能人才。充分调动各地、各部门以及行业企业的积极性，以开展全省首届工业设计师职业技能大赛为龙头，带动各地和省属行业积极组织开展各类职业技能竞赛。2009年，全省共组织开展省级一类竞赛25项，涉及33个职业（工种）；开展市级竞赛42项，涉及129个职业（工种），参赛人数达到170万人，其中，有193名技能人才通过竞赛获得"广东省技术能手"荣誉称号。

（四）制定扶持奖励政策，建立完善技能人才激励机制

一是制定实施技能人才培训鉴定资助政策。省和各地级以上市政府均从促进就业专项资金中提取职业培训专项经费，按规定对困难家庭人员参加劳动预备制培训、高校毕业生参加职业技能培训并获得相应职业资格证书的，给予适当补贴；企业职工经单位同意参加职业技能培训并获得相应职业资格证书的，所需费用从企业职工教育培训费用中列支；积极扩大失业保险基金支出范围，重点用于失业人员和在岗职工职业技能培训补贴；登记失业人员、本省进城求职的农村劳动力参加职业技能培训的，每人每年可享受一次职业培训补贴；对于就业困难人员，可享受一次以上的免费培训和技能鉴定等。例如，广州市 2005 年以来，市级就业培训资金已从原来的 6000 万元增加到 1.5 亿元，其中用于技能人才的培训和鉴定的资金约占 1/4，对获得技师、高级技师资格的本市户籍人员，统一由市分别补贴 900 元和 1050 元。

二是建立优秀技能人才的奖励制度。继续建立完善地级以上市以政府奖励为导向、企业奖励为主体，辅以必要的社会奖励的高技能人才表彰奖励体系。省政府决定对做出重要贡献的高技能人才授予"南粤技术能手奖"，并给予奖励，对在各类职业技能竞赛中获得优异成绩者，省政府分别按规定授予"广东技术能手""五一劳动奖章""三八红旗手"或"五四青年奖章"等奖励。广州市实施了《广州市高技能人才评选奖励实施办法》，建立了以政府奖励为导向、企业奖励为主体的高技能人才表彰奖励体系。目前该市共有 140 名具有突出贡献的高技能人才获得了市政府的表彰奖励，其中，28 名技能人才获得省政府授予的"南粤技术能手"奖，有 2 名高技能人才被批准享受 2008 年国务院颁发的政府特殊津贴。

三是积极引导和鼓励用人单位完善技能人才使用与待遇相结合的激励机制。省政府规定企业在聘的高级技工、技师、高级技师与本单位助理工程师、工程师、高级工程师享受同等工资福利待遇；技师院校高级班毕业生试用期、见习期工资待遇及定级工资，均参照大专毕业生待遇执行。用人单位招收取得高级职业资格证书的各类职校毕业生，在工资定级、福利待遇方面与大学学历毕业生同等对待。对参加技术攻关并做出突出贡献的高技能人才，可从成果转化收益中，通过奖金等多种形式给予奖励。高级工以上技能人才在就业地连续就业满 3 年以上的，允许其在就业地入户。上述扶持奖励政策的颁布实施，在全社会初步形成了尊重知识、尊重技能、

尊重技能人才的良好氛围，有力地促进了技能人才的成长。

此外，各地还切实加强领导、加大投入，形成有利于高技能人才队伍建设的工作机制。各级党委、政府要把高技能人才工作作为实施人才强市战略的一项重要内容，列入议事日程，定期研究解决工作中存在的主要问题。通过财政预算安排、企业职工教育经费统筹、社会资助或捐赠等多种渠道，不断加大高技能人才培养的投入，为做好技能人才培养夯实了基础。各地还结合产业发展需求和区域功能定位，稳步推进公共实训体系建设，重点建设 10 个省级以上中等职业技术教育实训基地、2 个高技能公共实训基地，新建 1 个集公共实训和职业技能鉴定功能于一体的高技能人才综合公共实训鉴定基地和 1 个农民工岗前综合教育基地。积极改善设在职业院校和企业的职业技能鉴定所的基础条件，为提升技能鉴定能力，确保鉴定质量提供了保障。

二、存在问题分析

虽然广东省职业技能建设和技能人才培养工作取得了一定的成效，但也存在着不少困难和问题。

一是劳动者参加职业培训的积极性不高。虽然各级政府对城乡劳动者参加职业培训都有资金补贴的规定，但许多劳动者和培训机构考虑到资金申领程序比较复杂、证明材料较多、审核和申领补贴的时间较长等原因，都不愿接受相关的培训。同时，培训与待遇脱钩，用人单位对取得培训证书的劳动者没有按规定给予相应的劳动报酬，挫伤了劳动者参加培训的积极性。

二是用人单位缺乏培养技能人才的积极性。在经济转型期间，企业发展前景不明朗，加上企业用工出现短期化的行为，宁愿直接从社会上招聘人员，也不愿花钱培养技能人才，因而出现了"政府和职工两头热，用人单位中间冷"的现象。用人单位对技能人才重使用、轻培养、限制多、支持少的问题仍然存在。

三是技能人才总量偏少，结构有待优化。广东是人口和劳动力大省，近年来劳动者整体素质虽然得到一定的提升，但技能人才总量仍然偏少，在全省 5600 多万从业人员中，技能人才只有 1240 万，其中高技能人才只有 193 万，大部分只有初、中级工水平，导致全省技能人才队伍结构不合理。初、中、高级以上技工比例为 40∶44.4∶15.6，不能适应社会经济发展需要。

四是职业鉴定质量管理有待进一步规范。主要是职业标准开发滞后,有些职业考试没有统一标准,有些标准内容陈旧,不适应新技术发展需要。加上考核考试管理不完善,导致鉴定质量得不到保障。

五是技能人才开发评级体系有待完善。技能人才开发和评价未能充分体现"职业能力"这一特点,影响到技能人才全面开发和人力资源素质的全面提升。

三、技能人才培养工作展望

2010年是广东巩固应对国际金融危机阶段性成果、保持经济平稳较快发展的关键一年,也是科学发展由探索实践向全面深化转变的关键一年。中央经济工作会议强调,2010年经济工作的重中之重是转变发展方式。省委、省政府也强调,要牢牢把握住发展方式转变这个核心,促进产业结构调整升级,提高自主创新能力,构建现代产业体系。因此,在新的一年里,要实现上述宏伟战略目标,必须把加强职业能力建设、加快培养技能人才队伍摆在更加突出的位置,采取有效措施,不断改革创新,加大资金投入,推动此项工作迈上新的台阶。

(一)创新体制机制,进一步完善技能人才队伍建设的政策环境

一是抓紧研究出台鼓励企业开展在岗职工培训的有关政策,鼓励大中型企业建立培训机构,全面开展企业在岗职工技能提升培训,对积极开展当地紧缺职业工种高技能人才培养或承担高技能人才实习任务且培训成效显著的企业由政府给予资助和奖励,以调动企业培养人才的积极性,加快企业高技能人才培养步伐,使更多的在岗职工实现岗位技能提升。

二是在全国率先探索制定专业技术人才与技能人才职业资格互通互认的有关政策,打破人才部门分割管理的壁垒,冲破体制障碍,加快培养跨学科、跨专业的综合性、知识型技能人才。

三是积极开展职业能力建设领域重大课题研究。着重围绕产业升级视角下高技能人才培养的有效路径和方式,充分发挥企业主体作用、培养适合现代产业发展需要的技能人才等课题,开展基础调研工作,制定相关政策,为广东职业培训事业的科学发展创造有利条件。

(二)抓紧统筹协调,全面实施全民技能提升储备计划

继续贯彻落实省政府2009年颁布的《关于实施全民技能提升储备计划意见的通知》,全力以赴做好以下几项工作。

一是建立满足各类劳动者职业生涯发展需要的培训体系,组织开展以在岗职工技能提升计划、新成长劳动力技能储备计划、失业人员再就业培训、农村劳动力转移就业培训和创业培训等为主要内容的五大类职业培训,力争至2010年年底完成各类职业技能培训600万人次的任务,力争技能人才总量比上年增加10%左右。

二是深化校企合作平台建设,扩大校企合作范围和层次,引导100所优秀技工院校与1000家大型企业建立校企合作关系,深化合作办学制度,充分利用各类职业院校师资、设备等优势,重点组织开展在岗职工技能提升培训、新进用人单位就业的城乡新成长劳动力技能培训,确保完成培训农村劳动力80万人的计划目标。

三是大力组织开展创业培训,联合教育、科技、工商、经信、妇联和共青团等单位,面向有创业意愿的劳动者开展创业意识培训和创业技能培训,努力实现创业培训10万人的目标,实现以创业带动就业的目标。

(三)全面实施国家高技能人才振兴计划,着力打造高技能人才高端实训平台

会同有关部门共同研究制订广东省技能人才中长期发展规划,明确目标任务、政策措施和重大项目。重点抓好三项工作。

一是加快省级高技能人才培养示范基地和公共实训基地建设,依托有条件的技工学校、职业培训机构和大型企业,建设一批高技能人才实训基地,其中包括公共实训基地。创新技能人才培养模式、培养内容和培养方式,通过高端带动,全面提高各地技能培训质量。

二是依托技术含量较高的现代产业和骨干企业,建设一批企业技能大师工作室,为技能人才开展技术研修、技术攻关、技能创新和带徒传技等活动创造条件。

三是加快建设现代技工教育体系,实施技工教育规模与内涵同步发展战略,坚持学历教育与资格证书培训并重,长期教育与短期培训并存,多层次办学与特色办学并举的方针,努力实现技能人才培养数量与质量的"双提升""双突破",提升技工学校高技能人才培养能力。

(四)精心组织实施全省职业技能大赛,通过竞赛加快发现和选拔技能人才

全面贯彻省委十届六次全会的部署,在全省范围内广泛开展职业技能竞赛年活动,重点组织开展省级一类30个职业(工种)的技能竞赛和工业设计大赛,搭建技能人才和工业设计师展现才华的平台,通过竞赛这一形式,及时发现和选拔技能人才和创新人才。同时,充分发挥竞赛的示范效应,调动广大职工群众学技能、比技术的积极性,激励广大劳动者自觉参加技能培训和实操训练,全面提高技能水平,为全面提升劳动者素质营造良好的社会氛围。

(五)强化保障手段,大力提高职业技能鉴定质量

进一步加强职业技能鉴定质量监管组织架构和运作机制的建设。制定完善全省职业鉴定管理办法以及配套的管理规定,建立权、责一致的管理机制,确保鉴定质量。强化考评队伍建设,建立督导员和考评员诚信档案制度,严格实行违规查处退出机制。加强监控平台建设,建立职业技能鉴定远程监控系统,推动完善巡考制度,提高监控手段,加强鉴定现场的监督和管理,着重加强农村劳动力职业技能鉴定质量管理。积极推进职业技能鉴定信息化建设,开发职业技能鉴定通用题库。

(六)夯实基础,健全完善技能人才评价机制

加快高技能人才评价体制改革,构建以职业能力为导向的多元化评价体系。建设全国职业能力开发评价示范基地,重点开发工业设计师等具有区域经济特色的职业工种,组织开展工业设计职业资格鉴定试点。深入推进粤港职业技能鉴定合作,加快推进香港资历架构体系与国家职业资格证书体系的对接,探索建立"一试三证"的人力资源评价模式。

(七)加强规范管理,引导扶持民办培训机构发展壮大

抓紧制定出台全省民办职业培训管理实施办法,进一步规范民办职业培训学校的管理,大力促进民办职业技能培训事业的发展。坚持加强职业培训机构办学管理,引导培训机构结合当地产业发展需要合理设置专业并开展实用性技能实训,确保培训质量。进一步完善有关政策,形成鼓励和支持民办职业技能培训事业发展的良好社会氛围,推动和鼓励民办培训机

构积极承担更多社会性职业培训任务。

第七节 广东技能人才队伍建设现状与发展对策[①]

2010年广东采取多项积极措施,大力推进技能人才队伍建设,取得了明显成效。但从总体上看,技能人才培养与社会经济转型期的需求仍不相适应,存在不少问题。在新的一年里,广东必须适应社会经济转型发展的迫切需求,采取一系列强有力的创新举措,加快培养高技能人才,全面提升全社会劳动者整体素质。

一、2010年广东技能人才队伍建设现状

2010年是我国实施"十一五"规划的最后一年。我国高技能人才培养体系建设"十一五"规划纲要提出,"高技能人才工作的主要目标是:完善高技能人才培养体系建设,加快培养一大批结构合理、素质优良的技术技能型、复合技能型和知识技能型高技能人才,逐步形成与经济社会发展相适应的高、中、初级技能劳动者比例结构基本合理的格局。到'十一五'期末,全国技能劳动者总量达到1.1亿人,高级工水平以上的高技能人才占技能劳动者的比例达到25%以上,其中,技师、高级技师占技能劳动者的比例达到5%以上,并带动中、初级技能劳动者队伍梯次发展"。

根据"十一五"的规划部署,广东采取各项积极措施加快培养高技能人才,使高技能劳动者队伍不断扩大。至"十一五"期末,全省技能劳动者总量从2005年的657万上升至1408万人,比"十五"期末增长14%,其中,高级工以上的高技能人才达222万人,比"十五"期末增长一倍多。特别是在过去一年中,广东紧紧围绕产业结构调整升级和发展方式转变的要求,按照"完善制度、创新机制、高端引领、全面推进"的工作思路,充分发挥各方面的积极性,加快技能人才队伍建设,取得显著成效。

(一)充分发挥政府的主导作用,加快培养技能人才

首先是按照党中央、国务院《关于进一步加强高技能人才工作的意见》和省委省政府关于推进实施全民技能提升计划的要求,广东先后制定出台

---

① 本节发表于《广东经济》2011年4月。

了大力发展职业技术教育的决定、加强技能人才队伍建设规划、实施全民技能提升储备计划、加强劳动力技能培训与配置、农村劳动力培训、劳动预备培训、创业培训、妇女培训以及职业培训鉴定补贴、公共实训基地建设等20多项政策措施，形成鼓励及引导技能人才培养、选拔、评价、使用、激励的政策体系。其次是加强高技能人才公共实训基地建设，凸显政府的社会服务功能。通过高端引领，加快培养高技能人才。广东印发了《高技能人才公共实训基地建设方案》，按照统筹规则、合理布局、技术先进、资源共享的原则，以政府公共财政投入为主，在有条件的地市建设一批体现先进性、开放性、公益性特点的高技能人才公共实训基地，增强高技能人才培养和评价的实力。至2010年年底，全省已建成高技能人才公共实训基地22个，年实训能力达22万多人次。最后是加大资金投入，支持高技能人才队伍建设。在各级政府加大职业教育投入的基础上，经省政府批准，2010年广东还从失业保险基金滚存结余的186亿元中，拿出35亿元用于高技能人才公共实训基地购买设备，其中，广州市用于购买设备的基金达18亿元，大大增强了公共实训基地的实力，为加快培养高技能人才打下了坚实的基础。

（二）充分发挥各类职业教育培训机构的基础性作用，加快培养技能人才

大力发展职业技术教育，是加快培养技能人才的重要途径。"十一五"期间，广东认真贯彻省政府《大力发展职业技术教育实施纲要》，加大投入，大力发展各类职业教育，为技能人才成长打下坚实的基础。

一是大力发展中等职业教育，使全省各类中等职业教育学校从2005年的833所发展至2010年的900所，在校学生人数从2005年的104万人发展至2010年的220多万人。其中，技工学校从2005年的191所发展至2010年的244所，在校学生人数从33万人发展至75.6万人。各类中职学校毕业生职业资格证书获证率达90%以上。

二是大力发展高等职业教育，使全省各类高等职业教育实现了跨越式发展。据统计，全省独立设置的高职高专院校有较大发展，在校生人数发展至2010年的65万人。其中，有一半以上的毕业生成为技能型人才。

三是大力发展各类民办职业培训院校，积极开展各种形式的短期职业技能培训。据统计，全省有各类职业培训院校上万家，年培训总量超过600万人次。其中，省属民办职业培训院校195家，年培训人数120多万人。

(三) 充分发挥行业企业的主体作用，促进职工岗位成才

一是积极引导和鼓励行业企业建立、健全职工培训制度，开展企业内部职工岗位技能培训，不断提升技能水平。例如，电信、交通、电力、烟草等行业以提升员工技能素质、促进企业战略转型为重点，建立全员学习培训制度、考核制度、监督制度和激励机制，为职工接受教育培训提供平等机会和保障措施，近年来员工岗位培训覆盖率达100%。

二是在大型企业建立技能大师工作站（室），为技能大师开展以师带徒、传授技艺、技术研修、技术攻关等活动提供有利条件。目前，广东已在韶关钢铁集团等企业建立了5个技师工作站，开展以师带徒活动，加快培养高技能人才。

三是积极推动建立校企合作制度，加速培养企业紧缺的、急需的高技能人才。2010年广东省开展"百校千企"活动，指导企业根据产业结构调整和生产岗位变化对技能人才的新需求，从专业设置、课程开发、师资培养、工学结合、顶岗实习等环节入手，全方位、多形式地积极开展校企合作，加大技能人才培养力度。据不完全统计，2010年全省各类企业员工接受技能培训人数达410多万人次。

(四) 充分发挥技能鉴定（评价）的引导作用，确保人才成长的质量

各地把加强职业资格证书制度建设，开展技能鉴定评价作为推动职业培训和高技能人才培养的重要抓手，充分发挥职业技能考核评价在引导培训、促进就业、落实待遇和强化激励等方面的作用，推动高技能人才队伍建设。

一是进一步扩大社会化职业技能鉴定范围，在全社会大力推进新职业、新工种的技能鉴定工作。据统计，2010年，全省参加技能鉴定和获证人数分别达168.1万人次和130.4万人次。其中，高级工以上级别的高技能人才参加鉴定人数达29.2万人次，获证16.2万人次。

二是逐步扩大企业内部高技能人才评价试点范围。广东在总结广州市、韶关市试点经验的基础上，制定出台了《广东省企业高技能人才评价管理办法》，指导全省各地、各行业开展企业高技能人才评价工作。企业评价的特点是紧密结合生产实际，以工作业绩为重点，突破年龄、资历和比例的限制，为企业高技能人才脱颖而出开拓了新的途径，弥补了鉴定工作的

空白。

三是全面加强职业技能鉴定质量管理,确保人才成长质量。制定实施《职业技能鉴定业务规程》,建立一套比较完善的质量监督组织构架和运作机制,指导督促各地贯彻落实。

四是加强技能鉴定各项基础工作。为完善鉴定评价制度提供条件。主要是积极开发新职业、职业标准及试题库,全年完成了农产品经理人等10个新职业及景点导游等45个专业专项职业能力的开发,建立了包装设计师等16个新职业题库,开展了会展策划师等11个新职业鉴定试点工作;全省共建立鉴定机构495个;加强技能鉴定专家、考评员、督导员等三支队伍建设,共聘任专家726名,培训质量监督员410名,考评员发展至3.5万人。

(五)充分发挥技能竞赛和表彰奖励的激励作用,形成人才成长激励机制

开展职业技能竞赛是及时发现、选拔高技能人才的有效途径。在过去的一年中,广东在技能竞赛和表彰方面着力抓了以下工作。

一是按照省委十届六次全会的部署要求,在全省范围内广泛开展职业技能大赛。省政府首次确定省级一类大赛工种30个,二类竞赛工种56个,市级一类竞赛工种150多个,在全省范围内广泛开展群众性的职业技能竞赛活动。据不完全统计,全省参加赛前训练和三级竞赛的人数有630多万人次,通过竞赛,获得省、市两级技术能手奖的共2788人,其中,广东省技术能手348人。获得高级工以上职业资格证书的人员有8845人,其中,晋升职业资格756人。省政府对前三名优秀选手分别给予5万、3万和2万元的重奖,在全社会产生了积极的影响。达到了以赛促学、提升技能、增强活力的预期目的。

二是抓住在佛山市技师学院承办第四届全国数控技能大赛的有利机会,强化技能人才训练,加快培养高技能人才。本次竞赛设数控车工、数控钳工、加工中心操工(四轴、五轴)等三个工种九个组别,全国有720名选手参赛,其中,广东参赛选手43名,有39人进入前10名。荣获第一名的选手11人,占总数的58%;第2名11人,占总数的58%;第3名8人,占总数的42%。同时,荣获团体第一名。

三是加大技能人才评选表彰力度。在全省组织开展第二届"南粤技术能手"评选表彰活动,从各地推荐的300多名技术能手中共评出61名荣获第二届南粤技术能手奖的技术人员,并以省政府名义予以颁奖;组织开展

中华技能大奖和全国技术能手评审推荐活动，经专家评审通过，广东有11人被评为全国技术能手，广东厨艺职业培训学院等四个单位荣获国家技能人才培育突出贡献奖。总之，各地通过技能大赛和评选表彰活动，使全社会初步形成了尊重劳动、尊重技能、尊重技能人才的良好氛围，激发了广大劳动者学习技能、岗位成才的积极性，促进了技能人才的快速成长。

二、2011年广东技能人才队伍建设面临的机遇与挑战

"十一五"期间，广东有效应对国际金融危机冲击，经济保持平稳较快增长，经济综合实力实现新的跨越，人均生产总值接近7000美元，进入中等收入国家行列，以改善民生为重点的各项社会建设迈出新步伐，人才队伍建设取得了新的进展、新的成绩。但是，与经济社会发展的需求相比，技能人才工作还存在很大差距。

2011年是实施"十二五"规划的开局之年，按照"十二五"的总体规划部署，广东要紧紧围绕加快转型升级、建设幸福广东这个核心，突出促进转型、改善民生、深化改革三个重点，着力推进产业结构优化升级，提升自主创新能力，加快经济发展方式，由过去主要依靠物质资源消耗转到主要依靠科技进步、提高劳动者素质和管理创新的轨道上来。这就迫切需要加快培养一支规模宏大、结构合理、技术精湛的技能人才队伍，为"十二五"发展开好局。在这个大背景下，广东技能人才队伍建设工作面临着新的机遇和严峻的挑战。

从机遇方面看，技能人才队伍建设面临着千载难逢的好机遇。

一是党中央国务院和各级党政领导高度重视技能人才工作。确立了人力资源是经济社会发展第一资源的理念，做出了继续全面实施人才强国的战略，优先开发人才资源的部署，为加强技能人才队伍建设提供了政治保证。

二是国家和广东省近期密集出台了一系列规划和政策，如《国家中长期人才发展规划纲要》《国家中长期教育改革和发展规划纲要》《国务院关于加强职业培训促进就业的意见》《国家高技能人才中长期发展规划》《广东省中长期人才发展规划纲要》《广东省职业教育发展规划》等文件，对在新形势下，大力发展各类教育培训事业，做好人才工作包括技能人才工作做出了战略部署和统筹安排，明确了技能人才工作的方向、目标任务和政策措施，为做好技能人才培养工作提供了良好的政策环境。

三是广东正处于经济社会转型发展的关键时期,对技能人才尤其是高技能人才的需求更多、更为迫切。这为我们主动深化职业教育培训体制改革,建立面向全体劳动者的现代职业培训制度,扩大培养规模,不断提高培养的层次和质量,加快造就一大批满足经济转型发展尤其是战略性新产业发展需要的高技能人才,提供了新的机遇。

四是经过近年来加大资金投入,广东基本建立起一批规模较大、设备设施齐全、师资力量雄厚的职业教育培训院校,为加快培养不同层次的技能人才奠定了良好基础。

从挑战方面看,有几个问题值得重视研究,需要加快解决。

一是人们对技能人才的认识仍有偏差。尽管技能人才的社会地位有所提高,但是人们重学历文凭、轻职业技能的传统观念还没有从根本上得到扭转;用人单位重专业技术人才、轻技能人才的用人观念没有得到转变,致使技能人才面临待遇偏低、晋升偏难、发展渠道少等问题,挫伤了劳动者学习技能的积极性。

二是职业教育培训管理体制扭曲,分工不明确,相互封锁,恶性竞争,重复建设,相互争夺生源,导致技能人才成长的渠道不畅通,特别是导致有关技能人才培养的优惠政策相互矛盾,无法落实,劳动者无法真正得到实惠。

三是技能人才培养资金投入尚少且没有稳定来源。尽管近年来各级政府对职业教育和技能人才的投入逐年增加,但是与战略性新兴产业发展对高技能人才的需求相比,还远远不足。特别是公共财政支出对技能人才培养的投入,随意性大,主管部门难以统筹安排,致使一些欠发达地区高技能人才公共实训基地基础设施建设滞后,职业标准、教材和题库开发滞后,师资队伍建设滞后,无法及时培养出与新兴产业发展要求相适应的高技能人才。

四是面向城乡全体劳动者的平等的职业培训制度尚未健全,基础工作薄弱,管理不规范,培训层次较低。从整体上看,职业培训工作仍不能适应社会经济发展、产业结构调整和劳动者职业生涯发展的需要。这些问题亟待进一步解决。

三、进一步推进技能人才队伍建设的对策建议

面对新的机遇和挑战,在新的一年里,广东省要深入贯彻全国人才工作会议和全国职业培训工作会议精神,抓住贯彻落实国务院《关于加强职

业培训促进就业的意见》的有利时机,从社会经济发展全局和发展战略的高度,紧紧围绕"促进就业、服务发展"这个中心,按照城乡平等、就业导向、技能为本、终身培训的原则,更新观念,深化改革,完善制度,创新机制,夯实基础,搞好服务,全面推动技能人才工作再上新台阶,实现新跨越。

(一) 牢固树立人力资源是经济社会发展第一资源的理念,加快开发技能人才

各级政府要将技能人才开发列入人才发展的战略布局,抓紧制订本地区技能人才"十二五"规划,明确"十二五"期间技能人才队伍建设指导思想、目标任务、重点项目和保障措施。要加快技能人才开发投入力度,通过调整就业专项资金支出结构,逐步提高职业培训和技能人才开发的支出比重,对技能人才队伍各项基础工作(如职业标准开发、教材题库开发、基础设备设施购置、重点项目建设、评选表彰等)予以支持。要抓紧通过立法,全面建立企业职工教育培训制度,并明确规定企业应按工资总额的一定比例提取职工教育培训经费,对不提取或提取后未用于职工教育培训方面的,要明确处罚的办法。此外,要建立政府、社会、用人单位和个人共同投资开发技能人才的机制,为加快开发技能人才提供足够的资金支持。

(二) 加快建立完善现代职业培训制度

抓紧制定贯彻落实国务院关于加强职业培训促进就业的具体意见,按照面向城乡全体劳动者和满足劳动者终身学习的要求,创新职业教育培训制度,促进职业教育培训转型。各类职业教育院校应当重点加强对新成长劳动力进行就业前的学历性职业能力教育,有条件的院校经批准可开展高层次的短期培训。各类职业培训院校重点是面向全体劳动者开展各类各层次的短期职业技能培训。各地各行业要推动建立完善企业职工岗位培训、劳动预备制培训、创业培训、技师研修、校企合作等各项制度,形成具有广东特色的、覆盖各类劳动者的现代职业培训制度。特别是要加快构建以行业企业培训机构为主体,以在岗职工(含在岗农民工)岗位技能培训、创业培训为重点,深入实施全民技能提升储备计划,面向不同的就业群体,调整专业结构、层次结构,开展多形式、多层次的职业培训,逐步提高培训的层次,加快培养企业紧缺和产业发展急需的高技能人才。

(三) 抓紧建设一批高技能人才培养实训基地，提升培养实力

根据技能人才成长的规律与特点，各地各行业应当抓紧建设一批高技能人才实训基地，依托基地强化技能训练，加快人才成长。

一是要加快建设一批高技能人才公共实训基地。各地级以上市要立足当地产业发展需要，运用失业保险基金和财政专项资金，为公共实训基地购置设备，着力建设一批体现战略性产业发展要求、设备设施先进的、公益性的高技能人才公共实训基地，承担起高技能人才实训任务。

二是加快建设高技能人才培养示范基地。主要是依托有条件的职业院校和大型企业，以高级技能培训为主，建设一批省级高技能人才培训示范基地。

三是在县（市、区）建设一批以初、中级技能培训为主的综合性职业技能实训基地，围绕劳动者就近就地的就业需要，提供培训、实操、鉴定和推荐就业等综合服务。

四是加快技能大师工作站（室）建设。在全省范围内开展技能大师评选活动。以技能大师为依托，在"十二五"期间建设200个技能大师工作站。通过名师带徒的形式，传授绝活绝招，形成代际传承机制，为国家培养造就拔尖的高技能人才。

（四）鼓励发展民办职业培训院校，精心打造职业培训品牌

一是鼓励社会、用人单位、个人以及境外机构投资举办职业培训实体，扩大培训规模，不断提高办学层次。

二是抓紧制定职业培训精品工程实施方案，从2010年起每年评选10家优质培训机构作为重点扶持发展对象，强化培训的针对性和有效性，树立全省职业培训先进典型，发挥品牌效应，带动全省民办职业培训机构积极承担政府培训任务，提高职业培训机构办学水平。

三是加强检查管理。加强对职业培训机构办学情况的检查指导，整顿培训市场，规范办学行为，整顿和撤销违规办学或长期没有招生的学校。

（五）建立健全技能人才多元评价体系，不断提高鉴定质量

一是建设职业开发研究院，根据技术进步、产业发展变化的新情况，积极开发适应现代产业体系发展需要的新职业及职业标准、教材和题库，为评价工作打好基础。

二是加强完善技能人才多元化评价办法,重点选择一批大型企业,进一步推广企业内部高技能人才评价办法,贴近企业生产实际,突出职工核心能力、工作业绩等整体职业能力考核,为企业高技能人才脱颖而出创造条件。

三是进一步加强职业技能鉴定质量监管和运作机制建设。在全省开展职业技能鉴定机构鉴定质量评估活动,向评估合格的鉴定所颁发许可证,在此基础上建设一批质量可靠的示范性鉴定机构,树立鉴定质量标杆。制定完善全省职业技能鉴定管理办法以及配套规定,建立权责一致的管理机制,确保鉴定质量。

四是强化鉴定人员队伍建设。加大高级考评员、督导员培养力度,建立督导员和考评员诚信档案制度,严格实行违规查处退出机制,强化鉴定所(站)质量管理,打造一批高水平高质量的示范性鉴定所(站)。

(六)进一步完善职业技能竞赛和表彰制度,形成技能人才成长激励机制

一是进一步完善省、市两级职业技能竞赛制度。职业技能竞赛分为两类,跨地区、跨行业的为一类;单一行业的为一类。原则上每年可从技术复杂、通用性广、从业人数较多的职业中挑选若干个工种开展技能竞赛活动,对竞赛中涌现出来的优秀选手由同级政府予以表彰奖励。同级政府要从资金上给予支持。

二是继续开展高技能人才评选表彰活动,以"南粤技术能手奖""广东技术能手"等评选活动为重点,对有突出贡献的高技能人才给予重奖。对在实际工作中充分发挥带头骨干作用的,给予享受相应的待遇。

三是建立高技能人才政府津贴制度。对品德高尚、技能精湛、业绩突出的高技能人才授予技能大师或技术能手荣誉称号,并享受政府特殊津贴和企业岗位津贴。

四是探索建立高技能人才与专业技术人才"立交桥"互通制度,完善高技能人才入户城镇、促进就业、人才服务等服务措施和办法,优化高技能人才成长的政策环境。

第八节 广东省"九五"至 2010 年技能人才规划[①]

1996～2010 年,是广东基本实现现代化的重要历史时期。为了树立起全面的人才观,形成完整的人才发展战略,切实把技术工人视为技能人才,摆上各级政府人才开发的重要议事日程,加快技能人才的开发与使用,推动广东经济建设切实转移到依靠科技进步和提高劳动者素质的轨道上来,现根据《广东省二十年社会发展规划纲要》和《广东省国民经济和社会发展第九个五年计划纲要》的总体部署,编制本规划。

一、技能人才开发现状

本规划所称技能人才,是指取得中级及以上国家职业资格证书和在企业技术工人岗位上取得中级工以上的劳动者。随着经济社会持续稳定发展和科教兴国战略的实施,广东省不断加大技能人才资源开发力度,全省技能人才开发工作取得较明显的成效。

(一)主要成就

1. 技能人才总量明显增加,结构有所改善

据统计,1994 年,按职工在企业技术岗位上的年资计算(注:当时职业技能鉴定刚刚起步,尚未颁发职业资格证书),全省各类企业技能人才总量为 170.85 万人,占全省企业职工总数的 15.52%。其中,中级技工占 54.12%,高级技工占 43.54%,技师(含高级技师)占 2.34%。"八五"期间,全省技能人才年均增长 1.90%,略快于同期人口年均增长 1.68% 的

[①] 该规划是笔者于 1996 年在广东省劳动厅领导下,牵头主持制订的全国第一个技能人才规划,是当时参与制订规划人员集体智慧的结晶。将这个规划收录于此,其重要意义在于,首先,它证明广东率先突破了传统的人才观念,把技术工人视为技能人才,纳入人才范畴,确立起新的人才观;其次,突破了一些部门的阻挠,在工作实际中冲破了传统的人才管理体制制约,把技能人才纳入人才管理体系进行总体规划部署;最后,对培养、选拔、使用技能人才从政策上给予扶持。实践证明,把技术工人称为技能人才,是一个重要的创举。2003 年,党中央、国务院召开的全国人才工作会议,强调要加快培养高技能人才。

增长速度。1990年技能人才在人口中的密度为每万人口中拥有技能人才402人，1995年增加到435人，平均每年递增1.59%，技能人才占社会劳动者的比重为4.79%。在技能人才队伍中，男性占65.83%，性别构成比重与就业的性别构成比重大体一致；其中青壮年（16～45岁）技能人才占总数的80%。

技能人才文化素质有所提高，1995年大专及以上学历的人数16.58万人，技校文化程度的技能人才所占比重最大，增速最快。1995年技校毕业、中专学历和大专及以上学历人数之比为14∶5∶1。技能人才中，51.8%集中于第二产业，与产业性质的要求相符合；第三产业的占45.97%；第一产业只有3.8万技能人才，占2.2%。在16个行业中，技能人才主要集中于制造业，数量达68.28万人，占36.68%；国有企业技能人才所占的比重最大，比其他各类企业高6～8个百分点。

2. 中等职业教育事业发展较快，技能人才后备力量明显增加

"八五"期间，广东积极调整教育结构，大力发展职业技术教育，使中等教育结构单一的状况得到根本上的改变。至1996年，全省中专学校201所，在校生21.9万人；中等师范学校46所，在校生5.71万人；技工学校186所，在校生12.5万人；职业高中483所，在校生18.8万人。中等职业学校在校生与普通高中在校生的比例已达到55.2∶44.8。高等职业教育开始起步，全省举办高等技校3所。技工学校在校生"八五"期间年均增长16.29%。

3. 职业技能培训事业迅速发展，培训规模明显扩大，初步形成了政府、社会和企业办学共同发展的新格局

据统计，至1996年，全省县区以上劳动部门举办的就业培训中心有142所，年培训能力达40多万人次；社会团体和企业办的职业培训实体有3669个，年培训能力达40多万人次。劳动预备制度开始起步，对不能继续升学的初、高中毕业生进行1～3年的职业技术培训，职业培训覆盖面不断扩大。

4. 职业技能鉴定体系初步建立，劳动者职业技术等级鉴定工作逐步铺开

全省成立职业技能鉴定中心13个，经批准建立职业技能鉴定所（站）492个。按照国家确定的职业分类及技能标准，经职业技能考核、鉴定，对合格者发给职业资格证书。至1996年年末，实行职业技能鉴定的工种达84个，取得职业技能证书的技能人才有41万人，约占其总数的10%。其中技

师和高级技师1.6万人。

5. 市场机制开始在技能人才配置中发挥基础性作用

至1996年,劳动部门举办职业介绍机构1163所、社会职业介绍机构413所,积极为各类用人单位和技能人才牵线搭桥,有力地促进了技能人才的合理流动。全省累计从省外引进受过中等职业技术教育的技能人才38.7万人,并从国外和台港澳地区引进一批技能人才。

6. 有利于技能人才成长的环境初步形成

通过不断深化企业劳动人事、工资、保险制度综合配套改革,打破了干部、工人身份界限,提高了技能人才的社会经济地位;国家制定颁布了《职业教育法》,广东省制定了《广东省实行技师、高级技师资格考核社会化管理的暂行办法》等政策法规,初步形成了技能人才成长的宽松环境。

(二) 存在的主要问题

1. 技能人才总量不足,整体素质偏低

1995年,广东省第二、第三产业实际从业人数达2077.6万人,在生产技术岗位工作的技术工人有303万人,占14.6%。在全部技术工人中,中级工以上技能人才170.85万人,占第二、第三产业从业人数的8.2%,低于全国平均水平。其中,高级、中级技术工人数量占从业总人数的比重,在全国26个省、市(云南、贵州、西藏等省区因数据不全未统计在内)中排序分别为第15位和23位;高级技师、技师则列倒数第二位,与广东省经济社会发展水平反差较大。

在技能人才中,大专以上学历的技能人才仅占技能人才总数的9.7%,中等职业教育学历的占32.1%,普通初、高中以下文化水平的占58.2%。整体素质明显偏低。

2. 技能人才等级结构不合理,高级技能人才严重不足

1995年以年资为标准的高级技工为74.39万人,占技能人才总数的43.54%,中级技工92.46万人,占54.12%;属高级技能人才的高级技工、技师、高级技师仅4万人,占2.34%,其中获得相应证书的技师只有1.8万人,高级技师更少,仅有93人。

3. 技能人才分布状况有待改善

从地区分布来看,技能人才主要集中在经济发达的珠三角地区。1995年,珠江三角洲人口仅占全省人口总数的31.5%,但全省3/5的技能人才都集中在该地区。东西两翼地区的技能人才分别是全省的11.16%和

12.18%，其密度远小于人口密度；山区虽拥有全省2/5的人口，却仅有18.54万技能人才，占全省的1/10。

4. 教育结构不合理，职业技能开发体系不健全，规模小、层次低

中等职业教育规模尚需扩大，高等职业教育急需增加投入；专业设置过于单一，教材、设备陈旧，不能适应现代经济和技术发展的需要。职业技能教育培训师资短缺，教师队伍素质有待提高；缺乏专门的技师师资培训基地，按照国家有关规定，技工学校文化技术理论教师与学生的比例应为1∶16，生产实习教师与学生比例为1∶20，但1995年广东省达标率分别仅为56.9%和31.2%。

5. 技能人才的引进和使用尚未形成激励机制

长期以来，由于受传统体制的制约，社会上缺乏全面的人才观，重仕途、轻工匠，重文凭、轻技能的现象十分严重，技能人才不被视为人才，社会地位低；企业对培养或引进技能人才不重视，短期行为严重，缺乏稳住人才的措施；在工资分配方面，劳动者技能工艺水平与工资待遇没有直接联系，没有形成激励机制，极大地影响了广大劳动者学技能的积极性和主动性。

6. 职业技能评估鉴定体系不健全，存在不少薄弱环节

主要是国家颁布的职业分类和职业技能标准，职业技能鉴定机构以及试题库和考评员队伍建设、鉴定规范、鉴定装备等跟不上形势发展要求。

7. 技能人才管理体制没有理顺，缺乏有效的调控手段

技能人才管理体制存在条块交叉、政出多门、职能重叠等问题，人才管理综合部门没有把技能人才纳入管理范围，导致技能人才培养、使用、流动等方面存在不少障碍；职业技能开发的目标和资金（如经费、基建项目等）尚未纳入国家的宏观发展规划和财政预算，造成经费严重不足，办学缺乏必要的保障条件；职业技能开发的法律法规不完善，无法对技能人才开发和管理进行有效的引导和规范。

二、技能人才开发的指导方针、战略目标和主要任务

（一）指导方针

1. 与经济社会发展相适应方针

要根据本地区经济发展的速度来确定技能人才开发的规模，保证有足够数量的技能人才来满足经济发展的需要；要及时准确掌握经济结构调整、

变动趋势，调整技能人才的开发结构，大力培养新兴产业、高科技产业所需要的技能人才，更好地支持经济结构调整。

2. 实行"双轨"教育、系统开发的方针

广东省教育体制要向"双轨制"方向发展，在全面实行九年义务教育的基础上，学生开始分流，一部分继续接受普通高中、高等教育；另一部分进入职业高中、中专、技工学校、高等职业技术学院接受职业技术教育，全面系统地培养不同层次的技能人才。各级政府要像重视抓普通教育那样抓好职业技能教育，把职业技能教育纳入整个教育事业发展总体规划，做到统一规划、统一部署、同步建设、规范管理，加快职业技能教育发展步伐。

3. 整体开发、重点发展的方针

技能人才开发要按照全省经济发展的整体需要，全方位进行，培养适应经济发展需要的各类技能人才，并把所有劳动者作为一个整体，进行职业技能开发，全面提高劳动者素质。在整体开发的基础上，根据广东省经济结构调整的需要，重点开发广东省支柱产业、第三产业和新兴产业所急需的技能人才；同时，要重点培养高级技能人才。

4. 与生产实际相结合的方针

技能人才开发要具有鲜明的职业性和实践性的特点，必须与生产实际紧密结合。在课程设置、教材安排、师资配备、设备条件等各个环节，都要有利于提高技能人才实际操作能力，要注意掌握生产的发展变化特别是新技术的采用情况，及时对教材等各个环节进行相应的调整，使技能人才所掌握的技能能较好地适应生产实际的需要。

5. 统筹兼顾、综合协调的方针

各地要按照职业技能开发的统筹安排，做到办学布局合理、专业设置合理、层次结构合理；要以市场需求为导向，研究制订技能人才开发的计划、规划，提出高技能人才开发事业的发展方向、目标和政策措施，引导技能人才开发更紧密地与经济、社会发展相结合，使技能人才各尽其才、各得其所；进一步增大对职业技能开发事业的投入，充分发挥政府举办的职业技能教育机构的主导作用，进一步调动企业和社会办学的积极性，形成三位一体的办学格局。

6. 政府主导、市场调节、合理配置的方针

技能人才的开发要按照市场规律办事，充分发挥市场机制对资源配置的基础性作用，同时，政府通过研究制订技能人才开发的计划、规划，提出技能人才开发的目标和有关政策措施,引导技能人才开发,避免人力资源浪费。

7. 开发、使用和待遇相结合的方针

建立技能人才开发、使用与待遇相联系的激励机制,根据技能人才所处的岗位和技能等级,给予相应的工资福利待遇,激发广大劳动者学习掌握职业技能的积极性。

(二) 战略目标

"九五"期间至2010年,广东省技能人才开发事业发展的战略目标是:按照《劳动法》《职业教育法》等法律、法规和"九五"计划的要求,以大力培养、合理使用技能人才为目标,加快研究制定有关配套政策法规,构建技能人才开发管理体制,大力发展职业技能教育和培训,形成职业技能开发多方投入机制,全面实行职业技能鉴定和职业资格证书制度,不断完善职业技能开发体系,推动广东省技能人才开发事业向全方位、多功能、高层次、规模化方向发展,建立一支以技师、高级技师为骨干,以中高级技术工人为主体的技能人才队伍,进一步提高广东省劳动者职业技能水平和职业道德水平,推动全省劳动力结构调整优化,促进经济社会发展和充分就业。

1. 总量目标

根据技能人才增长必须与经济增长和经济结构调整相适应的原则以及实现两个根本转变的要求,"九五"期间,广东省技能人才总量应按年均10.8%的增长速度,至2000年达到285.30万人,比1995年增加114.45万人,占社会劳动者总数的7.52%。2001—2010年间,技能人才总量年均递增速度应保持在10%的水平上,至2010年,全省拥有技能人才800.27万人,分别比1995年和2000年增长4.68倍和2.81倍,占社会劳动者的17.95%。

2. 结构目标

至2010年,广东省要形成一支以技师、高级技师为骨干、中高级技工为主体的技能人才队伍。至2000年,具有职业技能等级证书的高级技师和技师、高级技工、中级技工的比例为3.49∶43.43∶53.08。至2010年,三种技能等级证书拥有人数的比例为6.85∶42.05∶51.10。

3. 分布目标

为保持技能人才结构和三大产业结构、就业结构的合理比例关系,到

2000年和2010年，全省技能人才在三大产业中的比例分别为1.59∶55.21∶43.20和1.14∶38.17∶60.69。

（三）主要任务

按照技能人才开发事业发展的战略目标和劳动事业发展的实际可能，"九五"期间至2010年，职业技能开发工作的主要任务是：建立技能人才教育、培训、鉴定、管理、服务和经费投入六个体系，形成以劳动力市场需求为导向，以促进技能人才合理配置和提高经济效益为目的，以职业分类和职业技能标准为依据，以职业技能教育、培训和鉴定工作为支柱，以完善的管理服务和资金投入为保证，直接有效地为经济建设服务的职业技能开发体系。重点发展10所高级技工学校，22个综合性职业培训基地，8个有权威的大型技能鉴定中心，1个试题库和1个技能人才库，以保证战略目标的实现。

1. 技能人才教育体系

大力发展职业技能教育，扩大办学规模，提高学校层次和教学质量，逐步形成以培养中、高级技能人才为主、布局合理、公办与民办相结合的职业技能教育体系。至2000年，技工学校发展到200所，在校生22万人，其中高级技工学校6所。至2010年，侧重发展高等职业技术教育，高级技校发展到10所。

2. 技能人才培训体系

积极发展职业技能培训事业，形成覆盖城乡、多层次、多功能、多形式的与职业技术教育相衔接的职业技能培训体系，全面提高劳动者的就业能力和职业技能，促进就业和经济发展。充分调动社会团体和大中型企业办学的积极性，形成多方投入、单独办学与联合办学并举的新模式。至2000年，全省各类职业技能培训网点达到4000个，重点建设省和21个地级市劳动局举办的综合性职业培训中心，年培训能力从1995年的46万人发展到80万人，新增就业人员接受职业技能培训的比例达到80%，转岗转业人员受训面达到70%。至2010年，各类技能培训机构达到6000个，重点建设市、县（区）级职业培训中心150个，年培训能力达到150万人次。各类培训实体应根据市场导向，采取长短结合等多种形式，开展就业前、上岗前培训和在岗培训与转业训练。新增就业人员接受职业技能培训的比例提高到90%，接受转岗转业培训人员达到80%。

3. 职业技能鉴定体系

职业技能鉴定体系主要包括建立技能鉴定机构、国际试题库地方分库和考评员队伍，不断扩大职业技能鉴定的职业（工种）范围。至2000年，进一步健全全省职业技能鉴定指导中心的建设，在各市、县（区）和主要行业建立鉴定所（站）。对国家规定的100个技术性较强的职业（工种）全部实行职业技能鉴定，劳动者进入这些职业（工种）须持证上岗；至2010年，健全覆盖全省各市县的职业技能鉴定网络，并按国家规定对从事涉及国家财产、人身安全和广大消费者利益的200个职业的劳动者实行就业准入控制，全面实行职业资格证书制度。建立健全省级职业技能开发研究中心和试题库，加强命题管理，形成科学、规范的考核鉴定程序，保证职业资格证书的权威性、公正性。

4. 技能人才开发管理体系

根据《劳动法》《职业教育法》和《社会办学管理条例》等有关法律法规，研究制定广东省技能人才开发、使用和激励的政策法规，逐步走上依法管理轨道。理顺普通教育与职业技能教育的关系，在全省职业教育协调领导小组的指导下，积极统筹全省职业技能教育发展中的重大问题，加大技能人才开发力度。理顺劳动、人事、教育、高教等有关部门在技能人才开发、使用与管理中的关系，明确分工，各司其职，加强协作，形成科学合理的技能人才开发、使用、管理的新体制。

5. 技能人才开发服务体系

加强职业技能开发的师资队伍建设，至2000年，全省配备职业教育生产实习指导教师2万名；健全职业技能开发理论与教育研究机构和教材编审委员会，编写符合技术进步需要的现代化教材，以及提供配套的教学、实习设备。至2010年，要建立职业技能师资再教育基地，进一步健全教研机构。加快完善劳动力市场服务体系，至2000年，建成覆盖全省的职业介绍网络和就业预测信息网络，在省的层面的和广州市建立技能人才信息库。并在省级职业介绍服务中心设立国内外技能人才引进服务机构，为企业引进本地短缺的技能人才提供服务。至2005年前，在省的层面的和各市建立技能人才信息库并实现联网，发挥信息在技能人才开发、引进和使用中的导向作用。

6. 技能人才开发经费投入体系

形成以政府、企业和社会相结合的技能人才开发经费投入体系。各级政府应将技工学校、就业培训中心的经费纳入各级财政预算，并逐步提高其比例；技工学校、就业培训中心的基建项目要纳入地方基建投资计划；逐步提高企业教育经费在人工成本中的比例，所提取的职工教育培训经费中的70%要用于职工培训。

三、主要政策措施

（一）技能人才培养开发方面

1. 强化职业技能教育培训

调整中等教育结构，把发展中等职业技术教育作为广东省普及高中阶段教育的主要实现手段，并通过新建一批职业技术学院、技工学校、中专、职业中学，扩大现有的职业技术院校规模，进一步扩大职业技能教育的规模，为经济和社会发展提供足够数量的技能人才；根据广东省经济发展与产业机构调整的需要，建立与产业相结合、规模较大的集团化技工学校，加快技工学校发展。

2. 实施高等职业技术教育工程和高级技能人才"三个一"工程

加大发展高等职业技能教育的力度，新建10所高级技工学校。进一步提高职业技能教育层次，大量培养企业急需的高技能人才。至2010年，培养100位"职业技能名专家"，1000名高级技师，10万名技师，从而在广东省各行业造就一支职业技能带头人和骨干队伍。

3. 在重要的区域经济中心建设一批规模较大、辐射面较广、层次较高、设施较先进的职业技能培训实体

2000年前，由广东省和项目所在市政府共同投资，建设广州、佛山、深圳、湛江、东莞、中山、肇庆、惠州、汕头、江门等10所高级技工学校和韶关市职业技能开发集团，形成区域性职业技能教育的支柱。

4. 组织实施"121"工程

即建立一个省级综合性职业培训基地，在21个地级以上市劳动部门举办的就业培训中心的基础上建设综合性职业培训基地，进一步扩大广东省职业培训的规模和功能，开展转业转岗培训，帮助没有培训能力的中小企业开展技能培训。要按规定从失业保险基金中提取转业培训费和从再就业基金中提取再就业培训资金，划入就业培训基地使用。至2010年，各县（市、区）就业培训中心要发展成为综合性职业培训基地，其中，一些规模较小的县（区）就业培训中心，可与当地技工学校、职业中学联合办学，建立职业培训综合基地。

5. 进一步建立健全企业内部职业培训制度，实施行业职业技术教育工程

各类企业都要按国家有关的法律、法规，建立健全职业技能培训制度，结合本企业的生产经营实际，有计划、经常性地开展职业培训；对从事技术工种的劳动者，上岗前必须进行岗前培训；对不适应岗位要求而需转岗安置的员工，要进行转岗培训；对其他在职劳动者进行技能提高培训，不断提高员工的职业技能素质。企业必须按规定从职工工资总额中提取一定比例，用于对职工的职业培训，不得挪作他用。大型企业和有条件的中型企业，必须设立专门的职业技能培训机构，要有固定的培训场地和设施。不具备开展职业技能培训的中、小型企业，应委托当地劳动部门组织培训；各行业应根据本行业生产经营特点，指导和统筹本行业开展职业技能培训。

6. 进一步鼓励和支持社会力量办学

无论是个人或单位，凡具备办学条件，学校布局、专业设置合理的，政府有关部门应及时予以审批，并在办学场地、税收、师资、教材和学生考核、鉴定等方面给予帮助和扶持。同时，加强对社会办学的指导和管理，规范其办学行为，及时发现和纠正各种违规行为；对不具备办学条件的，要注销其办学许可证。

7. 建立健全劳动预备制度

要对新成长劳动力开展劳动预备制培训。至2000年，全省基本建立起劳动预备制度，对未能升学的初、高中毕业生和有就业愿望的年轻劳动者，开展1～3年的职业培训和相关教育；同时，实行就业准入制度，企业招用从事技术工作的劳动者，必须从已取得相应职业资格证书的人员中录用；招用从事非技术工种的劳动者，也应优先从经过相应职业培训并取得相应证书的人员中选用。

（二）技能人才引进方面

一是研究制定优惠政策措施，大力引进广东省经济社会发展所急需的中高级技能人才。各地要从本地经济社会发展和职业技能开发的实际出发，研究制定引进技能人才的政策措施，主要是在入户指标、城镇增容费、家属子女就业、入学入托等方面提供优惠，切实解决引进中、高级技能人才中遇到的一些实际问题。

二是抓紧建立技能人才引进服务中心。各地可从本地实际出发，成立技能人才引进服务机构,并与省技能人才引进服务中心联网,根据本地企业提出的技能人才需求情况,积极搜集有关信息,为企业引进人才牵线搭桥,提供服务。

三是多形式、多渠道引进技能人才。除调入外,还可采取短期借用、聘用、技术交流合作等多种形式引进技能人才。

四是加强与港澳台地区人力资源组织、行业协会建立联系,开展技能人才交流,与欧美等发达国家的志愿者组织建立联系,引进技能型志愿者人才。

(三) 技能人才使用方面

第一,深化企业用人制度改革。不断完善劳动合同制度,打破企业内部干部、职工的身份界限,形成平等竞争的用人机制;根据技能人才实际具有的技能水平,把他们安排到合适的管理、技术和生产工作岗位上,突破其原有身份、资历、学历的限制,充分发挥技能人才的聪明才智,避免技能人才资源浪费。

第二,建立技能人才聘用制度。根据企业生产经营特点,科学合理地设置技能岗位,制定技能岗位规范、任职标准和工资、津贴标准以及任职期限,并通过全面考核,择优聘用上岗,赋予其相应的责、权、利,以更好地发挥技能人才在生产经营中的作用。

第三,研究制定相关政策,建立完善激励机制。健全技能人才的职业资格等级制度,建立中级工、高级工、技师、高级技师4个技术等级,研究制定申报条件和评定标准与程序,以利于技能人才的使用和管理;改革、完善有关工资分配、奖励和福利制度,把技能人才的工资福利待遇与其技能水平相联系,受聘在相应技术岗位上工作的高级技师、技师和高级工、中级工,应分别享受本单位高级工程师、工程师和技术员的同等待遇;对高级技能人才,要与相应职称的工程技术人员一样,在住房、医疗等方面给予照顾;对有突出贡献的技能人才给予重奖。

(四) 技能人才配置方面

第一,进一步健全劳动力市场体系,充分发挥市场机制在技能人才资源配置中的基础性作用。一方面,要在省的层面和各市建立技能人才信息库,搜集、储存本地和国内外各类技能人才的信息资料,并向用人单位提供信息咨询服务。另一方面,要不断完善劳动力市场运行规则,规范企业用人行为、技能人才择业行为和市场中介行为,保证技能人才就业渠道畅通、有序。

第二,注意发挥政府部门的宏观调控职能,引导技能人才合理流动。各地要根据本地经济社会发展和企业生产经营的需要,制定技能人才开发、引进、使用等方面的规划、计划及其政策,调节技能人才的供求关系,实现供求总量平衡;要根据本地经济结构调整,通过信息引导,制定倾斜政策等手段,引导技能人才合理流动,满足经济社会发展需要。

(五)技能人才评价方面

第一,全面推行职业技能鉴定制度,按照国家职业技能标准,建立和完善职业技能鉴定社会化管理体系,满足劳动者进行职业技能水平鉴定的要求,引导劳动者不断提高职业技能水平。

第二,加强职业技能鉴定机构建设,逐步扩大职业技能鉴定范围。扩大省职业技能鉴定指导中心,建设能同时容纳50人进行职业技能鉴定并与奥林匹克竞赛合二为一的基地和试题库。各地要加快职业技能鉴定所的建设,至2010年全省各市、县都要建立职业技能鉴定所(站),形成覆盖全省、布局合理、比较健全的职业技能鉴定网络。

第三,建立完善技能人才评价标准,规范鉴定考核行为。加强命题管理,建立国家试题库广东分库,并开发30个工种的地方试题分库,在全省各地级市职业技能鉴定指导中心实行电脑联网,统一鉴定方式,在考核鉴定的各个主要环节建立约束机制;加强对技能鉴定考评人员的资格管理,搞好鉴定考评人员的培训;加强对证书发放的监控,保证证书的权威性、公正性和可靠性。

第四,落实职业资格证书制度,实行就业准入调控。至2000年,对国家规定的100个技术性较强的专业(工种)实行职业技能鉴定,持证上岗。至2010年,要在技术复杂、通用性强、涉及人身和财产安全及广大消费者利益或法律、法规有明确规定的200个职业、工种或岗位,全面落实职业资格证书制度,进入这些工种或岗位就业、再就业的劳动者,必须通过职业技能鉴定,取得职业资格证书后才能上岗。

(六)技能人才管理方面

一是加强对技能人才开发、使用工作的领导,把技能人才开发、管理纳入国民经济和社会发展规划;按照国务院《决定》确定的职业教育管理体制，建立完善技能人才管理新体制，加强与计划、教育以及行业管理部门的协调，明确各自职能，形成齐抓共管、加快技能人才开发的新局面。

二是建立职业技能开发研究机构，加强政策研究。着重研究理顺技能人才开发管理体制，研究制定技能人才培养开发经费筹措和使用、鼓励企业培养和使用技能人才的相关政策；组织研究开发技能人才评价标准和培训教材等，进一步增强技能人才开发、使用的能力，提高开发水平。

三是突出抓好重点项目的建设。在规划期内，省和各地都要从经济社会发展和技能人才开发、使用的实际出发，投资建设一批技能人才培养开发、鉴定评价、配置引进和管理的重点项目，作为各地技能人才开发事业发展的支柱。

四是积极争取优惠政策，扶持发展从事职业技能人才开发、鉴定、管理工作的事业单位。按同等职业学校的标准，解决技工学校的机构设置、人员编制和待遇问题；职业技能教育中心实习、实验设备投入大、损耗高，各级财政应当加大技工学校、技能鉴定中心的基本建设资金投入，并列入政府财政预算。

五是多渠道筹措经费，增加职业技能开发投入。省和各地在安排基建投入资金和日常经费时，要安排专款用于职业技能开发事业；企业职工教育经费由工资总额的1.5%增加到2.5%的增加部分，应由政府统筹安排，主要用于技能人才的培养开发；建立职业技能开发基金，统一筹措和管理使用，重点扶持技工学校开展技术性和公益性较强且实验实习损耗较大的专业；积极鼓励和引导企业、社会团体以及个人向职业技能教育捐款捐物，支持办学。

六是采取各种形式广泛宣传技能人才在经济社会发展中的重要作用。对成就突出、贡献较大的技能人才，要广泛宣传其典型事迹，并由政府组织表彰和奖励，形成社会重视职业技能、尊重技能人才的风气；要定期组织开展职业技能竞赛，扩大技能人才在社会上的影响，不断提高技能人才的社会地位。

第三章 技校是技能人才培养的试验田

【本章导读】广东省技工学校是在中华人民共和国成立初期失业工人训练班的基础上发展起来的。据统计，至1960年，广东技校发展到73所，在校生15749人，"三年困难时期"，经过压缩、停办和复办，1964年以前，由劳动部门负责综合管理。1964年至1978年划给教育部门管理。这期间，大部分技工学校被迫停办或改为工厂。1979年重新划归劳动部门管理。

改革开放以来，广东省技工学校大体上经历了恢复发展、快速发展和巩固提高三个阶段。第一阶段从1979年至1999年，基本上属于恢复发展阶段。据广东省统计局主编的《广东统计资料》（1991年29号）显示："1985年，全省技工学校只有97所，在校生只有1.45万人；至1990年发展到127所，在校生人数上升至5.21万人。尽管到1990年技工学校在校生规模有明显增长，但占全省中等职业教育的比重只有13.6%。"广东用了10年时间复办技工学校。但是随着企业改革的逐步深入，部分企业不景气，一些行业企业被关闭、撤销，导致一些行业企业办的技校被迫关停，广东再用10年时间对技工学校进行了调整，至2000年，全省基本完成了技工学校的第一轮调整改革，技工学校发展到192所，在校生总量为15.46万人。第二阶段为在调整改革中加快发展阶段。为了重新激发技校的生机活力，原劳动保障部2000年5月印发了《关于加快技工学校改革工作的通知》（劳社部发〔2000〕10号），提出"调整布局、提高层次、突出特色、服务就业"的16字方针。笔者2000年起任培训就业处处长，面对全省技工学校招生下滑、规模过小、管理体制不顺、竞争力不强的状况，主张从招生制度、管理体制、办学机制等方面进行大刀阔斧的改革。首先是取消指令性招生计划，改革多年来只准招城镇初高中毕业生学生，不准招收农村学生；只准招收本省生源，不准招收外省学生；只准招收全日制学生，不准招收非全日制学生等制度性规定，允许学校面向社会、面向农村、面向外省，放开招生，使技校在校生规模从1999年的近10万人增加到2007年的20多万人。其次是抓技工学校的结构调整。制定了《广东省技工学校布局结构改革调整实施总体方案》（粤劳社〔2002〕109号），决定通过划转、联合、转制、合并、撤销等方式，对技工学校进行调整。同时第一次提出创办2~3所技师培训学院。第三是积极理顺技工学校管理体制。参与起草省政府《关于大力推进职业教育改革与发展的意见》（粤府〔2003〕91号），明确把技工学校作为培养技能人才的试验田，由劳动保障部门管理。2004年年初，陪同方潮贵厅长前往省教育厅与郑德涛厅长等人协商加强合作加快培养高技能人才问题，进一步明确技工学校管理体制。第四是再次倡议设立技师学院。2004年年初，在印发的《贯彻全国人才会议精神　加快培养高技能人才实施意见的通知》中，再次提出"在全省建设25所5000人以上规模的高级技校和技师学院"，随后亲自组织制定并由省劳动保障厅印发《技师学院设立标准（试行）》（粤劳社〔2004〕104号）、《民办职业培训学院设置标准》（粤劳社〔2004〕97号），在全国率先由省政府批准设立技师学院、职业培训学院，多渠道培养高技能人才。至2010年，全省技工学校发展到245所，其中，经省政府批准设立的技师学院31所；当年招生人数达28.2万人，在校生总量达75.56万人，居全国首位，成为全国技工学校发展的一面旗帜。第三阶段为巩固提高阶段。2010年后，广东提出转变发展理念，强调在现有规模上注重内涵发展，着力提升办学质量，按照国家要求，着重培养技艺精湛的技能人才。

在改革开放过程中，笔者长期关注技工教育，把技工学校作为解决教育脱离实际、加快培养技能人才的试验田。实践证明，这个探索是有益的。特别是在技工学校发展处于低谷时，勇于结合工作实践，撰写了一些文章，从理论上阐述了发展技工学校的

第三章 技校是技能人才培养的试验田

重要性和必要性,从政策上提出加快发展技工学校应当采取的改革措施,对加快培养技能人才做出了积极的贡献。本章收录的一些文章,从改革亲历者的角度,见证了技工学校在改革中加快发展的艰辛历程和精彩片段。

第一节 技工教育必须在调整改革中加快发展[①]

技工学校教育承担着培养生产、服务、管理第一线技术技能型工人的重要任务。近几年,随着经济全球化、市场化和技术进步步伐的加快,我国经济结构、就业结构和教育结构都进行了相应的调整。这给技工学校教育带来了前所未有的机遇和挑战。面对严峻的形势,我们坚持以改革应对挑战,在开拓创新中寻找出路,主动把握机遇,适应形势变化,通过深化办学体制改革,整合全省技工学校教育资源,调整技工学校布局结构和专业结构,扩大办学规模,提升办学层次,大力打造技工学校精品名牌,使全省技工学校基本完成了从计划走向市场,由封闭到开放、由规模扩张到质量提升的历史性转变,初步形成以重点技校为龙头,特色技校为基础,层次结构合理,专业设置多样,技能教育突出,服务就业到位,多元发展明显,多种形式并存的技工学校发展新格局。

一、广东省技工教育发展的基本情况

广东省技工学校起源于20世纪50年代的工人就业前训练班和工人半工半读培训班。1978年改革开放后,广东省经济迅猛发展,技工学校也得到了空前的壮大,为广东省经济发展做出了积极的贡献。

(一)办学规模迅速扩大,形成了相对完整的体系

全省现有技工学校195所,在校生15.6万人,比"八五"期末分别增长12.9%和39.3%。其中,政府办学63所,行业办学84所,企业办学41所,社会力量办学7所,以政府办学为主、全社会共同兴办技工教育的格局正在形成。全省技工学校专业设置110多个,基本覆盖了全省17个主要行

[①] 本节完稿于2001年5月,是笔者2000年调任培训就业处处长后,在深入调研的基础上撰写的调研报告。

业，其中第二产业专业75个，占总数的68%，第一、第三产业专业和高新技术类专业42个，占总数的32%。经国家劳动和社会保障部、省政府评估分类，广东省现有国家级重点技工学校19所（其中高级技工学校15所），省级重点技工学校20所，省一类技工学校23所，省二类技工学校11所，以上学校占技工学校总量的38.4%，初步形成了初级、中级、高级技工培养体系。

（二）办学条件大大改善，教学质量逐步提高

近年来，全省各类技工学校通过政府补助、行业和企业投入、学校自筹、银行贷款、职工集资等多种渠道筹措资金，加大对学校设施的投入，办学条件得到较大的改善。目前，全省技工学校拥有固定资产总值达14.5亿元。不少学校购置了现代化切削加工中心、数控机床、电脑网络系统等教育设备，建成了多媒体网络电脑室和语音室、PLC可编程等先进的教学实验室，使学生的实操训练得到加强，教学质量稳步上升。

（三）师资队伍建设得到加强，整体素质明显改善

全省现有教职工1.7万人，专职教师7600人，其中大专以上学历6027人，占80%。拥有高级职称的618人，占8.13%；讲师（一级生产实习指导教师、工程师、技师）2624人，占34.5%；助讲（二级生产实习指导教师）2374人，占31.2%；高级工913人，占12%；中级工1071人，占14%。全省技工学校通过多年的教学实践，培养出不少"双师型"（即专业技术理论课教师同时拥有教师证和职业资格证）教师，成为广东省技工学校的一大特色。

（四）建立了以市场为导向、服务就业的办学机制，毕业生深受企业和社会欢迎

全省各级各类技工学校采取多形式、多层次、多渠道的灵活办学方式，紧密结合市场需求，及时调整专业设置和人才培养目标，走出了一条办学新路子。技校毕业生适应能力强，在省内十分抢手，近几年在就业形势不乐观的情况下就业率仍高达98%，全省各类技校每年向社会输送近5万名中级技工及以上技能人才。

二、主要改革措施和做法

在经济结构、教育结构和就业结构调整的多重压力和挑战面前，广东省技工学校之所以能够抓住机遇，加快发展，关键在于跟上了市场的步伐，以市场需求为学校发展的第一需求，通过改革和开拓创新赢得发展。具体说来，主要是采取了以下做法和措施。

（一）深化改革，引入市场机制，实现办学体制创新

改革创新是广东省技工教育发展的根本动力。近年来，我们按照国家教育部、劳动保障部和省政府关于加快职业教育改革调整的总体方针，采取积极措施，不断深化技工学校四个方面的改革。

一是深化办学体制改革，充分发挥政府、行业、企业、社会团体、群众组织和个人办技工教育和积极性，鼓励、引导各方投资办技工教育，除国有公办以外，积极探索国有民办、民办公助、合作办学、股份制办学等多种办学形式；鼓励技校和企业挂钩，实现校厂合作办学，或技校与技校、技校与有实力的大专院校合作，实行股份制经营或集团化联合办学等，使技工学校办学体制呈多元化发展的格局，扩大了技工学校的办学规模。

二是在办学方向上坚持面向市场，实行开放式办学模式。让行业、企业突破以往封闭的办学体制，以市场需求为导向培养技术工人。如部属广东南方技工学校，行业办的广州市公用事业技工学校，企业办广州石化总厂技校等，过去固守本行业、本企业办学，艰苦经营，办学规模总是上不去，在校生一直在1000人左右徘徊。改革后，学校立足行业，面向市场，迎来了大发展。上述三校2001年招生均超过1000人。

三是大力改革招生和毕业生就业制度。实行指导性招生计划，省、市技校招生办只管制定政策和宏观协调，不干预学校招生自主权。允许技校不限年龄、不限地域、不限学历，面向全社会招生；各地把技工教育和劳动预备制度紧密结合起来，实行自主报名、学校考试、记入学办法；高级技校面向中等职校毕业生招生，拓宽了生源。毕业生就业实行学校推荐和学生自主择业相结合，毕业生与用人单位双向选择，竞争上岗，平均就业率达93%以上。

四是全面落实校长负责制，扩大学校办学自主权。技工学校可以根据政策规定，自主决定办学模式，聘任中层干部和教职员工，制定工资奖金

分配办法,以及实行灵活学制,调整和设置新专业等,既调动了全体教职工的积极性,又形成紧跟市场、充满活力的办学机制,促进了学校的生存与发展。

(二)加快结构和布局调整,推动技工教育资源的优化配置

教育部1999年3号文和劳动保障部2000年10号文下发后,广东省立即行动,派人分赴各地深入调研,掌握全省技工学校运作的实际情况,然后结合本省实际,于1999年10月制定了《广东省技工学校改革调整实施方案》,提出技工学校必须适应社会主义市场经济发展要求,坚持培养中、高级技术人才的办学方向,按照调整布局、提高层次、突出特点、服务就业的基本方针,加快布局结构调整,整合优化资源,加速发展,为广东省率先基本实现现代化确立指导思想。明确了改革调整的目标,即力争用两到三年时间,通过采取划转、联合、转制、撤销等方式,将广东省原195所技工学校调整至140所左右。支持发展一批综合实力较强,专业设置合理,办学质量较高,办学规模在5000人左右,能够在区域性技工教育中起骨干示范作用的技工学校;建设一批兼有技工教育、职业培训、技能鉴定、就业服务等多功能的综合性技工教育培训集团;保留一批具有当地或专业特色,能够自我生存发展的市、县办技工学校,并鼓励和引导其与当地就业训练中心合并,组建新的教育培训联合体,形成带动乡镇职业培训的龙头;调整和撤销一批办学条件较差、办学规模太小或连续三年停止招生的技工学校,促进全省技工学在规模、结构、质量、效益等多方面健康协调发展。

通过两年来的具体运作,广东省技工学校改革调整工作初见成效。原195所技工学校划转8所、合并11所、重组2所、撤销2所,停止招生32所。经过调整,广东省实际招生的技校数量从1999年的195所减少至159所,在校生和当年招生规模却比1999年分别增长23%和31%。2001年招生超过1000人的学校达到23所,目前学校规模在4000人以上的有15所。技工教育在调整中得到大发展,整体办学规模得到扩大,办学水平得到提高,办学特色更加突出,布局结构更加合理,技工学校在社会上的知名度也得到提高,"学技术、上技校;招技工,找技校"已成为目前广东社会群众和企业界的一种共识。

(三)瞄准市场需求,着力调整专业结构

随着新技术在生产中的广泛应用,国民经济的技术构成不断提高,企

业用人需求在不断变化中趋于技能化和高级化,由过去招用简单操作工、低级技工转向大量招收一专多能、复合型技工和高级技工。

为了适应企业对技能人才需求的新变化,广东省技工学校注重瞄准市场需求,及时调整专业设置。

一是淘汰或改造旧专业。如省出版高级技工学校、电子商务高级技校和广州市机电技校淘汰了一批技能单一的旧专业,按照职业群改造旧专业,把电子、电工、钳工等专业改造为机电一体化或电子电工专业,同时更新教材和教学设施,拓宽专业面,加大专业科技含量,实施"模块式"教学改革,加强操作手段的现代化和信息化,取得了良好效果。

二是积极拓展新专业。不少技校根据新技术发展要求,加快更新专业的步伐,如深圳市高级技校根据市场需求,大胆推出精密(激光)加工技术、网络技术与网页制作、国际商务与文秘、卡通动画、视频制作、摄影传播、现代印刷工艺等近10个新专业,适应了深圳市以高新技术立市,急需大量新技术专业技能人才的实际情况,吸引了大批学生报考就读。

三是对专业设置实行动态管理。不少技校每年招生的专业数和学生数都根据市场需求确定,不断对一些专业进行调整、更换、淘汰、复合、优化,大胆进行专业设置创新。广州市轻工技校近几年每年新设置的专业接近总数的1/5。市场需求成为学校调整专业的重要依据,一旦社会对某一工种(职业)产生批量需求并有发展趋势,学校第一时间做出反应,组织赶编试用教材、调整课程设置、培训授课教师等,尽可能在短时间内推出新专业,从而占领教学市场制高点。此外,各技校还大力开展一专多能教改工作,努力提高学生的综合技能,让学生在主攻一门专业的同时,尽可能多地掌握相关专业知识和技能,使不少毕业生能够考取两个或两个以上职业资格证书,成为复合型人才,大大提高了学生的择业和创业能力。

(四) 加快教学设备和手段的更新改造,不断提升教学质量

面对激烈的市场竞争,我们认为,技校专业设置的调整,必须辅以教学设备和手段的更新改造,与之相配套,才能确保教学质量,从而确立技工学校在中等职业教育领域中的办学优势。广东省各技校与时俱进,转变观念,通过政府补助、行业和企业投入、学校自筹、银行贷款、职工集资等多种渠道筹措资金,解决资金投入不足的困难;同时,加大对学校教学设施设备投入,努力改善学校办学条件,使之与专业结构调整相适应,提升了办学水平。目前,省级重点以上学校基本购置了现代化切削加工工具、

数控机床、电脑网络系统等教学设施,建成了多媒体网络电脑室和语音室、PLC可编程等先进的教学实验室。不少特色学校根据自身特点还建立了计算机辅助设计与制造实验实习中心、制冷空调实验实习中心、电梯实验实习中心、电工电子实验实习中心、客运物流管理实习中心、宾馆服务管理实习中心等一大批现代化教学场所。有1/4的学校初步建立了校园信息网,依靠现代信息技术,改革传统教学方法,大幅度提高了教学质量。教学质量是学校生存发展的生命线,质量得到提升,学校的信誉和形象就会随之得到提升,生源自然就会源源不断。

(五)通过评估督导,推动技校规范管理,打造名牌

市场激烈竞争的现实告诉我们,一个学校要立于不败之地,关键是要有实力。没有由办学规模、办学水平、办学质量等构成的综合实力,就无法形成学校生存发展的良性循环,迟早会被社会所淘汰。为此,在技工学校改革发展过程中,广东省认真抓好学校的合格评估、分类评估、升级评估和教学督导工作,通过评估督导,引导学校争一流、创名牌;引导学校走多种形式的联合办学道路,扩大办学规模、壮大实力;引导学校从实际出发,加强教研教改、教材开发、教学规范、主体专业建设、培养师资队伍、改善办学条件等一系列基础性工作,打造精品名牌,走内涵式发展道路,使不少技校步入了良性循环发展轨道。

广东省目前有省级重点以上技校41所,占全省技校总数的27.5%,在校生数量占全省的57%,2001年招生数量占全省的65%。这组数字充分显示重点技校在社会上已产生"精品效应"和"名牌效应"。这也是我们大力开展评估督导工作,力促学校扩规模、上层次而结出的丰硕成果。

三、广东省技工教育改革和发展中存在的主要问题

(一)从技校自身发展情况看

1. 地区发展不平衡,专业结构不合理

广东省相当数量的技工学校是在过去计划经济时期依托行业或企业发展起来的,学校的布局、专业设置以及培养层次在很大程度上受传统产业结构和企业结构影响。全省195所技工学校,近80%集中在珠江三角洲地区和韶关、湛江两市,有几个地级市仅有一所,区域发展不平衡,如粤东的揭阳市仅有一所二类技工学校;专业设置则主要以培养第二产业人才为

主，占 68%；培养层次方面，98% 为中级技工，高级技工只有 2%。这种状况与广东省社会经济发展不相适应。

2. 办学经费总体不足，后续发展无力

广东省技工学校办学经费主要有：地方政府拨付的办学经费，行业或企业拨付的包干经费，学校自筹经费及教育专项补助费等。由于种种原因，目前广东省各级各类技工学校经费总体不足，大多数学校仅够维持生存，有的地方技校甚至难以为继。如河源市技校属二类学校，年投入仅十来万元，学校运作十分困难。不少行业、企业办学往往不能保证教师工资的按时足额发放，绝大部分政府和行业办的学校基建费用要靠自筹，缺乏政府支持。办学经费的不足，影响了广东省技工教育的发展。目前，广东省二类以下技工学校仍占总量的 61.6%，大多数学校规模小、层次低、实习场所简陋，培训质量难以保证。

3. 部分技校设备、教材陈旧，与现代技能教育不相适应

技工教育主要培养技能型人才，与中专、职中在教学方法、课程设置上有很大不同，技校强调操作性和动手能力，对设备的性能要求高，材料消耗大。由于经费不足，目前许多技校无法及时更新设备，导致相当部分技术设备和教学手段陈旧落后。同时，教材改革相对迟缓，跟不上科学技术与新工艺的飞速发展，影响了技校毕业生到现代化企业就业的适应能力。

4. 教师队伍素质亟待提高

全省技工学校教师队伍建设总体上仍不能适应技工教育发展的要求，按"九五"计划对技工教育师资的五项指标要求，到 2000 年广东省技工学校教师总体素质只有两项达标，其他如 80% 以上教师要达到国家规定的任职资格标准，60% 以上的实习指导教师具有高级以上操作技能，专业技术课和生产实习课一体化教师占教师总数的 30% 等三项指标均未达到要求，相差 7～10 个百分点。

（二）从外部发展环境看

1. 政府投入严重不足

目前，广东省各级政府对技工教育投入不够，没有按《职业教育法》规定做到"用于举办职业学校和职业培训机构的财政性经费应当逐步增长"的要求。20 世纪 90 年代之前，省里对技工教育一直没有专项经费投入，从 1994 年开始，省政府从高等教育专项经费中每年拨出 800 万元用于省级重点以上技工学校骨干专业建设和扶持贫困地区技工学校，1998 年又从中等职教专项经费中每年拨出 900 万元（因属"九五"计划指标，2001 年正在征询纳入），使全省年投入达 1700 万元。但仍与现实需求差别很大，平均每所技校年投入仅 8.7 万元，生均年投入 100 元。

2. 技工学校缺乏政策扶持，限制了技工教育的发展

①技工学校扩大办学规模，征地不能享受教育机构用地的优惠政策。②在银行贷款问题上，大多数技校因国有资产不能抵押，无法从银行贷到款，导致经费困难。③在税收问题上，技工学校校办企业没能享受与大中小学校办企业同等的优惠政策，仍需缴纳企业所得税、增值税或营业税、城建税、教育附加费、市区堤围防护费等。④在毕业生待遇上，技工学校的毕业生与同属中等职业教育的中专、职中毕业生在户口、工资评定等方面存在明显差距，如中专毕业生可以评定职称、享受干部待遇，而技校毕业生则不行。⑤人才成长通道不够畅通，技工教育与高等职业教育、高等普通教育无法衔接，使技校毕业生"出路难"。

3. 招生市场混乱，给技工教育带来极大的负面影响

技校、职高、中专均属中等职业学校，受利益驱动，一些培训机构无视自身条件，盲目设置热门的培训专业，使专业设置类同、重复，造成资源浪费；同时，由于办学不规范，教学质量难以保证。为争夺生源，不少学校采取支付中介费等不正当竞争手段，使学校办学成本提高，损害了中等职业学校的社会声誉，直接影响到技校的招生和学生的培养。

四、今后加快发展的设想

广东省技工学校紧密结合市场，积极实施改革战略，取得一些重要进展和实际成效，但是，这与职业教育发展总的目标，与社会经济发展对职业教育的要求还有不少差距。随着我国加入 WTO，面对经济全球化，面对科学技术的进一步发展，对技术技能型人才的需求量不断增加，技校作为职业教育的一部分，其内在竞争力有待进一步增强。因此，广东省技工教育任重道远，还需要进一步加快发展。

一是继续进行技工学校的布局和结构调整。全省技工学校要按照教育部 1999 年 3 号文和劳动保障部 2000 年 10 号文精神，以及《广东省技工学校改革调整实施方案》确定的目标、方针和措施，进一步推进布局结构调整工作。继续抓好一批综合实力较强、办学规模在 5000 人左右的重点技校的建设，鼓励和引导技工学校和就业训练中心通过联合、合并、协作等方式，创建综合性培训基地，形成劳动保障部门开展技工教育培训、技能鉴定、就业服务等工作的主阵地；指导行业或企业举办的技工学校通过联合、分离、转制、撤销等方式进行改组，改变分散办学、重复办学、资源配置不合理、办学效率不高的状况，把一些行业办的技工学校做大做强；鼓励发展民办技校，充分发挥其机制灵活的优势，扩大办学规模；搞好全省技工教育的协调发展，地级以上市要建立一所有规模、上层次，能在区域范围内起带头作用的骨干技校，以改善劳动力的技能结构。

二是进一步提高办学层次，建立起与国家职业资格体系相对应的技工教育培训体系。广东省技工教育要按照国家职业资格证书体系要求，通过调整层次结构，加快形成与之相对应的，从初级、中级、高级，直到技师和高级技师的职业资格教育培训体系。尤其要针对当前急需大量高级技术技能人才这一突出问题，加快高级技工学校的发展步伐，构建中等职业教育与高等职业教育相互衔接沟通的"立交桥"，使高级技校与各类职业技术学院密切合作，形成以培养高级技工为主的教育平台。同时在教材、师资、设施设备等各方面下功夫，保障高级技工学校培养目标的实现。

三是坚持突出职业技能培训特色，致力于提高劳动者实操能力和适应职业变化的能力。技工学校作为培养操作型技术技能人才的载体，要坚持突出以动手能力为主要特色的技能训练，始终坚持以培养生产第一线技术工人为目标不动摇。同时，要与时俱进，根据新经济发展需要，通过不断改善教学管理制度和办学模式，改进和更新实验实习设备，培养出具有一定理论基础和复合技能的、在企业岗位上能够胜任工作的高水平、高层次技术技能人才。要适应社会经济发展需要，拟定技工学校实施"软件蓝领"培养计划，大力培养IT产业发展技能人才，加强学生创新能力和信息技术教育，增强学生的创业能力和适应职业变化能力。

四是结合实施劳动预备制度，拓展招生范围，推动技工教育更好地为就业服务。技工学校要主动承担实施劳动预备制度的任务，扩大教育培训覆盖范围，尽快在乡镇和进城务工的农村青年中开展劳动预备制培训，承担农村劳动力开发就业任务；要进一步改革招生办法，在继续招收初、高中毕业生的同时，放宽年龄限制，允许面向全社会招收往届未能继续升学的初、高中毕业生，允许其以劳动预备制形式就读技校；实行"宽进严出"的培养模式，根据社会需要、学生知识水平以及本人意愿，进行不同层次和等级的职业资格培训，让这部分人掌握一种或多种技能后走向就业岗位，或转入技工教育继续深造。技工学校要全面开展职业需求预测、职业指导、推荐就业等就业服务工作,建立与公共职业介绍机构和企业界的联系咨询制度,定期收集和发布职业需求信息,形成教育培训与促进就业相结合的良性发展新机制,推动技工教育取得更大的发展。

第二节 大力发展中等职业教育是当务之急①

党的十六大报告明确提出:"我们要在本世纪头二十年,集中力量,全面建设惠及十几亿人的更高水平的小康社会。"并把"基本普及高中阶段教育""促进人的全面发展""实现比较充分的社会就业"作为全面建设小康社会的重要任务,统筹考虑,整体部署,体现了以人为本的科学发展观。结合广东实际,认真学习十六大以来党中央的有关论述,我们深刻认识到,现阶段大力发展中等职业教育,对于改善教育结构,普及高中阶段教育,促进教育的均衡协调发展,实现充分就业和全面建设小康社会,具有十分重要的意义。

然而,当前人们对大力发展中等职业教育仍有不同的看法。世界银行在《21世纪中国教育战略目标》一文中曾指出:"21世纪的中国不应再发展中等职业教育,职业教育应放在高中之后进行。"甚至提出"今后20年内中国应当把中等职业教育的比例减少为零"。这些观点,流行一时,影响甚大。特别是高校扩招后,一些地区、一些部门不重视发展职业教育,尤其鄙视中等职业教育的现象较严重,致使中等职业教育发展滞后,无法适应经济发展和构建和谐社会的需要。基于认识上的分歧和实际工作中存在的偏差,笔者认为,当前很有必要大声疾呼:大力发展中等职业教育是当务之急。

一、大力发展中等职业教育是当前贯彻党的十六大精神、改善教育结构的迫切需要

改革开放以来,广东省教育事业迅速发展,迈上了一个新台阶。但是,由于种种原因,教育的总体供给能力不足,结构不合理,体系不健全,特别是高中阶段教育发展严重滞后,有40%左右的初中毕业生无法升学。这种情况,不仅制约着劳动者整体素质的提高,也严重影响到就业和高等教

---

① 本节写于2004年,发表于《广东经济》2005年第1-2期。

育的进一步发展。据教育部统计，2003年全国初中毕业生2018.46万人，升学率为59.6%。北京、上海初中毕业生升学率达到100%，天津、浙江、江苏等省高于70%。广东、福建等省初中毕业生升学率仅处于全国平均水平。广东2003年全省初中毕业生为128.24万人，升学率为60.4%。2004年全国高中阶段教育（含普通高中、职业高中、中专、技校、成人高中、成人中专）当年招生1267.88万人，其中普通高中招生752.13万人，中等职业学校招生515.75万人，普职比为59.3∶40.7；广东普通高中招生44.26万人，中职招生33.25万人，普职比为57.1∶42.9。这些情况表明，目前一方面仍有40%以上的初中毕业生没有机会接受高中阶段教育。另一方面是接受高中阶段教育的学生60%左右就读于普通高中，40%左右就读于职业高中，这表明高中阶段教育内部结构不合理。未来5年，我国高中阶段教育适龄人口将进入高峰期，从2002年起，我国初中毕业生已超过2000万人，2005年15～17岁人口将达7700多万人，将这给高中阶段教育发展带来新的压力。目前高中阶段教育容量不足，特别是中等职业教育发展缓慢，已成为制约劳动人口受教育年限整体提高、促进就业和教育事业发展的主要瓶颈。因此，我们必须充分认识这一国情，在着力巩固九年义务教育的同时，正确处理好普通教育与职业教育的关系，特别是高中阶段普通高中和中等职业学校教育的关系。在"十一五"期间，把加快发展中等职业教育作为扩大教育规模、促进就业的重点，高度重视和加快发展各类中等职业教育，形成普教与职教规模大体相当的协调发展格局。只有这样，才能扩大高中阶段教育的总体规模，增加适龄人口接受高中阶段教育的机会；只有普及高中阶段教育，才能为发展高等教育打下坚实的基础；只有普及高中阶段教育，才能有效地提高劳动者的职业技能，促进就业，为全面建设小康社会提供有力的支持。

二、大力发展中等职业教育是提高劳动者整体素质，实现充分就业的迫切需要

就业是民生之本。党的十六大报告提出，实现比较充分就业，是全面建设小康社会的基本目标之一。然而，我国是人口大国，劳动力资源丰富，总量上供大于求的矛盾突出，就业压力仍然很大，尤其是劳动力素质不适应社会经济发展需要的结构性失业矛盾日趋突出。据统计，"十一五"期间，我国每年城镇新增劳动力1000万人，需转移的农村劳动力1000万人，

当年由就业转失业人数 1000 万人。拿广东来说，2004 年，全省城镇新增劳动力 80 万人，需向非农产业转移的农村劳动力和当年城镇就业转失业的人数有 80 万人，外省入粤求职的劳动力约 80 万人，劳动力供给总量达 240 万人，"十一五"期间仍有增加的趋势。在这些劳动力当中，初中及以下文化程度的占 80% 以上，由于他们普遍缺乏一技之长或熟练的职业技能，进入劳动力市场求职时无法适应用人单位的需要，导致不少劳动力就业难、再就业难、转换职业难。要解决这个问题，唯一的办法是大力发展中等职业教育和职业培训，帮助新成长劳动者接受 2～3 年的职业教育，掌握一定的职业技能（起码应具备中级及以上职业资格和能力）；帮助在职职工提高职业技能，实现稳定就业；帮助产业结构调整过程中下岗失业人员尽快掌握新技术、新知识、新技能，实现重新就业；帮助愿意创业的劳动者掌握创业技能，实现自我创业，带动就业。目前，我国正处于产业结构急剧调整变化的新阶段，职业变化速度加快。可以预见，今后相当长的历史进程中，产业结构调整引发的职业变换会经常发生，经济发展对劳动者职业能力的要求将不断提高。面对如此大量的只具有初中文化程度的劳动者，如果我们能够通过大力发展中等职业教育，把无法升上普通高中的初中毕业生吸纳到中等职业教育中来，帮助他们掌握一技之长或各类职业技能，那么，他们就能够顺利地为用人单位所接受，也可以为自身职业生涯的发展打下良好的基础，实现比较充分、稳定的就业。

三、产业结构调整呼唤大力发展中等职业教育

目前我国经济发展进入体制转轨、结构调整和产业升级驱动的新阶段。在技术进步的推动下，产业结构和技术结构正在发生巨大变化，其直接后果是引起劳动者职业结构的变化。用人单位对劳动者的素质要求不断提高。这是一个大的发展趋势。然而，我们还应当看到，我国仍处于社会主义初级阶段，各地经济发展极不平衡。在现阶段，我国不仅需要发展知识密集型产业，还要继续发展各种劳动密集型产业，社会经济发展对人才的需求是多层次、多样化的。这是由我国的国情决定的。在 21 世纪新阶段，广东国民经济正在进入一个新的快速增长周期，广东大力发展高新技术产业，发展知识经济，固然需要大量高层次人才，但并不是不需要初、中级的技能人才。有人认为发展高新技术产业不需要发展中等职业教育了，这是一个误解。高层次人才可以引进，但是大量的技能人才不能靠引进。从劳动

力市场供求来看,近年来,在广东、江苏、浙江等省市出现"技工荒""民工荒"现象的同时,也出现了大学毕业生就业难的现象。这说明,在现阶段,在技术进步推动下的经济发展,对劳动力整体素质的需求在不断上升,受过良好职业训练、具有一技之长和操作能力强的中等职业学校毕业生深受欢迎;而仅有大学文化知识、没有专业技术和职业技能的劳动者,企业难以接受。因此,不论是从改善教育结构,延长劳动者受教育年限,还是满足社会经济发展需要来看,大力发展中等职业教育都是必要的、明智的选择。发展壮大中等职业教育,在当前的历史进程中具有不可替代的重要作用。

四、建立和谐社会呼唤大力发展中等职业教育

不少专家认为,人均生产总值从 1000 美元到 3000 美元阶段,可能会出现两种前途:一种是进入"黄金发展时期",一种是进入"矛盾凸显期"。在这样一个历史阶段,如果经济社会发展不协调、各种矛盾处理不当,甚至激化,就会引发社会动荡和倒退。基于这样一个判断,中央提出:"要适应我国社会的深刻变化,把和谐社会建设摆在重要位置,注重激发社会活力,促进社会公平和公正。"和谐社会主要包括人与人之间的和谐、人与自然之间的和谐。建设和谐社会,关键是实现人与人之间的和谐。促进人与人之间的和谐,必须重视两个方面的因素,即实现经济利益的合理分配和提高人的素质、充分尊重人的民主权利。从目前的情况来看,广东居民家庭收入差距呈扩大趋势。据统计,2003 年广东城镇居民高、低收入户之间的收入差距由 2002 年的 5.8:1 扩大到 6.6:1。具体表现为,在工薪收入方面,高、低收入户人均工薪收入差距由上年的 7.1:1 扩大到 8.4:1;在财产性收入方面,高、低收入户人均财产性收入差距由上年的 11.4:1 扩大到 16.6:1。此外,城乡居民之间,不同地区之间的人均收入差距也呈不断扩大趋势。

不可否认,社会成员之间的收入有一定的差距,这是正常的。但是差距过大,会引起人与人之间的矛盾冲突,影响社会稳定。诚然,当前人们之间的收入差距拉大的原因是多方面的。但是我们应当看到,人们的正当收入,一般都是通过劳动实现的,人与人之间在劳动能力、劳动态度和劳动贡献上的差距,体现在劳动报酬方面,就会产生明显的差距。而人们劳动能力的差别,又主要表现在受教育年限上。据统计,目前我国 25～64 岁

劳动力接受高中阶段及以上教育的比例为18%，与1999年经济合作与发展组织，简称经合组织（OECD）国家同一指标的平均值69%相比，相差近3倍，与美国同一指标90%相比相差4倍，我国中高层次人才稀缺，导致其工资收入不断提高，而大量的文化水平较低、缺乏劳动技能的劳动力，由于处于无限供给状态，工资水平长期得不到提高，导致收入差距不断扩大。我国农村15岁及以上人口平均受教育年限为6.85年，与城市平均9.80年相差近3年。许多进城务工的农村劳动力只接受过初中教育，除了有一身力气外没有多少职业技能。他们进城务工，只能从事一些简单的体力劳动，适应不了先进技能劳动的需要，工资收入比较低。如果不通过发展中等职业教育，加强对他们的职业技能培养，他们不仅难以实现就业，即使就业了，其工资收入也将长期处于低水平状态，而且在职业转换过程中将会被淘汰，变成长期失业者，从而加剧社会贫富之间的矛盾。

由此可见，根据我国的实际情况，大力发展中等职业教育，对具有初中文化程度的新成长劳动力进行中等职业技术教育，使他们掌握熟练的劳动技能，逐步进入中等收入阶层，不断壮大社会结构的中间层，使之成为未来社会的主体。这样就会使整个社会结构逐步趋于和谐和稳定。

人的全面而有个性的发展呼唤大力发展中等职业教育。长期以来，我国的教育体制主要是按语言和数学逻辑能力选拔精英的淘汰制，部分语言和数学逻辑能力发育较早的学生，经过层层选拔进入普通高等院校；相当一部分智力发育较慢的学生，在初中毕业后，不能升入普通高中，被剥夺了进一步接受教育的权利，人的个性潜能无法得到充分开发。尽管我国也有不少中等职业学校，但由于受社会偏见的影响，不少适龄学生产生了厌学情绪，认为上中职没前途，因此有些人放弃了继续升入中等职业学校学习的机会。这也使中等职业教育的发展受到了严重的影响，有的学校招不到学生，有的教学质量不稳定。于是，有人以此为借口，不愿发展中等职业教育。

我们认为，人的智力是多层次的、有差别的。社会的需求也是多层次、多样化的。职业教育是现代国民教育体系的重要组成部分。与它对应的是普通教育。普通教育是以传授知识为主的教育。职业教育则是以开发职业技能为主的教育。在整个教育体系中，两者的存在与发展，形成了分工合作、相互补充的关系，共同为我国经济与社会的发展提供公共教育服务和人才支持。人们受生存、发展的不同环境的影响，其智力发育是有差别的。我们应当根据这一实际情况，使之有机会接受相应的教育，形成不同的知识或技能,使人的个性特点得到充分发挥,以满足现代社会对人才多样化的需求。

此外,在职业教育方面,也应当与普通教育相对应,形成完整的职业教育层次体系。这个层次包括初等、中等和高等职业教育。如果把初中阶段相关的职业教育和初级职业培训视为初等职业教育,那么高中阶段的中等职业教育和高中阶段之后的高等职业教育,即为中、高等职业教育。目前我国初中后分流的学生数量庞大,而中等职业学校规模小,不能满足初中后分流学生接受中等职业教育的需要。如果中等职业教育没有较大的发展规模和积累相当的办学经验,高等职业教育也难以健康发展,因而无法形成完整的、合理的职业教育体系。

综上所述,我们认为,当前在全面建设小康社会的进程中,应当把大力发展中等职业教育作为当务之急,努力扩大中等职业教育办学规模,提高办学质量。这样,才能为整个教育的协调发展、经济的可持续发展以及社会和谐稳定发展打下良好的基础。

第三节 以改革创新精神大力发展技工教育[①]

当前,我国正处于推进两个根本性转变的进程之中。在这个历史进程中,中央做出了高校扩招和大力发展职业教育的重大决策。然而,高校扩招给中等职业教育带来了很大的冲击,全国中等职业教育学校招生出现了大滑坡现象,有些学校被迫停办。在严峻的压力和挑战面前,作为职业教育重要组成部分的广东技工学校,为什么能够在市场经济的大潮中一枝独秀,超常规发展呢?回顾广东技工教育培训事业发展的历程,可以看出,瞄准市场需求,坚持改革创新,是推动技工教育培训事业超常规发展的不竭动力。

一、广东技工教育的历史性变化

改革开放20多年来,广东技工学校教育经历了一个由小到大、由少到

---

① 本节为2002年年初笔者为某省来粤受训学员的授课资料,根据记录整理而成。

多、由弱到强的发展过程,目前已基本形成了以重点校为龙头,特色校为基础,层次结构合理、专业设置多样、技能教育突出、多种形式并存的发展新格局,主要特点如下。

（一）学校规模不断扩大

20多年来广东技工学校发展十分迅速。从学校数量、在校生总量和当年招生人数来看,规模不断扩大。在校生人数从1980年的1.61万人增加至2001年的17.8万人,约占全国技校在校生总数的12%。（见表3-1、3-2）

表3-1 全省技工学校数量和学生人数变化情况

年份	1980	1985	1990	1995	2000	2001
学校数量（所）	82	97	127	171	186	183
在校生数（万人）	1.61	1.41	4.57	11.10	15.64	17.8
当年招生数（万人）	0.85	0.80	1.94	4.69	5.84	6.82

表3-2 2000、2001年全省技校主要指标占全国的比重

	2000年	占全国（%）	2001年	占全国（%预计）
技工学校数（所）	186	4.9	183	4.9
在校生数（万人）	15.64	11.2	17.8	12.0
去年招生数（万人）	5.84	11.6	6.80	12.0

表3-3 广东省普通中专与技校招生情况比较

	1990年		2001年		备注
	学校数量（所）	招生数（万人）	学校数量（所）	招生数（万人）	
普通中专	241	8.85	252	8.49	含中师
职业高中	498	7.83	434	7.58	
技校	127	1.94	183	6.8	

（二）层次结构趋于合理

从1991年开始，按照原劳动部的部署要求，广东省劳动厅制定了技校分类条件和合格评估细则，对技校办学水平进行分类评估，促使一批技校开始上规模、上档次，提高办学水平，逐步形成了以重点校为龙头、特色校为基础，层次结构比较合理的新格局。（见表3-4、3-5）

表3-4　2000年全省技校层次结构及比例

	学校总数	高级技校	国家重点	省重点	一类及以下
学校数（所）	186	15	21	19	146
比重（%）	100	8	11.3	10.2	78.5

表3-5　2000年毕业生获证等级及比例

	总数	初级	中级	高级
毕业生数（万人）	4.45	0.6	3.79	0.06
比重（%）	100	13.5	85.15	1.35
全国获证比例（%）	100	24.50	69.70	5.80

（三）专业结构不断调整更新

广东根据市场需求，不断改造、提升传统专业，设置新专业，形成了一批科技含量高、复合性强的新专业。据统计，至2000年，全省技校设置专业115个，覆盖17个主要行业。其中，第二产业专业75个，占68%；第一、三产业专业40个，占32%；从适应新技术发展要求来看，通过对传统专业的改造和提升，科技含量高、复合性强的新专业约占50%。如深圳高级技校新开设的专业有：精密（激光）加工技术、数控制造技术、机电与数控技术、网络技术与网页制作、网络工程、现代汽车应用技术、现代印刷工艺、国际商务与文秘、卡通动画、视频制作、摄影传播、展示工程、电子商务、计算机及应用、机电一体化等。

（四）师资水平明显提高

全省技校现有教职工1.7万多人，其中专职教师7600人，占全国技校在职教师的 3.2%。在专职教师队伍中，大专以上学历占 80%，文化技术课教师占 70.8%；生产实习指导教师占 29.2%；讲师以上职称的占 42.6%，尤其是一体化教师有 1812 人，约占全国一体化教师总数的 9%，生产实习指导教师占全国的 6%。从比例上来看，广东尤其重视一体化教师和生产实习指导教师的培养，教师队伍整体素质明显提高。（见表 3-6）

表 3-6　广东技校教师师资结构对照表

年份	教师总量	其中专职	师资结构				"双师"
			高讲	讲师	助讲	其他	
1990	8791	4325	121	731	968	979	1072
2000	17000	7600	618	2624	2347	1984	1812

二、广东技工学校迅速发展的三大动力

在巨大的发展阻力和市场压力面前，广东技工学校能够超常规快速发展。原因何在？笔者认为，主要源于改革开放，体制创新，从而形成了"一个支点三大动力"。

"一个支点"就是体制支点。广东通过一系列的改革，实现了办学体制创新，为技工学校面向市场、加快发展打下了新的基础。在计划经济条件下，技校不仅是政府的附属物，更是行业、企业的附属物，学校的规模、招生对象、办学形式、专业设置、投资渠道、毕业生就业等方面都统得很死，学校没有办学自主权；各主办单位普遍实行封闭式办学，为本企业（行业）培养技术工人。20 世纪 80 年代末，随着广东经济的迅速发展，省政府发出了《关于加快发展中等专业学校、技工学校教育的通知》，针对上述问题提出了如下改革措施：

①扩大学校办学自主权，逐步实行校长负责制、教师聘任制、工资总额包干以及允许学校实行灵活学制、调整或设置新专业等。②改革招生分配制度，从增大学校调节计划招生比例、招收委培生、自费生到实行指导性招生计划，从只招城镇户口学生改为面向全社会招生，包括招收农村户口的学生，并允许迁转户粮关系。毕业生分配逐步面向市场，采取推荐就业与自主择业相结合的办法，鼓励到非公有制企业工作。③允许多渠道筹集办学经费。除政府投入外，鼓励学校与企业联合办学，增加投入；允许

校办产业，政府给予税收优惠；允许学校实行学生缴费上学，缴费标准由物价部门规定。④鼓励社会各方面投资办学，形成多元化办学主体和竞争办学的机制。

体制上的创新形成了三大发展动力，为技工教育的发展注入了活力。

一是市场需求的强大拉力。广东率先实行"特殊政策、灵活措施"的改革开放方针，大力引进外资，举办"三资"企业，同时大力举办乡镇企业、民营企业，产生了大量的用人需求。特别是邓小平南方谈话后，广东各类所有制经济发展迅速，对技术工人的需求明显增加，从而拉动了技工学校的发展。

二是多方投入的推动力。广东各级政府在解决资金投入推动技工教育发展方面，采取了以下措施：

①从1994年起，两次增加购置技校设备投入，"九五"后三年，年投入达1700万元，以此带动社会各方增加投入上亿元。②从1993年起，省政府从政策上规定学校可以按照市场价格向学生收取学费，增加了学校的收入，为改善办学条件起到了积极作用。③允许学校与企业联合办学或向银行贷款等多种渠道取得资金，以便获得更多的投入，从而改善办学条件，推动学校更快更好地发展。

三是学校创新的内在动力。学校办学体制创新要突破两大问题：学校管理体制的创新和办学机制的创新。在管理体制方面，主要针对学校法人主体不明确、权责不清、责任不明等突出问题，着重通过落实校长负责制和任期目标责任制，明确校长的权利和义务，理顺学校与主办（主管）单位的关系。使校长有权根据市场需求变化，在改革学制、调整专业结构、聘任教师和工资分配等方面及时做出决策。如广东省轻工高级技校、广州市轻工技校、汕头市高级技校等。在办学机制创新方面，不少学校在落实校长负责制的基础上，对内部管理制度进行了改革，建立了较完善的校长负责制和校务会、教代会等监督管理制度。如广州市轻工技校在内部进行了三项改革：

①建立了科学的层级管理系统，实行校级—科（部）级—教研组三级管理架构，在党组织的监督下，由校长统一指挥，高效运行。

②实行改革人事制度，实行教职工全员聘任制。学校根据教学实际，实行定岗、定员、定责、定报酬，全体教职工通过考核，竞争上岗，实行全员聘用制。

③改革工资分配制度，实行结构工资制，即基本工资＋岗位津贴＋奖

励工资。学校将教职工收入的50%以上进行严格考核后，确定个人的岗位津贴和奖金。工作量大、效益好的，岗位津贴最多的超过1000元，少的为零，从而激发了教职工的积极性，全校教师平均工作量达到每周16节课。

这些内在动力形成一股合力，有力地推动了学校的创新和发展。

三、广东技校超常规发展的主要经验

有了发展的动力，还要讲究发展的途径和办法，不能偏离方向，盲目发展。广东的主要做法和经验是：

（一）坚持特色办学不动摇

任何一个社会，不可能不需要技术工人。随着科学技术的发展，社会对技术工人的需求将越来越多，这就是技校的生命力所在。因此，广东坚定不移发展技工教育，始终坚持不改变学校的办学性质和培养目标。并且千方百计树立技工学校在社会上的良好形象。着力培养学生优良的整体素质，包括培养学生吃苦耐劳精神；教育学生牢固树立当工人的思想，从当工人做起，然后再求发展，注意传授职业技能，使学生获得一技之长或一专多能，并通过鉴定，确认其职业资格。从而使近年来广东技校毕业生就业率达95%以上。学生由于具有良好的职业道德和较高的技能，因此赢得了社会的认可。

（二）坚持走开放式联合办学道路，不断扩大办学规模，并通过扩大规模，赢得效益，创出名牌

联合办学有多种形式，比较成功的有以下几种：

一是重点校与非重点校联合，发挥重点校龙头示范带动作用。如省高级技校与梅田技校合并后，利用学校的师资优势和实力，与潮州、梅州、徐闻等八所小校采取"1+2"等形式联合办学，迅速扩大了办学规模，同时也带动了小校的发展。

二是城市技校与山区技校联合，实现优势互补，加快发展。

三是技校与名牌高校联合办学，借实力造品牌，形成名牌效应，如深圳市高级技校与北大青鸟计算机教学集团合作，成立IT培训中心，学生毕业后可考取国际认证证书；与华中科技大学合作，设立精密（激光）加

工技术专业，培养急需的激光技工人才；与澳大利亚卧龙岗大学合作，学生毕业后进入该校深造；与美国夏威夷大学合作举办双语班等，提高了技校在社会上的知名度。2002年全省各校招生爆满，超额完成了招生计划，就是一个很好的例证。

四是校企联合办学，解决学校投入不足、实习基地不足、教学与实际脱节等问题。

（三）坚持下大力气改善办学条件，调整专业结构，提高办学质量，实施内涵式发展战略

广州市高级技工学校根据珠江三角洲各类企业急需高精密模具技工的实际情况，利用银行贷款，引进具有世界先进水平的模具制造设备——数控轨迹坐标磨床、数控五轴高速加工中心等。新设备的引进，引发了专业更新改造。原来单一的模具钳工专业改造为模具钳工、模具制造数控技术与模具制造三个技术等级递升的专业。广州市机电技工学校根据广州市工业的战略性调整，开辟了一批与机电行业特色相适应的新专业，如机电一体化、电工与电子技术、制冷技术与空调、电梯安装与维修、物业管理工程数控技术与电气自动化等。同时，围绕新专业建设，引进了一批先进的、功能齐全的教学设备，建立了数控加工教学中心、校园网、多媒体电化教学中心、电工与电子实习中心、制冷实习实验中心、电梯实习实验中心、模拟仿真电焊实验室和PLC可编程实验室等教学场所，使教学设施跃上一个新台阶，教学质量得到改善和提升。

（四）坚持不断完善学校评估督导制度

1991年原劳动部下发了《关于在技工学校开展办学综合水平评估工作的通知》后，广东省抓住机遇，颁布了《技工学校合格评估细则》，建立了评估督导制度，开展对技工学校进行合格评估、教学督导和选优分类评定等工作，有效地促使一批学校上规模、上档次、上台阶。引导和推动技校争一流、创名牌，并注重发挥重点校（名校）的龙头、示范、辐射作用，带动全省技校的发展，提升全省技工教育的整体水平。

近10年来，全省经评为国家重点技校的有21所，省重点技校19所，晋升为高级技校的有13所。

第四节 瞄准市场需求,加快发展技工教育[①]

经济全球化、市场化以及科学技术的加快发展,给技工教育带来了前所未有的机遇和挑战。面对新的形势,广东劳动保障部门坚持面向市场,瞄准市场需求,把发展技工教育与促进就业紧密结合起来,主动把握机遇,深化办学体制改革,使全省技工学校基本完成了从封闭到开放、从规模扩张到质量提升的历史性转变,初步形成多种办学形式并存的技工学校教育发展新格局,全省技校招生总量连续6年持续增长,2001年招生达7.07万人,为历史最好水平,技校毕业生当年一次性推荐就业率平均达93%。

一、广东技工教育发展现状

广东省技工学校是在改革开放的大潮中逐步发展起来的。"文革"期间,技工学校遭到毁灭性的冲击,大多数技校被停办和改为工厂。1979年重新划归劳动部门管理后,技工学校逐步得到恢复发展。至1986年,全省有招生任务的技校共100所,其中,部属23所,地方77所。招生人数12658人,在校生20533人。1990年全省技校增加至127所,当年招生1.94万人。近年来,广东省认真贯彻国务院和劳动保障部关于深化改革,全面推进素质教育、加快技校布局结构调整的精神,面向市场,加大改革调整力度。至2001年,全省技工学校总数为159所,其中,国家级重点技工学校21所(含16所高级技工学校),省级重点技工学校20所,省一类技工学校22所,省二类技工学校12所,分别占技工学校总数的12.5%、13.2%、13.8%和7.5%,进入省二类以上的学校占总数的一半,在校生和招生量均占全省总量的80%以上,成为广东技工教育发展的主体力量。按办学类型分,政府办学60所,行业办学56所,企业办学32所,社会力量办学11所,基本形成以政府办学为主,社会力量兴办技工学校为辅的局面。2001年全省技工学校招生7.07万人,在校生18.4万人。学校拥有固定资产总值达到54.5亿元,专业设置总数170多个,基本覆盖全省19个主要行业和社会经济发展需要的绝大部分职业(工种),其中第二产业专业99个,占总数的58%;第三产业和高新技术类专业得到大幅度上升。全省技校现有教

---

① 本节写于2002年6月。

职工1.75万人，专职教师7900人，其中，大专以上学历7110人，占90%。专职教师队伍中，拥有高级职称的818人，占10.35%；讲师（含一级生产实习指导教师、工程师、技师）3318人，占42%；助理讲师（含二级生产实习指导教师）312人，占39.5%；高级工643人，占8.15%。文化技术课教师5593人，生产实习指导教师2307人，分别占专职教师队伍总数的70.8%和29.2%。文化技术课老师中，一体化老师1821人，占教师总数的22.9%。全省技工学校招生总量连续6年持续增长，2001年全省招生总量比2000年增长21.1%，取得了历史性突破，在全省范围内招生总量首次超过中专。毕业生就业率高，近两年全省技校平均每年一次性推荐就业率分别为90%、93%，国家重点技校毕业生就业率达98%以上。技工学校适应市场需求，在改革调整中加快发展，赢得了社会、企业、学生、家长的普遍认同。"学技能，上技校；招技工，找技校"已成为全社会的共识。广东技工教育的发展不仅为职业教育赢得了荣誉，也为职业教育的发展提供了宝贵的经验。

二、主要做法

广东省技工学校之所以能够抓住机遇，加快发展，关键就在于瞄准市场需求，坚持以服务就业为宗旨，突出办学特色，以改革调整应对挑战，以开拓创新促进发展。

（一）不断深化改革，全面建立适应市场需求的办学机制

面对激烈的市场竞争和不断变化的市场需求，技工学校的唯一出路在于建立适应市场需求的办学机制。近年来，我们按照中央和省政府关于深化改革和加快布局结构调整的总体要求，采取积极措施，从以下四个方面不断深化技工学校的改革。

一是深化办学体制改革，充分发挥政府、行业、企业、社会团体和个人办技工教育的积极性，鼓励、引导各方投资办技工教育，除国有公办以外，积极探索国有民办、民办公助、合作办学、股份制办学等多种办学形式；鼓励技校和企业合作办学；鼓励技校之间、技校与有实力的大专院校合作，实行股份制经营或集团化联合办学等，使技工学校办学体制呈现多元化发展的格局，激发了技工学校的活力。

二是在办学方向上坚持面向市场，实行开放式办学模式。大胆突破以

往封闭式的办学体制，坚持以市场需求为导向培养技能人才。以前有些技校固守本行业、本企业办学，企业不景气时就停止招生，办学规模总是上不去。近年来，学校立足行业，面向市场招生和就业，打破封闭式的办学模式，促进了学校的大发展，不少技校2001年招生总数超过1000人。

三是大力改革招生制度。省、市劳动部门主要负责综合协调和制定招生政策，下达指导性招生计划，不干预学校招生自主权。技工学校全部实行面向社会招生，不受年龄、城乡、省内外、学历的限制。特别是在全国率先打破技校只招收城镇户籍学生，不招农村学生，以及只招本省学生，不招外省学生的传统做法，实行面向社会招生。这一改革，极大地拓宽了招生渠道，使全省技工学校招生数量实现了历史性突破，促进了学校的发展。

四是深化学校内部改革，全面落实校长负责制，扩大学校办学自主权。技工学校可以根据规定，自主决定办学模式，聘任中层干部和教职员工，制定工资奖金分配办法，以及实行灵活学制、调整和设置新专业等等。这样既较好地调动了学校办学的积极性，又形成了紧跟市场、充满活力的办学机制，促进了学校的生存与发展。

（二）坚持技工教育为就业服务的宗旨，突出职业技能培训特色不动摇

多年来广东省技工学校坚持以培养生产一线中高级技术工人为目标，以服务就业为宗旨，突出职业技能教育，使技工学校办出了自己鲜明的特色。各技工学校围绕全面开展职业资格证书教育，提高劳动技能这一中心任务，把调整教学计划，改进教学方法，优化教学过程，开设职业指导课，提高教学质量和推进就业作为实施素质教育的核心内容来抓。

一是在教学内容和课程安排上，依据国家职业分类和职业技能标准，改革教材和课程内容，增加动手操作方面的内容；同时，坚持按5∶5的比例来安排专业知识课与技能操作课，加强学生实际操作能力的培养。

二是在教学方法上，积极探索适应强化技能训练特点的教学模式，推行"一体化""模块式"教学模式，如江门市高级技校在生产实习教学中实行"模块式"教学，把专业工艺课与生产实习课结合在一起进行教学，强化基础，分解难点，突出重点，增强教学的直观性，着重培养学生的职业技能、技巧，取得明显效果，毕业生中级工达标率为100%。不少技校还建立了校园网，充分利用校园网和多媒体电化教学软件进行教学，实现老师

与学生在网上互动教学,增强了学生应用计算机的能力。

三是开设职业指导课,对学生进行就业前教育。新生入学时,组织学生参观学校与工厂,引导学生明确学习目标,潜心学习职业技能;在教学过程中,注意灌输学习职业技能的思想,坚定学生当技术工人的信念;在毕业前,组织学生到企业参观、实习,明确自己的职业定位。此外,学校还专门设立了就业指导服务机构,负责收集劳动力市场需求信息,推荐就业。由于突出职业技能教育和职业指导,技工学校毕业生具有较高的职业技能和较强的适应职业变化的能力,重点技校毕业生推荐就业率达95%以上。

（三）积极推进技校布局结构调整,推动技工教育资源优化配置

为了适应市场经济发展需要,扩大技工学校的办学规模,提高办学质量和效益,近年来,省政府制定颁布了《广东省中等职业教育布局结构调整的实施意见》和《广东省技工学校改革调整实施方案》,提出技工学校必须适应社会主义市场经济发展要求,坚持培养中、高级技术工人的办学方向,按照调整布局、提高层次、突出特色、服务就业的基本方针,加快布局结构调整,整合优化资源,加速发展,为广东率先基本实行现代化确立指导思想。明确了改革调整的目标,即力争用2～3年时间,采取划转、联合、转制、撤销等方式,将全省195所技工学校调整至140所左右。支持发展一批综合实力较强,专业设置合理,办学质量较高,办学规模在5000人左右,能够在区域性技工教育中起骨干示范作用的技工学校;建设一批兼有技工教育、职业培训、技能鉴定、就业服务等多功能的综合性技工教育培训集团;保留一批具有当地或专业特色,能够自我生存发展的市、县办技工学校,并鼓励和引导其与当地就业训练中心合并,组建新的教育培训联合体,形成带动乡镇职业培训的龙头;调整和撤销一批办学条件较差、办学规模太小或连续三年停止招生的技工学校;并与时俱进,拓宽中等技工教育与高等职业教育的"通道",确定高级技校与高职院校以培养大专层次的高级实用职业技术技能人才为目标,并可保留中技部;从而促进全省技工学校在规模、层次、结构、质量、效益等多方面健康协调发展。经过一年来的调整,广东省技工学校改革调整工作初见成效。原195所技工学校划转8所、合并11所、重组2所、撤销2所,停止招生32所。实际招生的技校数量从1999年的195所减少至目前的159所;在校生规模和当年招生

总量都比1999年分别增长了23%和31%。2001年招生超过1000人的学校达到23所，目前学校规模在4000人以上的有15所，其中，广东省高级技工学校在校生超过6000人。技工教育在调整中得到大力发展，整体办学规模得到扩大。办学水平得到提高，办学特色更加突出，布局结构更加合理，技工学校在社会上的知名度也得到提高。

（四）瞄准市场需求，着力调整专业结构

随着新技术在生产中的广泛应用，国民经济的技术构成不断提高，企业用人需求在不断变化中趋于技能化和高级化，由过去招用简单操作工、低级技工转向大量招收一专多能、复合型技工和高级技工。为了适应企业对技能人才需求的新变化，广东省技工学校注重瞄准市场需求，及时调整专业设置。

一是淘汰或改造旧专业。如省出版高级技校、电子商务高级技校和广州市机电高级技校淘汰了一批技能单一的旧专业，按照职业群改造旧专业，把电子、电工、钳工等专业改造为机电一体化或电子电工专业，同时更新教材和教学设施，拓宽专业面，加大专业科技含量，取得了良好效果。

二是积极拓展新专业。不少技校根据新技术发展要求，加快更新专业的步伐，如深圳市高级技校根据市场需求，大胆推出精密（激光）加工技术、网络技术与网页制作、国际商务与文秘、卡通动画、视频制作、摄影传播、现代印刷工艺等近10个技术含量高的、复合型的新专业。这不仅提升了专业协调的层次，而且适应了深圳市以高新技术立市，急需大量高级技能人才的实际情况，吸引了大批学生报考就读。

三是对专业设置实行动态管理。不少技校每年招生的专业数和学生数都根据市场需求确定，不断对一些专业进行调整、更换、淘汰、复合、优化，大胆进行专业设置创新。广州市轻工技校近几年每年新设置的专业接近总数的1/5。市场需求成为学校调整专业的重要依据，一旦社会对某一工种（职业）产生批量需求并有发展趋势，学校第一时间做出回应，组织编写教材、调整课程设置、培训授课教师等，尽可能在短时间内，推出新专业，从而占领教学市场制高点。

此外，各技校还大力开展一专多能教改工作，努力提高学生的综合技能，让学生在主攻一门专业的同时，尽可能多地掌握相关专业知识和技能，使不少毕业生能够考取两个或两个以上职业资格证书，成为复合型人才，大大提高了学生的择业和创业能力。

（五）加大财政投入，加快教学设备和手段的更新改造，不断提升教学质量

面对激烈的市场竞争，技校在调整专业设置的同时，必须瞄准国内外先进的生产水平，不断更新改造教学设备和手段，才能确保教学质量，培养出合格的、适合市场需求的技能人才。要更新教学设施，就必须增加资金投入。1997年前，省级中职教育专项经费每年由财政部门拨付3350万元，技工学校没有一分钱。从1998年起，省政府决定每年由省财政部门安排技工学校专项经费1700万元。我们将这笔钱用于重点技校和主体专业建设，调动了各地创办重点技校的积极性，连续几年的资金投入，带动了各地、各校增加资金投入6亿多元，有效地解决资金投入不足的困难，较好地改善学校办学条件，使之与专业结构调整相适应，提升了办学水平。目前，省级重点以上学校基本购置了现代化切削加工工具、数控机床、电脑网络系统等教学设施，建成了多媒体网络电脑室和语音室、PLC可编程等先进的教学实验室。不少学校还根据自身特点建立了计算机辅助设计与制造实验实习中心、制冷空调实验实习中心、电梯实验实习中心、电工电子实验实习中心、客运物流管理实习中心、宾馆服务管理实习中心等一大批现代化教学场所。有部分技校初步建立了校园信息网，依靠现代信息技术、改革传统教学方法，大幅度提高了教学质量。据统计，全省重点以上技校毕业生获证率和就业率均达98%以上。

（六）通过评估督导，推动技校规范管理，打造名牌

市场激烈竞争的现实告诉我们，一个学校要立于不败之地，关键是要有实力。没有由办学规模、办学水平、办学质量等构成的综合实力，就无法形成学校生存发展的良性循环，迟早会被社会所淘汰。为此，在技工学校改革调整过程中，广东省严格按照国家标准，认真抓好学校的合格评估、分类评估、升级评估和教学督导工作，通过评估督导，引导学校争一流、创名牌；引导学校从实际出发，加强教研教改、教材开发、教学规范、主体专业建设、培养师资队伍、改善办学条件等一系列基础性工作，打造精品名牌，走内涵式发展道路，使不少技校步入了良性循环发展轨道。全省经批准为国家高级技校的有16所，国家重点技校从1994年的3所发展到21所，省重点技校发展至20所，省重点以上技校占全省技校总数的27.5%，在校生数量占全省的57%，2001年招生数量占全省的65%。这组数字充分

显示了重点技校在社会上已产生"精品效应"和"名牌效应"。这也是我们大力发展评估督导工作，力促学校扩规模、上层次而结出的丰硕成果。

三、坚持改革方向，努力开创技工教育新局面

回顾近几年来广东省技工教育快速有效的发展历程，我们深刻体会到，开创技工教育新局面，必须做到"四个坚持不动摇"。

一是坚持把技工教育作为发展先进生产力"第一要务""第一资源"的特殊重要战略地位和作用的观念不动摇，把技工教育、技能人才培养列入社会经济发展计划和主要指标。

二是坚持技工学校培养中、高级技能人才的目标不动摇，突出职业技能、动手实操能力培养特色，实行学历证书与职业资格证书双证并重制度。

三是坚持技工教育面向市场、服务就业、优化结构、提高层次的方向不动摇，以市场需求为导向，以结构调整为主题，以改革创新为动力，以促进发展为目的。

四是坚持技工教育依法应由劳动保障行政部门履行管理职责的管理体制不动摇，使技工学校更好地承担劳动预备制培训、职业技能培训和再就业培训等任务，为促进就业服务。

当前，随着我国加入WTO，面对经济全球化和科学技术的进一步发展，技能型人才的需求量不断增加。我们必须认真总结经验，审时度势，坚持改革方向，与时俱进，采取有效措施，开拓创新，进一步增强技校的内在竞争力，再创辉煌。

（一）提高思想认识，理顺工作思路，稳定管理体制，明确发展目标，继续推进技工学校的布局和结构调整

重点抓好一批综合实力较强，办学规模在5000人左右的重点技校的建设，鼓励和引导技工学校和就业训练中心通过联合、合并、协作等方式，创建综合性培训基地，形成技工教育培训、技能鉴定、就业服务相结合的办学模式。

（二）进一步提高办学层次，建立起与国家职业资格体系相对应的技工教育培训体系

技工教育要按照国家职业资格证书体系要求，通过调整层次结构，加

快形成与之对应的,从初级、中级、高级,直到技师和高级技师的职业资格教育培训体系。尤其要针对当前社会上急需大量高级技能人才这一突出问题,加快高级技工学校的发展步伐,构建中等技工教育与高等职业(技工)教育相互衔接沟通的立交桥,推动技校与企业联合办学,高级技校与各类职业院校密切合作,形成以培养中级技工为基础,高级技工为主导的格局。同时在教材、师资、设施设备等各方面下功夫,保障高级技工学校培养目标的实现。

(三) 坚持突出职业技能培训特色,致力于培养和提高劳动者实操能力和适应职业变化的能力

技工学校作为培养操作型技能人才的载体,要坚持突出以动手能力为主要特色的技能训练,始终坚持以培养生产第一线技术工人为目标不动摇。同时要与时俱进,根据新经济发展需要,通过不断改善教学管理制度和办学模式,改进和更新实验实习设备,培养出具有一定理论基础和复合技能的、在企业岗位上能够胜任工作的技能人才。要适应社会经济发展需要,实施"软件蓝领"培养计划,大力培养IT产业发展技能人才,加强学生创新能力和信息技术教育,增强学生的创业能力和适应职业变化能力。

(四) 结合实施劳动预备制培训、创业培训和再就业培训,拓展招生范围,推动技工教育更好地为就业服务

技工学校要以培养中级工为重点,以招收城乡新成长劳动力为主要对象,主动承担实施劳动预备制培训任务和承担农村劳动力开发就业任务,在继续招收城镇初、高中毕业生的同时,着重面向农村未能继续升学的初、高中毕业生招生。放宽年龄限制,面向全社会,招收往届未能继续升学的初、高中毕业生,实行"宽进严出"的培养模式,进行不同层次的职业资格培训,让这部分人掌握一种或多种技能后走向就业岗位。

技工学校要全面开展职业需求预测、职业指导、推荐就业等就业服务工作,建立与公共职业介绍机构和企业界的联系咨询制度,定期收集和发布职业需求信息,形成教育培训与促进就业相结合的良性发展新机制,推动技工教育取得更大的发展。

第五节 广东省技工教育改革发展的实践及今后设想[①]

技工学校是我国职业教育的重要组成部分,也是劳动保障部门实施劳动预备制培训的重要阵地。改革开放以来,广东省各级劳动保障部门面对体制转轨、经济结构调整和市场竞争的严峻挑战,主动适应不断变化的新形势,以市场需求为导向,抓住机遇,不断深化办学体制改革,调整专业结构,扩大办学规模,努力提高教育质量,为广东经济发展培养了50多万技能人才,取得了良好的社会经济效益。

一、广东省技工学校与职业培训发展现状

广东省技工学校教育与职业培训事业起源于新中国成立初期的工人就业前训练班和工人半工半读培训班。党的十一届三中全会以来,特别是《中华人民共和国职业教育法》和省政府《大力发展职业教育的决定》颁布以来,广东省技工学校和职业培训事业通过不断深化改革,加快发展步伐,办学规模不断扩大,教学质量明显提高,初步形成了以职业分类与标准为依据,突出职业技能训练、职业资格培训,并与国家就业制度紧密结合的办学特色,培养出一大批具有创新能力和实践操作能力的技能人才,为广东省经济发展和社会进步做出了积极贡献。主要表现在:

(一)办学规模有了很大发展

至1999年年底,全省共有技工学校193所,在校生12万人,分别比"八五"期末增加12.9%和40.5%;每年开展短期培训达10万人次,增长了1.8倍。

(二)办学质量明显提高

在全省193所技工学校中,国家重点技工学校16所,比"八五"期末增加15所;在国家重点技工学校的基础上组建高级职业技术培训学院12所;省级重点技校21所,省一类技校23所。

---

① 本节写于2000年8月,为向全省职业教育工作会议提供的经验材料。

（三）专业设置增多

目前，广东省技工学校开设的专业近100个，涉及机械、电子、石油、电力、邮电、出版、旅游、化工、冶金、交通、纺织、商业、饮食、服装等30多个行业和部门。特别是近年来，根据科技发展和产业结构调整的需要，开设了通用性、复合型的计算机应用与维修、电子技术应用、可编程控制、机电一体化、通信设备维修、空调制冷维修、公关、文秘等专业，为企业培养了大量急需的技能人才。

（四）师资队伍增强

至1999年年底，全省技工学校专职教师达7258人，兼职教师2517人，比"八五"期末增长19.2%和66.2%。生产实习指导教师占教师总数的27.2%，高级职称教师占8%；全省技工学校通过多年的教学实践，培养出"双师型"教师1512名（即专业技术理论课教师同时拥有教师证和技师证），为实施职业技能教育做出了突出贡献，成为广东省技工学校的一大特色。

（五）毕业生适应能力强，就业率高

新中国成立以来全省技工学校累计为社会培养了80多万技能人才，对100多万在岗和不在岗职工进行了在职培训和转业转岗培训。在近几年就业环境偏紧的情况下，技工学校毕业生当年就业率仍达94%以上。

二、主要做法

在日益激烈的市场竞争面前，广东省技工学校能够不断发展壮大，主要是依靠各级党委、政府和有关部门以及社会各界的重视、关心和支持。我们在发展技工学校教育方面主要抓了以下几项工作。

（一）不断深化办学体制改革，落实办学自主权

20世纪90年代以来，我们按照国务院和省政府关于大力发展职业技术教育的决定精神，对技工学校进行了改革。①在办学体制方面，打破封闭的管理体制，引入竞争机制，发挥社会各方办技工教育的积极性，鼓励、引导社会团体、企业和个人合办技工学校。例如汕头、湛江、韶关、江门

等市高级技校牵头建立办学联合体，使技工学校办学体制呈现多元化发展的格局。②在办学层次上坚持以中等技术层次为主，适当发展大专层次的高级技工教育；在办学形式上采取长短结合、定向培训等办法，适应了市场变化的需要，初步形成了技工教育初、中、高层次相衔接的框架。③扩大办学自主权。技工学校可以根据有关政策规定，全面实施校长负责制，自主决定办学模式、选用教材等，逐步形成了与当地经济社会发展相适应、与劳动力市场需求相衔接、规范而又充满活力的办学机制。

（二）多渠道筹集资金，加快技工学校发展

技工教育设备投入大，材料损耗高，办学成本比普通教育要大。多年来广东省不少技工学校没有固定经费来源，办学经费缺口较大。为了加快技校的发展，各地劳动部门积极争取当地政府支持，采取措施，多渠道筹集资金，加快发展步伐。主要做法是：争取政府给一点、校办工厂创收一点、合作单位出一点等办法筹集资金，扩大学校规模，更新教学设备。湛江、韶关、江门等市技工学校发挥自身优势，与企业、社会团体横向协作，联合办学，实现优势互补，解决资金不足问题。一些技工学校充分利用师资、实习场地、办学特色等优势，发展校办产业，收到了以校办厂、以厂促校的良好效果。如肇庆市技工学校与科研部门合作，研制生产气源净化设备和铝铁硼磁性材料，达到国际先进水平，获得较高的经济效益，为学校发展提供了坚实的物质基础。

（三）坚持以技能人才为培养目标，强化职业技能训练，形成技工学校的办学特色

广东省技工学校坚持以培养生产第一线中级技术工人为培养目标，定位明确。学生入学后，对到生产一线当工人有充分的思想准备。各类技工学校以突出操作技能训练作为自己的教学特色。在课程设置上，既考虑学科的系统性，更注重实践性课程的安排；在学时安排上，理论课与实操课的课时一般各占一半，以突出职业技能的实操教学；在教学形式上，把生产实习教学课堂作为中心课堂，充分发挥实习工厂和定点实习企业的作用，让学生直接在生产实践中提高自己的动手能力。教学相长使广东省技工学校毕业生绝大多数能够同时获得毕业证和中级职业资格证书，其中少数成绩优秀者可获得高级工证书。

第三章　技校是技能人才培养的试验田

（四）根据市场需求，及时调整专业设置，培养一专多能人才

随着市场竞争日趋激烈和经济结构的调整，企业用人需求在不断变动中趋于高级化，为了适应企业对技能人才需求的变化情况，广东省技工学校注重瞄准市场需求，及时调整专业设置。①改造老专业。重点放在更新教材和教学设备上，拓宽专业面，实施"模块式"教学改革，把工艺课与生产实习课结合在一起教学，取得良好效果。②增设新专业。不少技校根据广东企业用人需求，增加了计算机应用、数控技术、机电一体化、电子技术、物业管理、酒店服务等实用型、交叉型专业。③对专业设置实行动态管理，不少技工学校每年招生的专业数和学生数都根据市场需求确定，不断对一些专业进行调整、复合、优化，如机与电复合、电子与电工复合、焊与钳复合、服务与管理复合。此外，各地还开展了一专多能教改工作，努力提高学生的综合技能。让学生在主攻一门专业的同时，掌握相关专业知识和技能，不少毕业生能够考取两个或两个以上职业资格证书，成为一专多能人才，大大提高了择业、创业能力。

（五）走内涵式发展道路，不断提高办学质量

近年来，广东省大抓技校教学督导、教研、骨干专业建设、教材开发、教改试点等一系列基础性工作，制定了《技工学校管理工作规范》《技工学校班主任工作规范》《技工学校德育大纲》《职业技能培训和技工教育教学成果奖实施细则》等。各地技工学校普遍建立、健全各项教学管理制度，实现了教学管理的系统化、规范化、科学化。为了解决技校高层次生产实习指导教师不足的问题，在省计委、教育、财政等有关部门的支持下，我们与广东工业大学、汕头大学联合开办了技校师资班，培养了近千名实习指导教师。从1991年开始，广东省对技校实施分类评估，督促技校和办学主管部门积极改善办学条件，许多技校多方筹措资金更新设备，陆续购置了数控机床、加工中心、PLC可编程教学设备和多媒体计算机等先进的配套设施，提高了学校整体办学水平，较好地适应了广东省依靠科技进步推动产业升级的需要。

（六）坚持教育培训与就业相结合，努力促进劳动者就业和再就业

广东省技工学校在办学过程中，注意坚持"两条腿走路"办学方针，把技工教育、就业训练和劳动就业紧密结合起来,积极实施劳动预备制度,主动承担企业下岗、失业职工培训任务,大力推行职业资格证书制度,坚持培训与就业相结合,学历证书与职业资格证书相结合,探索了一条培养既有一定文化理论基础,又有较强实践操作能力的技能人才新路子,初步形成了技工学校办学优势。例如清远市技校实施智力扶贫工程,该校60%的学生来自贫困山区,学生毕业后绝大多数输送到珠三角就业,初步实现了"输出一人,脱贫一户"的目标。中山市通过对外来工、农民工实施先培训后就业制度,有效提高了乡镇企业操作工的技术水平,控制了安全事故的发生。各类技校自觉配合国企改革和调整,加大对下岗职工和失业人员的转业转岗培训力度,每年培训下岗、失业人员达10多万人次。各地学校还把职业需求预测、职业培训、就业指导、技能鉴定结合起来,有效地促进了就业。

三、进一步发展技工教育加快培养技能人才的设想

经济建设和社会发展对人才的需求是多样化的。国际劳工局1998—1999年度世界就业报告指出,随着经济全球化、技术发展和工作组织方式的变化,无论发达国家还是发展中国家,对技能人才的需求一直在增长。实际操作人员素质正在成为提高企业和国家竞争力的主要因素,在科技成果向现实生产力的转化过程中,技能人才发挥着不可替代的重大作用。但是,从广东省实施科教兴粤战略,率先基本实现社会主义现代化的要求来看,广东省生产、管理、服务领域第一线的技能人才仍然严重匮乏,与经济发展需求差距很大。作为培养操作型技能人才载体的技工学校,存在规模小、层次不高、投入不足的问题。为了适应广东省经济发展的需要,各级劳动保障部门要按照省委、省政府的部署,进一步贯彻《职业教育法》和中央关于深化教育改革、全面推进素质教育的要求,按照劳动保障部关于技工学校要"调整布局、提高层次、突出特色、服务就业"的方针,进一步深化技工学校和就业培训实体的调整和改革,加快发展技工教育,加快培养技能人才提高劳动者素质,促进就业。

(一)加快技工学校结构和布局的调整

全省各级各类技校要按照优化结构、合理配置资源的原则,有计划、有步骤地做好技校的调整和改革工作。要鼓励和引导技工学校和就业训练

中心通过联合、合并、协作等方式,创建职业培训综合基地或职业培训集团,形成需求导向型的合作伙伴关系。指导行业或企业举办的技工学校通过联合、分离、转制、撤销等方式进行改组,对行业或企业办的国家重点技工学校,引导它们与其他学校或培训机构进行联合,组建高级技工学校;对具备向社会开展职业培训资格的技校,可指导其从企业中分离出来,办成独立的培训机构;对不具备独立办学条件的技工学校,可按规定程序予以撤销,或改为企业职工培训中心。地级以上各市要建立一所有规模、能起示范作用的骨干技工学校。

(二)进一步提高培训层次,形成与国家职业资格体系相对应的职业资格培训体系

广东省技工教育要按照国家职业资格体系要求,调整层次结构,加快形成与之相对应的,从初级、中级、高级,直至技师、高级技师的职业资格培训体系。当前要针对广东省高级技能人才缺乏这一突出问题,采取积极措施,在国家和省重点技校的基础上,创办一批相当于大专层次的高级技工学校,建立技师培训基地。尤其是中心城市和珠三角地区要加快建设高级技工学校的步伐。要积极配合教育部门构建职业教育"立交桥""直通车"。技工学校毕业生可以直接报考工科大学、职业技术学院和高级技工学校,也可以在参加工作几年后,到各类职业技术院校进修,考取技师或高级技师资格证书,从而形成与国家职业资格体系相对应、初、中、高层次结构合理的职业教育培训体系。

(三)突出职业技能培训特色,致力于提高劳动者的创业能力和适应职业变化的能力

技工学校作为培养操作型技能人才的载体,要按照中央关于实施素质教育的要求,注重培养学生的敬业精神和创业能力。要进一步突出技能训练,改进实习实验设备,强化创新能力的教育,培养具备一定理论基础和复合型技能的人才。要根据当地经济发展及产业结构特点和劳动力市场需求,对专业设置进行必要调整,扩大第三产业专业,适度压缩、改造和提升第二产业专业,积极开办第一产业专业。要把开展创业培训同促进劳动者特别是下岗职工自谋职业结合起来,以增强其创业能力和适应职业变化的能力。

（四）结合实施劳动预备制度，扩大培训范围，推动职业教育培训更好地为就业服务

技工学校要主动承担实施劳动预备制度的任务，挖掘潜力，扩大培训覆盖范围，开展多层次、多形式的职业培训。要尽快在乡镇和进城务工的农村青年中开展劳动预备制培训，承担农村劳动力开发就业试点的任务；对确定为劳动预备制培训的定点单位，要按照市场需要设置专业，开展就业指导；要改革技校招生办法，在继续招收初、高中毕业生的同时，适当放宽年龄、身份等条件限制，面向社会招生。积极探索"宽进严出"的培养方式，根据社会需要和学生的知识水平和意愿，进行不同层次和等级的职业资格培训，扩大培训范围。同时根据培养目标，采取灵活的教学形式，实行弹性学制。劳动保障部门要指导技校开展职业需求预测、职业培训、职业指导、职业技能鉴定、就业服务"一条龙"服务，并建立协调的工作机制，要与公共职业介绍机构建立定期联系制度，为毕（结）业生及时提供职业需求信息，尽快推荐就业。

（五）落实就业准入控制，大力推行职业资格证书制度

要全面贯彻劳动保障部《招用技术工种从业人员规定》，严格实行就业准入控制，全面落实先培训后就业，先培训后上岗的制度，对未取得相应培训证书或职业资格证书的求职人员，要参加职业培训，待取得相应的证书后再予以介绍就业。技工学校和各类职业培训机构，要依据国家颁布的实施就业准入控制的90个技术工种，科学、合理地调整专业设置，使教学工作与实施职业资格证书制度有机地结合起来，进一步完善以职业资格认证为特色的职业教育培训体系。

第六节 广东职业培训和技工教育的新发展[①]

近年来，广东省委、省政府高度重视职业培训和技工教育工作，将其纳入经济社会发展大局统筹规划实施。在省委、省政府的高度重视下，全省各级人力资源社会保障部门紧紧围绕广东省"加快转型升级，建设幸福

---

① 本节为海南省人劳厅负责培训就业工作的同志于2012年5月回访广东省人社厅，商谈粤琼合作事项时，笔者组织有关业务处室撰写的交流材料。

广东"的决策部署,以建立面向全体劳动者的职业培训制度、现代技工教育体系和加快高技能人才队伍建设为目标,积极创新,扎实工作,推动全省职业培训和技工教育事业取得蓬勃发展。截至 2011 年年底,全省高技能人才达 271 万人,增速比全国平均水平高出 8.5 个百分点;技工院校在校生总数、当年招生数、校均规模、就业率、技能鉴定人数等多项综合指标居全国前列,被人力资源社会保障部誉为全国职业教育的"一面旗帜"。

一、主要经验做法

(一)领导高度重视,政策保障体系进一步完善

一是省委、省政府高度重视,有效提升了职业培训和技工教育的地位。时任广东省委书记汪洋同志把职业培训和技工教育作为应对国际金融危机、加快转型升级、建设幸福广东的战略举措来抓,多次亲自到技工院校视察调研,并多次做出重要指示,强调:"广东是人力资源大省,搞好技工教育是提高竞争力的重要举措。""要提升我省现代产业体系的国际竞争力,就必须打造具有国际水平的现代技工教育体系"。省委、省政府主要领导的高度重视,有效提升了职业培训和技工教育在党委、政府中的地位。

二是政策体系基本建立,进一步优化了职业培训和技工教育发展环境。如省委、省政府下发加强职业培训促进就业的实施意见,广州在全省率先设立培训券制度;深圳推行失业人员岗位适应性培训补贴办法;珠海市积极建立统一的职业技能补贴标准等,培训政策体系进一步完善。2010 年,省委、省政府出台《广东省中长期教育改革和发展规划纲要(2010—2020年)》(以下简称《规划纲要》),明确发展"中高等职业教育(含技工教育)";2011 年,省委、省政府召开全省职业技术教育工作会议,下发《关于统筹推进职业技术教育发展的决定》和《规划纲要》,提出技工教育与职业教育在发展规划、招生平台、经费投入、资源配置、人才培养评价标准等方面实行"五统一"的创新政策,形成省技工教育与职业教育双轮驱动发展的体制格局。

(二)紧贴市场需求,助推产业转型的功能进一步增强

一是深化校企合作。积极搭建"百校千企"校企合作平台,组织全省百所优质技工院校与包括现代产业 500 强和自主创新 100 强企业在内的千家

重点企业对接，2010年5月成功举办了广东省技工院校"百校千企"校企合作大会，100所技工院校与1205家国内外知名企业（其中包括西门子、松下等世界500强企业66家）共签订合作项目3223个，形成了共建生产实训中心、开展"校企双制"培养、"大师工作室"进校园、先进企业文化进校园、共建多元评价体系、"产教研"一体化等多种合作模式，初步形成校园对接产业园、专业对接产业、实训对接岗位的新格局。

二是建立专业动态调整机制。目前，广东省246所技工院校共开设了包括机械、汽车、电子信息等20个主要行业的400多个专业，新设LED显示、信息安全、动漫设计等近300个与现代产业发展相适应的专业课程。

三是推进校园对接产业园工程。为解决广东省产业转移园人力资源短缺的困境，根据汪洋书记"让企业成为培训的主体"的批示精神，广东省创新性推出了技工院校对接产业园工作，通过园区企业拿出岗位、技工院校拿出学位，企业院校联合招工招生、送岗送学，为广东省产业转移园输送急需的技能人才。目前，全省21个市的人社局和82所技工院校与36个省级产业转移工业园的262家企业，共达成1880项对接合作意向，初步形成为园区企业优先提供急需的技校毕业生、为在岗员工提供技能提升培训鉴定服务、开展招工即招生的"校企双制"合作办学、在园区设立技工院校校区或分校、建立校外实习、实训基地和生产实训中心以及建立人力资源服务平台等多种对接形式。

（三）深化对外合作，进一步提升技工教育国际化程度

一是大力引进世界银行贷款职业教育发展（广东）项。项目贷款总额为2000万美元，自2009年启动以来，截至目前，累计共提款约900万美元，主要用于引进国际先进职教理念、加强师资培训、开发"能力本位"课程、教学效果评价等。

二是积极推进对外合作办学。新加坡南洋理工学院合作建设惠州市技师学院，成功引进新加坡"教学工厂"职教模式；珠海市高级技工学校与澳大利亚昆士兰北部科技TAFE学院合作开设"3+2"国际技工班；香港职业训练局和省职业技能鉴定指导中心合作建设的知专设计学院广东工业设计培训学院顺利推进。

三是不断深化"双百双向"师资培训交流工作。2010年以来共组织376名技工院校优秀骨干教师和管理者赴新加坡、德国、香港等地培训考察，并从职业教育先进国家和地区引进60余人次职教专家赴广东省技工院

校交流指导,依托广东省技工院校与德国汉斯·赛德尔基金会合作开展国内培训287人次。

(四)加强高技能人才实训基地建设,进一步提高技能人才培养水平

一是增强高技能人才培养能力。如加强高技能人才培养基地建设,目前,全省高技能人才公共实训基地达28个,实训能力达30万人,其中国家级基地1个;共建高技能人才培养示范基地66个,其中国家级6个;共建技能大师工作室4个,其中,韶关罗东元和茂名黄巨利技能大师工作室被评为国家级技能大师工作室。努力提升技工院校高技能人才培养能力。2011年全省246所技工院校中,以培养高技能人才为主要目标的国家级重点技校61所、高级技校52所、技师学院31所;全省技工院校高级工班及以上学生的在校生数达到28.9万人,占了在校生总数的34%。

二是创新技能人才选拔机制。广泛开展技能竞赛选拔人才,2010年,广东省技工院校在第四届全国数控技能大赛上获得11枚金牌,占金牌总数的55%;17名选手获得"全国技术能手"荣誉称号,占全部名额的56.7%;3枚"全国五一劳动奖章"全被广东省技工院校选手囊括。2011年,全省共组织举办各类职业技能竞赛155场次,参赛规模达180万人次;在第41届世界技能大赛上,广东省参赛的两名选手分别获得CAD机械设计第八名和美发第六名。

三是健全高技能人才激励机制。省政府下发《广东省职业技术教育改革发展规划纲要(2011—2020年)》,明确规定"取得高级工和技师、高级技师职业资格证书的高技能人才,在政策上分别与大专和本科学历人员同等对待";江门市建立高技能人才社会保险补贴制度;东莞市建立高技能人才资金奖励制度;佛山市对市级岗位技术能手给予2万元奖金奖励,等等。

(五)坚持民生为本,进一步提升人力资源整体素质

一是开展退役士兵免费职业技能培训工程。2007年起广东省技工院校向有培训意愿的退役士兵免费开展职业技能培训工作。工程实施以来,共有3.4万名退役士兵学员顺利入读技校。

二是继续实施智力扶贫工程。2002年广东省在全国首创技工教育与扶贫工作相结合的"智力扶贫"新模式,目前,全省共资助智力扶贫学生76320人,就业率达到100%,实现了"培训一人,就业一个,脱贫一户"

的目标。

三是组织开展农村劳动力转移就业培训。2008年，省委、省政府做出推进产业和劳动力"双转移"的战略部署，实行"一户一技能计划"。全省技工院校围绕广东省农村劳动力转移战略部署，创造性推行送教进厂、送教进村、校镇结合等培训模式，承担了80%的农村劳动力培训任务，发挥了农村劳动力培训的主阵地作用。

四是积极推进全员培训。各地结合本地实际，面向全体劳动者切实提高培训的针对性和有效性。如中山市结合"双到"开展扶贫培训，梅州市推行"培训品牌"，汕尾市推行"三点"培训模式，茂名市依托工业园开展对接培训等。

（六）建立健全培养评价体系，进一步提高公共服务能力

一是深入开展社会化职业技能鉴定、专项能力认证和企业内部高技能人才评价。建设首批15个职业研发应用基地；省市联动启动95个现代产业、地方特色产业职业开发项目。2011年全省组织职业技能鉴定175.4万人次，获证135.2万人次，位居全国首位。

二是远程职业培训公共服务网络体系不断完善。目前已在21个地级以上市实现全覆盖，培训课件达到338个，参加远程培训人数累计突破50万人次。

三是创业培训服务体系不断健全。全省共建设83家国家级创业培训定点机构。开展党员创业技能培训远程服务，为全省注册的6000多名党员免费提供创业能力测评、创业项目推介、创业技能培训等服务。全年组织创业培训11万人。其中，云浮市创新性开展残疾人创业培训公益工程，取得良好的社会效应。

二、今后要着重抓好的几项工作

（一）以实施校园对接产业园工程为突破口，着力探索建立以企业为主体的技能人才培养制度

深入推进校园对接产业园工程。尽快研究制定园区内的校企合作、职业培训补贴、实习生身份认可、实习期间工伤保险、免费教育等扶持性政策，加大积极就业政策向职业培训的倾斜力度。着力探索"校企双制"办

学机制,制定"校企双制"办学实施意见,指导校企双方开展招工招生、招生招工,建立校企共同参与的新型技能人才培养制度。

（二）以培养一流技工为标杆,着力推进技师学院建设

重点围绕广东省产业转型升级需求和高技能人才培养目标,加快制定出台技师学院发展规划和重点技师学院建设标准,充分利用技师学院建设专项资金,推动重点技师学院建设。调整提升技师学院培养目标,引导技师学院通过开展"校企双制"办学培养培训技师、高级技师,打造广东省技工教育的领军队伍。

（三）以实施南粤高技能人才振兴计划为抓手,着力推进高技能人才培养

大力推进高技能人才培养"三大基地"建设。具体目标是:建设5个以政府投入为主、面向社会开放的公益性高技能人才公共实训基地;依托企业、职业院校等,建设15个高技能人才培养示范基地;依托行业技能大师,建设10个技能大师工作站（室）。省里将选择其中6～8个建成国家级高技能人才培训基地、4个技能大师工作站（室）。

（四）贯彻粤琼合作框架协议,加强职业教育培训领域的合作

要根据双方需求,选准合作突破口,明确合作项目,重点抓好技校和培训机构师资的培训交流;根据输入广东务工人员的需求,有针对性地开展职业技能培训;建立交流互访制度,加强培训就业领域经验互鉴等。

第四章　大力发展职业培训，加快培养技能人才

【本章导读】世界发达国家的发展历程告诉我们，一个国家综合实力的竞争，突出表现为人才资源的竞争。谁拥有人才优势，谁就能抢占发展的制高点。广东要增创发展新优势，增强国际竞争力，人才是关键。笔者在30多年劳动保障部门工作实践中，注意确立和贯彻人才资源是第一资源的理念，明确开展职业技能培训的目的是培养技能人才，提高劳动者素质，提高其就业能力、职业转换能力和创新创业能力，促进经济社会发展。并注意按照这个理念，努力建立面向全体劳动者的终身职业技能培训制度，统筹推进职业技能培训，不断提高劳动者素质；把大力发展职业教育培训事业作为实施就业优先战略、解决就业结构性矛盾、促进就业创业的根本举措，作为贯彻落实人才强国战略、加快技能人才队伍建设、推动经济发展方式转变的必然要求。注重发挥技工学校、就业训练中心、民办职业培训机构和企业培训机构的作用，特别是注重鼓励社会力量办学，重视发挥民办职业培训机构的作用，将职业培训与就业体制、教育体制和经济体制改革联系起来，根据社会需求，采取多种措施，着力培养各类技能人才。

本章收录的几篇文章，是笔者负责技工教育和职业培训工作实践时的一些思考和建议。

第一节　履行第一要务，加快培养高技能人才的思考[①]

江泽民总书记在"七一"重要讲话中明确指出：不断提高广大劳动者

---

① 本节写于2002年7月，为本人按照厅党组要求，学习江泽民同志"七一"讲话时写的一篇学习体会。

的劳动技能和创造才能,是我们党代表中国先进生产力必须履行的第一要务。联系实际认真学习江泽民同志的讲话精神,我们深刻认识到,在经济全球化背景下,经济社会发展对技能人才的需求不断增加,加快培养高技能人才是适应经济结构调整、推动技术进步、增强国际竞争力的必然要求,是各级政府必须履行的重要职责。

一、广东高技能人才培养现状及需求预测

(一) 高技能人才的含义及培养现状

什么叫技能人才,在我国尚没有统一的定义。笔者在1996年主持编制《广东省"九五"至2010年技能人才开发规划》时,经多次组织专家论证,第一次在省政府人才规划中明确提出技术工人是技能人才的观点,并给"技能人才"下了一个定义,即技能人才是指具有职业技术特长,按照国家职业标准,经职业技能鉴定合格,取得中级及以上职业资格证书的人员。高级技能人才一般指具有技师和高级技师证书的人员。如按此定义,目前我国尚没有直接培养高技能人才的学校。

近年来,关于技能人才的提法,开始被人们所接受。人们通常认为,具有初级以上职业资格证书的技术工人即为技能人才。由于技师和高级技师十分短缺,我们经劳动保障部门同意,决定把具有高级技工及以上职业资格证书的人员称为高技能人才。

按照上述定义,据统计,我国6.79亿从业人员中,属于技能人才的技术工人只有7000多万,约占10%左右,其中高技能人才只占3.5%。广东省从业人员4058.63万人,技术工人只有365.3万人,约占从业人员的9.1%;其中高级技工、技师和高级技师只有10.9万人,占技术工人总量的不足3%。据《广州日报》2002年6月7日报道,全省制鞋行业从业人员250万人中,难觅一名鞋业技师。

目前,我国高技能人才的培养主要有以下几个途径。

一是高级技工学校和国家重点技校。这是现阶段我国培养高技能人才的主要阵地。至2002年上半年,广东经国家批准的高级技校有16所,在校生规模达56725人,其中年招收高级班学生的规模只有3500多人。

二是行业或企业办的职工培训机构。在体制转轨和企业改制过程中,企业剥离了相关的社会职能,这类培训机构明显减少。据初步了解,目前,全省只有大型企业设有职工培训机构,主要以上岗培训为主,约占企业职

工总数的16%。

三是高职院校。近年来，为了适应社会经济发展需要，我国陆续举办或改建了一批以培养高级技术应用型人才为目标的高等职业技术学院。但这类院校正在转型之中，所培养的学生缺乏实际操作能力。大部分毕业生还没有获得职业资格证书。

四是社会各类职业培训机构，规模小、培训层次低，难以承担起培养高技能人才的任务。

五是以师带徒或自学成才的培养方式。我国还有少量的高级技术工人或技师、高级技师，是采取以师带徒或自学成才的方式培养起来的。如制鞋、玉器首饰加工等传统行业。"九五"以来广东全省累计参加职业技能鉴定并获得职业资格证书的达178.7万人，其中，高级工以上约占2%。

（二）高级技能人才需求预测

经过20多年的改革开放，广东经济社会发展到一个新的阶段，主要标志是：至2001年底，全省有两个经济指标突破了万亿元大关。一是全省生产总值达到10556亿元，二是城乡居民储蓄存款余额达到10415亿元。按照暂住广东半年以上人口8650万人计算，广东2001年人均生产总值达1457美元，远高于全国平均921美元的水平。根据区域经济发展理论，人均生产总值超过1400美元，说明这个地区已经进入工业化中期阶段，相当于新兴工业国家的水平。全省人均存款达11561元，这不仅意味着广东人人都是万元户，而且表明广东人已经从"人找钱"阶段跃进到"钱生钱"的阶段，"财富效应"逐渐显现。时任省委书记李长春同志会见天津市访粤代表团时说，广东已进入一个以信息化为主导，信息化、工业化、城市化三化并举的发展阶段，高新技术产业和采用先进适用技术改造传统产业成为经济发展的第一增长点。以技术进步为基础的经济结构调整和产业升级换代，必然导致对高素质劳动力的需求越来越大，对劳动者的素质要求越来越高。

从劳动力市场供求情况看，2001年广东社会劳动力总供给为137.4万人，总需求为102.4万人。其中，需求技术工人占40.8%；在所需求的技术工人总量中，初级工占62.7%，中级工占24.3%，高级工以上占13%。但在劳动力供给方面，技术工人只占总量的30%。求人倍率一般为2.5:1。即广东市场上招收2.5名技术工人，只有一人报名；而深圳市招收3.2名技术工人，只有一人报名。高级工更加奇缺，市场招收9名高级技术工人，只有一人报名，而招收一名大专以上学历人员，就有6人报名。

从企业用人现状来看,技术工人十分短缺。我们通过对中山市 23 家大中型企业的调查发现,在职员工总数 47450 人中,管理人员、专业技术人员、技术工人和其他工人分别占 7.3%、7.5%、2.5% 和 82.7%。在工人队伍中,持有职业资格证书的技术工人只有 1174 人,仅占 3.7%。在技术工人队伍中,初级、中级、高级技工和技师以上的比例结构为 55.8∶32.2∶6∶6。专家认为,在企业中,管理人员、专业技术人员、技术工人和其他辅助人员的合理结构应该为 8.5∶13.7∶52.9∶25。在技术工人队伍结构中,技师以上、高级技工、中级工、初级工的合理比例为 8.2∶13.9∶46.1∶31.8。目前,广东技术工人的结构为 3∶6.8∶31.3∶58.9。显然,中、高级技术工人短缺的状况十分严重,急需改变。

从发展趋势看,社会经济发展对技术工人尤其是高级技能人才的需求不断增长,技术工人尤其高级技工的总量少,供求缺口大。据预测,至 2005 年,广东技术工人需求总量达 502.4 万人,而目前只有 365 万人,缺口达 130 多万人。社会上甚至还出现了招收高级技工比招收研究生还难的现象。

上述情况表明,在经济全球化和科技进步的浪潮冲击下,经济结构和产业结构的调整、变动日趋频繁。这些频繁的结构调整对劳动就业所带来的影响是十分广泛而深刻的。其中,最主要的趋势是,在整个调整过程中,一些旧的职业逐渐消亡,新的职业不断涌现,与此相对应的低素质的劳动力将逐步被淘汰,新职业对高素质、高技能劳动力的需求不断增加,这要求各级政府高度重视、不断提高广大劳动者的劳动技能和创造才能。

二、高级技能人才短缺的原因分析

(一) 认识上存在误区

由于受传统的"学而优则仕"观念的影响,人们重学历文凭、轻素质技能,重仕途、轻工匠的人才培养和使用观念十分浓厚。表现在政策宣传上,国家举办中专和高等教育的目的是培养干部,政府只承认大中专毕业生是人才;而技工学校的毕业生不是干部,也不是人才。这种认识上的误区,导致体制上、政策上和投资上的偏差。例如在用人政策上,以学历为导向,按照学历文凭的高低来确定人们的经济收益、工资收入和社会地位,致使社会鄙视技术工人,这是职业教育受冷落的根源之一。

（二）体制上存在障碍

长期以来，由于受计划体制的影响，职业教育分工成了分家。教育部门习惯于按照计划体制的做法管理整个教育资源，按原有模式培养人才，重视普通教育，轻视职业教育，重视基础教育，轻视中等职业教育；重视传授文化知识和政治思想教育，轻视职业道德和职业技能教育。劳动保障部门管理的技工学校明确以培养技术工人为目标，按照市场需求培养技能人才，突出技能训练，办出了特色，反而得不到支持，甚至把职业教育发展滞后归咎于条块分割，体制不顺，企图借调整布局之机、统一管理之名压制技工教育的发展，抹杀技工学校的办学特色，这将不利于技术工人以及高级技能人才的培养。

（三）资金投入严重不足

据统计，"九五"期间，全国中等职教经费中的政府投入，从1995年的109亿元上升至168亿元，但占财政拨款的比例逐年下降。广东的情况也是如此。据统计，"九五"期间全省财政性教育经费投入占全省生产总值的比重在1.4%～1.82%徘徊。所幸的是省级财政部门每年从教育专项经费中拨出1700万用于扶持省属重点技校和主体专业建设，使一批技校脱颖而出，得到迅速发展。

（四）职业学校先天不足，发展滞后

我国职业教育体系很不完善，长期以来，基本上只有中等职业教育，几乎没有高等职业教育。高等职业教育是近几年才发展起来的。在中等职业教育中，只有技工学校明确以培养技术工人为目标，中专和职中并没有以此为目标。我国技工学校是20世纪50年代在工人就业前培训和半工半读学校基础上逐步发展起来的，政府基本没有投入，先天不足，表现为起点低、规模小、设备差、场地小、师资力量弱，所培养的技术工人的数量也比较少。改革开放以来，技工教育总体上得到了长足的发展，拿广东来说，1980年全省技工学校只有82所，在校生只有1.61万人；至2001年年底，全省技校发展到186所，在校生达18.4万人。特别是从1994年以来，劳动行政部门依据学校分类标准，对技校办学条件和办学质量进行评估，促进了技校的发展。目前在全省技校中，高级技校有16所，国家重点技校21所，省重点技校20所，能够承担起培养高级技术工人的任务。而对于大部分中等职业教育学校来说,它们难以承担培养高技能人才的历史重任。

三、积极拓宽技能人才成长通道,加快培养高技能人才

我国加入WTO后,世界制造业正在进一步向我国沿海地区转移。这是当前我国经济发展的一个重要趋势,也是广东现代制造业发展的重要机遇期。广东要抓住这个重要的战略机遇期,真正建成现代制造业中心,就必须针对目前技能人才短缺、素质偏低、层次结构不合理、高技能人才短缺的状况,根据技能人才成长的特点和规律,采取有效措施,通过大力发展多形式、多层次的职业教育和职业培训事业等多种途径,努力拓宽技能人才成长的通道,加快培养和造就一大批掌握先进制造技术、技艺精湛的高技能人才。

一是要大力发展中等职业教育,为高技能人才成长奠定基础。中等职业学校(含中专、技校、职工和成人中专)是培养中级技术工人的重要阵地。目前,广东中等职业教育发展仍然滞后,中等职校在校生和当年招生人数占高中阶段在校生和当年招生数的比例都较低。据统计,目前我国制造业从业人员平均受教育年限仅为9.47年,仅略高于初中毕业生水平。这已成为全面提高劳动者素质、加快培养技术工人尤其是高技能人才的"瓶颈"制约。现阶段,必须大力发展中等职业教育,破除"瓶颈"制约,使中等职业教育与普通高中学生保持同等规模,一方面加快培养中等及以上技能人才;一方面为发展高等职业教育打下基础,输送后备生源。

二是充分发挥企业在职业培训方面的积极作用,切实加强岗位技能培训和校企合作。近几年来,在企业改制过程中,相当一部分企业借剥离企业办社会之机,撤销了企业举办的技工学校或职业培训机构,陷入了忽视岗位技能培训的误区。有的企业提取的教育培训经费只是对管理人员、专业技术人员进行培训,而不对技术工人进行岗位培训。我们认为,职业培训应当是全方位的,当前尤其要针对技能人才短缺的情况,切实加强企业职工岗位技能培训。各类企业都应当结合本企业生产实际,开展岗位培训和技能提升活动,使本企业的生产一线工人有不断提高技能水平的机会。同时,要根据企业需求,充分发挥企业技能带头人和生产设备的作用,依托企业生产场地、设备和技术力量,探索建立校企合作办学培养技能人才

的新模式，建立高技能人才实训基地或技师工作站，与各类职业院校合作办学，开展"订单式"培训；完善以师带徒制度，发挥技师的技能带头人作用，为加快培养适销对路的技能人才提供有效的支持。

三是积极推进高等教育结构的调整与改革，构建中职与高职相互衔接的现代职业教育体系，疏通高技能人才成长的通道。近年来，我国高等职业教育发展迅速，在校生规模不断扩大。从目标定位来看，高职院校应当成为培养掌握先进技术的高技能人才的摇篮。高等职业院校必须根据技术进步、经济社会发展需要和培养高技能人才的目标定位，深化改革，抓紧调整专业设置，改革学制和课程设置，更新教材，创新教学模式和方法，改变参加全国统一高考和只在应届高中毕业生中招生的做法，拓宽招生范围，面向中职毕业生和社会上具有同等学力或中级职业资格证书的人员，自主招生，择优录取，从而打通中职毕业生或具有中级职业资格证书的人员进入高等职业院校学习的通道，形成中职与高职相互衔接、与职业资格证书制度相适应的现代职业教育体系。

四是要广泛动员全社会的力量，重视发展职业培训事业，形成多层次、多形式、多元化的现代职业培训体系，为加快培养技能人才提供有力的支持。在技能人才的成长过程中，学校教育只占其中一小部分。而职业培训是终身教育的重要组成部分，是技能人才成长过程最重要的支持。专家认为，一个人有90%的技能是在工作岗位上获得的。在现代社会，随着技术进步的不断加速，知识更新换代越来越快，对在职员工进行终身的职业教育培训是十分重要的。应当结合贯彻《民办教育促进法》，抓住有利时机，鼓励和引导全社会各方面的力量，创办职业培训实体，采取非学历教育、短期培训、校企合作、工学交替等多种形式，对没有机会接受学校正规教育的广大劳动者，进行有针对性的、多层次的职业技能培训，进一步扩宽技术工人，尤其是高技能人才成长的通道。

五是要深化改革，大力推进技能人才工作体制和机制创新。

①要牢固树立科学人才观，更新观念，确立技能人才是人才队伍重要组成部分的观念和人人都可以成才的观念，切实把技能人才队伍建设纳入人才队伍建设的总体规划，制定扶持政策，营造良好的社会氛围，促进技能人才的快速成长。②要通过组织开展多种形式的技能竞赛、岗位练兵、拜师学艺和技能大赛活动，形成技能人才脱颖而出的选拔机制，营造尊重技能、重视技能人才的社会大环境。每年都要组织一些大规模的通用工种

的技能竞赛活动，通过技能竞赛，打破年龄、资历界限，及时发现和选拔高技能人才。③要进一步大力推行学历证书与职业资格证书并重的制度，建立学历证书与职业资格证书相互衔接的机制，使各类学校教育和职业培训与国家职业标准相衔接，并按照国家职业标准和市场需求，调整培养目标、专业设置和教学内容，突出职业技能训练，以利于各类人才的相互转化，使其成为复合型高技能人才。④要大力推行就业准入制度，对从事技术工种（岗位）的劳动者，严格实行持职业资格证书上岗的制度；对开办企业涉及人民生命财产安全、消费利益的经营者，应严格实行凭职业资格证书开业的制度，从而引导劳动者先接受职业技能培训，取得证书后再就业。⑤要引导用人单位建立"使用与培训考核相结合、待遇与业绩贡献相联系"的激励机制，大力推广技师、高级技师与相应等级的专业技术人员在工资福利待遇等方面享受同等待遇的政策；建立技师津贴制度，提高其待遇水平，激励广大劳动者自觉主动学习技能，不断提升自身的技能水平。

第二节 关于促进民办职业培训事业健康发展的若干思考①

民办职业培训是民办教育事业的重要组成部分，是提高劳动者就业能力和创业能力，促进就业的重要依托。《中华人民共和国民办教育促进法》（以下简称《民办教育促进法》）及其《民办教育促进法实施条例》（以下简称《实施条例》）颁布实施以来，广东省各级劳动保障部门认真贯彻关于"积极鼓励，大力支持，正确引导，依法管理"的方针，按照该法关于"举办实施以职业技能为主"的职业资格培训、职业技能培训的民办学校，由县级以上劳动保障部门按国家规定权限审批和管理的规定，结合贯彻全国人才会议的精神和广东技能人才短缺等实际情况，通过认真组织学习、加强舆论宣传、改善发展环境、提供政策支持和优质服务等措施，积极推进民办职业培训事业的健康发展，取得了显著成效。但是，随着形势的发展，我们在工作中也遇到一些新的问题，困扰着民办职业培训事业的发展，应引起我们的关注与思考。

---

① 本节写于2005年9月，为参加全国民办教育地方立法研讨会所撰写的材料。

一、以贯彻落实民办教育促进法为契机,推动民办职业培训事业健康发展

《民办教育促进法》及其《实施条例》明确了民办职业培训的法律地位,对民办学校的设立、管理、扶持、监督、奖励以及举办者的权利和义务等做出了法律规定,对广东省民办职业培训事业发展产生积极的推动作用。至 2004 年底,广东省民办职业培训机构发展到 3016 个,年培训人数达 100 万人次,分别比 2002 年增长 24.5% 和 82%。其中,民办职业培训学院 15 所,民办技工学校 21 所。近年来,广东省贯彻《民办教育促进法》,加快民办职业培训事业发展,主要采取了以下措施:

一是组织学习法律法规,提高思想认识。我们认真组织劳动保障系统干部和民办机构投资者、管理者学习《民办教育促进法》及其《实施条例》。从思想上明确民办职业培训是广东省职业培训事业的重要组成部分,确定"积极鼓励,大力支持,正确引导,依法管理"的方针,鼓励社会力量积极投资举办职业培训学校,引导他们以就业为导向,根据市场需求,自主办学。纠正社会对民办职业培训机构的偏见,真正树立起积极引导、热情支持、依法保护、促进发展的工作指导思想。

二是加强舆论宣传,为民办学校发展创造良好的社会氛围。广东省利用新闻媒体坚持正面宣传、正面引导,通过各种宣传渠道和形式,大力宣传《民办教育促进法》及其《实施条例》,充分肯定民办职业培训的社会地位和作用;广泛宣传国家关于鼓励民办职业培训发展的政策法规;宣传依法办学的典型。如树立和宣传了白云工商技校、华立技校、深圳职业训练学院、今明模具职业培训学校和海之珠职业培训学校等一批依法办学的先进典型,扩大了民办职业培训学校的社会影响,为民办职业培训的发展创造了良好的舆论氛围。

三是加强正面引导,提供优质服务。为了促进民办职业培训学校的健康发展,广东省把民办职业培训纳入职业教育总体规划,坚持抓好"四个引导":①引导举办者根据经济社会发展需要和办学标准依法申办学校。②引导民办职业培训机构根据市场需求,合理设置或及时调整专业,做大做强。如华立技校主动与市场对接,提出"适合学生的教育,才是最好的教育"的理念,将先进的办学理念与灵活的市场导向结合起来,开设了近 30 个新专业,深受社会欢迎。③引导民办学校依法落实办学自主权,包括可

以自主聘任教师和职员、自行确定收费项目和标准、自主设置专业、自主确定招生规模等。④引导民办学校推行职业资格证书制度，落实好招生和毕业生就业制度。此外，还积极争取地方政府和有关部门在建设用地以及教师、学生待遇等方面享有与公办学校同等的待遇。

四是加强依法监管，促进健康发展。我们严格按照法律的规定，本着信息公开化、程序简约化、服务优质化的原则，健全审批制度，明确审批权限，完善工作流程，尽量简化审批手续，依法做好民办职业培训学校的审批工作。把事前审批和事后监督有机结合，充分发挥社会对民办职业培训学校的监督和评估作用，探索建立合格评估制度和民办职业培训学校信用等级制度，引导民办职业培训学校规范办学，加快发展；认真做好民办职业培训机构评估换证工作。根据《民办教育促进法》及其《实施条例》确定的管理权限，组织专家组依照民办职业培训学校设置标准，对《实施条例》实施前已批准设立的民办职业培训机构进行全面评估，合格者颁发《办学许可证》，不合格者限期进行整改，促进民办职业培训学校规范办学，健康发展。

五是结合实际，积极探索地方立法。《民办教育促进法》及其《实施条例》的出台，确立了我国民办教育的法律地位，促进民办教育事业健康发展，具有重大而深远的意义。但上述法律的许多规定还比较原则化，不易操作实施。近期，我们制定了《广东省民办职业培训管理办法》，在职权范围内，从操作层面上做出了一些具体规定。①明确民办职业培训机构包括民办职业培训中心、民办职业培训学校、民办职业培训学院三种类型，并分别确定了它们的设置标准。②明确申办民办职业培训机构，实行分级分类审批制度，举办职业资格五级、四级的职业培训的，由县级劳动保障行政部门审批；举办职业资格三级及以下的职业培训机构，由市级劳动保障行政部门审批；举办职业资格二级、一级的职业技能培训和民办职业培训学院的，由省级劳动保障行政部门审批。③明确民办职业培训机构实行分级管理，划分了省劳动保障行政部门和市、县（区）劳动保障行政部门的监管职责。④明确规定民办职业培训机构变更事项应当具备的条件和办理程序。⑤明确规定民办职业培训机构终止办学的情形以及处理程序。

二、问题和建议

近年来，广东省在贯彻《民办教育促进法》方面做了一些工作，取得了明显成绩。但在工作实践中,我们认为,民办教育立法还不完善。要加快发展民办教育培训事业,还需要从立法上解决以下问题。

(一)关于民办学校的产权问题

产权问题是民办教育投资者、办学者普遍关心的焦点。产权规范并保护各产权主体的地位显得十分重要。《民办教育促进法》第三十六条规定,"民办学校对举办者投入民办学校的资产、国有资产、受赠的财产以及办学积累,享有法人财产权"。第三十七条规定"民办学校存续期间,所有资产由民办学校依法管理和使用,任何组织和个人不得侵占"。法律规定学校享有法人财产权,但是在实践中,民办学校的法人财产权并不能得到真正落实。因为,民办学校一般是由具体的某个社会组织或个人举办的,拿广东来说,目前大部分民办职业培训机构是由个人投资举办的。按法律规定,个人投资举办学校形成的固定资产归学校所有,投资者投入的资产被规定为不能回收、抵押、租赁和转让,而投资者本应享有的收益权又得不到保护。这不仅挫伤了教育投资者的积极性,而且使得部分投资者为了维护自己的利益,便牢牢抓住学校的实际控制权和管理权不放,严重地影响了学校法人财产权的独立行使。

《民办教育促进法》第六十条规定:民办学校终止并进行财产清算时,在清偿"应退受教育者学费、杂费和其他费用""应发教职工的工资及应缴纳的社会保险费用""偿还其他债务"后,"剩余财产,按有关法律、行政法规的规定处理"。在此,没有明确规定返还出资人的投入,也没有明确规定清算后"剩余财产"的归属,即对出资人投入资产的最终归属没有明确的规定。因此,一些投资者为逃避投资风险,便想方设法在短期内收回成本,造成投机教育的短期行为。民办学校产权归属问题不解决,不利于民办学校的发展。

因此,建议尽快通过立法,明晰民办学校的产权,建立产权关系清晰、资产归属明确、权利义务相互一致的产权制度。即举办者投入民办学校的财产归举办者所有;国家直接、间接投入所形成的校产及增值部分归国家所有,在学校存续期间学校法人享有使用权;受赠资产在学校存续期间归学校所有,并依法行使管理和使用权;学校在终止清算并有剩余财产的情况下返还投资者的原始投资。

（二）关于民办学校取得合理回报问题

取得合理回报是国家对民办学校出资人的一种鼓励、奖励措施。《民办教育促进法》明确规定"民办学校在扣除办学成本、预留发展基金以及按照国家有关规定提取其他的必需的费用后，出资人可以从办学结余中取得合理回报。取得合理回报的具体办法由国务院规定"。但到目前为止，国务院尚未出台有关规定，导致投资者无法取得合理回报，挫伤了投资者投资办学的积极性。

建议国家尽快立法对合理回报的条件、具体操作程序做出详细规定。如果国务院短期内无法出台有关规定，应选择有条件的省、市通过地方立法做出规定，以调动投资者的积极性。

（三）关于民办与公办学校税收公平问题

目前，税收部门对民办学校征收的税种主要有营业税、学校所得税、城镇土地使用税、耕地占用税、城建税、房产税、交通附加税等。依照我国现行税法的有关规定，不管任何税种都不区分公办学校还是民办学校，只有营业税的征收是以学历教育和非学历教育来区分的。

2004年，财政部、国家税务总局发布《关于教育税收政策的通知》规定："对学校经批准收取并纳入财政预算管理的或财政预算外资金专户管理的收费不征收企业所得税；对学校取得的财政拨款，从主管部门和上级单位取得的用于事业发展的专项补助收入，不征收所得税。"因为民办学校是利用非国家财政性经费举办的，其收入不可能纳入预算内管理，也不可能纳入预算外的资金专户管理。这实际上是把民办学校的学费收入纳入征收企业所得税的范围，造成民办与公办学校的不平等待遇。此外，民办学校的水电费收费标准按企业标准而不是公立学校标准执行，影响了民办学校的资金积累和再发展。因此，建议按照国家法律规定，尽快纠正与法律规定相抵触的做法。

（四）关于公办学校举办民办职业培训机构问题

《实施条例》第六条规定"公办学校参与举办的民办学校应当具有独立的法人资格，具有与公办学校相分离的校园和基本教育教学设施，实行独立的财务会计制度，独立招生，独立颁发学业证书"。第七条规定"举办者以国有资产参与举办民办学校的，应当根据国家有关国有资产监督管理的规定，聘请具有评估资格的中介机构依法进行评估，根据评估结果合理确定出资额，并报对该国有资产负有监管职责的机构备案"。但这些规定在实际工作中很难界定和操作。事实上，公办学校一般都是由财政投资举办的，所形成的固定资产属国有资产。如果把校园与教学设施从公办学校中独立出来，实际仍属于国有资产，操作上不利于整合教育资源，公办学校也不愿意把一部分校园分离出去。为了充分利用公办学校的教育资源，我们建议不要把校园和教学设施分离出去。只要有明确的法人代表和实行独立的财务会计制度即可，这样易于操作。

（五）关于设立民办职业培训机构保证金问题

在实际工作中，常常碰到一些规模比较小的民办职业培训机构管理混乱，招不到学生就抬高收费标准，减少课时，损害学员利益，这些往往导致学员上访，影响社会稳定。有些职业培训机构严重亏损，没有资金用于处理遗留问题，学员权利得不到维护。为了妥善处理好这类问题，我们建议提高民办职业培训机构准入条件，通过地方立法设立民办职业培训机构保证金制度，以促进民办学校依法办事，规范发展。

第三节 21世纪广东职业教育培训事业发展回顾与展望[①]

"十五"期间，在省委、省政府的领导下，广东省认真贯彻落实《职业教育法》和国务院《关于大力推进职业教育改革与发展的决定》，紧紧围绕提高劳动者素质、促进就业这一目标，面向市场需求，积极采取各项措施，深化改革、灵活办学、扩大规模、加快发展，使各级各类职业学校教育和

---

① 本节写于2006年年底，是对"十五"期间广东省贯彻全国人才工作会议精神和国务院关于大力发展职业教育的两个《决定》，大力发展职业教育培训事业的一个比较全面的总结。事实证明，"十五"时期是广东省职业教育培训事业发展最迅速的时期，为今后广东职业教育培训事业一直走在全国前面奠定了坚实基础。文中记述了"十五"期间广东省率先建立综合性职业培训基地、高技能人才实训基地和实施现代学徒制等创新举措，加快了技能人才队伍建设。本节还比较早关注终身职业教育培训问题，提出要树立终身学习的理念，以指导职业培训工作，建立现代职业教育体系。至今仍具有借鉴意义。

职业培训事业取得了迅速发展，为社会主义现代化建设培养了一大批技能劳动者和实用人才。展望未来，职业教育作为面向21世纪现代教育体系的重要组成部分，必将有一个大的发展。我们要未雨绸缪，及早研究。

一、"十五"期间广东职业教育发展概况

职业教育包括职业学校教育和职业培训。"十五"期间是广东改革开放以来职业教育发展最快，办学培训规模不断扩大，成绩最显著的时期，主要表现在以下五个方面。

（一）职业学校教育在调整优化中加快发展，招生数量和办学规模不断扩大

首先是职业学校从2000年的1046所调整为2005年的833所（其中技工学校191所）。在校生人数从80万人增加到2005年的104万人，占高中教育在校生总数的41%。平均在校生规模从2000年的698.3人增加到1224人，扩大近一倍；年招生规模由27万人增加到41万人，增长51.8%。其中，中等职业学校642所，2005年招生规模27.93万人，比2000年增长32.4%，在校生规模达71万人；技工学校191所，2005年招生规模12.9万人，比2000年增长120.7%，在校生规模33万人。"十五"期间，中等职教累计毕业生总数123万人，年均毕业生为24.6万人。

其次是高等职业教育在调整过程中得到迅速发展。全省高职高专院校从2000年的19所猛增至2005年65所。在校生人数从2000年的8万人增加至2005年的44.7万人，占全省本专科在校生总数的52%，成为广东高等教育的重要组成部分，是广东高等职业教育发展最快的时期。在2005年参加技能鉴定并获得国家职业资格证书的80.11万人中，职业院校学生占一半以上。

（二）多形式、多层次的职业培训迅速发展，培训领域不断扩展，成为职业教育的重要力量

"十五"期间，广东省基本建立了以就业为导向，以职业能力为核心，并与国家职业资格相对应的多形式、多层次、开放式的职业培训体系，形成了职前培训与职后培训并举、社会化培训与企业内部培训并举、素质培训与技能培训并举的运作新格局，培训领域不断拓宽，培训规模不断扩大。

1. 全面开展再就业培训

在2000年完成第一期再就业培训计划的基础上,广东省从2001年起启动了第二期"三年百万"再就业培训工程,动员各地建立了294个再就业培训定点机构,积极组织开展以提高下岗失业人员再就业能力和择业能力为主要目标的再就业培训。据不完全统计,"十五"期间,全省共培训下岗失业人员150多万人,培训后再就业率达65%以上,有效地促进了下岗失业人员实现再就业。

2. 全面实施劳动预备制培训

劳动预备制培训是国家以提高新成长劳动力素质和就业能力、培养劳动后备军,促进青年就业为目标,对未能继续升学的城乡初、高中毕业生进行半年至一年的职业技能训练和上岗前培训,使其取得相应的职业资格或掌握一定的职业技能后,在国家政策的指导和帮助下,通过市场实现就业。如惠州市惠阳区建设了劳动预备制培训学校,对未能继续升学的城乡初、高中毕业生进行职业技能培训。培训年限为一年,年培训量达1万多人,经培训后全部输出就业。据不完全统计,至2005年年底,全省设立劳动预备制培训定点机构年培训能力达15万人,较好地提高了城乡新成长劳动者的基本职业素质和择业能力,有效地促进了青年就业。

3. 大力开展农村劳动力转移培训

改革开放以来,广东省农村富余劳动力向非农产业转移就业的规模不断扩大,转移速度不断加快。但是,80%以上的农村剩余劳动力没有接受职业技能培训,整体素质不高,缺乏职业技能,向非农产业转移就业难度大,难以实现稳定就业。针对这一实际情况,广东省从20世纪90年代中期开始把农村劳动力转移就业纳入职业培训范围,逐步加大工作力度。2005年,按照时任广东省委书记张德江同志的批示,省政府决定启动农村百万青年职业技能培训工程,以县区就业训练中心为依托,建立农村劳动力转移就业培训基地,当年培训农村转移劳动力40万人。

4. 全面实施高技能人才培养工程

为了适应工业化、现代化建设需要,广东省从1994年起,逐步建立起以职业分类和职业技术等级标准为依据,通过培训考核合格,获取国家职业资格证书的规范化的职业资格培训制度。近年来,针对高技能人才紧缺的实际情况,逐步提高培训层次。特别是2003年中央召开全国人才工作会议后,广东省按照中央部署,从2004年起,组织实施"三年30万高技能人才"培养工程。各地依托高级技校、各类职业学院和大型企业,建立了50

个高技能人才实训基地,积极开展高技能人才培训工作。据统计,仅2005年,全省依托高技能人才实训基地,培养和引进高级工以上高技能人才10.41万人次,比计划目标增长8.4%。其中,高级工9.16万人,技师以上1.25万人。

5. 积极指导企业开展岗位培训

为了适应产业结构调整升级的需要,广东省积极指导行业、企业开展人力资源需求预测,制订本行业企业职工培训规划,建立培训、评价与使用、待遇相结合的机制。各大中型企业根据生产经营发展需要,依托自办培训机构,着重开展以新技术、新工艺、新设备、新材料为主要内容的岗位培训;没有培训机构的企业,则与社会培训机构建立合作伙伴关系,开展岗位技能晋升培训或转岗专业培训,取得了较好的效果。如深圳市企业年培训人数由2000年的100万人次上升至2005年的210多万人次。2005年全省企业岗位技能培训总规模达580万人次。

6. 全面实施创业培训

按照劳动保障部的部署要求,广东省结合下岗失业人员的实际情况,从2002年起开始把创业培训作为促进与扩大就业再就业的重要手段,在广州、深圳、佛山市进行创业培训试点,启动SYB和SIYB创业培训项目。2003年在深圳召开经验交流会,总结推广创业培训经验;同时,加强创业培训师资队伍建设,培养创业教育教师210人,至2005年全省共批准建立了15个创业培训示范基地,先后举办了创业培训师资、管理人员培训班和推介会,有力地推动了全省创业培训工作的发展。至2005年年底,全省参加创业培训人数达4.31万人,成功创业1.28万人,创造就业岗位6.52万个,平均每人创业带动4.9人就业,实现了一人创业带动多人就业的倍增效应。

(三) 全省职业教育培训的基础能力建设不断加强

职业教育基础能力建设主要包括职业标准、教材、题库、师资和教学实操设备等方面。①职业标准开发工作取得新进展。按照以职业活动为导向,以职业能力为核心的指导思想,广东省初步建立起动态的国家职业分类和职业标准体系。并按照国家职业标准全面开展了培训工作。②结合广东实际,编写了一批新教材,开发建立了省级鉴定题库。③加强师资队伍建设。全省现有国家级中等职教师资培训基地2个,省级中职教师培训基地4个,"双师型"教师占专业课教师的比例达28%。④加快实训中心(基地）建设。"十五"期间，各级政府加大了职业教育实训设备投入，建成了一批实训中心。据初步统计，全省职教实训中心有 200 多个，其中高技能人才实训基地 50 个。

（四）课程教学改革不断深化，推动了技能人才培养模式创新

"十五"期间，广东省坚持以服务为宗旨，以就业为导向，逐步改革僵化的办学体制和办学模式，推动了技能人才培养模式的创新。①推行模块式技能培训法，即将某一职业划分为若干单项能力，并以此作为模块进行培训，以不同的模块，组合成适应不同要求的培训内容，着重培养学生的实际操作能力。②大力推动校企合作办学。如深圳市高级技校、白云高级技校利用企业的场地、设备和技术力量，实行互动式教学，促进学校教学与生产实际的紧密结合。③推行弹性学制。打破了过去僵化的固定学年制。对职业学校的学生实行"2+1"或"1+2"等培训模式。学生在学校学习两年后，一般可以到社会、企业实习一年，以增强适应社会的能力。

（五）专业结构不断调整优化，培训层次不断提高

"十五"期间，根据广东省产业结构调整和技术进步对人力资源需求变化的实际情况，广东省各类职业教育培训学校不断调整专业设置。在调整过程中，保留了一批日常生活、生产必需的传统专业，如厨点师、美容美发、汽车维修、电焊等专业；淘汰了一批旧的、技能单一的专业；开拓了一批适应市场需求的综合性的新专业，如数控技术应用、模具制作、计算机应用、电子电工、机电制冷、印刷技术、电子商务、汽车维修与检测以及现代物流、木工家具、动漫制作等。在调整专业设置的同时，各地逐步提高培训的层次，即由过去主要培养初、中级技工，逐步提升为培养高级工甚至技师。一批高级技校、技师学院和高技能人才实训基地的设立，提高了高级工培养的比重。

二、"十五"期间广东职业教育发展的成就、问题与启示

（一）取得的成就

"十五"期间是广东职业教育开始新跨越、实现大发展的重要时期，职业教育走上了一条快速发展的新路子。取得的主要成就如下。

1. 发展快，规模大

各地坚持以科学发展观为指导，千方百计扩大办学规模。不论是中职（含技校）教育还是高职教育，不论是学历教育还是职业资格培训，年招生规模和在校生都比"九五"时期有较大发展。特别是中职教育在高校扩招带动普通高中扩招的压力下，广东积极开拓中职招生市场，技校招生规模明显扩大，招生数量居全国第一。社会各类短期职业培训实体招生规模也不断扩大，年培训能力由 2000 年的 70 万人上升到 150 万人（不含企业内部培训）。

2. 政府主导，加大扶持

省政府于 1997 年发出《关于大力发展职业教育的决定》后，2001 年又发出《关于我省中等职业教育布局结构调整的实施意见》。在两个重要文件的推动下，各级政府把发展职业教育摆上重要位置，针对社会资金投入较少，办学规模小等情况，从政策和资金两个方面给予支持，弥补缺陷。在政策上，对参加再就业培训和农村劳动力转移就业培训的人员给予补贴，同时实施智力扶贫计划，促进了学校招生规模的扩大，推动了培训事业的发展；在资金上要加大投入，创办高技能人才实训基地，加强职业教育培训基础建设，增强了发展实力。

3. 公、民并举，推动发展

全省在整合公办职教资源的同时，坚决贯彻《民办职业教育法》，依法鼓励发展民办职教，推动职教事业快速发展。据统计，"十五"期间，全省民办中等职业学校发展至 103 所，在校生 6.04 万人，占全省同类学校在校生总数的 9.22%。广东省设置的民办普通专科高校 20 所，占全省普通专科高校数的 33.3%，在校生 55618 人，占 24.2%。各类民办非学历培训机构达 3100 多所，年培训能力达 200 万人次。民办职业教育综合实力不断增强，初步形成了如白云高级技校、华立技校、海之珠培训学校、深圳职业训练学院、广东厨艺职业培训学院等一批职教品牌。

4. 市场导向，创新模式

各地坚持以市场就业需求为导向，以改革为动力，推动职教办学理念、办学模式的转变与创新。最显著的转变有三个：①由过去有计划地培训人才转变为根据市场需求培养人才；②逐步打破了过去传统的学年制教学模式，课程体系由学科本位转变为能力本位，教学方式由单元式教学改为模块式教学；③以学校课堂教育为主逐渐转变为校企合作办学。

（二）存在问题

"十五"期间，广东省职业教育虽然取得了很大成绩，但是，它与广东目前所处的历史发展阶段的要求还不相适应，存在许多亟待解决的问题。特别是在经济全球化深入发展、科技进步日新月异、经济结构调整不断加快的新形势下，社会经济发展迫切需要提高广大劳动者的职业能力、创新能力和创业能力。当前的职业教育未能满足广东现代化建设对高素质劳动者和技能人才的需求，存在的问题集中表现在以下几个方面。

1. 认识不足

主要表现为人们对职业教育重要战略地位的认识还比较肤浅、不全面。发展职业教育对于提升广大劳动者整体素质，促进充分就业，消除贫困，增强企业自主创新能力和国家核心竞争力，都具有十分重要的战略意义。但是，由于受传统观念的影响，社会各方面仍把职业教育定位为"二等教育""就业教育"。这就导致出现重普教、轻职教，重就业前职业教育、轻终身职业培训等现象。这也是制约职业教育培训事业全面发展的根本原因。

2. 观念滞后

这里主要讲发展职业教育的办学理念滞后，不适应社会发展变化的需要。从世界范围来看，自20世纪70年代以来，职业教育理念发生了许多重要变化，以终身学习理念为指导，多元化的产学合作办学模式已成为当今世界职业教育发展的基本趋势。但我国职业教育办学理念仍停留在以学校形态教育为本的阶段，传统的学制制度、教学模式没有大的改变，企业岗位培训发展缓慢，校企合作办学滞后，以企业为主体的培训制度尚未建立，贯穿于个人职业生涯发展全过程的职后培训没有形成。这也是制约职业教育发展的又一个重要原因。

3. 体制障碍

现阶段职教发展的体制性障碍，主要表现在：①公办职教与民办职教地位不平等，阻碍了民办职教的发展。②教育系统内部存在体制上的封闭性，中职与高职、职教与普教缺乏沟通、衔接的机制，违背了人才成长规律，挫伤了人们接受职教的积极性。③公办职教办学体制僵化，适应市场能力较差，难以形成适应市场的灵活的办学机制。④校企合作存在体制性障碍，政府还未建立起校企合作办学制度，未能规范和保护双方的权益，调动双方的积极性。⑤职教融资存在体制性障碍。一方面是政府财政投入少,另一方面是学校贷款难,致使发展受阻。⑥用人方面存在政策和体制性障碍,主要表现为社会上尚未树立起正确的人才观,人们普遍认为大、中专毕业生是人才,职业学校毕业生不是人才,保留着以学历为取向的用人制度,重学历轻技能,导致相当一部分青年不愿报读职业院校。

4. 基础薄弱

职业教育与普通教育的重要区别在于是否突出职业技能的培养。加强职业技能训练,需要具备相应的师资、设备以及职业标准等。但从总体上来看,目前广东职业教育无论是在师资、教学设备设施和职业标准开发等方面,都相对滞后。按编制标准算,广东省中职学校共需专任教师和教辅人员 5 万人,现仅有 37349 人,仅占 75%,其中"双师型"教师 5538 人,仅占现有专业教师的 28.8%。高职院实习指导教师尤其缺乏。实训设备落后且严重不足。大部分中职学校实训设备不仅数量少,实习岗位少,且陈旧落后,主要是传统的钳工、机床和电工设备,技术含量低,不能适应现阶段技术进步的需要。职业标准开发滞后,已开发的职业标准技术技能要求不适应技术进步的需要,新的职业及标准开发缓慢,严重影响了职业教育的发展。

5. 发展不平衡

首先表现为地区发展不平衡。由于职业教育实行分级管理、地方为主的管理体制,珠三角地区经济实力较强,职教发展较快。现有中职在校生总数占全省的 73%,东西两翼和北部山区人口占全省的 72%,而中职在校生仅占全省的 27%。其次是学校教育与企业培训发展不平衡。各地重视发展公办学校正规教育,而对企业短期培训不够重视,大部分企业办的培训机构被撤销或改作他用,职业资源流失严重。最后是公办职教与民办职教发展不平衡。尽管民办高职有了较大的发展,但不论从数量还是从规模上看,所占比重却很小,尤其是全省民办中等职业学校(含技校)占全部中等职业学校的比重不足 10%。民办职业培训机构也存在规模小而分散、办学实力不强等问题。

6. 机制不灵活

由于受管理体制以及上述诸多因素的影响,广东省各类职业教育培训机构适应市场经济发展的办学理念、办学机制还未真正建立起来。一方面是公办学校缺乏办学自主权,难以根据市场需求调整专业结构,受计划编制制约,难以聘请专兼职教师,扩大招生;另一方面是民办职业教育培训学校盲目扩大招生规模,不顾办学质量,市场运作无序,造成恶性竞争，削弱了培训实体的竞争力，损伤了广大劳动者接受职业培训的积极性。

（三）几点启示

回顾"十五"期间广东省职业教育培训事业发展历程，认真总结成功经验，深入分析存在问题，从中吸取经验教训，我们得到很多有益的启示。笔者认为，当前和今后一个时期，要加快发展职业教育，必须注意把握以下几个问题。

一是必须坚持树立大职业教育观和人才观。为了适应技术进步和学习化社会发展需要，我们必须牢固树立大职业教育观，即职业教育是一种贯穿于个人职业生涯发展全过程的终身教育与培训，是一种终身学习过程。职业教育培训包括就业前准备教育—职业培训—岗前培训—技能晋升/转业/再就业培训；包括学校正规教育和非正规培训；包括技能培训、素质培训和创业培训等。所谓人才，就是对社会经济发展有用、有价值之才。要促进各类职业教育培训实体的均衡发展，重视发展企业岗位培训和民办教育，加快培养对社会经济发展的有用之才。

二是必须确立以能力为本的办学理念。学校形态的职业教育存在着重视知识灌输而忽视实际操作能力培养，注重书本知识而忽视生产实际甚至与企业生产脱节的倾向。学校教学评估也强化了这一倾向，所培养出来的学生不受企业欢迎。为了适应劳动者就业和企业发展要求，职业教育培训的办学理念必须由注重知识（应知）教育转为注重能力（应会）培养、注意实际岗位操作能力训练上来。并按这个办学理念，切实加强校企合作、加强职业教育的基础能力建设，建立实训基地，并以此为突破口，做大做强整个职业教育。

三是必须坚持以就业为导向的发展方向。职业教育实质上就是就业教育，应当本着以服务为宗旨、以就业为导向的办学指导思想，来考虑和决定不同阶段、不同形式、不同层次的职业教育培训的规模和发展方向，以适应广大劳动者在就业前、就业中以及就业后职业变换对职业技能不断提升的需要。在这里，需要就是方向，需要就是规模，需要就是动力。这就要求我们根据劳动人口的阶段性特征和就业需求，合理确定职业教育发展的规模和层次。

四是必须坚持市场化原则，建立更加灵活、有效的职业教育运行机制。在社会主义市场经济条件下，劳动者就业不再是按计划安排就业，而是要通过市场自主择业。以就业为导向，实质上是以市场需求为导向。因此，必须坚持市场化原则，遵循市场规律，运用市场机制去整合优化各类教育培训资源，按照互利双赢原则促进校企合作办学，形成合力，提高资源利用效率。要按照市场化原则，对办学体制各个环节进行改革，推行模块式教学、推行学分制或弹性学制。推行校企合作、工学交替的办学模式，形成更加灵活、开放和有效的办学运作机制，满足人们多样化的学习需要。

三、今后发展思路和展望

综观当今世界职业教育发展趋势，结合我国经济社会发展的阶段性特征和现阶段职业教育的实际，笔者认为，当前和今后一段时期，是我国全面建设小康社会，构建和谐社会，开创社会主义现代化建设新局面的重要战略机遇期，也是职业教育发展的重要战略机遇期和"黄金"发展期。在经济全球化趋势深入发展，科技进步日新月异、经济结构调整不断加快、国际竞争日趋激烈，社会转型矛盾突出等新的形势下，经济社会发展对人力资源能力建设的要求不断提高，特别是对高技能人才的需求不断增加。这就对发展职业教育提出了更高的要求。

因此，在新的历史发展阶段，发展职业教育的总的指导思想应当是：以邓小平理论和"三个代表"重要思想为指导，牢固树立和贯彻科学发展观和科学人才观，全面贯彻落实国务院《关于大力发展职业教育的决定》和广东省教育现代化建设纲要，以就业为导向，以能力建设为核心，以企业培训为主体，大力发展中等职教业教育，适当发展高等职业教育，按照市场规律和终身学习理念，深化办学体制、教学模式和学习方式的改革，形成公办与民办并举、学校教育与企业培训并重、政府主导与社会支持紧密结合的，适应现代化建设需要的，结构合理、形式多样、灵活开放、自主发展的现代职业教育体系。

"十一五"时期，职业教育承担着十分艰巨的技能人才培养任务。就广东来说，"十一五"期末，全省技能劳动者的数量要比"十五"期末翻一番，高技能人才占技能劳动者的比重要翻一番。因此，面对新的历史发展时期，我们要全面发展职业教育，必须把职教发展放在整个教育发展中更重要的位置，实施高端带动战略，抓住关键环节，落实"四个充分"：

一是充分发挥职业院校的基础性作用。主要是深化职业院校内部体制改革，扩大办学自主权，激活办学积极性，继续扩大职业学校教育办学规模，同时，着力提高教学质量，使中等职业教育在校生规模与普通高中在校生规模保持大体相当的比例，形成职教与普教共同发展的局面。

二是充分发挥企业在职业教育中的重要作用。鼓励大中型企业在税前提取职业教育经费，建立职业培训实体，在企业内部广泛开展岗位培训、转岗培训和员工技能晋升培训。指导企业建立现代学徒制和校企合作办学制度，努力提升职工素质。

三是充分发挥政府的主导作用。政府的主导作用体现在：①加大公共财政投入，建设一批示范性的职业教育院校；建设一批面向社会的、高层次的公共实训基地，着力培养高层次的、社会紧缺的高技能人才，实施高端带动战略，带动各类培训工作的发展。②指导建立校企合作制度和现代企业职工培训制度。特别是通过政府发布规章，明确规定校企合作双方的责、权、利，实现互利双赢，谋求共同发展。要建立专门的职业技能开发机构，负责新职业、新标准、新教材、新题库的开发任务，同时进一步完善就业准入制度和职业资格证书制度，为职业教育适应市场、持续发展提供技术支撑。③要建立政府对欠发达地区和困难群体的财政资助补充制度，以推动整个职业教育实现新突破。

四是充分调动劳动者个人参与职业教育的积极性。从改变社会人才观念、用人观念和教育观念入手，引导广大劳动者改变"学而优则仕"的陈腐观念，树立只要为社会创造财富、做出贡献的人就是人才的观念以及人人可以成才、行行出状元的观念。鼓励劳动者通过多种途径接受职业教育，自学成才。同时要按照因材施教的原则，改革学制与教学方法，发展个性化的教学方式，允许劳动者个人分阶段接受教育等，使劳动者在整个职业生涯发展过程中都有机会接受职业教育与培训，不断提高自身的职业能力，从而适应社会发展需要。

此外，还要充分发挥民办职业教育的作用，充分利用各类社会资源和海外资金，合作兴办职业教育培训实体，通过合作办学实现与国际接轨，培养国际化技能人才。只要努力做好以上五方面的工作，在"十一五"期末，广东省职业教育培训事业又将跃上一个新台阶，开创新局面，赢得新发展。

第四节 加快建立面向城乡劳动者的职业培训制度[①]

2011年,广东省认真贯彻党中央、国务院关于加强职业培训和技能人才培养工作等重要文件精神和国家高技能人才规划,不断完善政策,健全机制,创新措施,加快建设面向城乡全体劳动者的职业培训制度,推动了技能人才队伍建设快速发展。到2011年年底,全省完成各类职业培训约650万人次,技能人才总量累计达1524.6万人,其中,高技能人才达271.3万人,分别比2010年底增长8.2%和22.2%,为促进全省经济发展方式转变提供了重要的技能人才支持。

一、2011年职业培训工作概况

（一）着力完善职业能力建设政策体系

一是深入贯彻国务院36号文精神,及时以省政府名义出台了《关于加强职业培训促进就业的实施意见》（粤府〔2011〕91号）,以就业技能普及、岗位技能提升、创业技能引领为重点,加快建立面向城乡全体劳动者的职业培训制度。

二是以省委、省政府的名义出台职业技术教育改革发展决定及其规划纲要,提出了实施南粤高技能人才振兴计划和具有里程碑意义的统一发展规划、统一招生平台、统一经费投入、统一资源配置和统一人才培养评价标准等"五个统一"创新政策等。

（二）深入贯彻高技能人才队伍建设中长期规划,全面实施南粤高技能人才振兴计划

一是编制了《广东省高技能人才队伍建设"十二五"发展规划》,结合国家高技能人才中长期规划,明确了广东省高技能人才队伍建设的目标任务和政策措施。

二是全省共建设高技能人才公共实训基地28个,高技能人才实训能力达30万人次。推动使用7.88亿元失业保险基金为高技能人才公共实训基地

---

① 本节写于2011年年底,为任广东省人力资源和社会保障厅副巡视员时参加厅党组务虚会的发言材料。

购置设备，大幅提升了基地的实训能力。

三是全省共建设高技能人才培养示范基地 66 个，其中，广州市工贸技师学院被评为国家级高技能人才培训基地建设项目，获得中央财政 500 万元建设资金补助。

四是大力提升技师工作站建设层次，韶钢罗东元技师工作站和茂石化黄巨利技师工作站被国家认定为首批国家级技能大师工作站，得到国家 10 万元建设资金补助。

（三）深入实施全民技能提升储备计划，全面提升劳动者职业技能水平

一是首次将技能培训指标纳入省委、省政府建设幸福广东考核指标体系，将全省每年 600 万人次任务的目标任务分解下达到全省地级以上市。到 2011 年年底，全省组织开展各类职业培训约 650 万人次。

二是突出推动企业开展岗位技能培训。拟定了《关于建立企业全员培训制度　增强自主创新能力的通知》，指导和推动各类企业广泛开展在岗培训。

三是大力推行远程职业培训。加快远程职业培训平台建设，开发上网的远程培训课件达 338 个。登录远程职业培训网参加培训学习人数累计达 43.4 万人次，累计有 4.5 万名学员免费完成了技能培训。

（四）着力建设具有国际水平的技工教育体系

一是推进规模发展。全力推进招生工作，共招生 30.2 万人，圆满完成招生任务，在校生达到 85.1 万人。

二是不断提高办学层次。注重技工教育的内涵发展，做好国家中等职业教育发展改革发展示范学校的建设工作，深入开展"双百双向"师资培训交流计划，与德国、英国、新加坡等发达国家合作开展了多项师资培训项目。

三是加强技工学校基础建设。推进 41 所学校新建扩建建设。目前已完成投入 25 亿元，完成总建筑面积 92 万平方米。

四是深入推进"百校千企"校企合作，推动各技工院校主动面向企业开展紧密型校企合作。

（五）广泛开展争当岗位技术能手评选活动

在全省广泛开展争当岗位技术能手活动，推动各地各行业企业等通过岗位比武、技能比拼、技能竞赛等形式积极组织广大职工群众参与活动。全省参加活动的规模达 320 万人次，评选出市级（行业）岗位技术能手 1500 名，在此基础上评选出省级岗位技术能手标兵 100 名，拟由省人力资源和社会保障厅对被评为省级岗位技术能手的人员给予每人 5000 元的奖励。

（六）加强职业技能鉴定质量管理，大力推行职业资格证书制度

一是加强职业技能鉴定质量管理。加快覆盖全省的信息化质量管理体系建设，大力推广应用职业技能鉴定业务信息系统和远程视频监控系统。加强职业技能鉴定质量管理体系建设，全面开展职业技能鉴定机构质量管理评估及换证工作，对全省 540 多个职业技能鉴定所（站）进行了质量评估，评选出 15 个示范鉴定所（站）。

二是加强鉴定机构建设，着力提高鉴定层次。全年新设立鉴定机构 11 家，增加鉴定工种 76 个，提高鉴定层次的工种达 102 个，使鉴定工作逐步适应培养高技能人才的需要。

三是大力组织开展各类职业技能鉴定。2011 年，全省参加职业技能鉴定和获得职业资格证书人数分别达 175 万人次和 135 万人次，鉴定和获证人数居全国第一。

（七）组织开展职业技能竞赛，及时选拔高技能人才

一是首次以省政府名义组织召开 2010 年全省职业技能大赛总结表彰大会。表彰奖励大赛优秀选手共 340 名，先进个人 78 名，先进集体 32 个。全省职业技能大赛中，获得省、市两级技术能手奖的共有 2788 人，获得"广东省五一劳动奖章"的有 52 人，"广东省三八红旗手"的有 8 人，"广东省五四青年奖章"的有 48 人。

二是组织开展各类技能竞赛。按照技能竞赛计划安排，共开展省级一类竞赛工种 3 项，二类竞赛 29 项、职业 43 个。同时，指导各市、各行业开展 2011 年部、省、市三级职业技能竞赛，通过竞赛选拔技能人才。

三是承担第 41 届世界技能大赛 CAD 机械设计和美发两个项目国家参赛选手的集训工作，广东省两名选手代表国家参加了第 41 届世界技能大赛，

分别获得 CAD 机械设计第八名和美发第六名，为国家赢得了荣誉。

（八）进一步完善职业能力开发评价机制

一是加快推进国家级职业能力开发评价示范基地建设，建立跟踪产业发展的职业开发机制。

二是全国首个"人力资源职业开发评价公共信息服务平台"首期投入运行并启动二期建设，为各类人力资源提供培养、评价、配置一体化的终身职业能力提升服务。

三是积极开展新职业研发和鉴定试点。目前已经完成多媒体作品制作员等 29 个新职业及瑶绣制作等 25 个专项职业能力的开发，同时，还开发了健康管理师等 15 个新职业题库，并开展了新职业鉴定试点。

四是粤港澳职业资格"一试三证"评价模式取得新突破。港澳居民参加鉴定人数累计达到 1.2 万，鉴定职业达到 24 个。与香港以美容、美发为试点正式启动粤港职业资格"一试两证"，与澳门合作组织了两批插花员"一试两证"试点。

五是广东工业设计培训学院运作良好并取得显著成效，基本建立了与香港和国际接轨的教学及管理体系。

（九）启动"技行天下"电视宣传活动，推广普及技能培训

为加强高技能人才的宣传，展示技能大师绝技绝活，广东省从 2011 年 12 月份起在广东电视台新闻频道开设《技行天下》特别节目，以纪录片的形式宣传高技能人才的成长故事和典型事迹，在全社会营造崇尚劳动、崇尚技能、尊重人才的良好氛围。

（十）大力扶持发展民办职业培训

抓住贯彻国务院 36 号文和省政府 91 号文的契机，积极鼓励和支持社会各方面力量投资办学。2010 年以来，广东新增 14 家民办职业培训学校。目前，全省民办职业培训机构数量达 1435 家，年培训能力达到 111.8 万人，成了技能人才培养的重要渠道。起草了《关于创建民办职业培训示范院校扶持发展民办职业培训事业的通知》，推动民办职业培训院校规范化发展、内涵化发展，上层次、做品牌，推动民办职业培训事业的发展。

二、2012 年工作思路

2012 年，广东省将继续围绕"加快转型升级、建设幸福广东"的目标要求，深入贯彻落实《广东省人民政府关于加强职业培训促进就业的实施意见》等重要文件，积极完善制度，创新举措，以加快培养高技能人才为重点，全面推进职业能力建设工作。

（一）全面实施国家高技能人才振兴计划和南粤高技能人才振兴计划

以加快培训技师、高级技师为重点，带动技能人才队伍建设和发展。到 2015 年，全省高技能人才总量达 400 万人，建设高技能人才公共实训基地 30 个，高技能人才培养示范基地 70 个，技能大师工作室 30 个，夯实高技能人才培养和实训平台。

（二）深入实施全民技能提升储备计划

以就业技能培训、岗位技能提升培训和创业技能培训为重点，采取多种形式，组织开展各类职业技能提升培训，完成省政府下达的每年开展各类职业培训 600 万人次的目标任务，全面提高劳动者职业技能。加快出台企业职工全员培训制度政策文件，推动企业结合自身生产技术特点建立全员培训制度。制定出台《广东省职业培训联盟实施办法》，以构建职业培训公共服务体系、建立百家职业培训联盟为目标，加快建设职业培训联盟。

（三）大力提升技校技能人才培养能力

一是着力深化校企合作。加快探索校企深度合作的新机制、新模式，建立"校企双制"办学制度。建立粤德技工教育联盟，引进德国职业教育的标准、师资和考核办法，培养符合德国乃至欧美企业需要的技能人才。

二是加强技校与产业转移园的对接。推动技工院校与产业转移园区开展对接合作，开展招工即招生的"校企双制"联合办学，为园区企业在岗员工提供技能提升培训。

三是进一步加强技校内涵建设。推进"名校、名专业、名教师""三名"工程。

(四)建立完善广覆盖、多元化的职业技能评价体系

一是下放鉴定权限,增加鉴定工种,提升鉴定层次,提高鉴定质量。

二是大力推广企业内部高技能人才评价模式,注重考核职工的核心能力、工作业绩,把鉴定发证与企业生产活动对技能的要求结合起来。

三是全面加强职业技能鉴定质量管理。强化鉴定人员队伍建设,加大高级考评员、督导员培养力度。全面推进全省职业技能鉴定体系制度化、专业化、信息化、社会化和国际化"五化"建设。

四是深化粤港澳人力资源职业能力开发评价合作,加快研究探索职业资格"一试三证"。

(五)完善技能人才评选表彰激励机制,大力营造有利于技能人才成长的社会环境

一是继续组织开展各类职业技能竞赛活动,及时选拔和表彰优秀的技能人才。

二是积极做好第十一届中华技能大奖、全国技术能手和第三届"南粤技术能手"评选表彰工作,对有突出贡献的优秀技能人才给予重奖。

三是组织开展《技行天下》电视宣传,着力宣传优秀技能人才的典型事迹和成长故事,激励广大劳动者岗位成才。

四是研究建立高技能人才政府津贴制度,对品德高尚、技能精湛、贡献突出的技能人才给予一定的政府特殊津贴,在全社会营造尊重劳动、尊重技能、尊重创新的良好氛围。

第五节 贯彻国务院《意见》,加强技能人才队伍建设的思考[①]

近年来,广东以科学发展观为统领,围绕贯彻落实国务院36号文的精神,全力以赴推进职业培训、高技能人才培养、高技能人才评选表彰、技能鉴定和职业技能竞赛等各项工作,推动广东省高技能人才队伍建设快速

---

① 本节写于2011年7月,是作者在广东省人力资源和社会保障厅人才工作会议领导小组2011年一次会议上的发言,反映了当时广东贯彻国务院36号文加强技能人才队伍建设所采取的一些做法和措施。

发展，取得积极成效。截至 2011 年上半年，全省技能人才总量累计达 1428.6 万人，其中，高技能人才达 247.41 万人，分别比 2010 年增长 4.4% 和 6.8%，为促进广东省经济发展方式转变提供了重要的技能人才支持。

一、基本做法

（一）加快完善职业能力建设政策体系

一是加紧推动以省政府名义出台《广东省人民政府关于加强职业培训促进就业的实施意见》。我们积极贯彻落实《国务院关于加强职业培训促进就业的意见》精神，代省政府起草了实施意见，目前已报省政府审定，争取早日出台。

二是建立了全省职业技能培训目标责任体系。将职业培训指标纳入到省委、省政府建设幸福广东指标体系。向全省各地分解职业培训工作指标，层层落实了任务，确保实现每年组织各类职业培训 600 万人次。

三是建立了全民技能提升储备计划组织实施工作体系。既制定了厅内责任分工方案，又以省就业工作联席会议办公室名义出台了计划的实施意见，明确和细化了广东省劳动保障厅各处室、单位和相关省直部门的职责分工，形成了全厅协调一致、省直有关部门紧密联动，共同推进全省职业培训工作的生动局面。

四是启动了《广东省高技能人才队伍建设"十二五"发展规划》的编制工作。委托华南师范大学作为编制合作单位，召开了规划编制课题开课研讨会。下发了技能人才调查通知，全面摸清各地技能人才的规模、结构等现状，为规划编制打下了前期基础。

（二）逐步建立健全多层次、多元化职业培训体系

一是全面开展全民技能提升储备培训。大力实施全民技能提升储备计划，面向全体劳动者，根据不同群体各自的特点，采取多种形式组织开展有针对性的在岗技能培训、农村劳动力转移就业培训和创业培训等各类职业技能培训。从 2010 年到 2011 年第一季度，全省共组织开展各类职业技能培训 743.3 万人次，劳动者素质得到普遍的提升。

二是启动开展争当岗位技术能手评选活动。在全省下发了《关于在全省广泛开展争当岗位技术能手活动的通知》，明确活动目标和具体的活动内容，积极推动各市、各行业企业从生产第一线发现高技能人才，并在全省

评选1000名市级技术能手和10名省级技术能手。

三是着力开发社会培训资源，推动发展民办职业培训。坚持统筹兼顾，整合全社会培训资源，完善多元化投入机制，积极鼓励和支持社会各方面力量特别是民间资本的投入。目前，全省行业、企业和社会力量举办的职业培训机构数量达1435家，年培训能力达到111.8万人次，成为技能人才培养的重要渠道。

四是突出加大在岗职工高技能人才培训。积极引导和推动企业建立、健全职工在岗教育培训制度，加强内部培训机构建设，加快自主培养高技能人才。2010年，全省各类企业组织开展职工岗位培训达466万人次，使广大产业从业人员的技能素质得到全面提升。

（三）推进高技能人才培养"三大基地"的建设

一是积极推进高技能人才培养示范基地的建设。目前，省内6个大中型企业和6所技工院校建成了首批国家级高技能人才培养示范基地，全省共建立有66家省级高技能人才培养示范基地。

二是着重推进高技能人才公共实训建设。目前，全省建设的高技能人才公共实训基地共22个，其中，已经被认定为国家或省级公共实训基地的只有深圳、江门2个，各市自行认定20个。

三是在全国率先创建企业技师工作站。广东省在全国首创技师工作站，在韶钢、粤电力、茂石化、港口四个行业、企业共建设了4个技师工作站，累计培养高技能人才2.1万名，仅韶关钢铁的罗东元技师工作站就培养高技能人才5830名。

（四）进一步健全技能人才激励评价机制

一是健全技能人才评选表彰制度。目前，广东省已组织开展了两届"南粤技术能手"评选表彰活动，共评选出141名"南粤技术能手"。在全省技能人才队伍中，有13名高技能人才获国务院政府特殊津贴，有4名获中华技能大奖，有120名获全国技术能手称号。

二是加强职业技能鉴定质量管理。2010年全省参加职业技能鉴定和获得职业资格证书人数分别达168.1万人次和130.4万人次，鉴定和获证人数居全国第一。

三是建立企业高技能人才评价新模式。更加注重考核职工的职业能力，打破了以往单一的评价模式，有效地促进了高技能人才评价体系的建设。

截至 2010 年年底，全省累计组织开展企业高技能人才评价达 60 万人次。

（五）进一步突出职业技能竞赛对技能人才的选拔作用

广泛组织开展各类群众性职业技能竞赛活动，为劳动者搭建了展现技能才华的重要平台。特别是 2010 年首次以省政府名义高规格、大范围开展职业技能大赛。大赛从广东省现代产业中选择了 30 个有代表性的职业作为省级竞赛项目开展竞赛，全省参加赛前培训练兵和初赛、选拔赛、总决赛的人数达 630 多万人次。通过竞赛，获得省、市两级技术能手奖的共 2788 人，获得"广东省五一劳动奖章"的有 52 人，获得"广东省三八红旗手"的有 7 人，获得"广东省五四青年奖章"的有 48 人，获得高级工以上职业资格证书的有 8800 多人，其中晋升职业资格 700 多人。此外，广东省在全国一系列技能竞赛中取得了优异成绩。尤其是 2010 年承办了第四届全国数控技能大赛，并在竞赛中获得"团体一等奖"，赢得 11 枚金牌（共设 20 枚），还参加了第三届全国技工院校技能大赛，获得赛区团体总分第二名。

二、下一步工作打算

在当前和今后一段时期，我们将深入贯彻落实省人才工作会议和《广东省中长期人才发展规划纲要（2010—2020 年）》精神，进一步创新举措，完善政策，健全制度，推动职业能力建设各项工作的全面开展，加快培养各类技能人才。

（一）抓紧出台贯彻国务院 36 号文的实施意见

深入贯彻落实《国务院关于加强职业培训促进就业的意见》，加快建立具有广东特色的、覆盖各类劳动者的现代职业培训制度。抓紧出台贯彻国务院关于加强职业培训的具体意见，深入贯彻实施全民技能提升储备计划，完成省政府下达的每年开展各类职业培训 600 万人次的目标任务。

（二）组织制订高技能人才队伍建设规划

密切结合目前广东省高技能人才队伍建设的实际，在广泛调研的基础上，加强与华南师范大学的合作，抓紧组织编制《广东省高技能人才队伍建设"十二五"发展规划》，为广东省高技能人才培养工作提供科学的决策依据。

(三) 进一步夯实高技能人才培养基础

依托大中型企业、技工院校和职业培训机构,争取在"十二五"期末,建设 30 个高技能人才公共实训基地、70 个高技能人才培养示范基地和 20 个技师工作站,面向社会劳动者、企业、院校等开展优质的职业培训、技能实训、职业资格鉴定等服务。

一是加快全省高技能人才公共实训基地建设,全面开展省级高技能人才公共实训基地的认定工作。

二是加快建设高技能人才培养示范基地,挑选扶持一批基地建设为"国家级高技能人才培训示范基地"。

三是大力推荐技师工作站建设,争取 2011 年新增认定若干技师工作站,并给予一定的资金补助。

(四) 广泛开展争当岗位技术能手评选活动

在全省范围内广泛动员企业行业开展争当岗位技术能手活动,指导和推动企业结合生产实际组织开展岗位技能竞赛、内部高技能人才评价、班组技术攻关、工艺革新、促进科研成果转化等多种形式的活动,鼓励企业通过传、帮、带培养一批人才,通过比、学、练发现一批人才,激励一线职工学技术、当能手,促进实现岗位成才。

(五) 推动大型企业建立健全职工全员培训制度

研究制定出台《关于建立企业全员培训制度的通知》,推动企业结合自身生产技术特点,围绕职业生涯不同发展阶段的需求,建立企业职工全员培训制度。采取多形式的培训模式,组织职工开展岗前培训、在岗练兵、转岗技能储备、名师带徒、技师研修、技能竞赛等技能培训。支持和鼓励职工通过岗位培训,不断提升技能水平和晋升职业资格,贯通职工从初级工、中级工、高级工再到技师、高级技师的技能成长通道,使企业每一位职工都有机会接受技能培训。

(六) 实施职业培训精品工程

扶持民办职业培训机构发展,从 2011 年起,每年评选 10 家优质培训机构作为重点扶持发展和指导对象,树立全省职业培训先进典型,带动全省民办职业培训机构积极承担政府培训任务。

（七）建立职业技能竞赛长效机制

积极建立完善职业技能竞赛制度，广泛开展各职业工种职业技能竞赛活动，形成制度化、常态化的长效机制。加快技能竞赛基地建设，筹建2个设施先进、功能齐全的全国职业技能竞赛基地，同时，积极做好2011年第41届世界技能大赛国家参赛选手的集训工作。

（八）加强完善技能人才评价机制

要进一步加快完善社会化职业技能鉴定、企业内技能评价、院校职业资格认证和专项能力考核相结合的多元化技能人才评价服务体系。特别是推广完善企业内部高技能人才评价模式，以职业能力为导向，注重考核职工的核心能力、工作业绩、生产现场能力和理论知识水平等整体能力。全面开展全省职业技能鉴定所（站）质量检查评估，对评估合格的鉴定所颁发许可证。强化鉴定人员队伍建设，加大高级考评员、督导员培养力度，建立督导员和考评员诚信档案制度，严格实行违规查处退出机制。

（九）完善技能人才评选表彰激励机制

以"粤技术能手奖""广东技术能手"等评选活动为重点，大力开展高技能人才评选表彰活动，对有突出贡献的优秀技能人才给予重奖。探索建立高技能人才政府津贴制度，组织开展技能大师评选表彰活动，对品德高尚、技能精湛、贡献突出的技能人才授予技能大师荣誉称号，并享受国务院政府特殊津贴。

第六节　要高度重视互联网＋对职业教育带来的新影响①

当今世界，互联网正在以颠覆性的思维重塑整个社会和经济结构，改变了人们的生活方式和思维习惯，也有力地推动了商业模式和商业思维的转型升级。同时，以互联网为代表的新一代信息技术对我国的教育也正在产生全面而深刻的影响，引起了全社会的广泛关注。它不仅改变教育的方

---

① 本节写于2016年10月，是笔者在广东省职业能力建设协会举办的职业教育培训高端论坛上的致辞，收录时有删节。

式，而且将重塑一个开放创新的教育生态。在这一新的形势面前，职业培训院校应当如反推动互联网与职业教育加强社会，转型发展，是必须深入思考的问题。

据统计，全国中小学互联网接入率由2011年的不足25%上升至2015年的85%，网络学习空间从2012年的60万个增加到2015年的4200万个，应用范围从职业教育扩展到各级各类教育，网络教育实现了跨越式发展。最近认真学习了国务院2015年7月印发的《互联网+行动指导意见》和马化腾等著的《互联网+国家战略行动路线图》一书，深深感到国家实施"互联网+"行动计划，将给职业教育带来深刻的变革。

从全球范围来看，目前，世界各国正处于移动互联网快速发展的历史进程之中，"互联网+"正在融入社会生产生活各个领域，引起新的重大的社会变革。正如习近平总书记在第二届世界互联网大会演讲时说的，纵观世界文明发展史，人类先后经历了农业革命、工业革命、信息革命。每一次产业技术革命，都给人类生产生活带来巨大而深刻的影响。现在，以互联网为代表的信息技术日新月异，引领了社会生产新变革，创造了人类生活新空间，拓展了国家治理新领域，极大地提高了人类认识世界、改造世界的能力。可以说，世界因互联网而更多彩，生活因互联网而更丰富。互联网正在深度融入经济社会发展，融入人民生活，推动着经济社会各个领域发生深刻变化。

由此可见，当今世界，互联网将跨界融合、链接一切。从教育领域来看，"互联网+"教育，正在对传统主流教育产生深刻影响。前两年，"互联网+"教育最初的表现是对职业教育培训招生市场造成很大的冲击，互联网公司通过网络招生，截留了部分生源，转卖给一些学校，曾经引起人们的焦虑。现在看来，随着移动互联网的兴起，越来越多的教育实体、学生个人、教学设备、教学内容和教师等都通过互联网开始连接在一起。互联网已经不再仅仅是虚拟经济，而且成为实体经济，是整个教育不可分割的一部分，其影响更为广泛、更加深刻。互联网平台为教育提供云端一体化的数字化基础设施和终端设备，可以使学生学习无处不在；"互联网+"提供的数据和信息资源，将成为学校最核心的资产，可以让学校精确了解学生个性化的学习需求；"互联网+"提供的实时协同通信网络、大规模的社会化协作，可以为学习者提供可供选择的更多更好的知识；"互联网+"提供的虚实结合的生成空间、线上线下融合的在线教育业态，可以为师生提供多样化、个性化的教育服务供给。由此可见，"互联网+"职业教育不仅改变了教师教学的方式、模式，改变了学生学习的方式方法，而且将极大地改变学校教育的环境体系、课程体系、评价体系和管理体制。它将推动传统的学校教育主流业务产生系统性的变革。互联网与教育的深度融合，将构建起互联网时代的新型教育业务流程，实现灵活、开放、终身和个性化的教育新生态、新业态。

然而，我们不少职业培训院校，特别是民办职业培训院校仍然习惯于按照旧的模式封闭办学，自己找一个地方，自己购买设备，自己聘请教师，自己确定培训项目，自己面向市场招生，采用国家统一教材，培训合格后，颁发国家职业资格证书。几十年来，课室还是那个课室，教师还是那个教师，除了用PPT替代了传统的板书、教学设备有所更新外，传统的教学方式和教育模式没有根本性的改变，导致教育严重滞后于时代的发展，严重滞后于社会经济的发展。有些学校办不下去，自生自灭；有的因生源减少，留不住优质的教师，导致办学质量下降，形成恶性循环；有的违规办学，被迫停止办学。种种情况表明，在"互联网+"的冲击下，职业教育要生存发展，不能坚守避战，封闭办学。乔布斯去世前曾预言：电子科技将掌控未来教室，并在教育信息化领域取得丰厚的利润。在他去世后两年多的今天，在线教育、微课、慕课、翻转课堂等各种新名词，成为职业教育界热议的话题。一些从事互联网教育的公司取得了数额惊人的投融资。无论"互联网+"将以何种面目、何种方式渗透和影响教育，目前还不是十分清楚，但是，这种影响已经来临，不可避免。

面对互联网对职业教育的冲击，我们必须抓住机遇，直面挑战，采取有力的举措，加快运用"互联网+"的思维和信息平台，重新整合和配置教育资源，改变教学方式，促进职业教育转型升级。

首先是要充分利用互联网平台，整合课程资源，解决招生难题。现在，由于信息不对称，哪个学校开展哪个项目（工种）的培训、开设哪些课程，想学习的人不知道。学校应当充分发挥行业协会的作用，利用互联网平台，把各个学校的课程收集起来，经过加工整合，放在平台上，供求学的劳动者和学校进行双向选择。特别是注意把优质的课程、名师课程放在网上，进行品牌营销和销售推广，建立课程提供商与客户消费者之间的联系。这样，通过实施"平台化战略"，既可扩大学校的影响，又可解决招生困难问题，从而产生"平台效应"。

其次，充分利用互联网平台，实现教师的跨界协作，节约用人成本，提高教学质量。目前，不少民办职业培训院校聘请了不少教师，但由于招生困难，教师资源闲置，增加了学校的成本负担，致使不少学校左右为难。通过搭建教师资源服务平台，可以使教师成为自由工作者，极大地放大教师的价值和作用；教师可以通过发挥自我能力，与市场对接和实现自我价值，不需要完全依附于某个学校，可以跨地域、跨行业、跨时间进行教学合作，从传统的一个优秀教师只能服务几十个学生扩大到能服务几千个甚至数万个学生。这样做，不仅可以节约学校的成本，增加教师的收入，还可以促进教育公平，提高教学质量。

再次，充分利用大数据，建立教育资源管理服务平台。教学的过程就是数据产生的过程。在教与学的每个阶段，都会产生大量的数据。我们利用互联网的大数据，对这些数据进行采集、积累、分析、归纳、应用和总结，其办学的针对性和效率将大大提高。例如，我们通过收集、整理学员的共性需求，来设计和开发"通用"课程，提高课程的质量和针对性；也可以为用户量身定做课程，满足学生个性化学习需要；还可以通过分析学生考试的通过率和对某项课程的掌握程度，改进教学方法等。

最后，充分利用互联网技术工具，建立灵活开放的教育平台，改变教学方式。例如，利用互联网建立在线网络教育，开发慕课、微课，进行远程教育，采取翻转课程方式，进行灵活多样的课堂教学等。灵活多样的学习方式，可以满足人们随时随地学习的需求。据统计，2013年，在线教育课程的用户中，选择职业培训的用户占38.6%，排名第一位；其次为语音培训，仅占13.7%。可见，在职业培训领域，互联网教育方式，深受用户欢迎。

总之，"互联网＋"教育的发展步入了一个全新的阶段，其"链接一切"的特征展现得淋漓尽致。我们千万不可低估"互联网＋"对职业教育的影响。必须抓住机遇，迎难而上，大力推动职业教育培训的转型发展，重铸职业教育培训事业的新辉煌！

第五章　智力扶贫

——模式创新之一

【本章导读】在技工学校实施智力扶贫工程是广东省的一个创举。2001年9月，广东省委书记李长春同志在全省扶贫开发工作会议上提出："佛山对口支援清远设了一个培训基地，对贫困家庭子女免费培训。毕业后，由佛山市组织当地企业对口招工，实现稳定就业。这是个速效扶贫法。这个办法很好，请省劳动保障部门会同省扶贫办总结他们的经验，在其他贫困地区推广。"根据李长春同志的指示，广东省劳动保障厅会同省扶贫办，深入佛山、清远、江门等市县调研，总结经验，分析存在的问题，创造性地提出了依托技工学校实施智力扶贫工程的建议，并上报省委、省政府。笔者时任培训就业处处长，具体负责组织调研和制定实施方案。本章收录的几篇文章，反映了广东把技工教育与就业、脱贫结合起来的实践过程。其中，《关于实施智力扶贫的几点建议》是笔者第一次调研后写的调研报告的部分内容，认为技工学校扶贫助学"培训一人、就业一人、脱贫一户"，是一种有效的扶贫方式，建议完善这一办法，加强教育扶贫力度。调研报告报经省委、省政府同意后，笔者按照省政府和厅领导的部署，根据省委、省政府《关于加快山区发展的决定》和省政府粤府〔2001〕85号文精神，先后制定了两个《实施方案》，一个是2002年初，报给省财政厅的《方案》，申请安排专项资金；另一个是2002年9月，会同省财政厅制定了《广东省技工学校承担智力扶贫任务的实施方案》（粤劳社〔2002〕235号），提出技工学校实施智力扶贫的具体做法和资金安排，要求各市、县劳动保障部门、扶贫部门，各有关技工学校把实施智力扶贫工程作为贯彻落实江泽民同志"三个代表"重要思想的重大举措，切实抓紧抓好。

三年后，我们又遵照省委书记张德江同志的批示，再次深入广州等7个市对近年来实施智力扶贫工程的情况进行调研总结，写出调研报告报省委省政府。张德江同志在报告上批示："这项工作是长春同志、瑞华同志于2002年确定的一项开创性工作。几年来，省委省政府、各部门、各地认真组织实施，已见到明显成效。这是一项民心工程，意义十分深远。要总结经验，坚持下去，走出一条扶贫新路。"本章收录的另外三篇文稿和《人民日报》《南方日报》《羊城晚报》等媒体的4篇新闻报道，是当时社会各界和媒体对实施智力扶贫工程的评价。

第一节 关于实施智力扶贫的几点建议[①]

从1996年开始，广东省各级劳动保障部门按照省政府的部署，把技工学校招生与劳务输出扶贫工作结合起来，组织山区技校招收贫困家庭子女入读技校，毕业后推荐到珠江三角地区就业，取得良好效果。1998年4月，广东省委书记李长春同志到清远市调研时，视察了清远市技工学校，给予高度赞扬。根据李长春同志的指示精神，我们带领工作组深入清远等市调研。现将调研情况报告如下。

一、广东开展扶贫助学的基本情况

近年来，广东省部分技工学校开展扶贫助学情况，可归纳为三种模式：

（一）基地型模式

清远市技校从1996年开始从贫困山区招收贫困家庭子女，当年招生376人。1997年招生586人，学费减收25%，对特困的86名学生发放助学金，并积极推荐就业。1998年，李长春同志视察该校，并对该校实施智力扶贫的做法予以肯定后，清远市技校得到佛山市政府资助220万元。经省扶贫办和广州市政协陈开枝主席牵线搭桥，香港祈福国际投资公司董事长彭

---

① 本节是2000年作者任培训就业处处长时，按照李长春同志的批示，带领调研组深入清远、佛山、江门等市调研时写的一份调研报告，第一次提出整合资源系统、实施智力扶贫的建议。收录时有删节。

磷基先生也捐资50万元。学校利用这270万元资助款，先后成功开办了两届扶贫班和首届少数民族贫困班，招收贫困家庭子女共353名学生。到1998年年底为止，第一届151名学生中的147名学生已毕业并全部推荐在佛山、广州、东莞等地的企事业单位就业。据就业跟踪了解，这批学生月均收入1000元以上的占学生总数的44%，月均收入800元以上的占14%，月均收入600元以上的占42%。这些学生绝大多数都寄钱回家，最多的每月寄700元以上，对家庭脱贫奔小康起到了很大的作用，实现了长春书记当年提出的"输出一人，脱贫一户"的构想。

清远市技校智力扶贫工作，从招生到就业基本上形成了一整套较规范的程序。第一，由清远市委办、市府办联合下发招生计划通知（少数民族贫困班由省民族宗教事务委员会发文）。然后，在市劳动局和市扶贫办［少数民族班由各市（县）民宗局会扶贫、劳动部门］的指导下，学校会同贫困县所在的劳动、扶贫办、民委、计生等部门做好招生宣传发动工作，经资格初审、面试后，报省劳动保障厅、省扶贫办和省技工学校招生办公室备案。第二，明确招生条件有两个：①学生来源必须是农村贫困家庭的子女。②学生本人必须身体健康、政历清白，有继续学习专业知识和职业技能的文化基础。第三，学校为贫困生专门设计教学方案，以模块式教学为特点，突出职业技能训练。第四，学校根据学生家庭经济状况，进一步将他们分成特困生（家庭人均年收入低于1000元）和贫困生两个层次。对特困生实行学费、住宿费等全免，贫困生学费减半，住宿费等全免。向所有学生免费提供一套价值250元的日常生活用品。就读期间，每人每月补助生活费50元。第五，对通过学习、考取职业资格证书的学生，学校会同有关市劳动保障部门，全部免费推荐到珠三角等经济发达地区的企事业单位就业。

（二）分散型模式

2000年，省劳动保障厅组织技工学校参加"山洽会"，号召省重点以上技工学校学习清远市技校经验，加大开展智力扶贫工作力度，承担智力扶贫任务。据统计，2000年"山洽会"以来，全省41个省重点以上技校共招收贫困家庭子女1712人，其中，佛山市市属各技工学校采取部分减免学费办法，招收贫困家庭子女约260人。佛山市技工学校在佛山市劳动局的指导下，开展了免费和贷款智力扶贫工作。该校从清新、阳山两县共招收12名免费生和15名贷款生，免费生除每月生活费之外，包括两年的学费、住宿费、书费、校服等各项开支全由学校承担；贷款生的学费以合同的形式，由学校先借贷，待学生毕业后再从其工资中逐月扣还。学校与德国欧司朗佛山照明公司合作。由于该公司长期从技校毕业生中招用技术工人，双方形成的默契和信任为贷款方式奠定了基础。据了解，按公司目前业绩，学生毕业后，当月工资不低于1000元，以后逐年增长，这对贷款生还款能力和向家庭提供经济资助提供了保障。此外，广州、江门、湛江、韶关、肇庆、汕头等市和省属实力较强的重点技工学校都发挥各自优势，近年来每年都招收一批贫困山区贫困家庭子女，入学后实行不同程度的"减、免、助、补、奖"等帮扶促富政策。

（三）短期培训模式

各地劳动保障部门举办的就业训练中心积极招收贫困家庭子女，参加各种形式的短期职业培训，结业后发给职业培训结业证，并推荐到经济发达地区或当地企业就业，帮助贫困家庭，增加收入，深受广大群众的欢迎。

二、智力扶贫工作的基本成效

近年来，劳动保障部门和扶贫部门采取多种形式开展扶贫助学、智力扶贫工作取得的成效，主要体现在以下几方面。

（一）智力扶贫引起了良好的社会反响，被群众誉为"民心工程"

调研组所到访的家庭及周围的村民对智力扶贫无不表示热烈欢迎，感激之情溢于言表。县、镇、村各级干部也认为这是上级党、政部门为人民办实事的具体行动，是一项体现党和政府对贫困山区人民无限关怀的"民心工程"。这项工作增强了对口帮扶两地政府间的协作关系，增进了两地人民间的感情，也体现了共同富裕、民族团结的社会主义本质。

（二）智力扶贫成为贫困家庭脱贫奔康的重要途径

扶贫的形式多种多样，内容也相当丰富。相比之下，智力扶贫有鲜明特点：①扶贫先扶智。贫困人口，除了地理、历史、经济等方面的原因外，就是缺乏教育培训对他们形成极大的不公，要帮助他们脱贫致富必须首先解决好劳动力资源的智力开发问题。②着眼于长远。智力扶贫在于提高劳动者素质，实现劳动力转移，提高就业机会，利在当代，惠及贫困家庭子孙。③投资少、见效快。相比基础设施投资、生产投资来说,智力扶贫按平均每户家庭投入9000元的培训教育成本计,三年后即可实现脱贫一户的目标。④效果明显。贫困家庭子女学成就业后,当月就把部分工薪寄回家,让家庭倍感党和政府的温暖、社会的亲情。

(三)智力扶贫成为应对加入WTO,加强人力资源开发的重要举措

目前,广东省人口已突破7400万,人口总体文化素质还不及一些沿海及内陆省、市,特别是贫困山区家庭,相当数量的子女因贫辍学。实施智力扶贫可以帮助这些孩子获得学习机会,提高职业技能,使他们成为广东省率先基本实现现代化的一支重要力量,更重要的是我国已经跨入WTO的门槛,人力资源开发利用已成为不容回避的客观要求,所以,我们所开展的智力扶贫工程,既立足于长远,又是一项务实的基础工作。

(四)智力扶贫把培训与就业紧密结合起来,促进了当地经济社会的发展

以培训促就业,就业与培训工作紧密结合是广东省劳动保障部门解决就业问题的重要措施。我们以前从贫困山区输出劳动力时,发现为数不少的劳动力,因为职业技能素质偏低,缺乏就业竞争力而返回家乡,就业不稳定。相比之下,经过职业培训,特别是经过技工学校正规教育的青壮年,具有一定的专业理论基础和适应职业要求的操作技能,有竞争就业的能力,能实现稳定就业,返流现象很少。另外,通过智力扶贫向企业输送专业岗位技术人才,提高生产效率,也大大促进了经济发展,对安定当地的社会秩序也起到了积极的作用。

三、下一步工作建议

(一)存在的主要问题

在调研中,我们发现,助学扶贫工作虽然取得了一定的成效,受到基层群众的欢迎。但仍存在着一些问题,具体来说,主要有以下四个方面。

1. 扶贫的规模偏小

从规模上看,佛山对口清远扶贫每年约150名学生,省重点以上技工学校对口帮扶,属减、免贫困学生学费的,约有1500名。据统计,清远市

2000年就有人均年收入1500元以下的贫困家庭22657户。按每5户输出一人的比例参加智力扶贫，现有的智力扶贫力量还远远满足不了客观要求。

2. 扶贫助学经费严重不足，大范围减免贫困子女学费的做法使学校难以为继

佛山对口帮扶清远市，以清远市技工学校为基地开展智力扶贫已有三年，佛山方面做了很大的努力。技工学校承担贫困家庭子女培训任务责无旁贷，但困难重重，主要是不少技校本身没有财政拨款或象征性地得到一些资助，主要靠收取学费维持办学和发展，自身经费相当拮据。技工学校以培养职业技能人才为重点，其教学成本高于同类其他职业学校，如长期大量减免学费，将很难继续下去。据调查，佛山市技校培养12名免费生和15名贷款生，共需无偿支付26.75万元；江门市各技工学校对口韶关市智力扶贫免费培养51名学生，三年也需增加37.2万元开支。因此，解决智力扶贫经费问题刻不容缓。

3. 贷款助学手续烦琐，难以推广

前面讲到贷款助学，是一种以协议的形式，待学生毕业后逐月扣工资还贷的做法，目前没有切实的措施保证学生还贷，加上贷款手续烦琐，延续时间长，风险很大。在人员流动、企业配合、法律依据等方面都值得研究。高校贷款助学推不开就是明显的例子，所以，现阶段这种做法还难以在中等职业教育中大力推广。

4. 扶贫助学对象的审核有待进一步加强

虽然我们对扶贫对象条件的审核实行多重把关，但最基层的工作是关键，如果这一关没把好，就可能出现扶贫政策落实不到困难家庭的子女身上，影响工作的针对性。

（二）几点建议

第一，把各项扶贫助学措施整合为政府智力扶贫工程。要切实提高对技工学校扶贫助学重大意义的认识，把扶贫助学措施整合为智力扶贫工程。按照省政府《关于贯彻〈国务院关于基础教育改革与发展的决定〉的意见》（粤府〔2001〕85号）关于实施扶贫助学促富工程的决定，把由技工学校分散实施的扶贫助学办法，加以系统化，整合为政府为群众办实事的民心工程，由省政府财政每年资助5000名人均年收入1500元以下的困难家庭子女就读技工学校，毕业后，由各级劳动保障部门负责推荐就业，探索多样化的智力扶贫模式，做到"培训一人，输出就业一人，脱贫一户"。要在认真总结经验的基础上，制定方案进一步推广，努力使智力扶贫工作上一个新台阶。

第二，充分利用技工教育、职业培训资源，将扶贫对象指标分解到实力强、办学质量好的技校来承担培训任务，以确保完成智力扶贫的艰巨任务。

第三，由各级扶贫部门牵头，会同劳动保障部门提出并确认贫困家庭子女名单和培养对象，由各级劳动保障部门负责组织技工学校承担智力扶贫任务，组织开展职业技能教育培训并推荐就业。[1]

第二节　广东省技工学校承担智力扶贫任务的实施方案[2]

根据省政府粤府〔2001〕85号文关于实施智力扶贫、资助5000名贫困家庭子女接受技校教育的要求和省委、省政府《关于加快山区发展的决定》精神，制定本实施方案。

一、目标任务

第一，智力扶贫任务原则上由省级重点以上技工学校承担。没有省级重点以上技工学校的市，可根据实际情况，选择一所有实力的技工学校承担智力扶贫任务。从2002年起，连续4年，每年招收5000名农村家庭人均年纯收入1500元以下的应届初、高中毕业生入读技工学校。

---

[1] 根据省委、省政府《关于加快山区发展的决定》和省政府粤府〔2001〕85号文精神，省劳动保障厅先后制定了两个《实施方案》，一个是2002年年初，报给省财政厅的《方案》，申请安排专项资金。经省财厅同意后，2002年9月，劳动保障厅又会同省财政厅共同制定了《广东省技工学校承担智力扶贫任务的实施方案》（粤劳社〔2002〕235号），明确指出，实施智力扶贫工程是贯彻落实江泽民同志"三个代表"重要思想的重大举措，是当前提高劳动者素质，促进就业脱贫的重要措施。各市、县劳动保障部门、扶贫部门，各有关技工学校要具体贯彻落实省委、省政府确定的智力扶贫工程，把它作为一项政治任务切实抓紧抓好。

[2] 本节为笔者2002年初牵头起草的政策文件，由广东省劳动保障厅印发。收录时有删节。

第二，省财政从2002年起至2007年拨款对承担此项工作的技工学校予以一定资助，当地财政部门给予适当补贴，技工学校本身承担部分费用。

第三，贫困生入校学习时间为2～3年，具体时间根据贫困生学历及所学专业确定，其毕业后一次推荐就业率达100%。

二、贫困生资格的确认

第四，乡镇人民政府负责提供当地农村家庭人均年纯收入1500元以下的应届初、高中毕业生生源名单；县（市、区）扶贫办和劳动保障部门负责对贫困生名单进行审核确认，并于每年4月底前报地级以上市劳动保障部门技校招生办汇总；汇总后的名单由技校招生办于5月15日前报省劳动保障厅培训就业处。

三、招生

第五，智力扶贫实行对口招生办法。各技工学校要严格按照对口招生计划和择优录取原则做好录取工作。贫困生招生的主要条件：①农村家庭人均年纯收入1500元以下的应届初、高中毕业生；②身体健康、无传染病、裸视4.5以上；③未婚。2002年已到其他各类学校报名注册的学生，不得招收。

第六，省劳动保障厅根据各市技校招生办汇总的生源情况，确定各技工学校招生范围，于每年5月底前下达招收贫困生计划（2002年例外）。符合计划生育的贫困家庭子女优先录取；原则上每户贫困家庭只能有一名子女在技工学校就读享受免收学杂费的优惠。

第七，县级劳动保障部门和扶贫办要积极动员贫困家庭子女报读技工学校，并将已签署意见和盖章后《广东省技工学校智力扶贫班贫困生报名表》送地级以上市劳动保障部门技校招生办。承担智力扶贫任务的技校根据下达的招生计划和确定的招生范围，与对口的地级以上市技校招生办联系录取贫困生（如需调整招生计划，须报省劳动保障厅批准）。各地级以上市技校招生办，对具体招生指标要统筹安排，对贫困生源较多的县（区）应予以适当倾斜，做到大体平衡。技校招录的贫困生原则上须在校本部就读。

第八，贫困家庭子女凭录取通知书、身份证到学校报到。学校对其实行登记入学，免收学费、住宿费、实习实验费，对省物价部门批准代收代支的费用每生每学期不许超过200元。

第九，承担智力扶贫的技校于每年9月30日前将招收贫困生名单复印件一式二份上报省劳动保障厅和扶贫办。

四、经费拨付办法

第十，省劳动保障厅根据各校报送的招收贫困生人数和补贴标准编制拨款方案，送省财政厅审核。

第十一，经省财政厅审核后，由省财政厅和省劳动保障厅联合发文，将补助资金直接拨给承担智力扶贫任务的技工学校。

五、学生管理与推荐就业

第十二，承担智力扶贫的技工学校要加强对贫困生的管理与教育，确保教学质量；技校招生与就业服务机构要加强毕业生的就业指导，并加强与当地劳动保障部门联系，积极推荐就业，保证一次推荐就业率达100%。

第十三，对口扶贫的劳动保障部门要加强与学校和企业的联系，掌握用人需求信息，协助技校做好推荐就业工作。

六、监督检查

第十四，各级劳动保障部门和扶贫部门要把实施智力扶贫工程作为落实"三个代表"要求的一项政治任务来抓，切实加强领导，指定专门机构负责组织协调、指导监督，抓好落实。

第十五，省劳动保障厅要会同省财政厅、省扶贫办和省物价局每年对实施智力扶贫情况进行一次检查，解决实施过程中出现的问题，杜绝不正之风，任何单位和个人不得徇私舞弊，弄虚作假，违者要退还全部补贴资金，并按有关规定严肃处理。检查结果将书面向省政府报告。

第三节　广东省技工学校实施智力扶贫工程的调研报告①

为了贯彻落实时任省委书记张德江同志关于要转变扶贫方式,"把部分扶贫资金用于资助贫困家庭的孩子接受职业技能教育,让他们免费到技校学两年,学会一两门实用技术,把智力扶贫这项党心连民心的血脉工程做实做好,为下一步开展智力扶贫工作提供决策依据"的重要指示精神。2005年4月至7月,省劳动保障厅会同省财政厅、省委政研室、省委农办、省扶贫办等单位组成调研小组先后分赴广州、清远、韶关、茂名、肇庆、惠州和汕头等地,对全省技工学校实施智力扶贫工程情况进行了调研。现将有关情况综合报告如下。

一、技工学校实施智力扶贫工程进展情况

智力扶贫工作缘起于清远市技工学校,经过几年实践,取得明显成效。在清远市实践的基础上,为进一步扩大智力扶贫成果,2002年,省委、省政府出台《关于加快山区发展的决定》(粤发〔2002〕13号),明确提出"从2002年至2007年,省财政共安排2.1亿元,用于每年资助5000名贫困家庭子女接受二至三年的技校教育",为他们每人每年提供3500元的学杂费,智力扶贫工程正式实施并纳入制度化、规范化轨道。2003年省委、省政府进一步将技工学校智力扶贫作为《十项民心工程》的重要内容。

为了落实省委、省政府的指示精神,各级劳动保障、财政和扶贫部门积极行动起来。省劳动保障厅率先组织召开全省智力扶贫工作会议,研究智力扶贫工作实施方案和工作计划。同时,联合省财政厅、省扶贫办下发《广东省技工学校承担智力扶贫任务的实施方案》(以下简称《方案》)和

---

①　本节是广东省劳动保障厅等5个单位遵照时任广东省书记张德江同志的批示,于2005年4月深入广州等7个市调研后共同写出的调研报告。此报告送给省委、省政府后,张德江同志批示:"这项工作是长春同志、瑞华同志于2002年确定的一项开创性工作。几年来,省委、省政府、各部门、各地认真组织实施,已见到明显成效,是一项民心工程,意义十分深远。要总结经验,坚持下去,走出一条扶贫新路。"

第五章 智力扶贫——模式创新之一

《广东省技工学校智力扶贫资金管理办法》（以下简称《办法》），详细规定了贫困生资格确认、招生、学生管理与推荐就业、监督检查及扶贫资金的审核拨付程序、使用管理和监督检查办法等方面的问题，为智力扶贫工作的具体实施提供了政策依据。

根据《方案》和《办法》要求，各地市劳动保障、财政、扶贫部门密切配合，各尽其职。首先是扶贫部门摸底调查，在确保分配公平的基础上，向贫困人口较多的地区倾斜。其次是层层把关，层层落实。各镇（乡）政府根据扶贫指标推荐家庭贫困且品学兼优的应届初（高）中毕业生作为智力扶贫生，并张榜公示。各县（市、区）劳动保障局根据镇政府上报材料，组织贫困生体检并送名单到当地扶贫办审核，扶贫办公示后送劳动保障局技校招生办进行审查，并按比例抽查，到镇（乡）、农户了解情况。最后按各地招生指标和贫困生报读志愿确定择优录取名单，并在当地媒体公示。在整个招生过程中，建立当事人和领导责任制，违规的要严格追究有关责任人的责任。省财政厅将智力扶贫工程专项资金列入财政年度预算，并保证资金的及时到位。各承担扶贫计划的技工学校，将当年完成招收贫困生人数花名册和资金申请报告，经当地地级市以上劳动部门、财政部门和扶贫部门审核后，上报省劳动保障厅，同时抄送报省财政厅、省扶贫办。省劳动保障厅汇总和编制智力扶贫资金申请方案，送财政厅审核后，省财政厅根据审定人数，将资金分配下达到各级财政部门，并要求他们在1个月内拨付到承担智力扶贫任务的有关技工学校。资金到位后，各技校严格按照资金使用用途，单独核算，指定专人负责管理，做到账账相符、账表相符。同时，建立智力扶贫资金检查跟踪制度，省劳动保障厅、省财政厅、省扶贫办联合有关部门每年共同组织对智力扶贫资金使用情况进行检查和评估，各级审计部门也按时对其进行监督检查，保证扶贫资金用到实处，发挥其最大的效应。经过几年的实践，智力扶贫工程已经形成了一套比较完整的管理操作体系，取得了明显成效。

三年来，省财政资助的智力扶贫生遍布全省50个山区县，达到15000名。各市县政府和各技工学校还主动参照此项工程的做法，继续资助各类贫困生30000多名。

2005年，广东省招收的第一批智力扶贫生全部毕业，并各地劳动部门和技工学校推荐就业，现已顺利实现100%就业目标。他们中的70%左右被推荐到广州、深圳、佛山、中山和顺德等珠三角发达地区工作。其中，相当一部分进入广州本田、TCL电器、美的、格兰仕等企业，20%被分配到生源地企业，还有少数学生升入高一级学校继续深造。他们月平均收入在800～3500元之间，有半数的人在1000元以上。以广东省机械技工学校为例，2005年第一批毕业的150名智力扶贫生，100%被推荐到珠三角就业，其中有超过75%的扶贫生进入格兰仕、华凌、广州丰田、广汽本田等企业，他们初进公司的月收入，有55%的人在800～1000元，有25%的人在1000～1200元，有20%的人在1200元以上，有少部分人可达到1600元。智力扶贫生的成功就业，增加了其家庭收入，帮助其家庭走上了脱贫致富的康庄大道，实现了"培训一人，就业一个，脱贫一户"的目标。

二、技工学校实施智力扶贫的主要成效和基本经验

（一）主要成效

智力扶贫工程实施以来，取得了良好的成效，得到了社会各界的高度评价，被誉为党心连民心的血脉工程。

1. 在全国首创智力扶贫新模式，广东扶贫工作产生新的影响力

广东省技工学校在全国首创智力扶贫的新模式。它投资少、见效快、效果明显，得到各级领导的高度评价和社会各界的热烈欢迎。调研组所到访的家庭及周围的村民、技工学校领导和老师、各级干部一致表达了"感谢党和人民政府""智力扶贫点亮了'寒门子弟'的希望之灯""扩大扶贫规模，长期坚持下去"的心声，认为智力扶贫工作是上级党政部门为人民办实事的具体行动，是党加强执政能力建设的具体表现，体现了共同富裕的社会主义本质。

在省智力扶贫工程的带动下，部分地方政府和技校也不同程度地资助了3万多名当地贫困生。广州市、深圳市、云浮市、潮州市、惠州市、韶关市和从化市以及民办华立技校等分别资助50～200名不等贫困家庭子女入读技校，取得了良好的效果，产生了较大影响。

广东省技工学校智力扶贫模式被作为扶贫工作的先进经验在全国推广，得到国家劳动保障部、财政部、国务院扶贫办和国家发展改革委员会的高度赞扬。劳动保障部确定在部分扶贫点上启动"东部沿海省市技工学校对口培养西部省份贫困学生"项目，开展对西部地区技能人才培训和就业援助。国务院扶贫办将清远市高级技工学校选定为广东省唯一的"国务院扶贫办劳动力转移培训示范基地"，以示对智力扶贫模式的充分肯定。江西、山东等省由省长助理等带队，到广东省学习考察智力扶贫工程，并迅速引

进了广东省智力扶贫模式,在当地大力开展技工学校免费招收贫困生的培养任务,智力扶贫工程开始由我省走向全国。

2. 创造教育机会平等新模式,促进社会和谐发展

广东省目前有贫困人口 400 多万,按每 30 人中有一名适龄读技校学生计,尚有 10 多万贫困家庭子女被排斥在技工学校之外。依托技工学校实施的智力扶贫工程,为农村贫困家庭子女提供了与其他同龄人平等享有教育的机会,创造了教育机会平等,为他们学习知识、掌握技能并实现稳定就业创造了良好的途径,解决了其个人的生存问题,帮助其家庭谋求脱贫的渠道,同时也带动了周围一批群众走上脱贫致富之路,实现安居乐业,真正实现了先富带共富的目标,促进了社会和谐发展。如清远市技校扶贫生陆榕杰毕业后进入松下万宝压缩机公司,工作三年间,帮家里盖起两层楼,并购买了冰箱、空调等现代化电器。尝到读技校的甜头后,他又自费送弟弟入读了技校。在他们的带动下,村里几个本打算毕业务农或外出打工的孩子也被送到技校,从而带动了整个村的脱贫致富。

3. 建立财政资金扶贫新模式,真正做到有效扶贫

近年来,广东为了扶持贫困地区脱贫致富,设立财政专项扶贫资会,取得了一定的成效。智力扶贫开创了一种全新的扶贫模式,它能够确保扶贫资金真正用于资助贫困家庭孩子入读技校,且投资少,见效快、效果持久。如按平均每个家庭投入 9000 元的培训教育成本计,这些孩子在技校学习两三年,学习一两门实用的技术,进入经济较发达地区的企业中工作,就能获取稳定的收入,三年即可实现脱贫一户的目标。

4. 创建引导农村青年向产业工人转变新模式,为广东二、三产业发展输送合格的技能人才

广东省以前从贫困山区输出的劳动力,因知识、技能素质偏低,工作、生活适应能力不强等原因而返乡的在 10% 以上,转移就业效果不明显。智力扶贫工程为农村贫困家庭子女提供正规的技校教育和培训,引导他们由农民向产业工人转化,使他们具有了中级工以上的知识、技能水平,并将他们培养成为城市发展急需的各类技能人才,顺应了广东省产业结构调整的步伐,有效促进了农村劳动力转移就业。另外,广东省目前技能人才短缺问题十分突出,据统计资料显示,目前,广东省中级以上技能人才缺口达到 150 万。智力扶贫工程每年为广东省产业发展输送 5000 名技能人才,在一定程度上缓解了广东省技能人才不足的窘况。

(二)基本经验

各级党委、政府,各级劳动保障、财政和扶贫部门坚持把智力扶贫工作作为落实"三个代表"和科学发展观要求的一项政治任务来抓,切实加强领导,指定专门机构负责组织协调、指导监督、抓好落实,使得智力扶贫工作积累了一定的经验。主要有以下几条:①领导重视,思想统一,制定文件,有效管理。②通力配合,严格程序,确保"真扶贫、扶真贫"。③按时拨资,专款专用,定期检查,密切监督。④结合实际,因材施教,保证扶贫生100%就业。⑤落实责任,有效帮扶,避免扶贫生中途辍学。

三、智力扶贫工作中存在的困难和问题

目前,智力扶贫规模远远无法满足广东省的实际需求,许多贫困家庭子女迫切期盼着能从这一党心连民心的血脉工程中受益。具体表现在以下几方面:

(一)智力扶贫规模偏小

广东现有400多万贫困人口,近几年,由于革命老区搬迁、库区移民、渔业转产、下岗失业、农民失地等原因,返贫的困难群体不断增多。类似的真贫困群体难以通过"开发式扶贫"摆脱贫困,有效的解决方式是提供技能培训、转移就业。广东省智力扶贫工程年招收贫困生5000人,而贫困人口按每30人中有一名适龄读技校的学生计,尚有10多万左右符合资助条件的学生得不到资助,被排斥在技工学校校门之外。由于智力扶贫规模偏小,辐射范围窄,只能实现少数脱贫。

(二)智力扶贫"扶助"体系急需完善

扶贫生大多来自山区农村,虽然智力扶贫工程为每位学生每年提供3500元学杂费,但有部分家庭仍难以承担子女每年2000元左右的生活费用,虽然各技工学校建立了以"奖、勤、助、补、减、免"为主要内容的多种方式的助学体系,但据统计,获奖者占技校贫困生的比例约10%,奖金数额也仅为150~1000元;各学校尽管尽最大努力拿出5%~10%的学费作为勤工助学基金,仅能为约20%的智力扶贫生提供助学机会,每人每月仅50~100元;根据现有政策,技校学生无法享受助学贷款申请;同时,社

会各界对技工学校扶贫生的资助也微乎其微。以自筹经费办学为主的技工学校，无力负担更多智力扶贫生的生活等相关费用。

（三）扶贫生甄选机制有待完善

为了确保实现"扶真贫、真扶贫"，按照职能分工，广东省建立了政府领导协调，劳动保障、财政、农业（扶贫）等有关部门紧密配合的智力扶贫工作机制，具体采取镇政府推荐并张榜公示、各县（市、区）劳动保障局组织体检、扶贫办审查名单并公示、劳动保障局抽查、确定名单、媒体公示等措施，来保证扶贫生甄选的公正、公平。但是，在具体执行过程中，限于人力物力，有关部门很难逐一上门核实，基层政府推荐报送名单，主要靠村委会审议确定，由于种种原因，有可能出现"扶富助学"现象。

四、今后推进智力扶贫工作的建议

智力扶贫工作是党和人民政府对贫困地区、贫困家庭、贫困孩子的关怀与爱护，是广东省落实"三个代表"重要思想和科学发展观的重大举措，是造福人民的民心工程，为进一步做好智力扶贫工作，我们建议：

（一）抓紧全面落实省委决策，建立智力扶贫长效机制

各级劳动保障、财政、扶贫等部门要加紧落实《中共广东省委关于印发〈中共广东省委常委保持共产党员先进性教育活动整改方案〉的通知》（粤发〔2005〕9号）的决定，"十一五"期间"省财政每年资助1万名困难家庭子女接受技工学校教育，建立'智力扶贫'长效机制"。财政部门要按原智力扶贫资助标准落实资金，并列入财政年度预算，保证资金的按时到位；劳动保障部门要选择办学实力强、质量好的技工学校作为扶贫生的培训基地，监督学校加强基础设施和师资建设，并督促学校做好扶贫生的招生、就业等工作，保证智力扶贫工作质量；扶贫部门要及时、全面、准确掌握贫困家庭的资料，做好扶贫生身份的审核工作，保证扶贫的公正性；省委政研室、省委农办要及对制定相关政策，加强对智力扶贫调研工作的指导。

（二）加快建立智力扶贫帮扶机制

各市党委、政府应高度重视、积极支持智力扶贫工作，建立扶贫帮扶机制。要积极创造条件，多渠道筹集资金，每年免费资助本市部分贫困生

入读技工学校,并把做好智力扶贫工作与实现省委、省政府在《十项民心工程》中提出的"每个市要建设一所以上国家重点技校"的目标紧密结合起来,广州、深圳、珠海、佛山、东莞、中山、江门7个经济较发达市要从对口帮扶市中招收人均年收入1500元以下的贫困家庭子女免费入读其所在地技校,毕业后安排在珠三角就业,从而加快经济不发达地区输出转移劳动力,为本地培养技能人才,促进本地产业发展。

(三)动员全社会力量,完善智力扶贫"帮扶"体系

呼吁有能力的团体和个人,为贫困生捐资助学;号召各技校尽可能多地为学生提供勤工俭学的机会,提高贫困生获取奖学金的比例,减免贫困生的部分生活费用;呼吁政府让技校学生平等享有申请助学贷款的权利,从根本上解决贫困生上学难的问题。总之要动员全社会力量,积极参与技校扶贫生的帮扶工作,建立一个完善的"奖、勤、助、补、减、免、贷"的智力扶贫"帮扶"体系。

(四)各部门积极配合,加快完善智力扶贫工作体系

广东省各级劳动保障、财政、扶贫等有关部门,要以高度的政治责任感和积极的工作态度,规范工作流程,实行分工负责,各尽其能,密切配合。如乡镇政府负责证明报读学生是否属于贫困户子弟及家庭年收入情况;县级扶贫部门和劳动保障部门负责贫困户情况审查核实;市劳动保障局技校招生办负责进一步核定报读学生情况和组织相关技校招生录取工作,以及学生入校后的学习生活安置、推荐就业;市财政局负责扶贫经费的下拨,省一级劳动保障、财政、扶贫等部门要做好督促检查工作,建立起完善的开发式智力扶贫体系。

第四节 社会各界对实施智力扶贫工程的评价

经省政府批准,广东省从2002年开始由技工学校实施智力扶贫。此项工作在社会上引起热烈反响。首批贫困家庭子女入读技工学校,《人民日报》《南方日报》《工人日报》《羊城晚报》等媒体先后给予报道,并给予很高的评价。下面摘录几篇新闻报道,作为当年的见证,以飨读者。

（一）"智力扶贫"是以人为本的发展战略①

"智力扶贫"从战略的高度，点睛式地同时破解了经济高速发展下的扶贫、经济要素发展不平衡以及基础人才改造不足几大难题。它的出现显现了创造性的执政思维，它的有效落实更体现出政府强大的施政能力。

又一种新的机制在广东树立起来！——这种被称为"智力扶贫"工程的机制，正演绎着科学发展、面向未来的施政睿智。如果说，城市化是社会经济发展和现代化进程的必由之路，世界各发达国家社会经济发展，无一例外地经历了农村劳动力向城市非农产业转移的过程。那么，作为中国先富起来的地区之一的广东，毫无疑问面临着如何实现大量农业劳动力向城市非农产业的转化问题，这也成为这个省在城市化之路中面临的最大挑战。

事实上，经济发展的不平衡一直困扰着广东这个经济总量全国最大的省份。广东社会经济发展的境遇，就如同中国的一个缩影：总量成就显著，但区域发展严重失调；发达地区，产业升级，但却遭遇了技能人才严重不足的发展"瓶颈"。如何让发展长期滞后的东西两翼和粤北山区迎头赶上，让一枝独秀的珠三角地区更上层楼？如何让各地在发展中融合互惠、比翼齐飞？这是广东有待破解的系列难点。

诸多难题的求解不可能一蹴而就，但抓住主要矛盾成为牵一发而动全身的关键：生产关系中最活跃的劳动力要素就是破题的焦点。广东于2002年起全面实施"智力扶贫"计划，并且正式并入制度化、规范化的轨道：由省财政在4年内安排2.1亿元，每年资助5000名人均年收入在1500元以下的贫困家庭子女接受二至三年的技校教育。这一计划从战略的高度，点睛式地同时破解了经济高速发展下的扶贫、经济要素发展不平衡以及基础人才培养不足几大难题。

实践证明，这种"智力扶贫"，不仅仅是一个投资少、见效快的多赢扶贫方案，更是一种立足当下、着眼未来的战略投资策略——在帮助滞后地区脱贫的同时，"智力扶贫"工程有效助推城市化的历史进程。数据表明，我国13亿人口中，农村人口占绝大多数；资料显示，城市化水平每提高一个百分点，就意味着需要向城市转移1000多万农村人口。而"智力扶贫"工程不但完成了农村普及义务教育与技术教育的接轨，同时，也成为农村

---

① 本部分内容原载《羊城晚报》2007年9月29日，收入本书时略有改动。

青年变身产业工人的"转换器",改变了农村富余劳动力向城市转移的无序、低效状态,培养出新农民和新工人。

在发达地区产业升级过程中,"智力扶贫"还是破除人才发展"瓶颈"、进行战略人才储备的有效途径。如今,珠江三角洲、长江三角洲和环渤海湾地区三大沿海制造业基地,都面临着严重的"技工荒":浙江有些地方因此每天至少流失100万美元的订单;而广东尤缺高级技工,"十一五"期间中级技工以上技能人才缺口有180万人。然而,当"中国制造"遭遇技能人才短缺的尴尬时,普通农民工却供过于求。如何让劳动密集型的成本优势升级为知识密集型的技能优势?除了"智力扶贫"外,广东省还全面启动了"百万农村青年技能培训工程",深入乡村发掘农家的优秀人才,从而开启了比城市广阔得多的人才资源宝库;在缓解快速增长的制造业和服务业对技术工人需求危机的同时,为广东未来的产业经济发展进行最基础的人才战略储备。

广东"智力扶贫"工程的提出,不仅显现了创造性的执政思维,它的有效落实更体现出政府强大的施政能力:几年来,广东全省共资助贫困生7万名入读技校,学生往往尚未毕业就被企业预订,不但能够"培训一个,输出一人",且三年时间就可以"脱贫一户,甚至带富一村"。由广东省财政出钱开展的"智力扶贫"行动还全面带动了各地市政府及相关部门的工作热情,积极打造当地的"智力扶贫"工程。广东每年有近万个贫困家庭因此脱贫,实现了从"他扶"到"自立"的转变。

"智力扶贫"作为全国首创的扶贫新模式,如今已从广东走向全国。我们相信,它将不仅仅是作为一种脱贫的有效手段而存在,而且正在成为一种形式更多样、内容更丰富、涵盖面更广的长效机制,不但为消灭贫困,更为中国社会经济持续、平衡发展,提供源源不断的人力资源保障和发展后劲。

(二) 广东42所技校扶贫班开学,5000贫困生接受免费教育①

"感谢党给了我读书的机会!"广东省建材技工学校2002年11月8日迎来了200名贫困学生,该校智力扶贫班正式开学。据悉,全省42所技工学

---

① 本部分内容原载《南方日报》2002年11月9日,收入本书时略有改动。

校的智力扶贫班也陆续开学,共有5000名来自贫困山区的贫困学生将在各所技校接受2~3年的免费教育。

广东省建材技工学校是广东省重点技工学校之一。根据省委、省政府的部署和广东省劳动和社会保障厅、省扶贫办的有关《实施方案》,全省42所省级重点以上技工学校从2002年起,将在连续4年的时间里,每年承担5000名贫困学生的培养任务。其中,省建材技工学校每年接收200名,4年共800名贫困学生。11月8日,该校首批200名学生全部到校,并举行了开学典礼。据悉,全省各类学校的新生都已经全部开学。智力扶贫班的开学典礼虽然是迟到的开学典礼,但是对这些贫困学生来说,意义确实非同一般。

据该校校长冯为远介绍,广东省建材技工学校的智力扶贫班有4个班,每班50人,专业分别是化学分析与质量检验、电子技术与电气自动化、电工维修与制冷、机械装配与焊接。据称,学校接到智力扶贫任务后,针对扶贫班开办什么专业的问题,专门开展了市场调查,发现这些专业都是目前市场上比较紧缺的专业,扶贫班学生毕业之后容易实现就业。据称,学校之所以这么做,是因为学校不仅要承担这批学生的教育任务,还要保证教学质量,确保100%就业。

据了解,这批200名学生在学校将接受免费教育,每名学生每年的学费中,有3500元来自政府财政的资助,另外,学校还将给每人每年补贴1000元左右,总费用为4500元。为此,该校这批学生要完成3年的学业,省政府财政将承担210万元,学校承担60万元。据参加开学典礼的广东省劳动和社会保障厅助理巡视员许荣东介绍,广东省委、省政府为了实施智力扶贫计划,决定拿出2.1亿元的资金,从2002年起至2007年资助2万名贫困学生完成学业。这是广东省新中国成立以来首次大规模的智力扶贫工程,目的是实现李长春同志提出的"培训一人,输出一人,脱贫一户"的山区扶贫工作新思路。

另据介绍,广东省建材技校的200名智力扶贫班学生,分别来自广东省的揭阳、汕尾、河源、梅州、阳江市的边远农村,家庭人均年收入在1500元以下,比较贫困。不少学生初、高中毕业之后,都因为家贫而放弃或准备放弃学业。省委、省政府的这一重大决策,让他们重新回到了学校,并将对他们的一生产生重大影响。

又讯 11月8日上午,清远市技工学校举行首届省智力扶贫班暨第三届佛山扶贫班开学典礼,该市的300名家庭贫困学生高高兴兴地圆了自己的技校梦。

清远市技工学校在省委、省政府和佛山市的大力支持下,采取减免学费和提供生活费的扶助方式,在本市招收了300名家庭年人均纯收入1500元以下的穷孩子进行技工教育。据了解,该校从1996年起,在佛山市和香港祈福国际投资公司的支持下,已先后开办了两届佛山扶贫班和一届少数民族特困生班。目前,这351名特困生已全部推荐到珠三角地区就业。

(三) 培训一人、输出一人、脱贫一户[①]

广东从2002年开始由省财政拨款实施"智力扶贫"工程,每年招收5000名贫困家庭子女免费就读技工学校。

前几年,广东佛山市对口支援贫困地区清远市搞了一个培训基地,对贫困家庭子女免费进行培训,毕业之后,由佛山组织当地的企业对口招工。第一届151名学生中的147名学生已毕业并全部推荐在佛山、广州、东莞等地的企事业单位就业。

据就业跟踪调查结果显示,这批学生月均收入高的上千元,少的也在600元以上。这些学生绝大多数都寄钱回家,最多的每月寄700元以上,对家庭脱贫奔康起到了很大作用。

时任广东省委书记李长春在清远市技工学校《关于首届扶贫班情况的报告》上批示:"这是对口帮扶的好形式。""把贫困家庭子女每户安排一人,送到技工学校培训,然后推荐到珠三角或扶贫开发区工作。这样安排一人就业,这户就能稳定脱贫。"

广东经济发展从整体上还不平衡,东西两翼和粤北山区部分地区还比较落后。据统计,截至2001年年底,广东年人均纯收入不足1500元的贫困户家庭有867791户,贫困人口有4111547人。广东利用技工学校开展"智力扶贫",找到了一条行之有效的扶贫新路,总结出"培训一人、输出一人、脱贫一户"的新鲜经验。

事实上,近几年全省技工学校在读的城乡困难家庭子女近1万人,各技工学校不同程度地采取"减、免、助、补、奖"等措施,资助困难家庭子女完成学业。为了使这个经验取得更大成效,9月25日,广东省劳动和社

---

① 本部分内容原载《人民日报·华南新闻》2002年9月27日第3版,收入本书时略有改动。

第五章 智力扶贫——模式创新之一

会保障厅负责人对记者说,根据省委、省政府《关于加快山区发展的决定》的精神,制定了《技工学校承担智力扶贫任务的实施方案》,从 2002 年起到 2007 年,连续四届,采用省财政拨款资助办法,每届共招收 5000 名农村家庭人均年纯收入 1500 元以下的应届初、高中毕业生免费入读技工学校。至此,广东省技工学校新中国成立以来第一次大规模承担的智力扶贫工程正式启动。劳动和社会保障部门的同志介绍说,智力扶贫是开发型扶贫的一种新形式,即通过资助贫困家庭子女接受教育,掌握一门或数门技能,然后充分就业达到稳定脱贫,用知识改变人生,摆脱贫困,并且对提高农村新增劳动力素质,促进就业具有重要意义。

为此,省财政安排 2.1 亿元,用于资助贫困家庭子女接受 2 至 3 年的技校教育。选择技工学校来承担扶贫任务,是针对当前就业市场需求确定的。据介绍,这几年,职业教育招生在下滑,但是技工学校招生却连创历史新高,而且毕业后一次性就业率达到 95% 以上,远远高于中专和大专毕业生的就业率,说明技工和高级技工在就业市场上很紧俏。

目前,广东技工学校已经发展到 186 所,其中,高级技工学校 17 所,国家级重点技工学校 22 所,在校生规模已达 20 万人。这次智力扶贫任务原则上由省级以上重点技工学校承担,确保贫困生接受优质教育。在校期间,贫困生免交学费、住宿费、实习实验费,学成后 100% 推荐就业。

有关部门负责人指出,开展智力扶贫将扶贫、开发、培训、就业很好地结合起来,是扶贫工作的一种创新。这种新的智力扶贫形式,为贫困地区许多初、高中毕业由于贫困或其他原因无法继续升学的贫困生提供了一次机会,并通过政府资助、社会支持、市场调节最后实现就业,最终摆脱贫困。因此,"智力扶贫"既是民心工程,也是富民工程。

(四)培训一人、脱贫一户、带富一村,
　　广东"智力扶贫"闯新路①

"陆榕杰的家?很好找,最靓的那栋白色小楼就是。"在广东省清远市高田镇江山村,房屋大多残旧,顺着村民的指点,远远可以望见陆家新建的小楼。

2000 年,在政府和学校的全额资助下,陆榕杰从广东清远高级技工学

---

① 本部分内容原载《人民日报》2006 年 4 月 21 日第 8 版,收入本书时略有改动。

校机电一体化专业毕业,进入合资企业上班。短短几年间由穷变富,陆家的变化,村里人看在眼里。村里几个准备出外打工的孩子,也被家长送进了技校学习。"智力扶贫"计划,点亮了广东农村贫困家庭子女的希望之灯,他们正演绎着"培训一个、就业一人、脱贫一户,甚至带富一村"的故事。

"扶贫"先"扶智"

据统计,广东省年人均纯收入1500元以下的贫困家庭有10多万户,约40多万人。长期以来,如何帮助这些家庭脱贫致富,牵动着省领导的心。能否建立长效机制,让贫困家庭每户安排一人到技工学校培训,然后推荐到珠三角地区工作,从根本上解决贫困?

2002年,广东全面实施"智力扶贫"计划,由省财政资助2.1亿元,连续4年每年招收5000名农村家庭人均年收入1500元以下的应届初、高中毕业生免费入读技工学校,力争"培训一个、输出一人、脱贫一户"。

"智力扶贫"计划实施以来,广东省60多所知名技工学校共招收了2万名贫困学生。地处粤北山区的清远市高级技校校长刘龙山介绍,除了扶贫班学生之外,全校还有大量的贫困生需要帮扶,学校专门为他们设立了200元到100元不等的助学金,勤工俭学的机会首先留给贫困生。对于实在交不起学费的非扶贫班学生,允许其在校学习至毕业,工作后再缴所欠学费。学校至今已投入各种帮扶资金1000多万元,帮助5000多名学生完成学业。

记者在清远高级技工学校的专栏看到一份统计:毕业生多数被推荐到珠三角地区就业,就业率达98.5%,扶贫班的学生就业率达100%。深圳高级技工学校副校长黄景融告诉记者,通过开展"订单"教学,该校招收的第四批"智力扶贫"的学生刚刚入学,工作已经有着落了。

"致富"须"立业"

清远高级技工学校1998年开始办"智力扶贫"试点班。该校6000多名毕业生中,80%以上来自山区,毕业后月工资普遍在1000～1500元之间,这些学生大部分每月能给家庭寄回200～700元。

扶贫班毕业的梁南雁,参加工作第一个月就寄回去300元钱。这笔钱超过了他一家人过去一年的收入。他的家在河源市和平县宏惠村，村中人均耕地不足半亩，全家住在漏雨的土坯房里。他高兴地说，今后要多攒钱，帮助家里承包鱼塘、果园。

据广东省劳动和社会保障厅统计，广东首批"智力扶贫"学生，除了少数继续深造外，2001年已经毕业并全部实现就业。这些学生70%在广州、深圳、佛山、中山等地就业，不少进入了广州本田、TCL电器等大型企业；20%返回生源地或者到外省工作。首批5000名贫困生就业后，按每人年纯收入6000元计，每年可带回3000万元的劳务收入，同时，他们还带回信息和致富门路，带动家庭、村庄脱贫致富。

专家算了一笔账："智力扶贫"人均年投入1万元的教育培训成本，三年即可脱贫一户，既确保了扶贫资金用在"刀刃"上，又让孩子掌握实用技术，提升个人素质，实现有效就业和自主创业，最终脱离贫困。

城乡就业一体化

"智力扶贫"，成为农村青年变成产业工人的"转换器"。目前，除了广东省财政资助的2万名学生，各市、县政府和技工学校还主动采取多种形式资助各类贫困生3万多名。这些农家子弟经过技校"熔炉"，将"锻造"成产业技术工人。

以前，广东贫困山区输出的劳动力，因知识、技能素质偏低，工作、生活适应能力不强等原因，10%以上会返乡，转移就业效果差。有了"智力扶贫"之后，情况大不一样。它为农村贫困家庭子女提供正规的技工教育和培训，将他们培养成为城市发展急需的各类技能人才。可以说，"智力扶贫"顺应了广东产业结构调整的需要，创造了"五赢"局面：学生、家庭、学校、企业和社会都有"甜头"。

从2001年开始，广东把"智力扶贫"的范围扩大到贫困渔民、伤残人士子女。同时，推出"全省百万农村青年技能培训工程"，计划培训农村劳动力32万人，转移农村剩余劳动力62.6万人，初步形成覆盖城乡的职业技能培训网络。

如今，广东继续扩大"智力扶贫"的规模，建立"智力扶贫"长效机制。广东各地已建成综合性培训基地127个、创业培训基地15个、高技能人才培养基地50个、农村劳动力对口转移培训基地80多个，逐步筑起城乡一体的培训就业体系。

第六章　创建高技能人才实训基地
——模式创新之二

【本章导读】进入21世纪，党中央召开十六大，深刻分析国内外形势，提出大力实施人才强国战略，为全面建设小康社会提供坚强的人才保证和智力支撑。2003年12月19至20日，党中央国务院召开了新中国成立以来第一次全国人才工作会议，胡锦涛总书记和温家宝总理分别做了重要讲话。会后，中央印发了《关于进一步加强人才工作的决定》（中发〔2003〕16号），提出要树立科学人才观，将高技能人才纳入人才队伍建设的总体部署。这是我国人才工作理论和实践两方面的重大突破。为了加快培养高技能人才，广东省委、省政府印发了关于贯彻中央《关于进一步加强人才工作的决定》的意见（粤发〔2004〕15号），省劳动保障厅印发《贯彻全国人才会议精神加快培养高技能人才实施意见的通知》（粤劳社〔2004〕26号），第一次明确提出"建立高技能人才实训基地"、"在行业或企业集团建立技师工作站"和"建立高技能人才工作协调办公室"等重大举措。随后，笔者亲自组织制定了《广东省技师工作站设置标准和认定办法》，采取强化实际操作能力培养、以师带徒等方式加快培养高技能人才。2005年5月，劳动保障部在上海召开会议，启动东部地区培训工程，张小建副部长认为建立高技能人才公共实训基地是政府推进职业培训的第三次创新，是培养高技能人才的一项战略性举措。

本章收录的《充分发挥实训基地作用，加快高技能人才培养》《加快培养高技能人才推动产业转型升级》《建立技师工作站多渠道打造技能人才培养高地》等文章，反映了当时广东贯彻中央和省关于加强人才工作的部署，是创建高技能人才实训基地、创新高技能人才培养模式的一项战略性探索实践。

第六章　创建高技能人才实训基地——模式创新之二

第一节　充分发挥实训基地作用，加快高技能人才培养[①]

近年来，广东省认真贯彻中央关于加强高技能人才队伍建设的精神和《国家高技能人才东部地区培训工程方案》，紧密结合本省实际，加强规划引导，统筹推进高技能人才公共实训基地建设，充分发挥公共实训基地加快培养高技能人才的作用，取得了明显成效。至2010年6月底，全省共建立高技能人才实训基地79个，其中，公共实训基地22个，全省21个地级以上市有18个市建设了高技能人才公共实训基地。高技能人才公共实训基地年承担实训能力达22.2万人次，实训规模比上年同期增长23.3%。

一、加强规划指导，统筹推进高技能人才公共实训基地建设

（一）统筹规划，大力推进实训基地建设

按照全国东部地区培训工程会议部署要求，广东省委、省政府于2006年发出《关于进一步加强高技能人才工作的实施意见》和《广东省高技能人才公共实训基地建设实施方案》等一系列推动高技能实训基地建设的政策文件，明确提出各地级以上市要根据当地支柱产业发展需求，重点建设一个面向社会提供技能培训和技能鉴定服务的高技能人才公共实训基地。在"十一五"期间，全省要建设100个示范性高技能人才培训基地，其中，按照"1+9"模式，重点建设1个引领性的省级综合性的高技能人才培训基地，在珠三角、东西两翼和粤北地区建设9个专业性强、各具特色的高技能人才公共实训基地，依托基地积极开展高技能人才技能实训工作。这些高定位的要求和目标任务，为各地的实训基地建设指明了方向和提供了重要的规划引导。按照上述部署，广东省各地共同努力，充分发挥这些有利政策的推动作用，加快公共实训基地建设步伐，目前投入使用的基地已有12家，建设的数量和规模进一步扩大，在当地的影响力也逐步提高。例如深圳市建设的高技能人才公共

[①] 本节写于2010年6月，是笔者参加人社部东部地区培训工程研讨会提供的经验材料。

实训基地,被人力资源社会保障部认定为国家级高技能人才实训中心,成为全省的典范。

(二)加大投入力度,为基地建设提供重要的资金保障

为保障实训基地建设顺利进行,广东省不断加大公共实训基地建设资金投入力度,初步形成了高技能人才公共实训基地建设资金由财政与社保基金双轨投入的动力机制,充分发挥了资金的撬动作用。一方面,在"十一五"期间,省财政每年安排1亿元专项用于建设高技能人才公共实训基地。目前,广东省财政已向各基地投放了3亿元,通过稳定财政投入,有效带动各地配套投入资金高达13.6亿元。同时,还带动了各地在土地、设备和技术等方面的投入支持,实现了资金的倍增效应,有效地推动实训基地的建设。如广州市实训基地,现已经投入了760万元,到建成累计地方投入将高达近20亿元。另一方面,积极发挥失业保险基金促进培训就业的作用,在人力资源和社会保障部的大力支持下,省政府制定了《进一步扩大失业保险基金支出范围试点方案》,历史性地突破了原失业保险基金的使用范围,明确失业保险基金可扩大用于高技能人才公共实训基地购置设备,在2010年,广东在失业保险基金中可提取用于公共实训基地设备购置的补助经费高达35亿元。这将有效地减轻财政压力,加快实训基地的建设进程。

(三)鼓励采取多种模式,积极探索加快建设实训基地的新路子

为了解决高技能人才实训基地建设遇到资金短缺的问题,我们鼓励各地根据当地经济社会发展水平和自身财力,探索采取多种模式建设高技能人才实训基地。对经济发达地区,既可采取公益性管理运作模式,由财政全额拨款,也可实行政府补贴、适当收取服务成本费维持日常运作;对东西两翼和粤北山区,由财政投资建设场地,日常实训鉴定和运作经费通过收取服务成本费筹措解决;对省级综合性实训基地,实行公益性的管理体制,其场地设备投入和更新、人员工资和主要管理费用等主要通过财政解决。由于采取上述灵活多样的建设模式,有效推动了全省实训基地建设的全面铺开,初步形成梯次建设和整体发展的良好格局。据统计,目前,广东省依托各类职业院校、技工学校和企业,建设了79个省级高技能人才实训基地,其中,公共实训基地22个,已有12个公共实训基地部分或全部投入使用,为下阶段进一步发展壮大公共实训基地打下了良好基础。

二、增强基地功能,充分发挥基地加快培养高技能人才的积极作用

(一)充分发挥引领作用,加快培养社会急需的高技能人才

在大力推进产业结构调整升级,发展现代制造业的过程中,广东省急需工业设计、动漫设计、数控技术、现代物流、精细化工等专业性强、技术含量高的高技能人才。为了满足社会经济发展的迫切需要,我们充分发挥高技能人才公共实训基地的作用,根据企业需求,开设新的培训专业和课程,购置具有现代水平的设备,依托各类院校的师资力量,加快培养各类高技能人才,有效促进了企业技术创新,助推产业升级。如深圳市实训基地开设了许多内容新颖、独特和贴近实际的动漫设计、数码印刷、智能楼宇控制技术等培训项目,率先创立"任务引领型一体化训练模式",加快培养高技能人才,取得了明显效果。至目前为止,全省公共实训基地发挥高技能人才培养高端引领带动作用,累计开展技能实训近9万人,其中,培养高技能人才达3.7万人。

(二)充分发挥纽带作用,形成多方合作、加快培养高技能人才的平台

公共实训基地建立起来后,为了充分发挥其设备优势和整合资源的作用,解决一些学校实训设备设施不足的问题,我们找到了一条把学校文化知识学习和实际能力训练有效结合的新路子。主要是充分发挥高技能人才公共实训基地的纽带作用,把行业企业等用人单位与技工院校、职业院校、职业培训机构等教育培训单位联系起来,推动校企合作,多方合作,促进高技能人才的培养。

一是推动实训基地与学校合作。将公共实训基地建设成真实的生产和工作环境,利用实训基地实训设施和场地优势,聘请企业优秀人才对在校学生进行指导,开展仿真实训等技能训练,提高学生的实际操作能力。

二是推动实训基地与企业合作。由基地深入实际,了解企业用工岗位技能需求,采用"订单式"培训、顶岗实习、联合培养等形式,对企业在岗职工开展有针对性、实用性的职业技能训练,直接提升在职员工的职业技能。

三是加强基地与企业、院校的三方合作。利用实训基地平台有效整合学

校和企业的师资、设备等资源，实现学校技能培训教学、企业工作岗位技能需求和基地实训设施资源的有效结合，更好地为企业培养输送大批适用的高技能人才。多年来，广东省多个市的高技能公共实训基地积极搭建政府培养高技能人才的公益实训平台，积极与当地多家大型企业和高级技校、技师学院开展强强联合，定向培养实用型的高技能人才，深受社会各界的欢迎。

（三）充分发挥评价推动作用，确保高技能人才的培养质量

广东依托高技能人才公共实训基地，以职业能力为导向，不断探索创新高技能人才评价方式。

一是全力建设职业技能开发评价示范基地。依托省高技能人才公共实训基地，规划建设全国一流的职业技能开发评价示范基地，加快搭建集职业需求调查分析、职业能力评价认证、职业能力开发利用"三位一体"的人力资源职业能力开发评价公共服务平台，积极参与职业标准的开发和修订，研究系统化、核心岗位能力模块化的职业能力开发模式，为企业、劳动者、培训教育机构等提供职业开发、职业能力提升、职业资格认证等服务。

二是积极创新评价模式。加强高技能实训基地与企业的合作，对企业考评专家进行鉴定业务考评培训，推动开展企业内部高技能人才评价，注重考核职工的核心能力等整体素质，打破了以往"以考定级"的单一评价模式。如深圳市高训基地探索开发了"公益性实训与公益性鉴定一体化"的新型技能人才评价新模式，采用"过程考核与综合考核"相结合，突出评价学员在生产一线上的技术应用与综合能力，有效地保证了高技能人才的培养质量。

（四）充分发挥功能延伸作用，为加快培养高技能人才提供综合性的优质服务

广东省在有效发挥高技能人才公共实训基地技能实训的核心功能的基础上，积极拓宽基地的功能，发挥基地培、研、赛为一体的综合作用，提供优质的、有利于高技能人才成长的各类公共服务。

一是积极开展职业技能竞赛。利用基地具有比较完善、先进的设施和设备组织开展了数控技术、电气自动化电工技能等多项技能竞赛活动，特别是第二届全国技工院校技能大赛也在广东省高技能公共实训基地举行。

二是大力开展高技能人才师资培养。将国防技校高技能人才公共实训基地列为广东省技工教育师资培训基地，积极承担多项师资培训任务。近两年来已成功开办多个师资培训班，共培训师资310人。机械技校高技能人才实训

基地也承担了人力资源社会保障部组织的钳工高技能人才师资培训任务。

三是组织开展各项技术活动,引领高技能人才培养。广东省通过开办技术沙龙、技术讲座、技师大讲堂、设计大讲堂等综合服务项目,为企业技师解决实际生产技术难题,帮助高技能人才更多地参与到企业重大技术革新、技术改造和创新创造等科研项目中来,为高技能人才搭建展示技能和实现成果转化的平台。

三、今后工作打算

东部工程会议的召开为全国各地建设公共实训基地搭建了一个经验交流、成果共享和创新探索的重要平台。广东省将珍惜这次学习交流的机会,认真学习借鉴各兄弟省市的先进做法和宝贵经验。会后,广东省将结合全国人才工作会议的总体部署和广东实际情况,全面贯彻落实这次会议精神,采取有力措施,进一步加快广东省高技能人才公共实训基地建设。

一是切实加强指导,全面推进全省各类高技能人才实训基础建设。

二是建立完善资金投入使用效益机制,引入竞争性分配模式,重点扶持建设进度快、成果显著的基地建设。

三是充分发挥基地的优势,加强与企业的合作,提升基地的实训和评价等公共服务能力,加快培养高技能人才。

第二节 加快培养高技能人才,推动产业转型升级①

党的十八大报告提出,要加快转变经济发展方式,推进经济结构战略性调整。这是关系全局的一项重要任务。转方式、调结构、促升级,关键在人才。目前,广东乃至全国高技能人才严重短缺,人才供给与需求存在不少矛盾,已成为制约产业转型升级的重要因素。贯彻落实十八大报告精神,就是要立足当前,着眼全局,采取有力措施,推进技能人才培养体系的改革创新,着力提高教育质量,加快培养高技能人才,为推动产业转型升级做出新贡献。

---

① 本节写于2012年11月20日,为参加广东省企业全员培训和高技能人才培养论坛准备的材料。

一、广东技能人才队伍建设现状与市场需求的矛盾

多年来,广东省各级政府及有关部门采取了一系列政策措施,加快培养多层次各类型技能人才,取得明显成绩。人才总量明显增加,结构得到优化,层次不断提高。但是,在动态发展进程中,技能人才队伍结构和质量与市场需求之间的矛盾仍然十分突出。

(一)技能人才总量、结构与产业转型升级的要求不相适应

从技能人才总量来看,据统计,至 2011 年年末,全省技能劳动者有 882 万人,其中,高技能人才 163 万,仅占 19%。当年参加职业技能鉴定的人数有 175.4 万人,其中获得职业资格证书的人数达 135.2 万人。此外,每年还有中等和高等职业院校毕业生近 60 万人,这么庞大的技能人才供给量仍不能满足市场需求。这里面有人才供求错位和人才质量与证书等级不对等的问题。从技能等级结构来看,近三年全省经职业技能鉴定获得职业资格证书的人数达 406.9 万人,其中,初级工、中级工、高级工和技师以上人数占总人数的比重分别为 42.8∶43.9∶12.3∶1.0。由此可见,技能人才层次结构不合理,具有高级工以上职业资格的人数明显偏少,从全省人力资源市场劳动力供求数据看,求人倍率为 1.03,技能人才求人倍率则达 1.44。这些情况表明,高技能人才供求矛盾仍十分突出。

(二)各类职业院校技能人才培养模式与企业人才需求不匹配,存在着严重的脱节现象,加剧了人才供求的矛盾

进入 21 世纪以来,广东省各类职业院校都把扩大招生规模作为增加收入、提高办学规格和生存发展的重要手段,千方百计扩大招生规模,这对普及中等职业教育起到了十分重要的作用,全省中等职业学校在校生规模迅速扩大。但是,不少学校在办学指导思想上只是注重一味扩大办学规模,不顾办学质量,形成了粗放式的办学模式,致使教学质量下降,毕业生虽然通过考试拿到了职业资格证书,却没有相应的职业技能,不符合用人单位的需求。不少职业院校根据市场需要,努力调整专业设置,设置了一批新专业;还有一些学校设置了课程改革试点。但这些学校只是刚刚起步,专业设置及教学内容跟不上变化了的形势。不少学校积极开展校企合作,力图通过校企合作,强化学校与企业生产实际的联系,但不少合作流于形

式,学校只是派学生到企业顶岗工作,未能有效地对学生开展有针对性的专业指导和技能训练,致使学生的技能水平未能得到提高,自主创新和研发能力不强。企业即使从学校招到毕业生,也不能适应岗位生产的要求。因此,企业经常抱怨招工难,招收合适的技术工人更难。

(三) 企业在岗职工技能水平偏低,与产业升级要求不相适应

据调查,企业对在岗职工的技能晋升培训普遍重视不够,除了部分大型国有企业和高技术企业外,大部分劳动密集型企业对在岗职工的岗位技能培训甚少。许多企业借口生产忙,没有安排时间让员工参加培训;有些员工想参加社会培训,企业也没有安排时间。劳动者一旦来到工作岗位后,很少得到学习和技能提升的机会,导致知识老化,技能水平得不到提高,与企业转型升级要求不相适应。企业需要技能人才时,总是想从市场上招聘,而没有重视从现有职工中培养,这加剧了供求矛盾。

(四) 政府加强技能人才的政策导向与企业和职工的期望不一致

近年来,各级政府为了加快培养高技能人才,纷纷出台了一系列鼓励和引导性政策,调动企业和广大劳动者参加技能培训。例如,对农村转移劳动力和下岗失业人员以及高技能人才参加职业培训,实行培训和鉴定补贴政策;对高技能人才实行入户城镇的政策;对做出突出贡献的技能人才给予奖励或授予"技术能手"称号以及享受政府津贴等政策。这些政策对激励劳动者参加职业技能培训起到了积极作用。但与企业和职工的期待还不一致,因而未能形成有效的激励机制。企业希望能够招得到、留得住高技能人才,但往往职工参加培训晋升资格或被评为技术能手后,因待遇没有提升而离职,这又导致企业不再舍得花钱培养员工;职工期盼技能提高后,能够调整工作岗位,提高工资待遇,能够与大学生一样平等地参加公务员考试,但是政府没有制定相关的政策,使不少职工产生了"学技能无用"的思想。

(五) 高技能人才培养的基础设施与人才培养的要求不相适应

"十一五"期间,广东省各级政府加大了对职业教育的投入。省级财政部门每年至少投入10亿元,加强技工学校的实训设施建设。不少学校建立了数控、模具、汽修、电子、电工、物流和计算机等实训中心。各地市还

建立了一些高技能人才实训基地或公共实训基地;加强了职业标准、课程、教材、题库的开发。但是,各类实训基地的设备设施,低水平重复建设多,基础和通用设备多,高、精、尖设备少,适应企业研发的设备少,适应高新技术发展需要的设备少。因而,培养出来的技能人才质量难以保证,创新能力低,难以适应企业技术进步的需要。

二、供需矛盾的深层原因分析

尽管各级政府在加强和加快高技能人才培养工作方面做出了很大的努力,采取了一系列措施,在人才培养、引进、使用、激励和保障等方面做了大量工作,但是,结果仍不尽人意,与社会经济发展要求仍存在较大差距,人才供给与现实需求仍然存在不少矛盾,主要有以下原因。

(一) 办学指导思想存在偏差

不少学校办学指导思想急于求成,重规模,轻质量。对坚持"以服务为宗旨,以就业为导向"的职业教育办学方针,领会不深,把握不准。一讲抓住机遇谋发展,就一味地追求办学规模和速度,把规模和速度当作衡量政绩的标尺,不顾办学效益和质量,致使学校目标定位不明确,教学模式过于简单,教学管理过于粗放;致使教育质量不高,培养出来的学生达不到培养目标的要求。

(二) 传统的、封闭式的职业教育管理体制,仍然是阻碍高技能人才成长的重要原因

首先,在经济全球化和技术进步的推动下,世界各国经济转型步伐加快,高技能人才在科技成果产业化过程中起着关键性作用。然而,在这一迅速变化的新形势下,我国职业教育管理体制改革明显滞后,制约着职业教育的科学发展,主要表现为不少地方政府部门对职业院校习惯于过多的行政干预,人为地将教育分割为普通教育和职业教育两个相互独立、相互封闭的系统,学习成绩好的学生上普通中学以至普通高校,学习成绩不好的学生只能上中职或高职,而且一旦上了中职(含技校)就不能再报考普通高校。这种封闭式的教育体制,从根本上不能适应社会经济发展对人才成长的要求,违背了高技能人才成长的规律。

其次是职业院校的办学自主权没有真正落实。国务院早于2005年颁发

的《关于大力发展职业教育的决定》中提出"要进一步落实职业院校的办学自主权"。但目前，学校招生计划、专业设置、课程调整、教材改革、对外合作等，均须经相关行政部门审批，学校几乎没有据市场需求变化进行改革、调整的权力。老师也没有依据科技进步情况对课程、教材进行重组、调整的灵活处置权，只能照本宣科，进行知识灌输，教学手法陈旧，没有进行课改的积极性；加上部分教师本身生产实际经验不足，课程开发能力不强，造成教学与生产实际脱节，导致教育质量下降。

最后，在我国政府机构改革和企业改革中，过分强调政府直接投资举办职业教育的公益职能，剥离了行业和企业举办和管理职业教育培训的职责。形成政府单一投资办学的格局，公办学校一统天下，体制机制不灵活，造成教学与生产脱节更加严重。现行弱化行业和企业办学职能的政策，影响极大，不利于行业在职业教育领域发挥主体作用，不利于职业教育真正适应产业结构调整和生产技术更新换代的需要，不利于职业教育走校企合作、产学研结合的道路，不利于加快培养生产、服务、技术、管理第一线真正需要的高技能人才。

（三）传统的鄙薄工匠的社会文化观念，仍然是制约广大劳动者学习技能、凭技能成才的重要因素

受几千年来"学而优则仕"、科举制文化渗透和中职（含技校）毕业生不能报考公务员等政策影响，人们鄙薄职业教育的观念依然根深蒂固。学校追求升学率，家长和学生追求高学历而不是高技能的现实，挫伤了广大劳动者接受职业教育学技成才的自觉性和积极性。考上普通高校的学生不愿意学习职业技能；考不上普通高中和大学的年轻人，只是勉强就读职业院校，解决就业问题，而不愿意潜心钻研技艺，提升自我。因此，造成高技能人才所占比重多年偏低。

此外，企业目光短浅，片面追求利润，没有建立终身学习制度，不愿加大资源开发投入力度，不愿加强在职员工岗位技能晋升培训，这也是高技能人才难以成长的又一个重要原因。

三、新形势下加快培养高技能人才的对策建议

基于上述分析，笔者认为当前世界经济正处于大发展、大变革、大调整时期，我国正处于全面建成小康社会的关键时期和深化改革开放、加快

转变发展方式的攻坚时期，人类社会生产方式、生活方式正在发生深刻变革。面对新形势、新挑战，我们必须牢固树立战略眼光、先进理念和国际视野，紧紧围绕"提高职业技能、服务转型发展"这一主题，采取更加有力的政策措施，推动职业教育培训事业改革创新、转型发展，加快培养具有较高素质的技能人才。

（一）牢固树立技能人才是我国人才队伍重要组成部分，技能人才是社会生产力发展水平的直接体现者和推动者的思想观念

坚持以科学发展观为指导，站在新的历史高度，以超前的战略目光，坚决破除"学而优则仕"的传统思想观念，破除封闭性教育理念，破除鄙视技能劳动者的陈腐观念，破除在知识经济条件下，技术工人"无用论"。充分运用知识经济时代高技能人才在科技成果产业化过程中发挥重要作用的典型事例，进行广泛宣传，使人们深刻理解和充分认识到，在以高科技为核心的知识经济时代，掌握着一定工艺水平和加工能力的高技能人才队伍，是我国人才队伍的重要组成部分，是最新科技成果转化为现实生产力、推动产业重组、改造、升级的重要力量，在经济转型发展中起着关键作用。从而牢固树立技能人才也是人才的理念，牢固树立职业教育要服务社会经济发展的理念，牢固树立终身教育与开放办学理念。并以上述全新的理念为指导，从战略高度把技能人才培养与职业教育培训融入产业发展规划，一同决策、一起部署实施，逐步建立起适合劳动者职业生涯发展需要、符合时代要求的现代职业教育培训体系。

（二）深化职业教育管理体制改革，转变政府职能、着力优化职业教育发展环境

各级政府要进一步转变管理职业教育的职能，从直接投资办学，直接组织招生、审批专业设置等具体事务中解脱出来，真正从微观直接管理转到宏观间接管理上来。今后政府主要承担职业教育统筹规划、合理布局、经费保障、制定政策、宏观指导和监督服务等项职责。当前应当抓紧建立职业教育与产业发展协调制度，密切职业教育与产业发展的联系；积极推进办学体制改革创新。推动公办职业院校积极吸纳民间资本和境外资金，探索建立产权明晰、多种所有制并存的办学体制；鼓励公办学校与企业合作办学，形成反应灵活的办学机制。要抓紧修订《职业教育法》，从法律上进一步界定和强化政府、行业、企业和社会各界发展职业教育的责任和义

务，推动校企合作办学。特别是要按照面向人人成才，面向社会的原则，抓紧构建职业教育与普通教育、中职与高职、职前教育与职后培训、职教体系与产业体系相互开放、有机衔接、多元立交、相互贯通的现代职业教育体系，打通技能人才成长通道，促进技能人才健康快速成长。

（三）积极鼓励和引导行业、企业按照终身学习理念和发展需求，开展不同层次的职业教育培训

各级政府要依据《职业教育法》《民办教育促进法》及其《实施条例》的有关规定，制定具体政策，以法律形式明确行业和企业作为职业教育培训办学主体的责任，鼓励和引导行业和企业根据实际需要投资办学，积极开展本行业、企业在岗职工的职业技能培训。行业组织要充分发挥自身优势，开展行业技能人才供求情况调查预测，为开展职业教育提供依据；要根据行业技术发展和变动趋势，组织编写或修订行业职业标准、教材和鉴定题库，加快培养行业急需的技能人才。大中型企业要按照终身学习的理念，建立现代企业职工培训制度，把职业教育培训纳入企业发展规划，面向本企业职工，开展多种形式的岗位培训、技能晋升培训和转岗转业培训等，着力培养企业发展所需的技能人才。要建设学习型企业，鼓励和支持职工参加培训，提升技能、岗位成才。企业要积极参与校企合作，在信息、技术、场地、资金等方面为合作方提供支持，并参与院校专业设置、师资培训、实训基地建设、课程与教材开发、教学评估等活动，主动承担培养技能人才的任务。

（四）坚持走内涵式发展道路，大力推进职业院校教学模式和人才培养模式改革创新，着力提高教育质量

为了适应科学技术不断加速发展和劳动力市场需求的不确定性，各类职业院校要坚持走内涵式发展道路，集中精力大力推进教学模式和人才培养模式创新，不断提高办学质量。首先是在培养目标上，要明确合理定位，按照中、高职不同层次合理设定培养目标。总的要求是职业教育要以职业能力为核心，不仅着眼于就业能力的培养，更要注重适应职业变化能力的培养。其次是在培训内容上，要深化专业设置与课程改革，推动专业与职业、课程与职业标准、教学过程与生产服务过程无缝对接，探索职业资格证书与职业教育培训学分互认和转换制度，实现职业资格证书与学历证书的"双证互认"。最后是在培养形式和方法上，要努力创新人才培养

模式，大力推进校企合作、产学研结合、工学结合、顶岗实习、项目合作等教学模式，强化实训实习教学环节，增强学生的实际操作能力。特别是要加快校企合作办学立法，建立校企合作的法律制度框架，明确双方的责、权、利，让企业积极参与合作办学，分享职业教育成果，引导校企合作不断向前发展。

（五）大力加强师资队伍建设，创建一支"三能"师资团队，确保教育质量

教师是学校的主体。要提高教学质量，关键在于不断提高教师水平。各地要实施职业院校教师队伍素质提升计划，安排财政专项资金支持师资培养基地建设。着力打造一支"双证""三能"教师团队。即作为一名职教教师，应当同时具备教师资格证书和职业资格证书，能胜任理论教学、能指导学生实训实习、能承担应用研发任务等。要培养这样一支师资团队，必须建立完善以企业实践为重点的教师继续教育制度，专业教师每年必须安排1～2个月到企业挂职锻炼或实习；支持院校选聘企业能工巧匠和技术能手到学校任教，形成校企之间教师的双向交流机制；要选派优秀教师到国外一流的职业教育院校考察学习，开阔视野、了解职教发展动向，学习掌握现代先进的职业教育理论、内容和方法。着力培养专业名师或专业带头人，形成以专业带头人为核心的师资创新团队，打造精品专业和课程，引领我国职业教育跨入世界一流职业教育行列，支撑经济结构实现战略性调整，为全面建成小康社会、建设繁荣富强的新中国做出新贡献。

第三节 创新培养模式，多渠道打造技能人才培养高地[①]

中华技能大奖获得者罗东元是广东省韶关钢铁集团的高级技师，企业以他的名字建立了罗东元技师工作站，这是广东省第一家技能大师工作站。目前这个站已确认师傅188人，带领徒弟274人，培养新技师491名。罗东元技师工作站也因此成为名师带徒的一种有效载体。另外，深圳市职业训

---

① 本节为由陈斯毅、霍立国合作撰写的一篇新闻稿，曾发表于《中国劳动保障报》2006年2月25日培训版，发表时有删节。

练学院积极与企业合作，根据企业需求共培养技师和高级技师 1010 名，走出了一条校企合作培养高技能人才的新路子……广东省各级劳动保障部门近年来围绕加快培养高技能人才进行了多方面的成功探索，使广东省实施的"三年 30 万"高技能人才培养工程取得了突破性进展。

一、技能人才培养模式有新突破

近年来，广东省积极探索技能人才培养新模式，大力开展校企合作，充分发挥企业与职业院校在技能人才培养上的优势，合作培养高技能人才。中山市依托高技能人才实训基地与大型企业合作培养新技师 135 名。在 2005 年全省培养的技师中，通过实训基地培养的占 70% 左右。与此同时，还设立了技师工作站，为名师带徒找到了一种有效载体。如韶钢建立的罗东元技师工作站通过组织技术攻关、技能竞赛、技术创新及研讨活动，在企业（行业）内部加快培养高技能人才，为充分发挥企业培养高技能人才的主体作用找到了一种有效方式。

二、技能人才评价方式有新突破

为了拓宽技师、高级技师的成长通道，加快培养高技能人才，广东省出台了《关于改进技师高级技师考评工作的意见》，强调以品德、能力、业绩和知识作为主要衡量标准，放宽技师申报条件，扩大考评工种范围，下放鉴定权限，改进考评办法。通过落实这些举措，初步形成了高技能人才评价的新方式、新办法，较好地调动了企业培养技能人才和职工学技能、考技师的积极性，参加技师考评的人数明显增加。

三、技能人才成长激励机制取得新突破

一是技能人才引进政策有新突破。广东省政府规定：调进有高级技师资格的人员，其配偶、子女、父母均可随迁入粤，并凭调动通知直接办理入户手续。引进的高技能人才，其购房补贴、安家费、科研启动经费等，可列入成本核算。广州市和深圳市也分别制定了技师以上高技能人才的入户政策。

二是津贴奖励制度有新突破。一些单位对取得技师、高级技师资格并被聘用的人员，其奖金系数也分别提高；韶钢集团一次性奖励获得技师、高级技师资格的员工500元和1000元，对获得韶钢集团特级、一级、二级技术能手的员工每月分别补贴3000元、2000元、1000元。广州市则对通过技师及高级技师考评的职工给予一次性补贴1000元。

三是荣誉激励机制有新突破。广东省政府设立了"南粤技术能手"奖，对在技术创新和实现成果转化方面有突出贡献的技术能手给予表彰和奖励。各市、各大型企业均制定了相应的竞赛办法及表彰办法。

四、公共实训平台建设有新突破

2004年以来，广东省先后批准设立了两批共50个高技能人才实训基地。在此基础上，按照公益性、先进性的要求，统筹规划，合理布局，指导建立了两个公共实训基地。其中，深圳市已投资1.8亿元建成一个面向社会开放的公共实训平台，广东省职业技能鉴定指导中心南海项目也已正式动工。

五、技能人才培养数量有新突破

超额完成2005年高技能人才培养目标任务。据不完全统计，到2005年年底，全省培养高级工以上技能人才13.4万人，经考核获得高级工以上职业资格证书的人数（含引进）达到10.41万，其中技师和高级技师1.25万人，高级工为9.16万人，分别比2004年增长25%和56.3%，比2005年年初确定的高技能人才培养目标增长8%。根据抽样调查资料分析，到2005年年底，全省技术工人（统称技能人才）总量达650万，占城镇从业人员的比例从2000年年底的30%上升到2005年的45%。从技能人才的等级结构看，2000年年底，初级工、中级工、高级工和技师（高级技师）的比例为57.4∶38.8∶3∶0.8，到2005年年底，四者的比例改变为48∶46∶5.2∶0.8。技能人才结构有了新的改善，中级工和高级工所占的比例明显提升。

第四节　减少职业资格认证对加快培养技能人才的影响与对策思考[①]

党的十九大报告明确提出：完善职业教育和培训体系。大规模开展职业技能培训，注重解决结构性就业矛盾，鼓励创业带动就业。办好继续教育，加快建设学习型社会，大力提高国民素质。然而，当前大规模开展职业培训，普遍遇到一些困难和问题。主要是技术进步推动产业转型升级，使职业内涵发生重大变化；民办教育促进法贯彻实施使民办培训机构面临两难选择；国家减少职业资格许可认证、建立严格的目录清单制度，使培训机构一时难以适应，无法大规模开展职业技能培训，加快培养技能人才。对此，我们应当怎么办？下面与大家分享几个问题。

一、深刻领会十九大报告关于大规模开展职业技能培训的重大意义

十九大对职业教育培训的论述虽然用语不多，但很精辟。论述的主要内容和观点有几个方面：①完善职业教育和培训体系，深化产教融合、校企合作。②支持和规范社会力量兴办教育。③办好继续教育，加快建设学习型社会，大力提高国民素质。④大规模开展职业技能培训，注重解决结构性就业矛盾，鼓励创业带动就业。⑤建设知识型、技能型、创新型劳动大军，弘扬劳模精神和工匠精神，营造劳动光荣的社会风尚和精益求精的敬业风气。⑥培养造就一大批具有国际水平的战略科技人才、科技领军人才、青年科技人才和高水平创新团队。⑦落实立德树人根本任务，发展素质教育，推进教育公平，培养德智体美全面发展的社会主义建设者和接班人。

结合新时代经济社会发展的主要矛盾和新特点，认真学习十九大关于职业教育培训的论述，我们深刻体会到，中央关于新时代职业教育培训的精辟论述，意义十分重大。

第一，教育是基础工程，必须放在优先位置。特别是职业教育培训与

[①] 本节完稿于 2017 年 8 月，是笔者应各地人社部门、职业培训机构邀请，就国家近年来减少职业资格许可认证问题所做的报告。收录时根据 PPT 整理而成。

经济发展的关系十分密切,必须加快完善现代职业教育和培训体系,为建设现代化经济体系提供人才智力支撑。

第二,职业教育培训的目标十分明确,就是要建设知识型、技能型、创新型劳动大军,培养造就一大批具有国际水平的战略科技人才、科技领军人才、青年科技人才和高水平创新团队。

第三,要实现上述目标,就必须面向全社会所有劳动者,大规模开展职业技能培训,着力全面提高广大劳动者的职业技能,鼓励广大劳动者通过各种渠道实现就业创业,化解多年来积累的结构性就业矛盾。特别是因新一代信息技术与社会生产生活深度融合所引发的结构性就业矛盾。

第四,在大规模开展职业技能培训的同时,必须大力提高劳动者的整体素质,特别是提高职业道德素质,弘扬劳模精神和工匠精神,营造劳动光荣的社会风尚和精益求精的敬业风气,支撑经济由高速增长转向高质量发展。

第五,大规模开展职业技能培训,其目的和重大意义在于普遍提升国民素质,加快培养技能人才,推动全面建成小康社会,实现经济社会协调健康发展。

二、国家改革职业资格许可认证制度进展情况

(一) 改革的背景和原因

职业资格许可认证制度是国际通行的科学评价人才的重要制度。我国自1994年开始推行职业资格许可认证制度。20多年来,这项制度在促进职业教育培训事业发展,提高劳动者素质,加强人才队伍建设等方面起到积极作用。据统计,至2013年,国家层面设立的国家职业资格许可认证达618项,对推动技能人才队伍建设起到积极作用。

然而,职业资格许可认证制度在实施过程中出现了不少问题,主要是:①一些部门和地方政府任意扩大和滥用国家职业资格许可权,自行设置的职业资格达2000多项,导致职业资格证书设置过多、考试太滥、证出多门,交叉重复现象十分严重;②政府职能越位、缺位和不到位,考培不分、监管无力,导致培训质量下降;③一些部门、机构自行设置就业准入标准,发生了发证牟利、寻租腐败现象。

（二）改革遵循的原则

为了解决上述问题，激发市场活力，国务院下决心改革职业资格证书制度，减少许可认证范围。从 2013 年起，国务院决定将减少和规范职业资格许可认定，作为推进简政放权、放管结合、优化服务的重要改革内容。人社部负责启动这项改革。

改革遵循的主要原则是：①没有法律法规或国务院决定作为依据的、国务院部门设置的准入类职业资格，一律取消。②虽有法律法规依据，但与国家安全、公共安全、人身财产安全关系并不密切，或不宜采取职业资格方式进行管理的准入类职业资格，按程序提请修订法律法规后予以取消。③国务院部门和全国性行业协会、学会自行设置的水平类职业资格，予以取消。④地方各级政府及有关部门自行设置的职业资格，予以取消。

（三）改革的进展情况

人社部用了一年时间进行调查摸底，确认至 2013 年年底，全国国务院部门共设置职业资格许可认证 618 项，其中，专技类 219 项，技能类 399 项。人社部报请国务院批准先后分七批共取消国家职业资格 434 项，削减比例占总数的 70%。其中，专技类 154 项，技能类 280 项；准入类 47 项，水平评价类 387 项。

2017 年 2 月 20 日，人社部公布拟列入国家职业资格目录清单共 151 项，2017 年 5 月 24 日，国务院第 174 次常务会议审议要求进一步修改。2017 年 9 月 12 日，人社部印发《关于公布国家职业资格目录的通知》正式列入国家职业资格目录的职业（工种）共 140 项（含细类工种 198 项）。

（四）目前被取消认证的常见工种

第一批被取消的常见工种 11 项：房地产经纪人、注册税务师、国际商务专业人员、注册资产评估师、品牌管理师、建筑业项目经理等。

第二批被取消的常见工种 67 项：注册企业培训师、中国职业经理人、知识产权管理工程师、金融理财师、农业技术推广员、健康教育指导师、营养保健师、飞机电器修理工等。

第三批被取消的常见工种 68 项：装饰项目管理师、装饰施工管理师、室内设计师、景观设计师、化工操作工、陈设艺术设计师等。

第四批被取消的常见工种 62 项：通信工程师、注册电子贸易师、网络广告经纪人、农用运输车驾驶员。

第五批被取消的常见工种61项：物流职业经理、中英合作采购与供应管理、注册人力资源管理师、人力资源测评师、物流师、采购师、汽车营销师、糖果工艺师、咖啡师、厨政管理师等。

第六批被取消的常见工种47项：价格鉴证师、招标师、物业管理师、珠宝玉石质量检验师、花艺环境设计师、录音师、照明设计师、数字视频合成师、网络编辑员、营销员、服装模特等。

第七批被取消的常见工种114项：足部按摩师、芳香保健师、反射疗法师、礼仪主持人、公共营养师、配餐员、科技咨询师、职业信息分析师、商务策划师、数字视频策划制作师、调酒师、摄影师、企业文化师、各类设计师（广告、包装、玩具、皮具、家具、首饰、景观、奢侈搭配）、办公设备维修工、钢琴制作师、叉车司机、木雕工、电机装配工、计算机维修工、计算机操作员、服装制作工、平板制版工、屏蔽印刷工、农艺工、果树（茶园）园艺工、中药材种植员、中药固体制剂工、珠宝首饰营业员、珠宝首饰鉴定估价师等。

（五）改革取得的阶段性成果

一是减少了70%的职业资格许可认证。

二是建立了公开、科学、规范的目录清单管理制度。

2017年9月人社部印发《关于公布国家职业资格目录的通知》（人社部〔2017〕68号），正式公布了列入国家职业资格目录的职业（工种）共140项（内含具体工种198项）。其中，专技类59项，技能类81项。比年初拟列入目录的职业减少了11项，如比较热门的创业指导师、企业培训师、心理咨询师、养老护理师等职业认证被取消了。

三是建立了严格的职业资格准入、退出审批制度。

四是列入目录管理的常见职业明显减少。

餐饮类：中式烹饪、面点师，西式烹饪、面点师。

健康类：健康管理师、生殖健康咨询师、保健调理师、育婴师、保育员、孤残儿童护理员、农产品食品检验员、茶艺师、评茶师。

人力类：劳动关系协调指导师、企业人力资源管理师。

服务类：美容师、美发师、智能楼宇管理员、社会体育指导员、保安员。

（六）建立职业资格目录清单制度的重要意义

大幅度减少职业资格证书，建立了资格目录清单管理制度和资格准入和退出制度，体现了深化职业资格制度改革的重大成果，初步实现了职业资格清理由"治标"到"治本"的关键性转变，标志着职业资格认证将走上公开、科学的发展轨道。其重大意义表现在：

（1）明确政府管理的职业资格范围，解决职业资格过多过滥的问题，降低就业创业门槛。

（2）进一步清理违规考试、鉴定、培训、发证等活动，减轻人才负担。

（3）提高职业资格设置管理的科学化、规范化水平，持续激发市场主体创造活力，推进职业教育培训供给侧结构性改革。

三、落实目录清单制度面临的新形势、新挑战

（一）减少职业资格许可认证带来的阵痛和挑战

从总体上看，改革达到预期目标，减少证书达70%。但是从近期来看，减少职业资格许可认证和建立目录清单管理制度，对职业培训机构和技能人才培养产生了一些阵痛和影响，主要表现在：

（1）职业院校的专业设置及毕业生拿双证受到一定影响。有一些专业由于没有相对应的职业资格证书，影响到学校招生；有些专业学生在毕业生时拿不到双证，需要按照规定做出调整和申报备案。

（2）单纯依据国家职业标准开展资格培训、鉴定发证的职业培训机构受影响较大。主要是培训范围受到限制，培训规模明显收缩。特别是通用类、服务类工种发证范围明显减少，过去主要开展管理服务类技能人才培养的民办培训机构，影响较大，收益明显下降。

（3）劳动者参加职业培训的积极性受到影响。减少资格许可认证后，政府给予的培训补贴也随之取消，劳动者参加培训的积极性明显下降，一些机构培训质量不保障，导致不少劳动者对资格证书产生疑虑。

（4）技能人才评价工作受到一定影响。原来依靠国家职业标准评价技能人才的范围大大收缩，培养技能人才，没有标准进行评价；政府能否委托行业组织和培训机构制定技能人才等级标准，并开展培训、评价、发证，至今未明确。这种情形，使各地各部门开展技能人才评价失去依据，培训机构感到困惑。

（二）实行目录清单管理制度后面临的新形势

根据人社部《关于公布国家职业资格目录的通知》精神，实行目录清单管理的原则规定。

1. 实行严格的正面目录清单式管理

目录之外一律不得许可和认定职业资格，目录之内除准入类职业资格外一律不得与就业创业挂钩。目录接受社会监督，保持相对稳定，实行动态调整。

2. 建立动态调整制度

今后职业资格设置、取消、纳入或退出目录，须由人社部会同国务院有关部门组织专家进行评估论证。新设职业资格应当遵守《国务院关于严格控制新设行政许可的通知》（国发〔2013〕39号）规定，并在广泛听取社会意见后，按程序报经国务院批准。各地区、各部门未经批准不得在目录之外自行设置国家职业资格。

3. 社团和企事业单位可开展能力水平评价

国务院文件明确规定，行业协会、学会等社会组织和企事业单位可依据市场需要自行开展能力水平评价活动，但不得变相开展资格资质许可和认定，证书不得使用"中华人民共和国""中国""中华""国家""全国""职业资格"或"人员资格"等字样和国徽标志。对违法违规设置实施的职业资格事项，发现一起，严肃查处一起。

4. 建立追责制度

对资格资质持有人因不具备应有职业水平而导致重大过失的，负责许可认定的单位也要承担相应责任。

（三）建立目录清单制度后，职业培训机构面临的新任务

职业培训机构面临的新任务集中体现在三个文件中，分别是：①《关于做好取消部分技能人才职业资格许可认定事项后续工作的通知》（人社厅发〔2016〕182号）。②《进一步减少和规范职业资格许可认定事项的改革方案》（人社部发〔2017〕2号）。③《关于公布国家职业资格目录的通知》（人社部〔2017〕68号）。

上述文件明确提出，今后人社部将继续坚持按照加快简政放权、突出市场导向、强化监管服务的原则，抓好两个方面的工作。

1. 后续处理工作

主要是做好四个衔接：①对已经发布鉴定公告或已受理鉴定报名的，可继续做好鉴定发证或退费工作。②对已组织完成鉴定考试的，要做好发证工作。③对按"双证"招生的职业院校（含技校），学生毕业时可按规定取得"双证"。④对取消前取得的职业资格证书，今后可继续作为水平能力的证明。

2. 继续深化改革的主要任务

人社部提出今后继续深化职业资格证书制度改革的重点任务是，按照人社部 2017 年 1 月印发的《进一步减少和规范职业资格许可认定事项的改革方案》（人社部发〔2017〕2 号）和 9 月《关于公布国家职业资格目录的通知》（人社部〔2017〕68 号）文件要求，深化以下改革。

一是严格落实国家职业资格目录。实施国家职业资格目录清单管理，目录之外一律不得许可和认定职业资格，目录之内除准入类职业资格外一律不得与就业创业挂钩。完善职业标准和评价规范，科学开展考试鉴定活动，提高人才评价能力水平，提升国家职业资格的权威性和影响力。

二是严格控制新设职业资格。建立职业资格目录动态调整机制，涉及需修改法律的职业资格，视相关法律修订情况依法做出调整。新设职业资格由人力资源社会保障部会同国务院有关部门组织专家进行评估论证、广泛听取社会意见，按程序报经国务院批准后纳入目录。

三是严格加强职业资格监督管理。严肃查处在目录之外开展的职业资格许可和认定活动，对督查发现、媒体反映、群众举报的违规职业资格，发现一项，清理一项。持续查处"挂证"等职业资格违纪违规行为，开展考试鉴定环境综合治理，严厉打击"助考"犯罪活动，严格落实考培分离、鉴培分离。

四是优化职业资格认证服务。推动职业资格领域信息共享，建立统一的网络报名服务平台和证书查询服务系统。稳步推进行业组织有序承接水平评价类职业资格具体认定工作。进一步完善国家职业资格框架，加强职业分类、职业标准和评价规范的管理，发挥好职业资格制度在促进人才成长、加强人才队伍建设方面的作用。

五是完善技能人才等级认定政策和标准，做好技能人才等级评价与职业资格等级的衔接工作。今后，国际职业资格认证范围缩小后，大量的技能人才等级认证领域有待开拓。

（三）面临的新挑战

今后职业教育培训机构面临的新挑战，集中表现在以下尚未明确的问题上。

1. 未进入职业资格目录的职业（工种）如何开展评价服务

在专业技术领域，未进入职业资格目录的职业可以通过职称制度进行评价，从而实现专业技术人才的职业发展。目前需要重点解决的是未进入国家职业资格目录清单的技能类职业（工种）如何评价发证问题。职业资格是目前技能人才评价的主要手段，与技能人才培养培训、选拔使用、激励保障、认定统计等工作紧密相连，对于此次未能纳入资格目录的技能类职业（工种），人社部将按照经国务院同意并由人社部印发的《关于印发进一步减少和规范职业资格许可和认定事项改革方案的通知》（人社部发〔2017〕2号）要求，研究完善技能人才职业技能等级认定政策。但这项工作还没有明确的部署和实质性的进展。

2. 实行清单管理后，原来由行业颁发的准入证、上岗证是否要取消

按照国务院推进"放、管、服"改革工作安排，各地应组织开展行业准入证、上岗证清理工作。原则上要予以取消。特别是没有法律法规依据的准入证、上岗证等一律取消；与准入类职业资格交叉的准入证、上岗证，作为准入类职业资格管理一个环节，纳入职业资格管理，不单独保留；虽有法律法规依据，但与国家安全、公共安全、公民人身财产安全关系并不密切或重复设置、影响就业创业的准入证、上岗证等，待提请修订法律后予以取消或整合。

3. 社团和企事业单位如何开展岗位能力水平评价

国家允许行业组织和企事业单位自主开展岗位能力水平评价。但评价的标准是什么？行业组织如何根据产业发展需求开发职业岗位能力水平评价标准？培训合格的发什么证书？这些问题都尚未解决。

4. 当前职业培训机构面临"四难"严峻挑战，怎么办

①对国家资格认证实行严格的监管制度，难以设置新的职业资格，难以扩大培训面；②技能人才等级评价制度未建立，难以开展技能人才培训；③行业组织和企业的岗位能力水平评价，难以得到社会认可；④职业培训机构粗放式培训理念尚未转变，与国家要求提高培训质量难以适应。

上述问题在很大程度上制约着职业培训市场的开发，困扰着技能人才评价工作的开展，困扰着职业教育培训机构的转型发展。

四、加快职业培训转型发展的对策思考

面对上述问题和挑战,我们应当把思想认识统一到党的十九大精神和国务院以及人社部的总体部署上来,从全局和战略的高度,充分认识到深化职业资格许可认证制度改革的必要性,充分认识职业培训机构转型发展的紧迫性,充分认识加快提升人才培养质量的重要性。切实按照认清形势、转变观念,适应需求、开拓市场,创新发展、提升质量,强化管理、铸造品牌的发展思路,下大力气推进职业培训机构转型发展,大规模开展职业技能培训,加快培养技能人才。

(一)认清形势,转变观念

认清职业教育和职业资格许可认证制度的五大发展趋势:大规模开展职业技能培训,提升劳动者职业技能是大势所趋;依法改革和减少国家职业资格许可认定事项是大势所趋;职业资格和职业能力认证由市场评价是大势所趋;依法建立目录清单,严格管理制度是大势所趋;构建终身职业培训体系,大力提升培训质量是大势所趋。

把握发展趋势,目的在于切实转变过去粗放式培训,单纯按照国家职业标准开展培训、发证,凭证领取政府补贴的做法和观念。真正牢固地树立职业培训四大发展新理念:法制理念、创新理念、质量理念和品牌理念。

(二)重视做好后续衔接处理工作

对国务院公布第七批取消项目前,已经发布鉴定公告或已受理鉴定报名和已经完成鉴定考试的,应继续做好鉴定、发证或退费工作;根据人社部关于按"双证"招生的职业院校(含技校),学生毕业时可按规定取得"双证",各类学校应注意保存好有关资料,整理相关学生花名册,并报当地鉴定机构备案;根据省人社厅教研室《关于部分专业毕业证书验印时职业技能鉴定成绩暂不作要求的通知》精神,各技工院校对与国家取消的职业资格许可项目相对应的专业学生(含尚在毕业办证有效期内的往届毕业生、在校生和2017年起的学生),毕业证书验印不与鉴定成绩挂钩,不需提供鉴定成绩;如学生愿意参加相关工种鉴定的,应准许学生参加鉴定考证。

（三）探索建立比较完善的职业教育培训证书体系

从发展来看，今后职业教育培训证书，一般有以下四种：国家资格证书、职业技能等级证书、岗位（专项）能力证书和项目培训证书。目前，国家职业资格证书制度已经明确，今后关键是进一步探索建立职业技能等级制度和证书体系，明确委托行业和社会组织开发职业技能等级标准、课程教材和题库，经培训考核合格后，由社会组织发给技能等级证书。

（四）全力做好目录清单内的资格培训、鉴定工作

人社部列入目录清单的 140 项国家职业资格，是目前按照标准开展培训的主要领域，也是政府补贴的范围。140 个项目包含 198 个职业类别。必须注意，清单之内，制造业的技能类工种比较多，服务类的通用工种少。现在的问题是，在目录清单内的职业标准，有些属于合并的，也没有完整的标准；有的标准落后，需要修订。

（五）抓紧研究开发目录清单外的技能人才评价标准

主要是抓两件事：

一是行业组织、民办培训机构和企事业单位应依据《国家职业分类大典》，将没有列入目录清单的原有职业标准转化为技能人才等级水平评价标准，为大规模开展技能人才培训与评价认证提供依据。

二是行业组织、民办培训机构和企事业单位应主动根据市场需求，积极开拓企业岗位（专项）能力水平评价标准，经培训合格，由培训机构或企业颁发水平评价类岗位（专项）能力培训证书。

上述此类证书在发展初期，可能会出现一些混乱，社会认可度不高。但是经过一段时间的优胜劣汰，它将凭其培训质量、持证者实际工作能力，赢得用人单位认可，从而凭借口碑产生品牌影响力，占领市场。各类社会组织、培训机构因此而真正获得影响力，其颁发的水平评价类职业技能等级证书（含培训证书）将得到市场认可。因此，作为社团组织、职业培训机构，应当抓住机遇，大胆开拓创新。

（六）积极做好新兴职业技能等级标准和课程、题库的开发工作

当前，科技进步日新月异，产业转型升级步伐加快，新职业层出不穷。

2016年1月召开的达沃斯世界经济论坛上,专家预测,在第四次工业革命融合发展趋势下,社会组织将发生重大变化。未来5年内,15个发达国家将失去510万个就业岗位;再过10年,现有职业的60%将会消失。同时也将会产生许多新职业。例如,互联网行业、人工智能、机器人、大数据、大健康产业、智能制造等新兴行业,已经出现许多新的职业、新的岗位。对尚未列入国家《职业分类大典》的新岗位,应当组织开发新职业、新岗位及其专项岗位能力培训标准和课程,为开展职业教育培训提供技术支持,为开展技能人才评价提供依据。

最近,国务院印发《新一代人工智能发展规划的通知》(国发〔2017〕35号),明确提出,到2020年我国人工智能产业竞争力务必要进入国际第一方阵;到2025年,我国人工智能的理论和技术务必达到世界领先水平;到2030年,我国人工智能务必要占据全球人工智能制高点。文件还明确要求:开辟专门渠道,实行特殊政策,实现人工智能高端人才精准引进;在我国中小学阶段设置人工智能相关课程,尽快建立人工智能学院,增加相关博士、硕士招生培育。这说明,新职业及其职业技能等级标准以及课程、题库的开发,将是今后一项开拓性的重要的工作。

(七)牢固树立质量意识,打造培训品牌

过去完全以资格考证为导向的功利性职业教育培训,背离了教育的目的,不利于对学生知识、技能和职业道德的全面培养,不利于提高学习者的职业技能,不利于培养时代工匠。今后我们必须牢固树立质量意识,打造职业教育品牌,厚植工匠文化,培养工匠精神,提高教育质量。各类职业教育培训院校都应当转变观念,回归职业教育培训的本质(提高职业能力)要求,突出自身特色,加强教师培养,强化校企合作,完善课程体系,提高教育质量,形成自身的教育品牌,才能实现职业教育培训事业的可持续健康发展。

2017年我国第33个教师节前夕,李克强总理到天津职业技术师范大学考察现代职业教育发展情况并看望慰问师生。李克强总理与实训学生交流时说:"你们不是一般的老师,是工匠之师,集老师和师傅于一身,既传道又授业,要瞄准国际先进技术和理念,开阔视野,打牢基础,将来培育出更多又专又精的工匠,推动中国制造的产品上档次。希望通过发展现代职业教育和高水平的技能大师带动,培养出更多高素质的专业人才,让精益求精的工匠精神遍布中国各类型、各领域的企业,深入每一个制造环节和每一道工序,使大中小企业都能生产出精细化产品,成为带动中国制造跃升的重要力量。"总理的殷切希望,说明提高教育质量十分重要。今后我们必须牢固树立质量意识,打造职业教育品牌,厚植工匠文化,培养工匠精神,千方百计提高教育质量,为国家培养大国工匠,推动经济从过去高速增长转向高质量发展。

第五节　新时期广东高技能人才的杰出代表[①]

韶关钢铁集团有限公司技能大师罗东元同志,是一名从生产一线普通工人成长为广东省高技能人才的杰出代表,产业工人的时代典范。他,只有高中学历,但在30多年的职业生涯中,刻苦自学职业技能,经历了艰苦的成才之路,终于成为一名集学习型、知识型、创新型、复合型于一身的高技能人才,成为中国传统产业工人向知识经济时代高技能人才成功转型的杰出代表,成为推进先进生产力发展和实现科技成果转化的典范。省人才办李小东处长与笔者带领调研组到韶钢对罗东元同志进行实地采访,发现罗东元同志有许多感人的事迹、可贵的精神,十分值得我们学习。

一、感人的事迹

罗东元,男,1949年6月出生,广东兴宁人,汉族,高中学历,中共党员,高级技师。1975年招工进入韶钢运输部当工人,先后从事过连结员、扳道员、货运员、电工等工种,担任过运输部电工班长、电务段长、副部长、电务技术主任等职,现为运输部信号主任工程师。

进入韶钢30年多来,罗东元同志长期居于平凡的工作岗位,却做出了不平凡的贡献:

——完成大小技术革新120多项,其中2项获国家专利,3项已申报国家专利,5项通过省级成果鉴定,多项发明成果和重大技改项目,在全国工矿企业引起强烈反响,近年来逐渐得到推广应用,推动了企业的技术创新,

---

[①] 2004年夏,省委组织部人才办李小东处长与笔者受省委组织部、省劳动保障厅委托,牵头组织调研组到韶钢了解技能大师罗东元的先进事迹。本节由调研组联合撰写。李小东同志与笔者作为调研组负责人,共同负责组织撰写并经多次修改,最终于当年底形成这篇文稿。

为韶钢节约投资 1400 万元以上。

——创造了铁路运输自动控制系统的"韶钢模式",使韶钢的铁路运输自动控制技术从完全空白一跃跻身于全国工矿企业先进行列,为韶钢生产大规模扩张、实现跨越式发展提供了现代化的运输保证。

——带出了一支全国工矿企业铁路运输独一无二的能够自我设计、自我施工、自我维护、自我检修、自我运用的铁路信号技术全能型团队。

梅花香自苦寒来,宝剑锋从磨砺出。与共和国同龄的罗东元,克服了学历低、家庭贫寒、工作艰苦的困难,从生产一线工人成为广东省高技能人才的杰出代表,产业工人的时代典范,经历了艰苦的成才之路。他先后获得广东省、全国冶金系统劳动模范,广东省"十佳技师",全国劳动模范,全国技术能手,广东省职工读书自学活动积极分子,第五届中华技能大奖等多项荣誉。2003 年 2 月当选为第十届全国人大代表。2004 年 8 月,作为广东省推荐的唯一代表参加了新中国成立以来首次高技能人才北戴河暑期专家休假活动,受到党和国家领导人的接见。

第一阶段(1987 年以前):崇尚知识、默默积累

罗东元出生于一个知识分子家庭。受"文革"冲击,罗东元只上一年高中。但他始终抱着"知识终究是有用的"的信念,上山下乡期间,坚持复习初、高中课程。耕田、种菜、养猪、喂鸡、练字、下棋、修理机械电器,样样都好学,什么都肯干。

1975 年,罗东元被韶钢录用,在运输部当了一名工人。不久,国家恢复高考,但罗东元已是两个孩子的父亲,妻子做临时工,几个弟妹都在读书,因家庭负担太重,只好放弃报考大学的机会。但他坚信,学习不一定非得念大学,有志者事竟成。看着韶钢铁路运输作业原始、效率低下、事故频发的状况,罗东元开始如饥似渴地攻读起无线电、电工基础、电工工艺学、电工制图、模拟电路、数字电路、逻辑电路等十几门专业技术理论。他发挥自己无线电修理特长,利用大量业余时间,义务为公司职工修理电视机、录音机、收音机等家电 2000 多台次,并把每一次的维修当作自己最好的学习实践机会,从不收取分文报酬。

第二阶段(1988—1991 年):刻苦学习、崭露头角

天道酬勤。1988 年,韶钢举行首届"钢花杯"电力知识大赛,参赛的大都是各单位的工程技术精英。由于试题难度很大,知识面宽,主任评委

估计 75 分可拿第一名。

罗东元以 94 分、领先第二名 20 多分的优异成绩夺冠。评委们认为考试内容远远超出罗东元的业务范围，对他又做了严格的复试。最终打消了疑虑，都说爆了大冷门，草堆里蹦出一只大老虎。

1989 年，韶钢举行第一次助理技师考评，120 多人角逐 6 个名额。考试知识范围很宽，除电工基础、电工工艺学外，机械基础、机械制图、冶炼、铸造、炼铁、炼钢、热处理等多门课程，罗东元一点基础也没有，只能靠每门课 6 个下午的辅导时间接受学习。上述理论课考完之后，罗东元平均每门都 90 多分，除了热处理 93 分，在机械类中排第二，其余各门都排第一。经过实际操作考试后，总分更是遥遥领先，获得第一名。学友们都感到不可思议，跑到罗东元家里，想看看他究竟有什么诀窍能拿这么高分。当罗东元把十几本厚厚的复习笔记拿给他们看时，大家全明白了。罗东元告诉大家，我们当工人的，最薄弱的环节是理论，要说有什么绝招，就是靠平时长期坚持刻苦学习。

为了适应主体生产与京广铁路的配套衔接，80 年代末，韶钢投资 1700 多万元筹建工业站，采用国内最先进的 6502 电气集中自动控制系统。当时国内掌握这种专门技术的人非常稀缺，企业根本无法引进。公司于 1989 年派出一批人员赴鞍钢学习半年，但无功而返。眼看铁路部门要求通车的期限迫在眉睫，运输部领导心急火燎，决定以电工班长罗东元为骨干，再次组成学习小组到柳州钢铁公司拜师学艺。

柳钢的老师了解到韶钢人只有两个半月的学习时间，觉得简直是天方夜谭。因为系统掌握这门复杂课程，一般需要 2～3 年时间。时不我待，为尽快完成学习任务，罗东元同志最大限度地压缩吃饭、休息的时间，每晚自学到凌晨三四点。柳钢被罗东元的学习精神深深感动，发出了向韶钢学习组学习的号召。经过两个多月的理论学习和人为设置故障的排障实践，罗东元终于以惊人的毅力掌握了这门高深专业技术的理论和操作知识，而他的体重从 52 公斤掉到了 46 公斤，每天起来床上有大片的脱发。

1991 年 1 月 15 日，身为工段长的罗东元带领电务段的同志们顺利完成了工业站的验收和接管工作。参加庆典的衡广复线铁路信号专家称赞韶钢："你们仅靠一批普通电工就独立接管现代化工业站，真了不起！"

第六章 创建高技能人才实训基地——模式创新之二

第三阶段（1992—1999 年）：大显身手、奉献企业

90 年代以来，韶钢步入了生产发展的快车道，铁路运力不足的问题日益突出，铁路运输扩容改造的压力越来越大。罗东元不满足于对工业站 6502 系统的简单接管，他雄心勃勃，要建立一套属于韶钢的新型工矿企业运输自动控制系统，当时全国还没有先例。

面对这一大型、复杂的高科技工程，罗东元以高能状态投入工作，经常通宵达旦。经过大量细致、反复的修改和论证，罗东元终于设计出第一套铁路信号自动控制系统的图纸，1992 年成功应用在低铜矿区两组道岔的作业区上。1993 年在三焦区开发出完全符合铁路信号技术规范和安全规范的作业区型的电气集中系统，1996 年对普遍视为电气集中控制禁区的铁水区成功实施了系统改造。1995 年以来先后完成了轧钢站、炼铁站、工厂站等站场型电气集中系统的创新设计和技术改造，运输部工厂站这一核心站场的电气集中改造更是韶钢专有技术和先进的计算机技术的第一次结合，被前来参加竣工仪式的铁道部、宝钢等同行业专家一致推崇为"韶钢模式"。罗东元设计并组织施工的电气集中控制系统在操作和安防护性能等方面可与 6502 系统相媲美，但造价仅为 6502 的一半。

在铁路电气集中控制技术取得突破性进展的同时，罗东元又把目光投向另一个全新领域，那就是要用自动道岔技术取代沿用了一百多年的人工扳道，把扳道工人从繁重的体力劳动中解放出来，提升铁路运输的效率和安全性。

1993 年，罗东元在杭钢作业现场学习考察从日本引进的"JD 型车上转换装置"技术时，一眼就发现该技术还停留在半自动操作状态，对人员和车辆运行都很不安全。罗东元在现场构思了更加完善的全自动控制方案，回来后，马上带领一批技术骨干对这套装置进行了彻底的改造，保留了机械部分，电路部分全部自己设计。于是，一项使得韶钢成为全世界唯一实现非集中区道岔全自动控制方式的新技术诞生了。这一技术于 1993 年底投入使用，先后获国家专利和第十二届全国发明展览会银牌奖。如今，韶钢铁路的 220 余组道岔全部实现了自动集中控制，在国内工矿企业中处于领先水平。

1994 年 10 月，原定在武钢召开的全国冶金重点企业运输科技工作会议改在韶钢召开，就是冲着罗东元的《铁路道岔全自动转换装置》等技术进

步项目来的。首钢、武钢、鞍钢、包钢、攀钢等几十家冶金企业都派代表赴会,会议气氛十分热烈,原定用两小时参观,但代表们到了现场就久久不愿离开,道岔全自动转换装置和区域性电气集中控制系统的演示增加了一次又一次。

罗东元的另外 5 个创新项目同样令与会专家们大开眼界,都没想到在全国不算太大的韶钢,竟然冒出这么多令人难以置信的科技成果,其中有两项发明相当神奇:一是 1991 年成功研制并获得省级科技成果鉴定的"25/50HZ 轨道电路故障侦探仪",可快速准确检测出各种交流轨道电路故障;二是"电子轨道电路式铁路道口预警装置",已成功应用在韶钢厂区内 21 处道口,是国内首创的无须室外装置任何设备的预警电路,1994 年获国家专利。

1996 年,为进一步提高铁路道口的安全防护,避免新增道口需要大量招用道口工,罗东元研制出了"公路铁路连锁式自动道口信号装置",属国内独创,先后获省重化厅、国家经贸委科技进步奖。

技术上的巨大成就为罗东元带来多次改变工作、生活环境的良机,但他始终割舍不了韶钢这个给他施展拳脚的广阔舞台,放弃不下韶钢这个让他实现人生价值的空间。罗东元母亲和弟弟、妹妹都在加拿大定居,工作、生活条件优越,他母亲几次动员他去加拿大,都被他婉拒。1992—1994 年,罗东元在深圳工作的小弟多次为他找到了报酬丰厚、专业对口的单位。1993 年,罗东元在杭钢考察日本的道岔半自动控制项目时,小弟要他立即坐飞机到深圳某公司上班,月薪 5000 元,分配住房,给妻子安排工作,免城市增容费,专业非常对口,条件太好了。罗东元说:"我不会走的,不要再为我操心了。"

罗东元开创出道岔全自动转换装置技术后,某单位愿以 15 万元做私下交易,罗东元毫不犹豫地拒绝:"这是韶钢的财富,我不能这样做。"

第四阶段(1999 年至今):技术中坚、后学导师

1999 年,集团公司大力度调整和精简二级单位管理岗位,公司主管领导面带难色到运输部找罗东元谈话。罗东元刚听到消息,猜测其来意,他主动说:"撇开个人,让我们站在圈子外边,客观地看待和分析,无论哪一方面,第一个要退下来的都是我,因为我虽在其位却未尽其事。我是共产党员,服从组织是党员的天职,如果早一点知道这事,我会主动提出来。

第六章 创建高技能人才实训基地——模式创新之二

不当副部长我照样可以搞我的创新技改,甚至对我是一种减负和解脱,我可以将全部精力去做我的技术工作,这才是我的强项和我的全部追求所在。"他还用股市术语开玩笑说,在职位方面他是空仓,而在工程技术方面则是满仓。领导听了非常感动,称他不愧是韶钢的全国劳动模范。

卸任副部长重新成为一名普通技术工人后,罗东元更是全身心地投入到铁路运输的技改工作中。这5年,是韶钢加快发展、跨越式发展的时期,也是韶钢铁路自动控制改造大型工程最为密集的时期,大部分时间有多个工程需进行设计,最多时达5项工程在同一时段进行不同阶段的设计。5年来,罗东元共承担并完成了19个技改项目,其中9个重大新建、改扩建项目的工程设计量就达1945万元。

功到自然成。2000年12月,罗东元荣获第五届中华技能大奖,并代表十名获奖者做大会发言。他也成为广东省推荐的十年来唯一全国最高政府级技能大奖获奖者。评审专家认为,罗东元能独立承担大型创新工程的设计,非常罕见,其业绩已超越了一般意义上的技能范畴,具有超前意义。2001年,全国冶金铁路系统提出"调度指挥信息化、自动控制微机化、牵引机车内燃化、车辆路轨重型化"的发展目标,而韶钢在两年前早已实现。

2003年,罗东元积多年之经验和研究,发明了"安全型电子开关式轨道电路"这一重大成果,实现了轨道电路核心技术领域的重大突破。

由于韶钢铁路技改项目都是同时设计、同时施工、同时使用,缺少试验模拟这一设计工作最重要的环节,在设计的安全性上容不得罗东元有半点闪失,风险之大可想而知。罗东元胆大敢干,天生喜欢挑战,愈战愈勇,又细致周密,他绝不允许自己因为设计量大而降低绘图的质量,他追求技术创造的百分百成功。事实上,在罗东元参与的运输部所有技改、创新工程项目中,没有发生过一起因设计失误而带来的生产安全事故,没有出现过一次因施工延误影响主体单位正常生产的事件。这是一个不可思议的奇迹。如今,只要是罗东元签了字的设计图纸,韶钢设计院都非常放心。

在承担大量技改工程项目设计、施工任务的同时,罗东元还不忘授业带徒。生产工余,施工现场,他不仅讲解专业理论知识,还悉心传授实操经验。罗东元通过言传身教,先后带徒40多人。2004年6月,省劳动保障厅批准韶钢设立罗东元技师工作站,他在"导师带徒"签约仪式上,正式收下了刘镇洋等多个徒弟,倾囊相授自己多年来的学习心得,帮助他们制定学习计划,要求他们善于在工作中学习,早日成长为一名铁路电气高级技师。一位2004年毕业来韶钢的大学生说,罗东元让他看到了在韶钢发展的希望。

罗东元刻苦钻研的学习劲头和忘我工作的敬业态度，深深感染并极大鼓舞了运输部的每一位工友。爱学习，勤钻研，肯奉献，如今在运输部蔚然成风，一支技术全面、作风过硬的铁路运输队伍在韶钢已悄然形成。

二、可贵的工匠精神

在罗东元身上，体现出一种富有时代特征、展示广东人风貌、凸显新时期工人阶级特质的工匠精神，可称为"东元精神"。

一是终身学习、与时俱进的精神。一生不辍学习、勇攀知识高峰是罗东元成就人才的坚实基础，是其个人的追求与目标，是罗东元始终居于时代前列的源泉与动力。罗东元曾经说过：当今社会，如果我们还停留在原来的知识基础上，就已经无法适应时代发展的要求，这就更需要我们努力学习，不断用知识武装自己，提高工作技能。"无论是上山下乡的年代，还是在韶钢奋斗的岁月，尽管岗位多次变换，但重视学习、善于学习、广泛学习始终是其人生的航标，推动着罗东元一步一步地成长。正因如此，罗东元才能集学习型、知识型、创新型于一身，成为有别于传统工人阶级的新型产业工人，是其先进性的根本所在。

二是岗位成才、注重实践的精神。从岗位的实践中积累经验、自我锻造成才是罗东元事业成功的关键，体现了其成才道路的独特风貌。罗东元的显著特点是善于把各种知识和技能综合起来，强调知识必须用于实践、服务实践，他曾说："很多的创意、想法和突破并不是靠专业知识就能产生和形成的，它往往是一个人综合知识和综合素质的汇聚和迸发。"因此，工作中需要什么，就学什么，学习目的非常明确，就是要解决工作实践中碰到的问题。而在每一次的实践过程，积累了在教材中学不到的技能。因此，他在每个技改工程中，坚持自己设计、自己施工、自己维护、自己日常检修，既是工程设计者、又是现场施工负责人、关键技术部位的操作者，做到学一样通一样，干一行精一行，充分体现了高技能人才的独特优势。

三是敢为人先、不断创新的精神。坚持技术创新、敢想敢干是罗东元取得辉煌成就的内在支撑，是新时期广东人精神在罗东元身上的具体体现。罗东元坚持技术创新贯穿于成长过程，从对日本车上转换装置的消化，到全自动道岔装置的成功研制，再到轨道电路诊断仪的发明，到铁路信号的远程控制，无处不体现了罗东元勇于创新的精神。罗东元完成技术革新项目120多项,创造了为企业投资节省1400多万元的神话,依靠的是他从不迷信权威,敢于高举技术创新的旗帜,从而打造出了铁路运输自动控制系统的"韶钢模式"。

四是精益求精、顽强拼搏的精神。工作要处于"高能状态"、追求百分之百的成功率是罗东元的工作作风之一,是其工作始终保持高水平的保证。罗东元认为,任何工作都要坚持最高标准,战胜困难、迎接挑战是人生的一种享受、一种乐趣。他从铁路连接员、扳道工、货运员到电工,无论处于哪个岗位,对每一项工作技能都始终保持着完美的追求,达到如痴如醉的地步。罗东元设计的每个图纸、每个说明,都如教科书一样标准规范,周密严谨。大家感慨:"罗师傅的工作让人百分百放心。"虽然他没有受过正规的专业教育,没有先例可借鉴,没有专家的指导,但他每接受一次任务,都是知难而上,永不言败,正是凭着这种特有的韧劲和拼劲,在其人生道路上创造了一个又一个的成功。

五是爱岗敬业、无私奉献的精神。这是罗东元的可贵品质,体现了其崇高的思想境界。罗东元曾说:名与利都是一时的,不是永恒的。作为一名技术人员,最永恒的是其技术在生产实践得到运用,其人生价值在企业发展中得到实现,其技术创新得到不断发展。"尽管罗东元已经拥有各种各样的荣誉,但他从不追求名利与索取,只顾奉献与事业。他经受了职位、亲情、利益的考验,曾主动从运输部副部长的岗位上退下来,放弃了到加拿大定居与母亲团聚的机会,拒绝了其他企业的高薪诱惑。因为他深深地爱上了韶钢这块热土和自己的岗位,形成了浓厚的"恋厂情结"。他始终把事业的成功、个人价值的实现与韶钢的发展、企业的命运紧紧融合在一起,时刻显示其互相帮助、齐心协作、共创业绩的团队作风。韶钢的铁路运输事业发展壮大了,有人说,这是罗东元的功劳,但罗东元总是说:"功劳是属于大家的,属于我们这个团队。"

三、东元现象的启示

罗东元同志由一名普通工人,通过自身的不懈努力成长为专家级人才,形成了具有鲜明时代特点、发人深思、催人奋进的"东元现象"。他的成长历程和先进事例,蕴含和揭示了人才,特别是高技能人才成长的基本规律,为广东省深入实施人才强省战略、进一步做好新时期的人才工作带来许多有益的启示。

(一)证明了人人皆可成才的科学论断,启示我们必须进一步树立科学的人才观

罗东元同志的成长经历生动地诠释了不唯学历、不唯职称、不唯资历、不唯身份,人人皆可成才的科学论断,有力证明了人才存在于人民群众之中的真理。因此,我们要牢固树立科学的人才观,坚决破除那些不合时宜、束缚人才成才和发挥作用的观念,不拘一格选拔人才,多种途径培育人才。目前,重学历、轻技能,重仕途、轻工匠,以学历为标准的传统人才观念仍难以突破,技能人才的社会地位和作用尚未达成社会的普遍共识。我们必须认识到:管理人员是人才,技术专业人员是人才,技能人才也是人才,工人队伍中的高技能人才是推动技术创新和实现科技成果转化不可缺少的重要力量。

(二)展示了高技能人才的重要作用,启示我们必须高度重视高技能人才的培养任用

罗东元同志是高技能人才的杰出代表,他的技术创新改造成果,不仅为企业节约投资1400多万元,而且大大降低了运输安全事故,为企业的主体生产提供了坚强的后勤保障。人才兴、企业旺,一个国家一个地区的发展,也是如此。广东要打造重要的制造业基地,走新型工业化的道路,就必须大力培养高技能人才。当前,广东省高技能人才严重短缺,断层明显,成为广东省人才队伍建设的薄弱环节和经济社会发展的制约因素。因此,要把高技能人才真正作为高层次人才的组成部分,纳入党委、政府的管理服务范围,从政治、经济等方面提高技能人才的地位。要大张旗鼓地表彰有突出贡献的高技能人才,不断优化技能人才的成长环境,努力推动技能人才的制度创新。

(三)揭示了人才成长的辩证规律,启示我们要大力营造良好的人才成才环境

东元现象昭示了人才成长的一个规律:人才的成长,内因是决定因素,外因也至关重要,外因通过内因起作用,良好的社会环境和人才机制是保证人才健康成长的条件。罗东元能够成就一番事业,是其自身刻苦学习、努力拼搏、不懈追求的结果,但韶钢通过多年的发展,形成了体现公平、公正的人才评价机制、有利于人才脱颖而出的人才培养机制和竞争择优的

人才激励机制，为罗东元提供了展示才干的平台。各级党委、政府要逐步健全和完善技能人才的培养、评价、使用、激励、保障机制，形成人才创业有机会、干事有舞台、发展有空间的格局，造就千千万万个罗东元式的人才。

（四）体现了共产党员和工人阶级的先进性，为开展保持共产党员先进性和"理想、责任、能力、形象"教育活动提供了典范

罗东元同志具有优秀的品格和崇高的思想境界，树立了求真务实、开拓进取、艰苦奋斗、干净干事的良好形象。他立足实践，岗位成才的经历，是共产党员和工人阶级在改革开放新形势下保持先进性的生动写照。省委九届五次全会决定，在党员中开展"理想、责任、能力、形象"教育活动，东元精神的内涵恰好体现了这些时代特征。他具有坚定的共产主义理想信念，具有为企业发展贡献全部聪明才智的使命感和责任感，具有攻克技术难题的能力，他以卓越的成就和人格魅力，成为韶钢十里钢城的一面旗帜。树立罗东元这个典型，可为全省开展保持共产党员先进性和"理想、责任、能力、形象"教育活动提供一个生动的教材。

第七章　谱写产教融合、校企合作新篇
——模式创新之三

【本章导读】随着改革开放的逐步深入，不少企业在改革过程中逐步剥离社会职能，把技工学校剥离出来，交给政府来办。这就逐渐出现教育与生产实际脱节的问题。技工学校和职业培训机构作为技能人才培养的供给侧，培养出来的技能人才总量、结构、质量不适应经济社会发展需要的矛盾开始突显。广东在探索实践中认识到，解决这个问题最有效的途径就是促进产教融合、加强校企合作。广东从2000年起开始进行积极的探索，鼓励学校采取多种形式与行业企业合作办学，着力培养适销对路、符合企业发展需要的技能人才。本章选登的几篇文章，反映了广东在这方面的探索与思考。

第一节　体制障碍与制度创新[①]

党的十六届五中全会《中共中央关于制定国民经济和社会发展第十一个五年规划的建议》明确指出："加快教育发展，是把我国巨大人口压力转化为人力资源优势的根本途径。""十一五"期间，要加快教育结构调整，"大力发展职业教育，扩大职业教育招生规模"。最近，国务院召开全国职业教育工作会议，印发了《关于大力发展职业教育的决定》（以下简称《决定》）（国发〔2005〕35号），全面阐述了大力发展职业教育的方针政策，明确要求各地把发展职业教育作为我国经济发展的战略重点来抓，第一次提出把培养技能型人才作为职业教育目标之一。这充分体现了党中央、国务院对发展职业教育的高度重视，表明全社会对大力发展职业教育终于取得了共识。这对于加快转变多年来鄙视职业教育的观念，深化教育体制改革，推进体制创新，促进职业教育的发展，具有十分重要的指导意义。

---

① 本节写于2005年1月，是笔者参加广东职业教育发展论坛所撰写的论文。

第七章 谱写产教融合、校企合作新篇——模式创新之三

世界上许多国家的发展经验证明，发展职业教育是发展经济、促进就业、消除贫困、维护稳定、弘扬文化、构建和谐社会的客观需要。多年来，我国的职业教育是在受到许多因素干扰的情况下逐步发展起来的。最大的干扰和障碍表现在观念、体制和政策等方面。3年前，在高校扩招的情况下，为了纠正轻视职业教育的偏见，笔者曾发表一篇文章，阐述了大力发展中等职业教育是当务之急的观点。这篇文章曾引起社会的广泛关注和重视。但是在发展职业教育问题上，全社会还未取得共识。职业教育地位低，发展不平衡，资金投入不足，办学条件差，生源得不到保证等问题存在，根源在观念和体制上。现在，党中央、国务院在总结经验教训的基础上，从战略高度做出大力发展职业教育的决定，纠正了人们的偏见，这标志着大力发展职业教育，在全社会取得了共识。但是，发展职业教育的另一个深层次问题尚未解决。这个深层次问题就是体制性障碍。因此，当务之急是在要在国务院《决定》的指导下，抓紧解决"体制"这个深层次上的障碍，大力推进体制和政策创新。只有这样，才能为职业教育的发展开辟广阔的前景和创造有利的环境。

一、当前发展职业教育的体制性障碍

目前，发展职业教育的体制性障碍，主要表现在以下几个方面。

（一）职业教育与普通教育地位不平等

所谓"地位"不平等，主要表现在教育行政管理体制上，重普通教育，轻职业教育；从机构设置、财政投入、招生就业、师资队伍建设、技术支持等方面看，职业教育被放在次要位置，不利于职业教育的发展。

（二）公办职业教育与民办职业教育地位不平等

这个不平等，集中表现为体制和政策上的不平等。民办职业院校在建设用地、资金筹措、税费优惠、师资待遇、招生和就业等方面，没有与公办职业学校享受同等的优惠政策，导致民办职业学校无法与公办学校在市场上进行公平竞争。

（三）公办职业院校办学体制僵化，适应市场能力较差

主要表现为公办职业院校办学自主权没有真正落实，学校受财政投入、

人员编制、产权、用人制度和教学管理（如专业设置）等方面的限制，难以形成适应市场的、灵活的办学机制。

（四）职业教育体制上的封闭性障碍，不利于人才的成长与发展

主要表现在中等职业教育与高等职业教育、职业教育与普通教育之间没有相互贯通与衔接的机制。这是由于我国教育系统内部管理体制的封闭性造成的。这种体制违背了人才成长的规律，挫伤了人们接受职业教育的积极性。

（五）校企合作存在体制性障碍

主要表现为学校与企业之间缺乏紧密联系与合作的制度性保障。学校在教学管理体制上，以学校和课堂为中心，重知识灌输、轻技能训练，教学脱离企业生产实际，片面追求完整的学科式教育；政府没有通过制定法律政策，建立企业接受职业院校学生实习的制度；企业片面追求经济效益，缺人就从市场上招聘，在职员工脱产或半脱产学习的制度没有建立起来，因而无法形成深层次的合作办学机制。

（六）以就业为导向的办学体制尚未建立

主要表现为学校教育脱离生产实际，培育出来的学生实践操作能力低，不适应企业用人需要，学生跳不出以升学为导向的怪圈，重学历证书、轻视职业资格证书的现象尚未改变。

（七）政府对职业教育的投入存在体制性障碍

受传统体制影响，财政部门拨付给职业学校的经费少。据统计，2004年广东中等职业教育经费支出仅21.57亿元，占全省教育经费支出的3.6%。在这部分经费中，大部分用于教职工的工资性支出，用于学校发展的资金很少。职业院校不能以校产为抵押，向银行贷款，致使学校发展严重受阻。

（八）社会用人方面存在体制和政策性障碍

主要表现为社会上普遍存在以学历为取向的用人制度，排斥技能人才。不论是政府招考公务员，还是企业招聘人员，都以大中专学历证书为必要条件，重学历、轻技能，导致相当一部分适龄青年不愿报读职业院校。

二、消除体制障碍，推动职业教育体制机制创新的对策思考

上述体制障碍，严重制约着职业教育事业的快速健康发展。针对上述问题，我们必须根据国务院《决定》精神，继续从以下几个方面深化改革，消除体制性障碍，积极推进职业教育体制机制创新。

第一，要深化教育管理体制改革，推进教育行政管理体制创新。建议省和地级以上政府要设立职业教育委员会或职业教育局，专门负责加强职业教育的统筹管理，把职业教育与普通教育放在同等重要的位置，加强统筹规划，协调解决发展中的重大问题。

第二，要营造一个公平竞争的体制环境。不论是公办学校，还是民办学校，都是公益性事业单位。在社会主义市场经济条件下，政府应当转变职能，着力构建公平竞争的平台，在法律和政策上，对所有学校一视同仁。特别是在财政投入、建设用地、税费减免、师资待遇和学生就业方面，应当实行同等的政策。各级财政应当建立规范的公共教育财政制度。对公办职校的拨款，除安排专项建设经费外，应改变过去按教职工人数安排经费的做法，改为按在校生人均经费进行补贴的办法，同时取消对公办学校人员编制、招生计划等方面的限制，实行指导性招生计划。这样做不仅有利于改变公办职校僵化的内部管理体制，而且有利于改变公办职校与民办职校政策上的不平等状况，营造公平竞争的体制环境。

第三，要按照人才成长规律和终身教育观念，创建教育"立交桥"。每个人在不同年龄阶段接受知识的能力是不一样的。特别是在技术进步不断加快的新形势下，人们在一生中将会出现多次变换工作岗位的情况，这迫切要求人们提高职业适应能力。过去终结式、封闭式的教育方式，不仅扼制了人才的成长，而且扼杀了职业教育。在传统体制下，人们一旦进入职业学校读书，就只能一辈子当工人。这种封闭式的办学体制，不适应市场经济发展的需要，也不适应人们成长的需要，必须进行改革，必须在职业教育内部，构建相互贯通的多层次的职业教育体系，打通职业人才向上发展的通道；在职业教育与普通教育之间，也要构建"立交桥"，在课程设置和学制方面，通过制度化的方法，加强相互沟通与衔接，在各类学校之间逐步推行学分制，逐步建立完善学分互认机制，建立与学分制相适应的课程体系，使接受不同层次、不同类型教育的学生，有机会改变自己的发展方向。从而使教育满足人们多层次的终身学习的需要，激发人们接受职业

教育的积极性、自觉性，增强人们适应职业变化的能力，满足社会对各类复合型人才的需要，促进经济发展和社会进步。

第四，坚持以就业为导向，创新职业院校办学体制和发展模式。职业院校要摒弃以升学和学历为导向的教学方式，坚持贯彻"以就业为导向"的办学方针，围绕提高学生适应市场就业的能力和创业能力，创新办学体制和模式。各级政府及有关部门应当允许并鼓励学校根据市场需求，有针对性地调整和设置专业，并根据社会需求扩大或减少甚至停止某些专业的招生计划。各类职业院校要定期选派教师到生产一线学习，参加生产实践，了解和把握企业生产需求和技术变化情况。同时积极聘请行业、企业和社会上富有实践经验的专业技术人员当教师，强化实践和实际操作能力这一环节的教学，着力提高学生适应市场就业的技术技能和创业能力。

第五，要积极创新和深化校企合作办学模式。近年来，我国不少职业院校积极探索校企合作办学模式，取得了初步的成果。但这些合作（如"订单式"培训）仅停留于较浅层次的教学模式创新，今后需要推进深层次的合作，推进校企合作办学制度创新，才能给职业教育的发展注入新的生机活力。要建立校企合作办学制度，鼓励行业和企业积极开展本行业（企业）人才需求预测，向学校提供岗位人才需求情况；学校要根据行业（企业）的实际需求，有针对性地开展教学活动；要建立企业接收职业院校师生实习（实践）制度。职业院校的学生至少要有半年至一年的时间到企业顶岗实习。实习期间，企业要与学校共同组织好学生的相关专业理论教学和技能训练工作，并为顶岗实习的学生支出合理的报酬。

第六，要创新用人制度，建立教育供给与用人需求之间的良性互动机制。职业教育的最终目的是为社会培养各类合格的技能人才。社会用人制度对教育起着重要的导向作用，对人们观念的形成也起着潜移默化的作用。我们要在科学人才观的指导下，转变传统的人才观念，改变唯学历是用的人才选拔、使用制度。在用人方面，坚持综合素质和能力特长并重的评价标准，建立多元化的人才选拔、使用机制，在全社会形成重综合素质、重职业道德、重实际能力的良好的用人风气，使社会用人单位（包括公务员考核录用）录用人员时做到既讲学历，又不唯学历，不拘一格用人才，给各类职业院校学生以平等的竞争就业机会。只有转变人才观念，形成新的社会用人制度和人才选拔机制，才能增强青少年接受职业教育的信心，让他们对明天的工作充满希望。只有这样，才能对发展职业教育产生积极的推动作用。

第二节 加强校企合作，加快高技能人才队伍建设[①]

高技能人才是我国人才队伍的重要组成部分。2009年12月，胡锦涛总书记视察广东时指出，"没有一流的技工，就没有一流的产品"。这句话深刻阐明了技能人才在我国经济社会发展中的重要作用，体现了中央领导对加快培养高技能人才的高度重视。2010年5月，党中央、国务院召开全国人才工作会议，明确把实施国家高技能人才振兴计划列入国家人才发展规划重大工程，明确了工作目标任务。这对加快高技能人才队伍建设有着十分重要的指导意义。

近年来，广东认真贯彻人才强国战略，加强高技能人才队伍建设，取得明显成效。至2009年年底，全省技能人才总量达1240万人，其中高技能人才达193万人，为广东经济发展提供了有力的技能人才支持。但是从总体上来看，技能人才总量偏少，层次偏低，结构不合理，严重制约着经济发展方式的转变。当前和今后一个时期，我们要抓住机遇，站在新的起点上，以实施国家高技能人才振兴计划为重点，采取有力措施，加强校企合作，加快高技能人才队伍建设，促进产业优化升级。

一、要抓紧研究制定《广东省高技能人才队伍建设中长期发展规划》

按照国家人才发展规划纲要、国家教育改革和发展规划纲要和省人才规划纲要的总体要求，我们应当结合广东产业发展状况和高技能人才现状与发展趋势，制订出台广东省高技能人才队伍建设中长期发展专项规划，明确到2020年广东省高技能人才工作的指导思想、目标任务、政策措施及重大工程项目，特别是明确以实施国家高技能人才振兴计划为重点，统筹协调好职业教育与普通教育的关系，统筹做好技能人才培养、实训、评价、使用和激励等各个环节的工作，统筹做好各类劳动者接受职业教育和职业培训工作，实施职业培训精品扶持发展计划，扶持发展一批办学质量较好、规模较大的职业教育培训学院，调动行业企业和社会各方的办学积极性，

---

① 本节写于2010年6月，曾发表于《广东经济》2010年第10期。收录时题目有所改动。

全力以赴推动高技能人才队伍建设实现跨越式发展。

二、要进一步建立健全现代职业培训体系，夯实人才培养基础

要针对目前职业教育脱离生产实际的倾向，坚持建立完善以行业企业为主体、技工院校和各类培训机构为基础、学校教育与企业培养紧密联系、政府推动与社会支持相结合的技能人才培养培训体系。坚持政府主导、市场运作、终身培训、素质就业的新理念，坚持学校教育与职业培训并举，全日制与非全日制并重，学历证书和职业资格证书并存的办学指导思想，以现代职业教育培训体系为依托，全面建立校企合作制度和面向全体劳动者的职业教育培训制度，切实解决职业教育培训脱离企业生产实际的问题，全面实施国家高技能人才振兴计划和全民技能提升储备计划，采取全日制教育和非全日制培训、就业前培训、在岗培训和下岗转岗培训等多种形式，对准备进入和已经进入劳动岗位的各类劳动者进行一次以上的全面职业技能教育培训，着力提升劳动者的职业素质和劳动技能。

三、进一步加强高技能人才实训基地建设，搭建培养高技能人才的核心平台

在"十二五"期间，广东要紧紧围绕战略性新兴产业发展需要和产业升级的要求，鼓励有条件的地区，按照统筹规划、合理布局、资源共享的原则，强化职业培训资源的综合协调和综合利用，加大财政投入和运用失业保险基金，扶持建设一批具备先进性、公益性、规范性的高技能人才公共实训基地；依托高级技校、技师学院和行业培训机构，加快建设一批高技能人才培养示范基地，重点培养后备高技能人才。同时，要建立完善以师带徒制度，健全高技能人才绝技绝活代际传承机制，依托高技能人才公共实训基地或大型骨干企业建立一批技能大师工作站（室），为高技能人才开展带徒传技、技术研修、技术攻关等活动创造条件。要切实抓好"三个一批"建设，为加快培养高技能人才夯实基础，拓宽成长通道。

四、要建立完善校企合作、工学结合制度,增强职业培训的有效性、针对性

严格遵循高技能人才成长规律,从高技能人才需求预测、专业设备、课程开发、师资培养、教学组织等环节入手,全方位、全过程开展校企合作,形成学校、实训基地与企业多方联合培养高技能人才的新机制,逐步提升合作层次,丰富合作内涵,提高合作效果。要鼓励行业、企业根据岗位变化、技术进步和产业升级的要求,举办职业培训院校,或委托技工院校开展职工培训。各类职业院校要在开展学制教育培养后备高技能人才的同时,逐步将工作重心转到为企业职工提升技能、提供服务上来,推行工学结合、校企合作、顶岗实习等人才培养模式,加大面向在职职工开展高技能培训的力度。

五、积极推进技能人才多元评价体系建设

要加快完善社会化职业技能鉴定、企业技能人才评价、院校职业资格认证和专项职业能力考核等多元评价方式的实施办法和制度。特别是当前要针对技能鉴定与生产实际脱节的实际情况,着力扩大企业技能人才评价试点工作,在全省选择一批管理规范、技能人才密集、鉴定工作基础较好的大型企业开展试点,探索与企业生产实际紧密结合的技能人才评价模式。指导各地选择有条件的技工院校、培训机构按照教学内容与职业标准相一致的原则,设置课程认证试点和预备技师考核试点,逐步建立预备技师考核制度。并根据农民工参加职业培训的特点,探索建立专项职业能力考核发证实施办法,以满足农民工转移就业和逐步提升技能的需要。

此外还要建立完善技能人才成长激励机制,积极营造有利于高技能人才成长的社会氛围。

一是建立完善职业技能竞赛制度。发动全社会广泛开展职业技能竞赛活动,为各行业高技能人才脱颖而出创造条件。

二是建立完善高技能人才评选表彰制度。广泛开展中华技能大奖、全国技术能手、南粤技术能手、广东技术能手四大奖项的评选表彰活动,对获奖的技术能手给予物质和荣誉奖励;同时,建立高技能人才政府津贴制度,对有突出贡献的高技能人才给予必要的津贴。通过建立上述制度,提

升高技能人才的社会地位，形成技能人才成长的良好社会氛围和激励机制。

第三节　加强职业培训，助推经济发展[①]

近年来，在省委、省政府的正确领导下，全省各级劳动保障部门认真贯彻落实科学发展观，以就业为导向，以高技能人才为高端带动，实施高技能人才培养工程、百万农村青年技能培训工程、创业培训富民培训工程、再就业培训工程，不断提高劳动者就业能力、创业能力和职业转换能力。据统计，全省2004年完成职业技术培训196万人，2005年完成243万人。2005年年底，全省技能人才总量657万人，有力地推动了经济发展和扩大就业，有效地促进了全省经济社会协调发展。

一、加强职业培训的主要做法

（一）加强领导，为全省职业培训工作加快发展提供有力保障

省委、省政府把职业培训工作作为全面落实科学发展观、建设和谐广东的重要方面，做出了一系列重要决策和部署。中央做出《关于进一步加强人才工作的决定》之后，省委、省政府出台了贯彻意见，提出全面实施高技能人才培养工程，加快高技能人才实训基地和技师工作站建设，建立技能人才评价指标体系，加大人才资源开发投入。为了贯彻省委、省政府的部署，省劳动保障厅成立了高技能人才工作协调办公室，制定了《进一步加快高技能人才培养的实施意见》（粤劳社〔2004〕26号），从培养、评价、使用、激励、保障等方面采取了一系列措施，加快高技能人才培养。明确从2004年起用3年时间，培养30万高技能人才，其中，高级工25万人，技师及高级技师共5万人。省级财政设立了技能人才开发专项资金，支持实施高技能人才培养工程。2004年，省委办公厅、省政府办公厅《关于印发〈扩大与促进就业民心工程实施方案〉的通知》（粤办发〔2004〕6号）规定，抓好职业培训工作，开展再就业培训、农村劳动办培训、创业培训，加大推行职业资格证书制度。省政府《关于贯彻落实国务院关于进一步加强就业再就业工作的通知的意见》，要求加强综合性职业技能培训基地建设，开展多层次、多形式的职业技能培训；大力实施劳动者技能振兴

[①] 本文写于2006年年初，全面总结了近年来开展职业培训做法和经验。

计划，全面实施广东省百万农村青年技能培训工程、高技能人才培养工程、创业富民培训工程。省委、省政府的这些战略决策，为做好全省职业培训工作指明了方向。各级政府和有关部门根据省委、省政府的工作部署和安排，结合当地实际，大力发展职业培训事业，为当地经济社会发展服务。

（二）大力实施高技能人才培养工程，不断提升劳动者的职业技能水平

广东省全面实施三年30万高技能人才培养工程，从培养、评价、使用、激励、保障等方面采取了一系列措施，大力培养急需的高技能人才。全省2004年培养高技能人才11.5万人，2005年培养13.4万人。2005年年底，全省技能人才结构有明显改善，高技能人才比例明显提升。广东省技能人才培养工作实现了"三大突破"：

（1）培养模式上有新突破。①实行职业院校与企业合作，充分发挥企业与职业院校各自在技能人才培养上的优势，联合培养技能人才。②制定《关于设立高技能人才实训基地若干问题的通知》，全省建立了50家高技能人才实训基地，作为公共服务平台，为培养高技能人才提供实操场地。③在全国率先出台《广东省技师工作站设置标准和认定办法》，设立技师工作站。采取名师带徒，组织技术攻关，开展技能竞赛与技术创新及研讨活动，在企业行业内部加快培养高技能人才。目前已批准设立韶关钢铁集团罗东元技师工作站。

（2）人才评价模式有新突破。印发了《关于改进技师高级技师考评工作的意见》，以品德、能力、业绩和知识作为主要衡量标准，放宽技师申报条件，扩大考评工种范围，下放鉴定权限，改进考评方法，形成了新的高技能人才评价体系，较好地调动了企业和职工学技能、考技师的积极性，在技能人才评价标准的科学化和规范化，评价方式的公正、公开、公平化上进行了有益的探索。

（3）激励机制取得新突破。①引进政策有新突破。省政府规定：调进有高级技师资格的人员，其配偶、子女、父母均可随迁入粤。引进高技能人才的购房补贴、安家费、科研启动经费等费用，可列入成本核算。②津贴奖励制度上有新突破。一些单位将取得技师、高级技师资格的员工的奖金系数分别提高0.1或0.2；韶钢集团一次性奖励获得技师资格的员工500元，获高级技师资格的员工1000元，每月分别补贴获韶钢集团特级、一级、二级技术能手的员工3000元、2000元、1000元。广州市对通过技师及高级

技师考评的职工给予一次性补贴1000元。③荣誉激励机制有新突破。如省政府设立了"南粤技术能手"奖，对取得重大经济社会效益的广东技术能手给予表彰和奖励。名市、各大型企业均制定了相应的竞赛办法及表彰办法。

（三）大力实施创业富民培训工程，不断提高劳动者创业能力

广东省把创业培训作为发展民营经济，扩大就业的一项重要措施来抓。通过抓组织推动，抓政策配套，抓基地建设，抓师资队伍等方面的工作，使创业培训取得了新的突破。2004年创业培训1.12万人，2070人成功创办企业；2005年创业培训人数2.4万人，成功创业7109人，新创造就业岗位5.5万个，实现一人创业带动多人就业的倍增效应，实现促进就业和扩大就业的目标。

一是制定政策指导全省创业培训工作。制定出台了《关于加强和规范创业培训（SYB①）工作的通知》《转发劳动保障部办公厅关于做好创办和改善你的企业（SIYB）项目实施推广工作的通知》和《关于印发〈全面开展SIYB培训实施创业富民培训工程实施方案〉的通知》等文件，明确SIYB培训的指导思想、培训对象、培训内容与期限、相关政策措施，有效地指导推动全省创业培训工作。各地根据省的要求，制定了创业培训实施意见并组织实施。如深圳市对有创业愿望的失业人员实施创业扶助的"彩虹计划"，珠海市提出实施促进创业"1533"工程。

二是抓好示范基地建设，抓政策配套，为全省创业培训提供样板。全省从培训机构中挑选建立了15个省级创业培训示范基地。示范基地提供了创业培训申请、创业项目查询、创业成果展示、专家咨询指导、小额贷款申请、开业办证代理、后续跟踪服务等"一站式"服务，发挥了示范和辐射作用。

三是加强质量管理，确保培训质量。创业培训机构必须具有具备符合举办条件的固定场所和2名以上经部、省级劳动保障部门培训合格的创业培训师资人员；创业培训基础理论集中培训时间不少于10天，开业后跟踪辅导要达到半年以上；统一使用国家劳动保障部和国际劳工组织开发的《创办你的企业（SYB）》教材；建立学员档案和教学管理制度；学员经培训考核合格，由地级以上市劳动保障局颁发《创业培训（SYB）合格证书》。

---

① SYB，START YOUR BUSINESS，创办你的企业。

四是狠抓全省创业培训师资的培训力度。共举办了6期12个SYB师资培训班，培养了248位SYB教师；劳动保障部和国际劳工组织对省67名SYB教师和1名培训师进行了资格认证。

（四）大力加强农民工职业技能培训，着力提高农村劳动力转移就业能力

省加大城乡统筹就业工作力度，加强对农村富余劳动力的技能培训，加快转移就业，为解决"三农"问题，加快工业化、城镇化和现代化进程做出积极贡献。2004年，全省新增转移农村劳动力67.5万人，培训农村劳动力50万人次；2005年，全省共培训农村劳动力45.8万人，向非农产业转移就业81.6万人。

一是全面调查摸底，建立农村劳动力资源信息库。各级劳动保障部门组织乡镇（街道）劳动保障工作机构深入农村，全面摸清本地农村劳动力资源情况，科学制定本地区农村富余劳动力培训转移就业计划。

二是加强综合性职业技能培训基地建设，使综合性职业培训基地成为农民工培训的主阵地。各市、县区选择一所师资力量较强、规模较大的技工学校或职业技能培训中心，创办综合性职业技能培训基地，作为职业技能培训的公共服务平台，负责开展再就业培训、创业培训、农村劳动力转移培训、劳动预备制培训、在职职工培训和技能鉴定，提高城乡劳动者就业能力和创业能力。

三是组织农民工的引导性培训和职业技能培训。引导性培训主要提高农民工遵守法律法规和依法维护自身权益的意识，树立新的就业观念。职业技能培训主要提高农民工岗位工作能力，增强就业竞争力。根据国家职业标准和不同行业、不同工种、不同岗位对从业人员基本技能和技术操作规程的要求，安排培训内容，设置培训课程，以定点和定向培训为主。与此同时，输出地负责做好农村劳动力转移前的职业技能培训，提高输出地劳动力的技能素质。输入地重点搞好管理服务，积极引导企业发挥主体作用，进行有针对性的培训。

四是大力实施"广东省百万农村青年技能培训工程"。"广东省百万农村青年技能培训工程"是时任广东省委书记张德江同志亲自命名的民心工程。省政府出台《转发省劳动保障厅关于广东省百万农村青年技能培训工程实施方案的通知》，明确工程实施意义、目标任务、具体措施。各级各单位结合实际，组织实施。2005年启动"百万农村青年技能培训工程"，免费

培训农村贫困家庭子女10.5万人,9.8万人实现就业。从2002年起实施"智力扶贫"工程,省财政拨款2.1亿元,连续4年,每年资助5000名农村贫困家庭子女免费就读技工学校。第一届招收的5000名智力扶贫生已经100%推荐就业。实现"资助一人、培训一人、脱贫一户"的目标。

（五）大力实施再就业培训,提高下岗失业人员转业转岗能力

广东省围绕下岗失业人员再就业和稳定就业的要求,通过开展针对性、实用性强的职业技能培训,提高下岗失业人员转业转岗所需技能水平,促进实现再就业。2004年,再就业培训16.8万人,国企下岗失业人员实现再就业25.3万人,其中"4050"① 人员实现再就业6.1万人。2005年,再就业培训25万人,国有企业下岗失业人员再就业11.3万人,其中"4050"人员3.5万人。

一是加强组织领导。各地将再就业培训纳入本地再就业工作目标管理,实行业绩考核,定期进行督促检查;制定专项工作计划,落实目标任务;加强沟通合作,共同推动工作;加大资金投入,从财政促进再就业资金中落实培训和鉴定补贴经费;加大宣传力度,广泛宣传培训就业政策和典型事例,引导更多下岗失业人员参加培训,实现再就业。

二是建立健全再就业培训网络。全省认定400多家社会信誉佳、专业特色强、培训质量高、就业效果好的教育培训机构为再就业培训定点机构。定点机构根据市场需求和下岗失业人员的现状,调整专业设置和课程内容,实现技能培训与市场需求的有效衔接。

三是开展针对性和实用性强的职业技能培训。大力开展"订单式"培训和定向培训,强化职业技能实训,突出操作训练,提高下岗失业人员的岗位适应能力和职业技能水平。开发和选定适合下岗失业人员自谋职业的技能培训项目。采取日夜校、长短班、送教上门等方式,方便下岗失业人员就地就近参加培训。

四是做好就业服务,促进尽快实现再就业。就业服务机构公告定点培训机构和培训项目信息;广泛开展职业指导,帮助下岗失业人员选择合格的培训项目;加强就业信息、职业介绍、劳动保障事务代理、社会保险服务等工作,帮助下岗失业人员尽快实现再就业。

---

① 指企业中女职工40岁及以上,男职工50岁及以上的人员。

（六）大力推行职业资格许可认证制度，为劳动者就业成才提供技能导航

广东省围绕实施高技能人才培养、农村劳动力转移培训、再就业培训、创业培训等职业教育培训，针对劳动者就业和职业生涯发展的需要，全面开展职业技能鉴定工作，帮助劳动者取得相应的职业资格证书，为社会培训和就业提供对接服务。2004 年，全省共 95.8 万人次参加职业技能鉴定，73.7 万人次获得证书；2005 年共 108 万人次参加职业技能鉴定，获证的有 79.76 万人次，两项指标连续 8 年位居全国第一。

一是扩大职业资格证书的覆盖面。省劳动保障厅与省教育厅联合发了《关于在我省中等职业学校实施双证书制度试点工作的通知》，并选择了 30 所中等职业学校进行作为推行"双证"制度的试点。

二是逐步完善技能人才选拔机制。为了加快培养高技能人才，积极组织开展技能竞赛活动，通过竞赛发现和选拔技能人才。2005 年全省组织开展了共青团系统"振兴杯"广东选拔赛和全省技校师生技能竞赛和东部地区职业技能竞赛广东选拔赛。涉及邮政、交通、建设、电力、铁路和纺织 6 个行业 20 多个工种，参赛选手达 2 万多人次。通过竞赛，有 4 人获得全国技术能手称号，47 人获广东省技术能手称号。

三是加强职业技能鉴定所（站）的管理。对全省 490 个职业技能鉴定所（站）进行了全面评估，对一些管理混乱、设备陈旧的职业技能鉴定所（站）限期整改；对一些长期不开展工作的职业技能鉴定所（站）予以注销，加强了对鉴定机构的规范管理。

四是进一步加强鉴定质量管理。建立了行政监督、技术监督和群众监督相结合的职业技能鉴定质量监督管理体系。加强鉴定质量过程监控，加强考务管理；组建鉴定质量督导员队伍，全面开展质量督导工作；加强考评人员和质量督导人员管理，加强对其承担考核鉴定工作活动的监管。

二、加快发展职业培训事业的思路与对策

最近，党中央、国务院连续颁发了《关于大力发展职业教育的决定》（国发〔2005〕35 号）、《关于进一步加强就业再就业工作的意见》（国发〔2005〕36 号）等重要文件，明确了当前和今后一个时期职业教育改革发展的目标任务和政策措施。我们要根据党中央、国务院和省委、省政府的要

求,狠抓机遇,围绕培养高技能人才和提高劳动者的就业能力、工作能力和职业转换能力,加快广东职业技术培训事业的发展。

(一)全面实施职业培训五项工程

全面实施"高技能人才培训工程""创业富民培训工程""广东省百万农村青年技能培训工程"、技能培训工程、职业资格证书技能导航工程。

(二)建立完善五大体系

一是终身职业培训体系。以企业培训为主体,公办、民办职业培训共同发展,根据培训对象的不同要求,建立灵活多样、层次齐全、能够满足劳动者职业生涯对技能水平要求的终身职业培训体系。

二是职业培训平台体系。县、区一级建立综合性培训基地,地级以上市建立跨行业、高水平、面向全社会开放的公共实训基地。

三是技能人才培养体系。建立以企业行业为主体,职业院校为基础,校企合作为纽带,政府推动与社会支持相结合的技能人才培养体系。

四是技能人才评价体系。建立以职业能力为导向,以工作业绩为重点,注重职业道德和职业知识水平的技能人才评价体系。

五是职业培训服务体系。指导职业教育培训机构专业设置;充分利用就业再就业政策来支持和促进职业培训的发展;通过就业服务帮助参加职业培训的人员实现就业;建立培训、考核和使用相结合并与待遇相联系的激励机制;加强创业服务,鼓励和支持劳动者自谋职业和自主创业。

(三)着力强化五项措施

一是加大宣传力度。大力宣传发展职业教育培训的意义、政策以及在职业培训方面做出显著成绩的企业和培训机构的经验做法,营造崇尚技能、尊重技能人才的良好氛围。

二是加强部门协作。进一步理顺劳动保障和教育行政部门职业教育培训工作的管理服务职责。发挥行业部门和企业在发展职业培训中的作用。

三是加大财政投入。要加大对职业培训工作的资金投入。职业培训补贴、创业培训补贴、职业技能鉴定补贴资金从促进就业再就业专项资金中列支,综合性职业培训基地和公共实训基地建设等经费,列入财政预算。

四是加大就业准入监察力度。要进一步加大劳动力市场监管力度,严格执行就业准入制度;加强执法监察,规范用人单位招工和劳动者求职行为。

五是加强职业技能鉴定质量管理。加强制度规范、技术保证和人员管理。强化标准,健全程序,完善职业技能鉴定技术监督和社会监督,加大质量管理工作力度,树立职业资格证书的权威性。

第四节　当前职业教育供给侧结构性改革的主要任务[①]

深化供给侧结构性改革,改善产品供给质量和结构,提供新产品,创造新需求,着力提高供给体系质量和效率,是推动我国经济社会持续健康发展的重要举措。2015年以来,国务院对推进供给侧结构性改革做出了重要部署,各地正在贯彻落实。但是,有人认为供给侧结构性改革只涉及经济领域,不涉及教育领域。这种认识是片面的。其实,供给侧结构性改革涉及面广,内涵丰富,意义重大,至少还涉及劳动力、教育、技术、产品、制度和管理等方面的改革。其中,职业教育是供给侧结构性改革的最基础部分,承担着向经济社会发展培养和提供合格劳动者的重任,因而,它又是高层次的供给侧改革。如果职业院校为社会提供的劳动力素质不高,将严重制约国家供给侧结构性改革的全局。因此,当前推进职业教育供给侧结构性改革,对于推动产业转型升级具有十分重要的作用。

多年来,我国各地积极推动职业教育的发展和改革,取得了明显成绩,全国各类职业院校每年大约向社会输送1000万技术技能人才,约占新增就业人口的60%。但是,存在的问题仍然不少。主要表现在:职业教育供给结构、供给质量不适应经济社会发展需要的矛盾十分突出,职业院校办学机制和管理体制与市场经济发展不相适应的矛盾十分突出。具体表现为:职业教育培训院校每年培养的毕业生有几千万人,但素质较低,尤其部分学生缺乏敬业精神;毕业生专业结构、层次结构与市场需求脱节,尤其缺乏新兴产业发展需要的工匠和高素质的技术技能人才。究其原因,主要有五个方面:①不少地方政府对举办职业教育心态浮躁,干预过多,导致职业院校缺乏充分的办学自主权,造成办学指导思想和人才培养目标不明确,长期片面扩大办学规模,不顾办学质量,致使目前全国各类职业院校每年

---

① 本节写于2016年,曾发表于《广东经济》2016年第6期。收入本书时有增补和删节。

毕业生达 1000 多万名，却难以适应企业发展需要。②政府重普教、轻职教，赋予普通教育优先招生权，导致职业教育生源质量下降，挤压了职业教育的生存发展空间；政府直接举办职业教育院校过多，挤占了行业、企业和社会力量举办职业教育的空间，导致行业、企业和社会力量缺乏举办职业教育的动力和积极性，加剧了职业教育与企业生产实际脱节的矛盾。③职业院校内部治理结构不完善，市场机制尚未充分发挥作用，学科专业、课程体系缺乏主动适应市场需要进行调整的机制，与产业转型升级不相适应的矛盾突出。④职业教育师资队伍结构性不足和质量不高的矛盾并存，尤其是实践教学能力不强、师德风范有所缺失，制约着教育质量的提高。⑤职业教育信息化程度不高，等等。这些问题的存在，不仅严重制约着职业教育的发展，而且也严重制约着我国人才培养水平实现整体跃升，严重制约着经济社会的持续健康发展。

基于上述分析，笔者认为，当前和今后一个时期，我国职业教育供给侧结构性改革要解决上述供给结构不合理、质量不高等问题，必须把提高教育供给质量作为根本任务，切实围绕培养全面发展的创新型技术技能人才和大国工匠这一目标，用改革的办法推进教育结构调整，深化产教融合、校企合作，有效提高教育质量，改变劳动力配置扭曲状况，扩大有效供给，增强劳动力结构对产业需求变化的适应性和灵活性，满足广大毕业生就业创业需要，促进经济社会持续健康发展。

一、必须着力培养大国工匠和工匠精神

我国经济进入新常态后，习近平总书记明确提出要深入实施创新驱动发展战略、开展创新创业教育、推进供给侧结构性改革。这为当前深化职业教育改革指明了方向。作为职业教育院校，要按照党中央的战略部署要求，重新调整人才培养目标，把过去职业院校培养技术技能人才的目标定位，转变为培养德才兼备、全面发展的创新型技术技能人才和大国工匠。特别是要按照李克强总理关于"培育精益求精的工匠精神"的要求，端正办学指导思想，改变"只看知识技能，不看道德精神"的现象，突出创新型技术技能人才培养的目标定位，强调工匠精神的培养，从过去片面追求办学规模转到提高办学质量上来，从过去因循守旧单纯重视传授书本知识转向重视培养创新创业型技能人才上来，从过去片面强调培养技能人才转向重视培养爱岗敬业精神和全面发展的、创新型技术技能人才上来。各地

第七章 谱写产教融合、校企合作新篇——模式创新之三

要围绕人才培养目标,在校园环境中打造工匠文化,宣传工匠精神,营造爱岗敬业的文化氛围;在专业教学上,着重培养学生精益求精、一丝不苟、专注坚持、爱岗敬业的工匠精神,从而为社会培养出具有专业知识、精湛技艺和工匠精神的、全面发展的创新型技术技能人才。

二、必须深化产教融合、校企合作

当前深化职业教育培训与产业的融合,关键是要在"融"字上下功夫,切实解决教育与产业发展需要脱节的问题。特别是当前新一代信息技术的迅速发展,催生了许多新兴高新技术产业。这些新兴产业对员工的需求,与传统工业企业的人才需求相比,发生了很大变化,我们要适应新兴产业发展需要,主动瞄准产业发展需求培养人才;要鼓励企业与职业院校开展深层次的校企合作,利用新技术解决教育与生产实际脱节的问题。根据产业、新业态的要求,开发新专业、新标准、新课程,共建职业教育标准、课程研发和实训基地,设立师生实践实习岗位,促进产教深度融合与交流;鼓励行业企业和社会有关方面共建职业教育第三方评价制度,加强对学校教学质量进行监督、评价和引导,协同有关方面,确保教育质量,加快培养适合经济社会发展需要的高素质的创新型技术技能人才。

三、必须继续深化职业教育供给侧体制改革

要坚决按照管、办、评分离原则,转变政府管理职能,明确政府的权力边界。政府部门管理学校的基本职责在于制订发展规划、保障生均拨款或购买服务、保障基础建设投入、组织教学评估、促进教育公平等。政府对学校的行政管理要多做"减法",凡是不属于政府行政管理职能的,一律要放手或下放给学校,减少对职业院校的直接管理和行政干预,取消学校行政级别、编制管理和下达招生计划等做法,打破政府部门对学校招生的干预和封锁,改变普通教育院校先招生、职业院校后招生的做法,积极引导初、高中毕业生根据个人爱好和特长申报志愿,允许普通院校与职业院校同时面向社会,根据学生报读志愿,自主招生,提高职业院校生源质量。落实好职业院校的主体地位、办学权利和义务,学校有权自主确定内部组织机构的设置和人员编制,有权依法自主公开招聘教职员工,有权自主确定内部收入分配,有权在政府核定的办学规模内自主确定招生方案,有权

按照规定自主调整专业设置,有权决定与其他学校或企业合作办学等。学校的所有权利都是为社会培养各类合格人才提供服务。

四、是必须加快建立职业教育"立交桥",健全现代职业教育体系

各地政府和学校要围绕新的人才培养目标,从政府和社会、从布局结构和体系框架多个维度推进改革,构建职业教育"立交桥",进一步健全现代职业教育体系。

一是改革传统的教育教学管理体制,着力推动地方普通高校向应用型高校转型,搭建从中职、高职高专、应用型本科以至专业学位硕士教育各层次纵向相互衔接的职业教育体系。

二是改革职业教育与普通教育相互封闭的管理体制,搭建各层次职业教育与普通教育横向相互贯通,学历教育与非学历教育、职业培训通过"学分银行"实现互认的多层次的、体现终身学习的职业教育"立交桥"。在这方面,政府要鼓励各类院校和用人单位结合教学评价标准和教学实际,积极探索建立学分银行和学分互认制度,搭建纵横互通的教育"立交桥",畅通职业人才成长渠道,满足用人单位和城乡全体劳动者的多样化学习需求,着力培养多层次、多类型的、全面发展的创新创业型技术技能人才。

五、必须积极推进现代学校制度建设,形成调结构、提质量的有效运行机制

推进职业教育供给侧结构性改革,还要充分重视发挥市场在资源配置中的决定性作用,通过进一步完善市场机制,矫正以前过多依靠行政配置资源带来的专业课程设置扭曲的状况。各类职业院校在政府减少直接干预的同时,要大胆按照市场规律,大力推进现代学校制度建设,完善学校法人治理制度和党委领导下的校长负责制。明确校长拥有根据市场需求决定学校专业设置、学制设置、师资配置、招生规模、资金使用等方面的办学自主权。要完善并实行校长治校责任制,加大校长的政治责任。校长要全面贯彻国家的教育方针,引领学校牢固树立立德树人、讲求办学质量的指导思想,采取有效措施,推动内涵发展,提高办学质量。绝不能为了赚钱,

第七章 谱写产教融合、校企合作新篇——模式创新之三

片面扩大办学规模;绝不能为了赚钱,减少教育教学环节;绝不能为了赚钱,减少课程和教学时间。另外,学校要坚持市场导向、产业引领的办学指导思想,加强与产业企业界的紧密合作,按照市场需求,建立专业结构、课程体系随技术进步和产业转型升级进行动态调整的有效机制,实现专业、课程设置与产业升级需求无缝对接,特别是组织编写创新课程,推动专业结构和人才结构的优化。要根据人才培养目标定位,探索建立专业教育、创新创业教育、实践能力培养和职业道德教育有机融合的培养机制,根据产业结构调整和技术进步要求,及时组织编写具有科学性、先进性、实用性的课程教材,形成依次递进、有机衔接的课程体系,着力培养结构合理、全面发展的各类劳动者。要切实加强师资队伍建设,通过完善和落实教师轮训、继续教育和参加社会实践制度,着力打造"双师双能"型教师队伍,改善教师队伍结构,提升教师的专业教学能力、创新实践能力,培养为人师表的教师职业道德和精神风范。通过培养名优教师,提高办学质量和人才供给质量,打造品牌专业和院校。

六、必须充分运用现代信息技术,构建随时、随地、终身学习体系,不断改善职业教育供给

各类职业院校必须以现代职业教育办学理念为指导,高度重视现代信息技术在职业教育、远程教育和继续教育中的推广与应用,改善职业教育供给。特别是要注重运用现代信息技术改造传统教学模式和方法,采取自主研发课程和引进先进课程相结合、发展学历教育与非学历教育相结合、全日制与非全日制相结合、现场教学与即时在线学习相结合等多种形式,构建学历教育与非学历培训横向贯通、纵向衔接、协调发展的网络教育平台,促进泛在、移动、终身、个性化学习方式的形成,扩大职业教育覆盖面,持续提升从业人员职业素质。学校要结合自身发展实际,建立软件研发与运行维护团队,打造名师团队,借鉴国内外灵活多样的办学形式,采用最新的现代信息技术和教育技术,开发学校教育网站和名师微课、慕课等课程,向校内外客户(内部:教师、学生、学校员工;外部:社会合作伙伴、企业员工、社会劳动者等)开展一系列的教学服务活动,提供个性化、多样化的学习课程,满足广大劳动者不同发展阶段的学习需要,形成不断扩大职业教育覆盖面、持续提升从业人员职业素质的新局面。

七、必须充分调动行业企业和社会力量举办职业教育的积极性

要通过制定或修订职业教育法律法规,明确行业企业在开展职业教育中的主体地位和作用,规定企业和其他用人单位必须完善职工在职培训和继续教育制度,调动和保障社会力量的办学积极性。特别是要重视发挥企业的主体作用,鼓励行业企业利用资源技术优势举办职业教育院校(企业大学),面向本单位在职员工开展职业能力提升教育培训;鼓励企业建立大师工作室和现代学徒制度,采取以师带徒的方式,培养工匠或其他专业技术技能人才。

第八章　创新高技能人才评价、选拔机制

——模式创新之四

【本章导读】为加快培养高技能人才，必须改革陈旧的技能人才评价选拔制度。笔者在实际工作中，先后提出通过改革高技能人才评价方式、大规模开展技能竞赛和表彰奖励活动、大力开展高技能人才先进事迹宣传展示等多种途径，积极探索创新高技能人才评价选拔机制，营造有利于高技能人才成长的社会环境，取得明显效果。本章选择的五篇文章，从三个方面集中介绍了技能人才评价和选拔方式创新的具体做法。首先是《以科学人才观为指导，大力推进企业高技能人才评价体系创新》一文，按照中央关于加强人才工作决定的部署精神，提出坚持"四不唯"原则，进一步放宽技师、高级技师的申报条件和范围；坚持以能力和业绩为主要标准，积极推进高技能人才评价模式创新。其次是《职业技能竞赛的管理与运作》一文，反映了广东结合劳动保障部规定和当地实际情况，提出具体的竞赛规则，使组织开展全省性大规模的职业技能竞赛，成为及时发现和选拔高技能人才的重要途径和方式。最后是策划《技行天下》电视宣传，大力营造加快高技能人才成长的社会氛围。2011年，根据省委书记汪洋同志的批示，笔者在肖志鸿副省长和各位厅领导的支持下，牵头策划了在电视台开设技能展示宣传栏目的方案，栏目名称为《技行天下》，目的是通过宣传展示技能大师的成长过程、精神风貌和精湛技艺，彰显高技能人才在经济社会发展中的贡献和重要地位，弘扬艰苦奋斗、精益求精的工匠精神，营造有利于高技能人才成长的环境，一方面从全社会寻找和挖掘高技能人才，另一方面引导广大劳动者走技能成才道路。这对于加快培养高技能人才起到积极的作用，在改革开放40年的历史进程中留下了值得回味的一笔。

第一节 以科学人才观为指导，大力推进企业高技能人才评价体系创新[①]

自2003年中央召开全国人才工作会议以来，广东省进一步明确把高技能人才队伍建设纳入全省人才队伍建设总体规划。省委、省政府在贯彻《中共中央国务院关于进一步加强人才工作的决定》中明确提出，要全面实施高技能人才培养工程，充分发挥企业的主体作用，加快培养高技能人才。按照中央和省的部署要求，我们先后选择了粤电、广电、韶钢、广州地铁等一批大型企业进行试点工作，以科学人才观为指导，打破常规，大力推进企业高技能人才评价模式创新，加快培养高技能人才，取得了一定的成效。至2004年年底，全省累计经鉴定获证的技能人才共373.48万人次，其中，初级工占48.2%，中级工占47%，高级工占4.1%，技师及以上等级占0.7%。2004年，取得技师及高级技师职业资格的有6219人，比上年增长146.5%，其中，经企业内部考评获得技师或高级技师职业资格的人数达571人，比上年增长131%。我们的主要做法是：

一、深入贯彻科学人才观，增强企业加快培养高技能人才的责任感

小康大业，人才为本。改革开放以来，广东省各级党委、政府十分重视技能人才培养工作，省政府颁发了《广东省"九五"至2010年技能人才队伍建设规划》，把技能人才队伍建设作为实施人才强省战略，全面建设小康社会的重要任务来抓，取得了明显成绩。但从总体上来看，技能人才仍然是各类人才培养的薄弱环节，特别是企业对培养技能人才重视不够，培养工作滞后。为了调动企业培养高技能人才的积极性，广东省采取了一系列措施，营造良好的社会氛围，积极引导企业树立科学的人才观，加快培养技能人才。

一是省委在出台的《贯彻〈中共中央国务院关于进一步加强人才工作的

[①] 笔者在工作实践中较早发现单一的技能人才评价模式存在弊端，提出要开展企业高技能人才评价试点工作。本节写于2005年5月，是对2003年以来开展企业技能人才评价试点工作的经验总结，并在当年劳动保障部在上海召开的东部地区高技能人才培养启动会上做了介绍。

〈决定〉的意见》中，提出企业是使用高技能人才的主体，也是培养高技能人才的主体。要充分发挥行业和大型企业在培养、使用高技能人才的主体作用，培养一批适应广东省建设世界制造业基地需要，熟练掌握专业知识和技术、能解决关键技术、难题的高技能人才。

二是选择有条件的行业和企业集团，建立若干个高技能人才实训基地和技师工作站。目前，已在行业（企业）设立高技能人才实训基地5个，技师工作站1个。

三是总结推广韶关钢铁、茂名石化和广州地铁等单位培养高技能人才的经验，宣传高级技师罗东元自学成才、对企业发展做出突出贡献的先进事迹，用科学的人才观和典型事例引导企业经营者更新观念，重视技能人才的培养，增强企业培养高技能人才的责任感和紧迫感，调动企业培养高技能人才的积极性。

二、坚持"四不唯"原则，进一步放宽技师、高级技师的申报条件和范围

随着社会主义市场经济体制的建立，原来计划经济体制下制定的技师、高级技师申报条件，有些已不适应形势发展要求。为了进一步拓宽人才成长通道，广东省根据中央《决定》关于"不唯学历、不唯职称、不唯资历、不唯身份"的原则要求，在试点企业进一步放宽技师、高级技师的申报条件和范围。

一是放宽技师报考条件。我们在试点企业把申报技师考评的条件进行了调整，把原规定必须从事专业技术工种连续满10年以上，或累计工龄满15年以上，分别缩短为8年和13年。对符合下列四个条件之一者，可破格报考技师：①技工学校毕业生或其他持有《中级职业资格证书》的人员，毕业或持证或具有本工种工龄满5年以上。②具有对口专业大专以上学历，本专业工龄满4年以上。③具有对口专业助理工程师以上职称，本专业工龄满3年以上。④具有对口专业、中等职业技术学校（技校、职中、中专）二级实习指导教师以上职称，本专业工龄满3年以上者。

二是放宽高级技师报考条件。符合下列三个条件之一者，可直接报考高级技师：①取得技师职业资格满3年以上者。②取得同等专业硕士研究生学历，从事本专业工作满3年以上，并取得职业（工种）国家三级职业资格证书者。③取得技师资格满2年或从事本专业（工种）2年以上者。

三是放宽技师、高级技师的申报范围。《中华人民共和国职业分类大典》和《中华人民共和国工种分类目录》中，设有技师和高级技师登记的，均列为企业技师、高级技师鉴定职业（工种）范围。对于国家尚没有制定标准的新职业（工种），我们根据企业生产的实际需要和国家职业标准，开发出一些新的职业标准，经劳动保障部认可后，纳入企业技师考核范围。

三、坚持以能力和业绩为主要标准，积极推进高技能人才评价模式的创新

按照中央提出的人才评价标准，我们在继续推进业绩是考评社会化的基础上，结合企业生产实际，在试点企业积极探索建立以职业能力为导向，以工作业绩为重点，注重职业道德和职业知识水平的技能人才评价新体系。

（一）在评价的内容上，我们坚持把品德、知识、能力、业绩作为衡量技能人才的主要标准，突出职业能力和工作业绩的考核

例如，对企业生产一线职工的人才评价，我们重点考核企业职工执行操作规程、解决关键性生产难题和完成工作任务的能力。

（二）在评价的方式上，我们采取现场评价和专家认可相结合的办法

一是企业现场评价。主要是对于在企业生产一线工作，且符合申报条件的人员，以及技术复杂性行业特有的职业（工种）的人员，可在企业生产过程中，根据国家职业标准和生产岗位要求，在企业内部采取工作业绩和现场工作能力相结合的评定方法。并把考核内容从原来包括现代企业管理知识、计算机知识、专业英语、专业知识、"四新"（技师、工艺、设备、材料）知识、论文答辩等四大模块九项内容，修改为由企业进行职业道德评定、结合企业实际编制的理论笔试、企业生产现场的实际操作能力考核。同时，合理调整基础知识和专业知识、实际操作和解决实际问题的能力、工作业绩所占的分值，适当降低理论知识的分值，经考核合格者，发给技师以上职业资格证书。

二是直接认定。对于在企业生产实践中确有绝招绝活、业绩突出，已被行业或企业公认达到技师、高级技师水平的，采取直接认定办法，由高技能人才考评专家组直接破格认定为技师或高级技师。如广州市对在本职

业（工种）连续工作20年以上，有突出技术水平的能工巧匠，不限职业资格证书等级，可直接申请技师认证。

三是转系列认证。所谓转系列是指从专业技术职称系列转为职业资格系列。对持有同一专业（工种）的中级以上专业技术职称证书，且经过技术、工艺、设备、材料"四新"知识培训合格者，可直接申请转系列认证。经审核有关资料真实、齐全者，直接认定为同一专业（工种）的技师或高级技师。

如广州市印发了《关于开展企业高技能人才评定工作的通知》，改进高技能人才评价体系和办法，采取上述三种方式积极开展高技能人才评价工作，取得突破性进展。近年来，该市共有7000多人通过企业考核获得了职业资格证书。

四、坚持以提高劳动者技能水平为目标，不断拓宽企业高技能人才成长的通道

不断发现和选拔高技能人才，是企业高技能人才成长的重要途径。广东省坚持以提高劳动者技能水平为目标，鼓励和支持企业通过采取技能竞赛、绝技绝活和先进操作法评比、导师带徒等多种形式，发现、评价和选拔高技能人才，拓宽了高技能人才成长的通道。

一是开展经常性的技能竞赛，形成技能人才脱颖而出的评价选拔机制。职业技能竞赛是检验技能人才水平的活动，更是激励员工争先创优的有效手段。近年来，广东省除了在全社会组织开展大规模的职业技能竞赛外，还积极引导企业把技能竞赛作为"人才强企"的一项重要工作来抓，动员企业广泛开展群众性的比技能练本领活动，因此，不少企业建立了一套比较完善的竞赛实施办法，产生了良好的影响。如韶关钢铁集团2003年制定了《韶钢集团有限公司员工技能培训竞赛实施办法》，明确了企业内部技能竞赛的指导思想和奖励办法，对参加职业技能竞赛取得优秀成绩者，除给予精神和物质奖励外，还按规定晋升职业资格。近5年来，韶关钢铁集团通过开展技能竞赛，发现和培养了技师以上高技能人才760人，占该集团员工总数的6%。2004年，全省共组织省级一类竞赛和行业举办的国家二类竞赛共9次，按规定晋升为技师和高级技师的有82人。

二是开展各类评比活动，为技能人才成长开辟"绿色通道"。首先，在试点企业开展先进操作法评比活动，为一线工人搭建一个技术能力评价的

平台。企业生产班组或个人对生产一线技术复杂、操作性强的操作经验进行总结后,可向企业申报先进操作法,由企业组织专家组参照职业标准进行评审。经评审合格的,发给相应的职业资格证书。其次,支持企业开展"绝技绝活"项目评比活动。鼓励企业发动广大员工申报"绝技绝活"项目,经评审和现场操作考核合格者,授予"绝技绝活"优秀能手证书及相应的职业资格证书。

三是开展导师带徒活动,加快培养高技能人才。导师带徒弟活动是企业加快培养技能人才的一个有效途径,也是加快技能人才成长的一种有效方式。针对当前高技能人才年龄结构偏大、数量偏少的状况,广东省在企业积极推行导师带徒弟制度。在导师带徒弟活动中,按照品德优良、技艺高超等标准确定导师资格,经双方自愿结对,签订带徒协议,明确双方权利义务,并允许破格参加技师考核。对达到培养目标的师徒由企业给予一定的奖励和荣誉;对经考核合格者,由鉴定机构发给相应的职业资格证书。

五、坚持以人为本原则,着力建立企业高技能人才成长的激励机制

在采取多种形式加快培养高技能人才的同时,广东省还引导企业着力建立"培训、鉴定与使用相结合,与待遇相联系"的激励机制,调动了企业员工学习技能的积极性。

一是建立工资激励机制。广东省建立了劳动力市场工资指导价位发布制度,初步形成了工资引导激励机制,使在企业工作的技师、高级技师的工资福利待遇不低于甚至高于工程师、高级工程师。如深圳市2004年公布的指导价位中,技师每月工资的中位数为3584元、高位数达11300元;中级专业技术职称人员每月工资的中位数是2450元,高位数是6100元;高级技师每月工资的中位数是5334元,高位数是12400元。经常性的工资指导价位发布制度,促使企业逐步建立起技师与工程师待遇水平相当的高技能人才薪酬分配制度。

二是实行津补贴奖励制度。对有突出贡献的高技能人才给予津贴或补贴。如广州市规定对获得技师、高级技师资格的人员,分别给予一次性资助900元和1050元的补贴。韶关钢铁集团一次性奖励获得技师资格的员工500元、获得高级技师资格的员工1000元。一些单位对取得技师、高级技师资格且被聘用的员工,将其奖金系数分别提高0.1和0.2。

三是建立荣誉激励制度,广东省设立了"南粤技术能手"奖,对在技术创新和实现科技成果转化方面有突出贡献、并取得重大经济社会效益的技术能手,由省政府分别给予表彰和奖励,现行做法是每三年评选一次,每次评选100名,由省政府给予表彰和津贴。这些措施,对调动广大劳动者学习职业技能、岗位成才的积极性产生了积极作用。

广东省发挥企业主体作用,在推动企业加快培养高技能人才方面,做了一些工作,也取得了初步的成效。但是与经济发展要求相比,与兄弟省市相比,仍有很大的差距。2004年,劳动保障部在上海召开东部地区高技能人才培养工程启动会,使我们开阔了眼界,上海、山东等省、市介绍的经验很值得我们学习。今后,广东要继续深入贯彻落实科学发展观,以贯彻国家技能人才东部地区培训工程启动会议精神为契机,虚心学习先进地区经验,实施高端带动战略,抓紧制定广东省进一步加强高技能人才队伍建设的实施意见,建立完善技能人才培养体系,进一步改进技师及高级技师评价办法,积极探索企业高技能人才评价的新路子,加快培养高技能人才,努力建设一支适应广东经济社会发展需要的、结构合理的高技能人才队伍,为广东率先基本实现社会主义现代化做出更大的贡献。

第二节 广东职业培训与技能鉴定工作的新发展[①]

近年来,广东省各级劳动保障部门抓住贯彻落实全国人才工作会议精神的有利时机,提出职业培训工作新思路,即以实施高技能人才培养工程为重点,抓好四大基地建设,扩展新的工作领域,有力地推动了职业培训与技能鉴定工作取得新的发展。

一、工作进展情况

(一)"四大基地"建设取得新进展

一是抓紧创建高技能人才实训基地。按照省委、省政府要求,省劳动保障厅成立了高技能人才工作协调办公室,印发了贯彻全国人才会议精神加快高技能人才培养的意见,决定以建设高技能人才实训基地为依托,加快培养高技能人才。我们提出的工作目标是:在全省创建30个高技能人才

---

① 本节写于2004年7月。

实训基地，利用3年时间，培养30万高技能人才，其中，技师以上5万人。目前已印发基地建设标准，与教育部门对职业院校实训基地进行了检查指导，下发了2004年1.2万技师培养计划。各地正在抓紧落实，进展势头良好。

二是认定一批再就业培训基地。按照推进再就业工作的要求，我们挑选了400家办学条件好、质量可靠的职业培训机构作为再就业培训定点单位，并向社会公布。要求定点培训机构面向市场，承担再就业培训任务，政府给予资助。2004年上半年全省参加再就业培训人数预计达到12万人，完成今年计划的50%。

三是创建一批创业培训示范基地。积极配合实施再就业工程，抓好下岗失业人员创业培训工作。印发了《创建创业培训示范基地工作方案》，明确提出今年创业培训工作目标是"四个一"。即在全省建立10个创业培训示范基地，培育集创业项目开发、专家指导、创业培训、融资服务于一体、整体促进创业活动的工作机制；培养100名创业培训师资，承担创业培训任务；拨款1000万元，培训1万名创业带头人，力争平均创办一个企业，创造5万个以上就业岗位，带动5万人就业。目前全省已建立创业培训示范基地5个，其中，广州市三年来共培训5000多人，成功创业的人数在40%左右，一人创业平均带动了9人就业。

四是抓好农村富余劳动力转移培训基地建设。我们在做好农村劳动力资源调查的基础上，指导各地抓好山区农村劳动力转移就业培训基地和接收农村劳动力就业的基地建设，并明确要求2004年年底前，每个山区县要以现有就业培训中心为基础，建立一个农村劳动力转移就业培训基地，年培训能力不少于2500人，培训后就业率不低于70%，珠三角每个地市要建立5个以上接收山区农村劳动力就业的基地，每个基地年接收能力不少于500人，据初步统计，2004年上半年各地就业培训基地共培训了25万人。

（二）抓紧研究贯彻《民办教育促进法》，加强对民办职业培训机构的规范管理，促进健康发展

根据劳动保障部关于贯彻落实《民办教育促进法》，做好民办职业培训工作通知的要求，广东省结合实际，抓紧起草贯彻意见。主要措施是进一步下放审批管理权限，把培养中级工以下的民办职业培训机构审批权下放到县；建立公开办事、审批公示制度，设置办学标准，规范办学名称，加强督查评估，做好换发证工作等，着力加强民办职业培训院校的规范管理。

(三) 积极推进职业技能鉴定工作

在2003年全省职业技能鉴定工作取得明显成绩（年鉴定人数达81.4万人，获证人数61.6万人）的基础上，2004年来，全省按照全国职业技能鉴定工作会议要求，以加快高技能人才和新职业工种的鉴定为突破口，加大对企业在岗职工和各类职业院校毕业生的职业培训和技能鉴定工作，力争鉴定人数突破100万人，比上年增长20%。目前，广东省对职业院校的职业技能鉴定工作已全面铺开，主要鉴定工种有计算机操作、编程、数控、机电类工种等。2004年上半年，全省参加鉴定的人数预计有40多万人，比上年同期略有增长。

此外，广东省还与香港地区合作，积极探索在香港开展职业技能鉴定试点工作。

(四) 加强对行业和企业开展职业培训和技能鉴定的指导

主要是指导各地选择有条件的行业和企业集团建立高技能人才实训基地，指导企业建立高技能人才业务进修和培训制度，采取校企合作、集中与分散、在职培训与脱产学习等多种形式，对本企业在职职工开展有针对性、实用性的职业技能训练。目前，已涌现出一批做得好的单位，如茂名石化公司、广东核电集团、粤电集团、韶关钢铁集团、广东医药公司、深圳富士康集团、惠州TCL集团和东莞步步高公司等。如茂名石化公司1998—2003年共培训员工11067人，获证人数达6750人，其中高级技师36人。

(五) 积极组织开展职业技能竞赛和表彰活动，营造"四个尊重"的社会氛围

按照劳动保障部的要求，广东会同有关部门开展计算机技术、数控技术、青工技能等竞赛活动。组织开展第七届中华技能大奖、全国技术能手和培养技能人才突出贡献奖等评选表彰活动，积极营造尊重技能人才的社会氛围。

总之，近年来广东省职业培训和技能鉴定工作进展顺利，全省培训就业工作贯彻了张小建副部长2003年在东部五省职业培训工作座谈会精神，根据下岗与失业并轨后，市场就业对劳动者素质提出的新要求，努力落实"五个转变"，全省基本形成了以市场引导培训、以培训促进就业、培训与就业整体联动、相互促进的新工作机制和工作格局。

二、当前培训鉴定工作遇到的新问题

在体制转轨、社会转型和经济结构调整的大背景下,广东省在推进职业培训工作过程中,面临着复杂的形势和繁重的任务,新情况、新问题不断出现,当前存在的主要薄弱环节和需解决的问题有以下三点。

一是对民办职业培训机构缺乏有效的监管手段。如民办培训机构变更法人,如何清产核资;发布虚假招生广告,难以及时查核处理等。

二是按照泛珠三角区域合作框架协议的要求,开展泛珠三角劳务与职业培训合作,涉及外省农民工和港澳地区职业培训和技能鉴定及资格证书互认等问题,特别是在港澳地区推行国家职业资格证书,难度还比较大。

三是推进城乡统筹就业涉及同步推进户籍制度、土地制度和社保制度改革问题。如不同步推进,将受到原有制度的制约,难以建立城乡劳动者平等的培训就业制度。

三、推动职业培训和技能鉴定工作实现新突破的设想

根据2004年全省培训就业工作的总体目标要求和当前遇到的上述困难与问题,今后,我们应当坚持以市场引导培训、以培训促进就业的工作思路,继续以实施高技能人才培养工程为重点,着重抓好以下工作。

(一)抓紧组织实施高技能人才培养工程

按照全省科教人才会议要求和省委、省政府贯彻《〈中共中央国务院关于进一步加强人才工作的决定〉的意见》,抓紧制定高技能人才培养工程实施办法,抓好高技能人才实训基地建设,建立高技能人才开发和交流平台,充分利用技师学院、高级技校、行业高技能人才培养基地和其他教育培训资源,加快培养高技能人才,力争2004年培养1.2万名技师(含高级技师)。

(二)加快技工学校建设发展

要按照"新建一批,改造一批,整合一批"的工作思路,加快发展壮大技工教育事业,力争2004年全省技工学校招生人数超过10万人,高级班招生比例达13%;所有地级以上市3年内至少有一所以上的省级重点技校,5年内至少有一所以上国家级重点技校。要按照时任广东省委书记张德江同志关于

实现扶贫方式根本性转变的重要指示精神，搞好与有关部门的协调，争取将部分扶贫资金调整用于资助技校培养技能人才。特别是要加大对经济欠发达地区、技工教育基础较差的学校的扶持。要借实施《民办教育促进法》的东风，鼓励、扶持发展民办技工教育，使民办技工教育比例有较大提高。

（三）抓紧研究贯彻《民办教育促进法》及其实施条例和《中外合作办学条例》，促进民办职业培训机构健康发展

根据市场经济需求和广东实际情况，研究制定简政放权、搞好服务、加强监管、确保质量的政策措施，鼓励社会力量投资举办技工学校和其他职业培训机构，引导规范办学，重点培养市场紧缺的各类技能人才，打造培训品牌，推动民办职业教育培训学校做大做强。

（四）切实加强职业技能鉴定工作

要加快高技能人才和新职业工种的鉴定工作，主要是加大对企业职工和高等职业院校学生进行职业技能鉴定的工作力度，在港澳地区开展职业技能鉴定和证书互认改革的试点，开拓农村劳动力及进城务工人员技能培训和鉴定领域。创新技能鉴定模式，继续扩大鉴定覆盖面，强化鉴定服务手段，建立和完善职业技能鉴定的监督机制，加强鉴定质量管理，维护国家职业资格证书的权威性。同时，加快省级职业技能鉴定基地建设。

（五）加大再就业培训和创业培训工作力度

各地要落实现有政策，建立完善"政府购买培训成果"机制，充分发挥再就业培训补贴资金的作用。创新培训方式和培训机制，扩大培训规模，增强培训实用性，促进新增劳动力就业和下岗失业人员再就业。要突出抓好创业培训示范基地建设，推行培训、贷款和兑现政策"一条龙"服务，全面推进创业培训工作，继续做好职业技能竞赛及表彰工作。

（六）研究制定泛珠三角劳务合作与职业培训实施方案

根据《泛珠三角区域合作框架协议》确定的任务，研究提出劳务合作实施方案，确定合作的主要内容和方式，建立政府推动、相互促进、市场运作、规范有序的泛珠三角区域劳务合作机制，拓宽劳务合作领域，包括职业培训、劳务输出、境外就业、职业资格互认等，充分发挥广东优势，进一步完善珠三角与欠发达地区的劳务协作机制，实现区域内劳动力资源

的合理配置，促进泛珠三角地区经济社会协调发展。

（七）积极探索推进城乡统筹就业

根据广东省委、省政府关于推进城镇化、发展县域经济的战略部署，委托劳动保障部劳动科学研究所承担广东城镇化进程中的城乡统筹就业问题研究，制定相关的规划和政策，逐步建立城乡统一的劳动力管理和就业服务制度，重点指导珠三角地区加快推进城乡统筹就业工作，加大资金投入，突出抓好欠发达地区开展农村劳动力资源调查建档工作，抓好农村富余劳动力转移培训就业工作，切实做好农村劳动力转移就业的技能培训、劳动预备制培训和智力扶贫工作，力争全省实现农村劳动力转移就业培训45万人。

第三节 关于职业技能竞赛的管理与运作[①]

一、开展职业技能竞赛的目的和意义

（一）职业技能竞赛的含义

职业技能竞赛是指依据国家职业标准，密切结合社会经济发展对技能人才的实际需求，有组织地开展的群众性职业技能竞赛活动，是广东省加快培养和发现、选拔、使用高技能人才的重要途径。

全省性职业技能竞赛的主要特点是：

(1) 突出考核操作技能。

(2) 突出提高解决实际问题的能力。

(3) 突出群众性。

（二）开展技能竞赛的目的

(1) 引导和鼓励广大劳动者和青年学生学习职业技能，促进岗位成才。

(2) 鼓励和引导企业、学校和社会各方面加快培养和选拔高技能人才。

---

① 2011年以来，广东省开始组织大规模的全省性职业技能竞赛活动，试图通过职业技能竞赛培养和选拔高技能人才。但是，不少组织竞赛的单位不了解省级组织竞赛的方法和操作规则，为了进一步规范竞赛行为，广东省人社厅组织了全省性职业技能竞赛知识培训。本节为2013年12月笔者在相关人员培训班上做的专题讲座。收入本书时根据PPT课件做了整理。

(3) 在全社会营造尊重劳动、尊重知识、尊重技能、尊重技能人才的良好氛围，形成全社会重视培养和使用技能人才的社会环境。

（三）组织职业技能竞赛的意义

从近几年在全省范围开展职业技能竞赛的实践来看，开展技能竞赛已成为发现、选拔高技能人才的重要途径。广东大规模开展职业技能竞赛的意义，主要体现在以下三个方面。

(1) 有利于加快培养高技能人才。例如，2010年，省政府决定组织开展36个职业（工种）的技能竞赛，一年中各参与单位采取多种形式，共培养了8000多名高级工以上的技能人才。

(2) 有利于打破常规，破格发现高技能人才。一般培养一名高级工需要8年时间。而通过技能竞赛，不少刚参加工作不久的年轻人，往往可以利用竞赛的平台，按照公平的条件，与对手竞争，从而有机会脱颖而出，破格晋升为高技能人才。

(3) 有利于高技能人才脱颖而出，被社会认可。按照竞赛规则，经裁判员的公正裁决，政府对成绩优异者给予奖励和表彰，用人单位就会认可，并高薪聘请。

二、职业技能竞赛活动的管理体制

（一）竞赛活动实行分级分类管理体制

根据劳动和社会保障部《关于进一步加强职业技能竞赛管理工作的通知》（劳社部发〔2000〕6号）规定，职业技能竞赛活动实行分级分类管理。具体分为"三级两类"。

(1) 级别：可分为国家、省和地市三级。

(2) 类别：每级可分为两类。跨地区的为一类竞赛；跨行业（系统）的为二类竞赛。凡一类竞赛均由人社部门牵头组织，可冠以"全国""中国"等名称；凡二类竞赛均由行业（系统）组织牵头举办，可冠以"全国××行业（系统）职业（工种）"竞赛活动名称。

（二）竞赛项目的申报与批准（备案）

1. 申报

按劳社部发6号文规定，竞赛主办单位开展竞赛活动，须按照规定提出申请报告并附实施方案,按隶属关系报其主管部门审核后于每年的 12 月底前报当地人社部门审批。

2. 主办单位应具备下列条件:

(1) 能够独立承担民事责任。

(2) 有与竞赛组织工作要求相适应的组织机构和管理人员。

(3) 有与竞赛水平相适应的专家、裁判队伍并能按要求完成竞赛任务。

(4) 有与竞赛规模相适应的经费支持。

(5) 具有竞赛所需的场所、设施与器材。

3. 审批

各级人社部门在各自的权限范围内,对管理的竞赛项目进行审核、审批。一般每年 3 月份前集中审批一次。属一类竞赛的,由人社部门发文或会同有关部门共同发文组织实施;属二类竞赛的,经人社部门批准后,可由有关行业(工青妇等社会组织)联合发文实施,并抄送同级职业技能鉴定中心。

4. 备案

(1) 主办单位应在竞赛前 30 天内向审批部门报送《竞赛活动备案表》及实施方案和批准文件。

(2) 主办单位邀请境外机构参与或参加竞赛活动,应先经同级人社部门批准后,报人社部门备案。

(3) 主办单位对竞赛方案进行调整的,需重新申报,经批准后再履行备案手续。

5. 举办竞赛活动应遵循的原则

(1) 坚持社会效益为主原则。

(2) 坚持公开、公平、公正原则。严格执行国家规定和竞赛规则,并邀请公证部门公证。

(3) 坚持按照国家职业标准要求命题原则。

(4) 坚持以实际操作为主进行比赛原则。

三、竞赛的奖励政策

经省人社厅批准的各项竞赛活动,享受以下奖励政策。

（一）授予"技术能手"称号

（1）属于国家级一类竞赛前5名、二类竞赛前3名的，由人社部授予"全国技术能手"称号，颁发荣誉证书和奖章。

（2）属于省级竞赛，参赛人数在60人以上的，一类前8名，二类前5名；人数在30~59人的，一类前4名，二类前3名；人数在29人以下10人以上的，一、二类竞赛前1名，由省人社厅授予"广东省技术能手"称号，颁发荣誉证书。各类竞赛第一名均可向省总工会申请颁发"五一劳动奖章"。

（二）颁发职业资格证书

参赛选手竞赛理论、实操成绩均合格者，由人社部门核发相应职业（工种）、相应等级的职业资格证书。

（三）晋升职业资格等级

以国家职业标准三级（高级）、二级（技师）为竞赛标准，原已取得三级或二级职业资格，竞赛理论、实操成绩均合格，并获得"广东省技术能手"称号的参赛选手，可晋升为技师或高级技师。

（四）其他奖励

一般由主办单位自行确定并报审批部门备案。如奖金、奖品、奖章、奖状等。

四、如何制定竞赛实施方案

竞赛实施方案是主办单位组织实施职业技能竞赛的基本依据。申办竞赛活动，必须依据《国家职业技能竞赛技术规程》等有关文件，制定竞赛实施方案。方案的内容、结构一般包括以下九个方面。

（一）本次竞赛目的

（二）成立组织机构

（1）成立竞赛组委会（包括主任、副主任、委员）。全面负责该项竞赛的组织管理和指导监督，并对竞赛中的重大事项进行决策。

（2）竞赛组委会办公室（或秘书处）。其主要职责是：沟通协调、组织实施、宣传发动、赛务管理、经费筹措、交通住宿等后勤保障等。

一般应在办公室（秘书处）下设综合资料组、宣传组、赛务组和后勤保障组这四个组别。

（3）竞赛评判（技术）委员会。评判委员会在组委会统一领导下，全面负责竞赛的技术和赛务工作。主要包括选派和聘请裁判员、制定竞赛规则和评分标准、组织命题，制定竞赛培训大纲，负责选手训练场地、设备检验检测及评判等技术性工作等。一般应在评判委员会下设专家组、命题组、裁判组这三个组。

（4）仲裁组。一般由3人组成。主要负责受理各代表队的申诉、对竞赛过程中出现的争议和违纪现象进行处理；检查和督促各工作机构及人员履行职责和执行规则、规程等。

（三）确定竞赛项目、标准、组别

1. 竞赛项目的挑选

一般应选择技术复杂、通用性强、从业人员较多、影响较大的职业（工种）作为竞赛项目。一些发展迅速、就业面较大的新职业也可作为竞赛项目。

2. 竞赛标准

每项竞赛均应确定竞赛标准。省级以上竞赛项目须以国家职业资格三级（高级）以上的标准为依据。

3. 组别

每项竞赛一般可根据参赛对象情况，分为职工组和学生组。每个组别应当明确参赛对象（选手）应具备的资格条件。如教师身份不能参加学生组的比赛等。

（四）明确决赛时间、地点

（1）决赛时间，包括理论考试和实操考核的具体时间。

（2）地点，即上述竞赛项目的具体地点。

（五）确定竞赛实施步骤

（1）报名时间和要求。

(2) 资格审核。

(3) 制作参赛证。

(4) 赛程安排：一般分初赛、选拔赛（半决赛）和决赛三个阶段进行。

（六）制定竞赛规则

(1) 选手须知（守则）。

(2) 赛场规则（纪律）。

(3) 裁判员守则。

(4) 仲裁员守则。

(5) 安全守则。

(6) 违纪处理守则。

（七）申诉与仲裁

(1) 申诉。明确申诉主体和程序。

(2) 仲裁。

（八）奖励办法

(1) 按照国家和省规定执行。

(2) 主办单位可以另设奖项和奖励办法。

（九）其他事项

(1) 确定联系人与联系方式。

(2) 设计个人报名表。

(3) 填报报名汇总表。

五、制定竞赛技术文件的基本要求

每项竞赛，均应制定竞赛的技术文件(或称技术实施方案)，明确以下事项。

（一）明确竞赛项目（工种）及级别

（二）进一步明确竞赛内容和方式

每个职业（工种）的技能竞赛内容，一般包括理论知识和实际操作技能竞赛两个部分，方式有以下两种。

（1）理论知识竞赛，一般采取计算机无纸化闭卷作答方式进行，明确内容主要包括哪些方面。满分为100分；确定考试时间的长短。

（2）操作技能竞赛，一般采取现场实操方式；明确内容主要包括哪些方面；满分为100分；确定实操时间。

（三）竞赛标准及命题

每项竞赛要明确以哪一级国家职业标准为依据。在此基础上，根据不同组别、不同地区（行业）竞赛的侧重点，明确命题的整体思路。包括理论知识考试的命题范围、题型、难度、题量，实操考试项目的命题范围、难度及对选手能力考核的设计原则、考核的关键点和配分原则等，并适当增加新知识、新技术、新设备、新技能的相关内容。

通用职业（工种）的竞赛，由省职业技能鉴定中心组织命题。行业特有职业（工种）的竞赛，由行业主管部门会同省职业技能鉴定中心组织命题，也可以从技能鉴定国家题库中随机抽取试题。

（四）竞赛成绩评定办法

（1）竞赛选手的成绩评定，由裁判组负责。

（2）理论知识应采取计算机评分方式。由裁判员根据评分标准统一阅卷、评分与计分。

（3）实操竞赛成绩评分方式。

（4）总分和排名办法。

（五）竞赛场地和设备

（1）理论知识竞赛具体场地。

（2）实操竞赛具体场地及设备、工具等。一般应按不同职业（工种）的竞赛要求，选择场地和设备等。

（六）竞赛细则

（1）竞赛规则及注意事项。

（2）赛场规定。

六、竞赛活动的具体组织实施

竞赛活动一般包括开幕式、竞赛过程、闭幕式和竞赛总结等几个基本环节。

（一）开幕式程序

(1) 选手入场式。

(2) 主持人介绍来宾。

(3) 全体起立，奏国歌（升国旗）。

(4) 领导致开幕辞。

(5) 来宾致辞。

(6) 裁判宣誓。

(7) 选手宣誓。

(8) 宣布竞赛规则和要求。

(9) 宣布竞赛开始。

(10) 相关宣传庆祝活动等。

（二）竞赛过程的主要环节

在裁判长主持下，由全体裁判员共同参与执行。主要有以下六个环节。

(1) 确认选手身份。

(2) 进行赛前教育（主要向选手说明比赛技术要求等）。

(3) 对竞赛材料、设备、工具的检验。

(4) 赛场监考的实施。

(5) 对竞赛作品、试卷进行评分。

(6) 确认竞赛成绩名次等。

（三）闭幕式程序

(1) 主持人介绍来宾。

(2) 裁判长宣布竞赛结果并做简要的技术点评。

(3) 组委会领导致辞。

(4) 宣读表彰决定。

(5) 颁奖。

(6) 获奖选手代表发言。
(7) 主办单位领导做总结讲话。
(8) 相关庆祝活动等。

(四) 竞赛总结

由主办单位对本次竞赛进行全面书面总结，附上竞赛情况表和获奖名单，特别是技术能手获得者情况登记表，于赛后 1 个月内报审批部门。

七、重视培养裁判员，确保竞赛公平公正

裁判员是指按照国家职业技能竞赛有关规定，由各级职业技能鉴定进行培训、认证后，颁发国家职业技能竞赛裁判员资格证书和胸卡，并对竞赛进行执裁的人员。

随着职业技能竞赛活动的广泛开展，各地各行业普遍缺乏具有较高权威的裁判员。各地各单位必须重视做好裁判员培养、聘用工作，以保证竞赛的公平公正及顺利进行。

(一) 担任裁判员须具备的基本条件

(1) 坚持四项基本原则、热爱本职工作，具有良好的职业道德和心理素质，坚持公平、公正原则，秉公执法，不徇私情。
(2) 从事某职业（工种）15 年以上，并在该职业技术、技能方面有较高声誉，具有裁判员资格证。
(3) 具有本职业（工种）技师以上职业资格或中级以上专业技术职务。
(4) 原则上年龄应当在 55 周岁以下，身体健康，能胜任裁判工作。
(5) 具有较高的裁判理论水平和丰富的实操经验，熟练掌握规则，现场运用准确、适当。
(6) 具有较丰富的临场执裁经验和组织现场裁决能力。
(7) 具有从事两次以上省级竞赛裁判工作经历。

(二) 要重视加快培养裁判员

(1) 目前一些新职业（工种）、特种职业裁判员严重短缺，制约了竞赛活动的开展，必须重视加快培养国家职业技能竞赛裁判员。
(2) 初步具备裁判员条件的，可由本人申请，经所在单位（行业）推

荐,参加省职业技能鉴定机构组织的裁判员培训,经考评合格者,颁给国家裁判员证书。

(三) 裁判员的聘任

职业技能竞赛裁判员原则上应具备国家职业技能鉴定考评员或竞赛裁判员资格,并具有上述基本条件。指定为竞赛的职业(工种)没有考评员、裁判员资格的,可从该职业工种中择优推荐具有技师以上或中级职务以上的人员参加裁判员培训,经培训考核合格的,可颁发职业(工种)技能竞赛裁判员或考评员资格证书,并从中择优选用。

第四节 关于在电视台开设技能人才展示宣传栏目的实施方案①

根据时任广东省委书记汪洋同志的指示精神,为了进一步贯彻实施人

---

① 根据党的十七大提出的更好实施人才强国战略的总体要求,中共中央、国务院于 2010 年印发了《国家中长期人才发展规划纲要(2010—2020 年)》,广东省委、省政府印发了《广东省中长期人才发展规划纲要(2010—2020 年)》,强调人才是推动科学发展的第一资源,必须重视和加快建设具有国际竞争力的人才队伍。按照中央和省的部署,为了进一步贯彻实施人才强省战略,汪洋书记和肖志鸿副省长要求省人社厅及有关部门大力宣传展示高技能人才的先进事迹,营造尊重劳动、尊重知识、尊重技能的社会氛围,加快培养高技能人才。为此,省人社厅从 2011 年 9 月开始会同省委宣传部、省财政厅和广东电视台等单位协商制定宣传方案。在协商过程中,大家同意通过电视栏目宣传展示技能大赛的风采,栏目名称初定为《技能创造未来》。后来,笔者提出将栏目改为《技行天下》,得到各省委合作单位的一致认可。此后,职业能力建设处将电视宣传栏目设定为《技行天下》,并提出了两个实施方案,经有关部门同意后,即报肖志鸿副省长转报汪洋书记。经汪洋书记同意后,即组织实施,并于当年 11 月开始在广东电视台珠江频道播出,《技行天下》电视栏目被广电部评为优秀电视栏目。2012 年,汪洋书记在省区域发展经济技术合作洽谈会上对前期播出的《技行天下》节目给予充分肯定,同时,对进一步办好该节目提出希望和要求。省人社厅即写出总结报告报省政府办公厅,由省政府办公厅转报汪洋书记、朱小丹省长。汪洋书记批示:"转型升级靠的是技能型人才的大批成长,媒体是重要的推动力。要坚持做下去,不断完善、不断提高,做出'大名堂'来"。自此,此项创新性、突破性的工作,为提升技能人才的社会地位做出了积极贡献。下面摘录省人社厅 2011 年 10 月专报肖志鸿常务副省长的实施方案和 2012 年 10 月省政府办公厅专报汪洋书记和朱小丹省长的工作报告,作为这段改革历史的见证。

才强省战略,营造尊重知识、尊重技能、尊重劳动、有利于促进高技能人才成长的社会氛围,加快培养高技能人才,广东省劳动保障厅拟在广东电视台开设技能展示宣传栏目,通过电视栏目宣传展示技能大师绝技绝活、地方特色工艺、创新工艺等,让老百姓在欣赏电视节目过程中,认识技能,学习技能,争当技能人才,实现技能创业、技能兴业,特制定本实施方案。

一、开办目的

技能人才是人力资源的重要组成部分,是加快产业转型升级、建设幸福广东的重要力量。通过开设电视栏目全面持续宣传展示技能大师的精神风貌和精湛技艺,彰显技能人才在广东经济社会发展、产业升级和建设幸福广东的重要地位和作用,向广大劳动者推广普及技能知识,增强技能就业和素质就业意识,提升生活和工作技能,丰富人文生活,引导更多劳动者学技能,走技能成才之路,在全省掀起学习和宣传高技能人才的热潮,推动技能劳动者队伍整体素质不断提升,为促进产业转移升级、建设幸福广东服务。

二、宣传内容

以历届"中华技能大奖""全国技术能手""南粤技术能手"、国家级技能竞赛优胜选手获得者为主要对象,以地方特色工艺大师、民间能工巧匠、非物质文化遗产传承人等技能大师为载体,展示工业设计、先进制造业、现代服务业、文化创意、地方传统特色工艺、民间绝技绝活,介绍生产一线的高技能人才刻苦学习,成就绝技绝活、创新工艺,解决技术难题,带动产业、企业发展或改变人生的传奇故事。

三、播出频道

播出频道:广东电视台珠江频道

栏目名称:《技行天下》(暂定)

播出时间:每周星期六下午 6:00~6:15 播出一次,星期日重播一次。连播 6 个月(暂定)。

四、表现形式

通过技能大师成才的现身说法、技能比拼、技能展示、技艺传授,从现场访谈、技术讲解等不同角度,以不同方式,结合行业、企业、家庭以及地方风土人情等场景,集知识性、技术性、传奇性、趣味性、观赏性于一体,着力宣传技能人才在广东经济社会发展、产业升级和建设幸福广东的重要地位和作用。每一期根据不同的内容,采用适当的表现形式。具体表现形式由广东电视台根据节目需要和视频效果等策划编排。

五、组织实施

(1) 为加强栏目制作的领导和策划,拟成立技能展示电视宣传栏目协调监制领导小组,由省人社厅、省委宣传部、广东电视台各指派领导同志组成,领导小组负责本项工作主要事项的协调和指导。领导小组下设办公室和栏目策划摄制小组。办公室设在省人力资源和社会保障厅,由省人社厅、广东电视台及相关业务处室派人参加。省人社厅负责素材收集、提供采访线索、协助采访和监制及相关政策背景材料;栏目策划摄制小组设在广东电视台,负责节目的策划、拍摄、制作与播出。

由于该节目是公益性节目,请省委宣传部负责协调广东电视台积极组织技术力量,认真做好节目的策划和录制工作,并按公益性栏目收费及安排播出,尽量减少费用。

(2) 工作步骤。①成立工作协调领导小组,同时设立领导小组办公室和栏目策划小组。②召开栏目策划摄制小组工作协调会,组织实施拍摄制作方案,力争11月底前在广东电视台珠江频道陆续播出。

第五节 关于进一步做好《技行天下》节目制作的报告[①]

为了贯彻落实汪洋书记在省区域发展经济技术合作洽谈会上关于进一步办好《技行天下》节目的重要指示精神,2012年10月19日,肖志鸿常

---

① 本节写于2012年10月23日,收入本书时有删节。

务副省长召集省委宣传部和省人社厅、财政厅、广电局、南方广播影视传媒集团、广东电视台相关负责同志,听取有关单位关于《技行天下》节目拍摄制作情况的汇报,传达学习汪洋书记有关重要指示精神,对进一步做好节目的拍摄及宣传工作进行了认真研究部署。现将有关情况报告如下。

一、前阶段工作情况

按照省委、省政府部署要求,省有关单位迅速行动,认真做好《技行天下》节目的制作和宣传工作,并从 2012 年 9 月 9 日起连续播出,受到社会各界的好评,取得良好成效。主要做法如下:

(一)建立组织领导机制

省人力资源社会保障厅、南方广播影视传媒集团、广东电视台联合成立了《技行天下》电视宣传工作领导小组,由相关单位主要领导担任组长,领导小组下设办公室、宣传小组和栏目策划摄制小组,抽调精兵强将负责具体实施工作。

(二)精心组织节目制作

广东电视台参照了英国优秀节目《行行出状元》的模式,并聘请该节目核心制作人员参与《技行天下》的策划制作,从全省 89 个竞赛职业工种中挑选部分具有观赏性且与百姓生活相关的工种分别进行策划拍摄,通过表现手法的创新,突出表现选手的职业规范和技能水平。

(三)大力开展宣传报道

省委宣传部与省人力资源社会保障厅联合下发通知,要求各地、各部门组织相关人员做好《技行天下》节目的收看工作;省内各主要媒体对《技行天下》节目进行了全方位、多角度、立体化的深度报道,文章累计有 150 余篇。

二、下一步工作打算

会议指出,汪洋书记高度关注《技行天下》节目,在省区域发展经济技术合作洽谈会上对已播出的几期节目给予了充分肯定,同时,也对进一步办好该节目提出了希望和要求。各有关单位要认真贯彻落实汪洋书记的重要指示精神,振奋精神,再接再厉,紧紧围绕体现竞赛性、注重创新性、强化导向性、增强观赏性和着眼长期性的总体思路,进一步扎实做好节目制作和宣传工作,努力把《技行天下》栏目打造成各行各业高技能人才的竞赛平台、高技能项目的展示平台、学习钻研技能技术的导向平台。会议要求,下一步具体做好以下几方面工作。

(一) 健全制度

将《技行天下》节目作为广东电视台的固定栏目,长期办下去,逐步扩大影响,打造成具有较大影响力的品牌栏目,成为推动广东技能人才队伍发展的重要宣传阵地。

(二) 拓展领域

《技行天下》节目既要反映制造业的技术水平,也要反映第一、第三产业的技能水平,兼顾传统产业和新兴产业;要充分展现在岗职工和社会上各类人才的技能水平,在展示技能水平的同时,反映现代技术进步,宣传推动高新技术和产品的应用;选手的选拔要逐步面向全国,选拔方式要多种多样,综合采用系统推荐、社会征集、个人自荐等多种形式,确保选手的典型性和代表性。

(三) 改进方法

要强化节目的策划和编剧,改进摄制手法,通过不断提升节目制作的专业化水平和不断创新,增强节目的可视性和吸引力。

(四) 强化保障

广东电视台要为《技行天下》节目配备专门的创作、摄影和主持人队伍,会同省人力资源社会保障厅组织专门的裁判队伍。所需人员编制以广东电视台内部调剂为主,如确需另外增加,由相关单位按程序报批。节目所需经费主要通过市场开发解决,省财政给予适当补助,2013年争取列入预算,请省财政厅按规定程序研究办理。

(五) 建立机制

结合《技行天下》节目制作需要,建立制作团队与相关部门、企业及院校的合作机制,为提升节目质量和水平争取各方面的支持和协助。建立激励机制,充分调动节目制作团队的工作积极性。

(六)加强宣传

继续做好节目的组织收看和宣传报道,深入挖掘参赛优秀选手的典型事迹,通过赛后追踪报道、先进事迹巡回宣讲等形式,将技能人才先进典型"明星化",进一步在全社会营造崇尚技能的良好氛围,调动和激励年轻人学技能、钻业务的热情,推动广东省高技能人才队伍建设。

专此报告,请审示。

第九章　创建培训促就业新机制

——模式创新之五

【内容提要】进入21世纪后，随着经济发展方式的转变，广东面临新的就业形势：一方面是国有企业职工下岗与市场就业并轨工作基本完成；一方面是用人单位对劳动者素质要求不断提高。如果只是被动地推荐就业，已经不能适应经济发展需要。授人以鱼不如授人以渔，劳动保障部门必须致力于提高劳动者素质，让其进入市场自主择业或自主创业，形成促进就业创业新机制，才能更好地解决就业问题。于是，笔者早于2001年就撰写了《努力构建以培训促就业新机制》一文，提出了一些对策建议；不久，根据技术进步和劳动者对稳定就业的要求，提出"素质就业"的观点和实施创业培训促进创业带动就业的建议。后来，笔者还配合中国就业促进会开展了开发智力密集型产业促进就业创业课题研究，提出大力发展职业教育，提高劳动者素质，促进就业创业的相关建议。本章收录的六节内容，反映了笔者关于构建通过职业培训促进就业创业新机制的构思。

第一节　努力构建以培训促就业新机制[①]

一、2000年广东培训就业工作基本情况

1999年来，广东省培训就业工作紧紧围绕省委、省政府关于加快建立市场导向就业机制的战略部署，着力推进劳动力市场三化建设，认真落实下岗职工再就业优惠政策，开拓新的就业门路，促进就业；同时深入开展技工学校和就业训练机构的改革调整工作，大力推动就业准入和职业技能

---

① 本节写于2001年2月15日，在全国率先提出构建以培训促就业新机制的设想。

鉴定工作，取得了可喜的成绩。

（一）认真落实下岗职工再就业政策，大力促进再就业

主要是抓了两项工作。

一是认真贯彻落实《关于理顺国有企业下岗职工劳动关系有关问题的通知》（粤劳社〔2000〕36号），要求各地从2001年1月1起，除个别经批准的特困企业外，全省国有企业新的减员不再安排下岗进企业再就业服务中心，应依法终止或解除劳动关系进入劳动力市场。据统计，2000年全省国有企业共有新的减员20.9万人，其中直接解除劳动关系向社会分流17.4万人，安排下岗进企业再就业服务中心的有3.5万人。全省累计进中心的下岗职工20.3万人，比1999年同期减少48.8%，分流出中心10.2万人，分流安置率达50.2%，到12月底，仍滞留在中心的下岗职工达10.1万人，比1999年同期减少6.7万人。

二是牵头起草并认真贯彻省政府《转发国务院关于切实做好企业离退休人员基本养老金按时足额发放和国有企业下岗职工基本生活保障工作的通知》（粤府〔2000〕46号），进一步明确把国有企业下岗职工基本生活保障和再就业的工作重点，转向加快建立和完善市场就业机制和社会保障体系上来。要求各地按国家和省的规定，结合实际制定具体的贯彻办法，提出下岗职工出中心的年度计划，积极筹措"两个确保"和劳动力市场建设资金，解除劳动关系经济补偿金，使进中心的下岗职工大幅减少，出中心人数增加。自7月份起，全省每月进中心的下岗职工平均仅为400人左右，平均每月出中心8000多人，在中心的下岗职工从1999年年底的16.8万人减至2000年12月底的10.1万人，做得比较好的市有广州、惠州、茂名、韶关、肇庆、汕头、佛山等市，他们通过制定计划，加强就业指导，开展"131"服务，开辟新的就业门路等措施，促进就业取得明显效果，有力地推动广东省下岗职工由进中心到进市场的转变。

（二）全力推进劳动力市场基础设施建设

根据游宁丰副省长关于把2001年作为劳动力市场建设年的指示精神，广东省劳动保障厅于2000年8月初在汕头召开了全省劳动力市场建设工作会议，游副省长到会作重要讲话，方潮贵厅长做工作报告，部署全省按照"科学化、规范化、现代化"要求，以信息网络建设为核心，力争到2003年实现省、市、县和部分已建立就业服务机构的街道（乡镇）劳动力市场

计算机联网，运用现代化手段为用人单位和劳动者沟通信息、提供服务。根据上述目标和广东省统一的市场软件尚未开发出来的实际情况，我们着重抓了基础设施建设。

一是按照厅领导指示，抽调有关市技术人员组成全省劳动力市场信息网统一软件开发小组，开展用户需求和业务流程调研，用两个多月时间就拿出了广东省劳动力市场管理服务信息系统设计方案，同时组织招标、组织专家评标论证，确定了开发公司。目前正进入签协议阶段。这为加快全省市场网络建设打下了良好基础。

二是要求各地尽快落实场所，抓好服务场地建设。目前全省22个地级市已全部落实了劳动力市场新场地，其中，12个市启用了新的场所。

三是积极筹措劳动力市场建设资金，预计2001年各级财政投入市场建设资金达1亿元以上，其中，省扶持经济困难的市和"三化"建设试点县的资金达1254.9万元。部分市、县原有的信息网络继续投入使用，为劳动力市场供求双方提供了方便、快捷的服务，促进了就业。据统计，全省全年城镇登记失业人员总数达93.2万人，同比增加5.4万人。经过努力，全省失业人员实现就业共52.7万人，到2000年底实有失业人员30.2万人，城镇登记失业率控制在2.5%，同比上升0.2%，低于年初确定的3%的控制目标，城镇就业局势保持平稳。

（三）大力宣传、认真贯彻《广东省职业介绍管理条例》

主要抓三件事：①组织召开贯彻实施《广东省职业介绍管理条例》（以下简称《条例》）新闻发布会，省人大张帼英副主任和游宁丰副省长分别做了讲话，对贯彻实施《条例》做出具体部署，有力地推动了《条例》的贯彻实施。各地同时开展宣传周活动，扩大了《条例》的社会影响。②趁贯彻《条例》的有利时机，着力抓紧制定配套政策，先后出台了《劳动保障事务代理暂行办法》《公益性职业介绍机构经费管理暂行办法》《关于贯彻执行〈广东省职业介绍管理条例〉若干问题的意见》，健全管理制度，规范市场管理。全年非法职业中介现象有所减少。③大力推动公共职业介绍机构建设，我们与省编办联合制定公益性职介机构人员编制办法和《劳动力市场管理和服务业务流程》。这些配套政策的出台，有力地推动了公共职业介绍机构的建设，例如，东莞、湛江等市落实了人员编制。同时认真贯彻落实国务院《关于加强出入境中介活动管理的通知》，与公安等部门联合开展清理整顿活动，进一步规范了广东省涉外就业市场。

（四）深入开展职业教育培训调研活动，为推进技工学校就业培训机构的改革调整做好准备

一是配合省委省政府召开省教育工作会议，在深入调研的基础上，撰写了《以市场需求为导向，大力培养高素质技能人才》的经验材料，针对技工学校和各类培训机构存在资金投入不足、规模小、层次低以及管理不完善等问题，提出了对策措施，在全省教育工作会议上印发并取得好的效果。

二是抓紧贯彻落实劳动保障部《关于加快技工学校改革调整的通知》，起草了广东省技工学校改革调整实施方案和重点技工学校主体专业毕业生直接领取职业资格证书的实施办法，于2000年9月份在中山市召开了全省技工学校改革调整和职业培训工作会议，提出按照"调整布局，提高层次、突出特色、服务就业"的方针，通过联合、转制、划转、撤销等方式，力争用3年左右的时间完成技校和各类培训机构改革调整工作，建立适应经济发展和促进就业需要的现代化技工教育和职业培训体系的工作目标。《调整方案》报省政府后，现正在按省政府的要求，与教育厅协商进一步修改。

三是会同省府办公厅，按照游副省长的指示，开展技工学校改革发展面临问题及对策的调研活动，写出了调研报告初稿。

四是会同省教育厅讨论修改中专职业教育结构调整方案，达成了在管理体制不变的情况下，共同构建大专层次职业教育大平台的共识。

五是认真抓好技工学校招生工作，组织召开了招生工作总结会，1999年全省技校招生5.8万人，完成了上级下达的招生计划。

（五）大力推行职业资格证书制度，进一步落实劳动就业准入控制

一是组织开展劳动保障部关于《招用技术工程从业人员规定》的宣传周活动，要求各地将持证上岗的工种由66个扩大到90个。

二是结合广东省实际情况，制定并颁发了《广东省招用技术工种从业人员暂行管理办法》，对劳动保障部门通过职业介绍、招用工管理、劳动监察等环节，发挥整体优势，实施就业准入制度做出明确规定。同时，下放职业资格证书发放权限，调动各地、各行业推行职业资格证书的积极性，扩大鉴定覆盖面。

三是在深圳、广州等市开展技师考评社会化试点和在韶关钢铁集团开

设职业技能现场鉴定试点,总结试点经验,得到劳动保障部的肯定,并在全国推广。

四是加强职业技能鉴定机构建设,开展年审工作,推动了职业技能鉴定事业的发展。截至2000年年底,全省通过年审的职业技能鉴定机构有349个,累计参加职业技能鉴定的人数达46万人,通过鉴定的有38.9万人,鉴定合格率84.7%。此外,我们还与鉴定中心组织了焊工、电工等工种的技能竞赛活动,获得中华技能大奖的有1人,全国技术能手6人,省技术能手43人。

(六)加强社会力量办学机构的管理,努力提高培训质量

2000年以来,广东省各级劳动保障部门按照《社会力量办学条例》,坚持鼓励发展和加强管理双管齐下,通过采取培训资格和教材认定、年审等方式,鼓励社会力量办学机构积极组织下岗职工、失业人员和城乡新增劳动力培训。全省社会力量办学机构有1766个,年培训社会劳动力41.54万人,职业培训就业率达70%。组织全国重点就业训练中心交流工作经验,研究当前就业训练工作中遇到的困难与问题,要求劳动部门举办的就业训练中心,开展创业培训,全面实施劳动预备制度和转业训练,促进就业。

(七)启动三大试点工作,以点带面,着力构建以培训促进就业的新机制

一是确定17个县(市、区)作为县级劳动力市场"三化"建设试点,拨给试点经费300万元,制定了实施方案,落实了场地。

二是开展农村劳动力开发就业试点工作。根据劳动保障部等7部门《关于进一步开展农村劳动力开发就业试点工作的通知》的要求,广东省劳动保障厅专门召开了有计委、农业厅、科技厅、建设厅、水利厅、省府发展研究中心、省扶贫办等8个部门参加的会议,研究确定广东省参加全国试点的单位和政策措施,经上报部批准,南海、高州、英德、罗定、廉江、博罗、化州等7个县(县级市)被确定为全国试点单位,目前,各试点单位已制定了具体实施方案,由当地政府成立了领导机构,认真开展了试点工作。

三是组织开展创业培训试点工作,广州市海珠区、荔湾区和深圳市、佛山市劳动部门培训中心开展了创业培训,共培训600多人,取得了较好效果。

二、今后工作设想

今后广东省培训就业工作将面临新的形势，特别是随着我国加入 WTO 以及高新技术产业的发展，产业结构调整步伐将明显加快，国有企业三年改革脱困目标基本实现后，优化结构将成为主题；随着广东省进一步加快建立市场导向就业机制，企业下岗职工出中心的步伐将加快，新的减员将全面进入劳动力市场就业；而劳动力素质和技能不适应经济发展和结构调整需要的矛盾日益突出，从而使结构性失业问题更为突出，城镇失业人员失业率将逐步攀升。新的形势对培训就业工作提出了更高要求。为此，今后培训就业工作要以加快建立市场导向就业机制为主题，继续以大力开发、有效配置劳动力资源为中心，加快劳动力市场网络建设、推进技工学校改革调整，扩大技能鉴定覆盖面，大力推行职业资格证书和就业准入制度，抓好发展社区就业服务、创业培训和农村劳动力开发就业三大试点工作，把城镇失业率控制在3%以下，努力构建以培训促就业新机制，开创培训就业工作新局面。

（一）全面推进劳动力市场"三化"建设

（1）抓好市场信息网络的开发，安装、试运行，2001年4月底拿出软件，5月开始安装。

（2）抓试点县市和地级市省劳动市场的建设，提高服务质量，出成效。

（3）进一步贯彻落实条例，重点是解决制度和收费问题，加强公益性职介机构建设加强对社会职介机构的规范管理。

（4）贯彻部发10号令《劳动市场管理规定》加强城镇就业管理。

（5）组织全省开展职介机构年审换证工作。

（6）组织全省开展职业指导员和职介从业人员培训，颁发上岗证书（包括建立相应制度），提高服务质量。

（7）加强境外就业机构的管理理顺联合公安部门出台政策，开展调查，制定港澳台人员就业管理政策。

（8）抓好农村劳动力开发就业试点工作。

（9）对6个试点城市劳动力市场三化建设进行评估。

（10）抓好就业统计与调查预测，及时掌握就业动态。

(二）努力扩大就业门路，促进就业和再就业，保持就业局势稳定

着力抓好以下十项工作：

（1）总结各地发展社区服务业的经验，研究制定发展社区服务业的政策。

（2）结合社区就业，探索实行阶段性就业、弹性就业等多种灵活就业形式，并研究制定相关政策。

（3）进一步推动落实下岗职工、失业人员再就业和鼓励自谋职业的优惠政策，鼓励下岗职工快出中心。

（4）研究实施积极的劳动力市场政策，促进广东就业机制和就业结构的调整和转换，实现广东就业体制创新。

（5）抓好创业培训，着力促进长期失业人员和下岗职工实现再就业。

（6）制定第二期三年百万职业培训计划，确定再就业培训点，大力开展再就业培训，促进培训与就业的结合。

（7）做好有关培训统计分析和报表上报工作。

（8）抓好培训机构管理人员、教师队伍建设。

（9）探索政府购买培训成果办法，采取财政增加投入办法，发展培训基地，抓好下岗、失业人员再就业培训。

（10）抓好机构管理人员培训工作，加强教师队伍建设。

（三）加强技工学校管理，推进技工学校的改革调整工作

重点工作是：

（1）会同教育厅为省府起草《中等职业教育布局结构调整的意见》，并据此制定全省技校改革调整实施方案。

（2）会同省府研究室完成技校改革发展问题的调研活动，写出调研报告，争取出台政策促进技工改革发展。

（3）印发与贯彻落实省重点技校主体专业毕业生直接获得相应的职业资格证书的办法，做好相关的配套工作。

（4）加强国家级重点技校和高级技校建设，指导调整专业设置，与教育部门共同研究构建大专层次职教大平台。

（5）研究技校招生制度、办法的改革，探索制定面向社会招收大专层次学生的办法；做好全年技校招生宣传及录取工作。

(6) 会同省委、省政府有关部门研究制定贯彻全省教育工作会议精神的 8 个配套政策文件。

(7) 建立完善技校、技能鉴定督导员制度。

(8) 做好技工学校管理体制改变后的移交工作,并创办两三所有特色的厅属技校。

(四) 全面推进职业技能鉴定工作

(1) 会同监察处、就业中心,开展用工检查,全面落实就业准入制度。

(2) 总结推广韶钢等开展企业职工技能鉴定工作的经验,制定有关政策,逐步扩大试点范围。

(3) 会同鉴定中心、教育厅开展实行职业技能鉴定的调研,制定有关政策,扩大鉴定实施范围。

(4) 推广技师考评社会化经验,加强高级工、技师的培养、鉴定工作,提高鉴定层次。省拟选择四五个市进行试点。

(5) 建立技能鉴定考评员管理制度。

(6) 建立职业资格证书管理制度。

(7) 全面开展技能鉴定机构年审工作,通过年审表彰一批好的鉴定站,对违反规定的予以通报批评,健全内部管理制度、提高工作质量。

(8) 抓好就业技能竞赛和技术能手表彰工作。

(9) 起草广东省招用技术工种从业人员管理规定。

(10) 起草广东省职业技能鉴定管理规定。

(11) 探索建立有效的技能鉴定工作机制及质量督导制度。

(12) 抓好技能鉴定管理人员、考评员、专家队伍建设。

(五) 加强社会办学机构和就业训练机构的管理,全面实行劳动预备制度

(1) 对社会力量办学机构进行年审、整顿,提高办学质量。

(2) 制定加强社会力量办学机构管理的办法。

(3) 严格办学机构的审批,提高培训层次,防止低水平重复。

(4) 开展社会力量办学机构、就业训练机构评比活动,树立先进典型。

(5) 全面实行劳动预备制度,落实培训定点基地的命名。

第二节 技术进步呼唤"素质就业"①

【话题动机】广东的外省劳动者占全国跨省流动就业的1/3，为全国提供超过1600万个就业岗位，"十五"期间广东如期实现增加就业和控制失业率的宏观调控目标，为缓解全国就业压力做出重大贡献。

2006年是实施"十一五"规划的开局之年，也是广东转变经济增长方式、推动产业升级进入实质性阶段的一年，广东农村劳动力转移步伐加快。在新的形势下，广东面临的就业形势和压力是什么？为此，《人民日报》记者邓圩采访了广东省劳动和社会保障厅培训就业处处长、资深就业培训专家陈斯毅。

一、趋势：就业市场依然供大于求

记者：如果说"十五"期间就业的主要矛盾集中在体制转轨带来的下岗再就业问题，那么，"十一五"期间广东劳动力供求的总体趋势怎样？

陈斯毅：总趋势是：劳动力供给与需求都会有明显增长，供大于求的矛盾依然存在，供求结构发生新的变化，结构性矛盾仍趋于突出，就业困难群体可能增多，就业压力仍然很大。

虽然2006年我们提出全省力争为社会提供100万个就业岗位，但是，目前广东劳动力供给正处于高峰期，就业压力很大。

记者："高峰"体现在哪些方面？

陈斯毅："十一五"期间广东每年劳动力供给总量将达270万人左右，比"十五"期间年均增加70万人。供给增加主要来自三个方面，首先是2005年全省大约有160万达到劳动年龄的人口；其次是随着广东省农村劳动力向城镇转移就业规模逐年增加，按照"十一五"期末非农产业比重达72%测算，每年转移就业人数至少有50万人（不含就地向非农产业转移人数）；还有就是平均每年新增入粤外省劳动力就业人数约60万人。

记者：劳动力需求方面发生了什么变化？

陈斯毅：技术进步、资本有机构成提高和经济增长方式的转变，将使

---

① 本节为《人民日报》社记者邓圩同志采访笔者的文稿，曾发表于《人民日报》2006年1月5日19版。

用人单位对劳动者技能素质的要求不断提高，使复合型、技能型劳动力趋于紧缺。可以预测，在新的一年里，用人单位对综合素质较高的技术技能型人才需求将持续增加。但目前全省技术工人只有665万左右，约占城镇从业人员总数35.6%。高级工以上技能人才仅占技术工人的5.30%，高技能人才需求缺口较大。

记者：但广东的现状是，劳动者整体素质不高，特别是在向非农产业转移的农村劳动力中，初中及以下文化水平占80%左右，势必造成结构性失业。

陈斯毅：这种结构性失业直接导致一些素质较低、缺乏技能、年龄偏大的劳动力就业难度增大。用人单位也将逐步辞退一些素质较低的劳动力，腾出岗位招用素质较高的劳动者。

二、措施：从三个方面转变就业政策

记者：供需矛盾的变化是不是也意味着就业政策的转变？

陈斯毅：是的，目前广东就业工作已进入统筹城乡就业的新阶段，迫切需要实现三个转变。

一是就业工作重心从过去侧重于城镇就业转移到推进城乡统筹就业上来。

二是就业发展战略要从过去偏重于数量就业转移到素质就业上来。

三是就业政策要从过去着重解决体制转轨遗留问题转移到建立城乡劳动者平等就业制度上来。

记者：从数量就业转移到素质就业真的很重要，有什么措施？

陈斯毅：通过提高劳动者素质实现就业很重要。下一步要切实加强人力资源能力建设，通过全面实施高技能人才培训工程、百万农村青年技能培训工程、技能晋升培训工程和创业富民培训工程，提高劳动者的就业能力、适应劳动力市场变化的能力和创业能力。同时，把城乡劳动者作为一个有机整体，一视同仁地提供"一站式"平等的公共就业服务。

记者：有一个数据很有意思，到2005年9月底，广东全省民营企业从业人数约占全省城镇从业人数的83.6%。是不是说劳动力需求的主体已经发生很大改变？对今后就业形势会发生怎样的影响？

陈斯毅：是的。首先，广东产业结构的调整，导致今后第一产业从业人数总规模会相对减少，第二、第三产业用人需求持续增加；其次，从经

第九章 创建培训促就业新机制——模式创新之五

济成分来看,国有企业、城镇集体企业吸纳就业的容量仍将进一步减少。鼓励劳动者创业,发展民营经济将成为扩大就业的一个重要渠道。

记者:有没有具体思路?

陈斯毅:要充分运用财政补贴、税费减免和小额担保贷款政策,鼓励劳动者自主择业和自主创业;全面落实国家产业政策和发展民营经济的政策,鼓励发展第三产业、中小企业和民营企业千方百计扩大就业。

三、目标:新增就业100万

记者:据了解,整个"十五"期间广东省一级财政投入用于实现就业专项资金超过7亿元,"十一五"期间的投入规模多大?2006年广东就业工作要达到怎样的目标?

陈斯毅:投入规模有关部门正在调研。但可以肯定"十一五"期间财政投入的资金一定会超过这个规模,最大的变化应当是用于城乡统筹就业的资金会增多。在新的一年里,广东省就业工作目标是力争城镇新增就业100万,登记失业率控制在3.8%以内。

记者:目前广东劳动力需求结构和主体的变化对劳动者产生怎样的影响?

陈斯毅:企业用人方式将发生新的变化,长期性固定用工将趋于减少,临时性、季节性和合同性用工等多种灵活就业方式将大量增加。这要求劳动力在不同产业、不同所有制之间流动和竞争就业,使结构性失业和摩擦性失业加剧,一些在竞争中处于劣势的人员将处于长期失业状态,成为就业困难群体。

记者:面对这种情况,在社会保障和就业服务体系建设方面我们需要做哪些工作?

陈斯毅:一方面加强就业援助,增加援助内容,增强援助力度,对援助对象提供就业信息、公益性岗位、专门技能培训和"一对一"就业指导以及税费减免、社保和岗位补贴等服务。另一方面,依法加强失业调控,切实维护劳动者的就业权益,促进稳定就业。比如,凡职工分流安置方案和社会保障办法不明确、资金不落实的企业,不得进入重组改制和破产程序;凡不能依法支付解除劳动合同的经济补偿金并妥善解决拖欠职工债务的企业,不得裁减人员;凡一次性裁员超过当地规定数量和比例的企业,事前须报经当地劳动保障部门核准。

第三节 结构性失业加剧,技能型人才趋紧[①]

就业是关系民生和社会和谐的一件大事。新年伊始,人们便十分关注就业问题。据统计资料显示,"十五"期间,广东各级政府和劳动保障部门大力实施积极的就业政策,就业工作取得令人瞩目的成就,就业规模明显扩大,五年间全省平均每年增加就业154.2万人,是改革开放以来就业增长最快的时期;体制转轨期间,大规模的国企下岗失业人员再就业问题已基本解决,累计国企下岗失业人员再就业率达75%以上,目前未就业的不足10万人。2005年城镇登记失业率为2.7%,低于全国平均水平,全省增加就业和控制失业率的宏观调控目标已如期实现,为"十一五"时期的就业工作打下了良好基础。

2006年是实施"十一五"规划的开局之年。随着广东省产业结构调整、经济增长方式转变和建设节约型社会的全面推进,加上人民币升值的压力,以及国际贸易摩擦等因素的综合影响,预计在新的一年里,广东劳动力市场运行将发生新的重要变化,劳动力供求的总趋势是:劳动力供给与需求都会有明显增长,供求结构会发生新的变化,但供大于求的矛盾依然存在,结构性矛盾仍趋于突出,就业困难群体可能增多,就业压力仍然很大。主要有以下特点。

一、劳动力供给总量持续增加,供给主体将发生新的变化,从而继续保持着供大于求的基本格局

随着经济格局的变化和体制转型的深化,广东城镇劳动力供给主体将呈现多元化态势。

一是城镇新成长劳动力逐年增加。预计2006年全省进入劳动年龄的人口有160万,城镇新增劳动力至少有90万人。

二是城镇每年结转的登记失业人员有35万人,而当年由就业转失业人员达35万人。

[①] 本节写于2006年年初,主要是对2006年广东就业走势进行了分析,曾发表于《中国劳动保障报》2006年5月7日。

第九章 创建培训促就业新机制——模式创新之五

三是本省农村劳动力向城镇转移就业规模将逐年增加,至少有50万人(不含就地向非农产业转移人数)。

四是"十一五"期间,外省劳动力入粤就业总量仍将呈持续增长态势。平均每年新增入粤就业人数约60万人,增速有可能减慢。以上四项合计,预计在新的一年里全省劳动力供给总量将达270万人左右,比上年增加约70万人。

上述情况表明,在新形势下,广东劳动力供给主体不仅是本省劳动力,还有来自全国各地的流动就业人员;在本省劳动力中,不再是国企下岗职工,而是以新成长劳动力、就业转失业人员和当年大学毕业生为主体,从而增加了就业压力。

二、劳动力需求主体将发生重大变化,导致结构性失业、摩擦性失业加剧,就业困难群体增多

随着产业结构调整、经济增长方式转变和建设节约型社会的全面推进,估计"十一五"期间,广东省劳动力需求结构将发生新的变化:首先是产业结构将发生比较大的变化,第一产业从业人数所占比重将逐步下降,从业人数总规模会相对减少,第二、第三产业用人需求会持续增加,尤其是服务业用人需求会明显增加。其次,所有制结构将发生新的变化,国有企业、城镇集体企业吸纳就业的容量仍将持续减少;民营企业,尤其是个体私营企业的迅速发展,将为社会提供大量的就业岗位,成为增加就业的主要领域。最后是劳动密集型的制造业用工需求将会有所减少,新兴服务业从业人数会明显增加。此外,企业用人方式也将发生新的变化,长期性固定用工将趋于减少,临时性、季节性和合同性用工等多种灵活就业方式将大量增加。

上述用人需求主体、需求方式的变化,要求劳动力在不同产业、不同所有制之间流动和竞争就业,从而增加就业的不稳定性,使结构性失业和摩擦性失业加剧,一些在竞争中处于劣势的劳动者将处于长期失业状态,成为就业困难群体。

三、技术进步、资本有机构成提高和经济增长方式的转变,将使用人单位对劳动者技能素质的要求不断提高,使复合型、技能型劳动力趋于紧缺

从近三年劳动力市场需求情况看,用人单位对技术技能型劳动者(明确要求有职业资格证书或专业技术职称)的需求分别占需求总量的42.4%、46.5%和48.1%,反映出用人单位对技术、技能人才需求呈持续增加的态势。"十一五"期间,广东省将进一步加快产业结构向高级化和适度重型化转变,经济增长方式的转变也将迈出实质性步伐,尤其是用人数量最多的珠三角,产业升级步伐将加快。据此,可以预测,在新的一年里,劳动密集型企业用工人数将有所减少,用人单位对综合素质较高的技术技能型人才需求将持续增加。目前,全省技术工人只有665万左右,约占城镇从业人员总数的37.6%。高级工以上技能人才仅占技术工人的5.3%,预计复合型、技术技能型高技能人才需求缺口达30万人左右。与此同时,用人单位将逐步辞退一些素质较低的劳动力,腾出岗位招用素质较高的劳动力。

这些情况,将在很大程度上制约劳动者的充分就业,一些素质较低、缺乏技能、年龄偏大的劳动力就业再就业难度会增大。

四、劳动力流动就业趋势进一步增强,广东省农村劳动力向非农产业转移就业总量将持续增加,速度将逐步加快

按照"十五"期间广东省农村劳动力增长速度分析,预计至2010年广东省农村劳动力总量将达到3150万人,其中向非农产业转移的劳动力预计可达1850万人,比2005年增加400万,平均每年向非农产业转移就业的劳动力约80万人,其中,大约有50万农村劳动力需跨县区向城镇转移就业。外省劳动力入粤就业总规模仍会增大,预计2006年至少会新增60万人。

第九章 创建培训促就业新机制——模式创新之五

五、大学毕业生在大城市就业的空间趋于饱和，鼓励和引导大学毕业生面向基层就业成为重要趋势

据教育部门透露，2006年，全国高校毕业生将达413万人，比上年增加75万人。预计2006年需在广东就业的高校毕业生达30万人，其中本省高校毕业生20万人。从近年来高校毕业生的就业率来看，就业形势不容乐观。据广东省劳动力市场需求信息分析，全省大城市和部分中等城市大学生就业空间趋于饱和，党政机关和事业单位吸纳就业能力有限。中小城镇和基层企业有比较广阔的就业空间。特别是随着教育和各项社会事业的迅速发展，预计中小学教师、医护人员以及技术咨询服务人员等的需求量会明显增加。

这意味着基层是一个很大的就业市场，今后，高校毕业生面向基层就业将成为一个重要的趋势。

六、民营经济将成为扩大就业的一个重要领域

近年来国家采取多项措施鼓励和扶持发展民营经济，为民营经济的发展创造了一个宽松的政策环境。广东各级劳动保障部门按照中央的总体部署，结合就业工作实际，开发了创业培训课程，引导广大劳动者参加创业培训，提高创业能力，同时，把开展创业培训、扶持创业和小额担保贷款结合起来，为创业人员提供"一条龙"服务，提高了创业成功率，实现了一人创业带动多人就业的倍增效应。预计在新的一年里，广东全面实施的创业培训富民工程将助推民营经济持续快速发展，为社会提供更多的就业岗位，成为增加就业的重要手段。

基于上述分析，笔者认为，目前广东就业工作已开始进入城乡统筹就业的新阶段，迫切需要推进三个转变。

一是就业工作重心从过去侧重于城镇就业转移到推进城乡统筹就业上来。

二是就业发展战略要从过去偏重于数量就业转移到素质就业上来。

三是就业政策要从过去着重解决体制转轨遗留问题转移到建立城乡劳动者平等就业制度上来。因此，在新的一年里，广东就业工作目标是力争城镇新增就业岗位100万，登记失业率控制在3.8%以内。就业工作的指导

思想和政策取向是，坚持以人为本的科学发展观，按照建立平等就业制度的要求，进一步调整完善积极的就业政策，全面推进城乡统筹就业，形成发展经济与扩大就业的良性互动机制。

第四节 以促进就业为目标，大力加强技工教育和职业培训

2003年是广东继续推进经济结构调整和体制改革的重要一年。结构调整和体制改革给技工教育和职业培训事业的发展带来了前所未有的机遇和挑战。面对新的形势，广东省各级劳动保障部门坚持面向市场，以提高劳动者素质促进就业为目标，把开展职业培训和促进就业紧密结合起来，抓住机遇，深化办学体制改革，突出技能培训特色，调整布局结构，扩大办学规模，提高办学层次，积极构建终身职业教育体系和以培训促进就业新机制，取得了重要进展和新的成绩。

一、2003年构建培训促就业机制取得新进展

（一）继续整合技工教育资源，增创发展新优势

技工教育是职业教育体系的重要组成部分，是培养技能人才的摇篮。近年来，在各级党委政府的领导下，广东省劳动保障部门（广东省劳动保障厅）继续按照调整布局、提高层次、突出特色、服务就业的方针，对技工学校进行了必要的调整和重组，合理配置资源，取得了阶段性成果。全省技工学校从1999年的193所调整为现在的159所。学校办学规模不断扩大，年招生人数从1999年的5.3万人上升至2003年的9.9万人，在校生人数从16万多人发展到24万多人；办学层次逐步提高，全省经批准设立技师学院7所，高级技工学校17所，省重点以上技工学校46所，初步形成以技师、学院和高级技校为龙头，带动各类学校共同发展的局面。2003年，全省技工学校毕业生5万多人，当年平均就业率为95%。

为了加快培养技术工人，尽快扭转当前企业和劳动力市场上技术工人严重短缺的局面，增强企业竞争力，广东省各级劳动保障部门坚决贯彻省政府关于大力发展职业教育的方针，围绕广东省经济结构调整和产业优化升级的要求，积极争取财政等部门的支持，增加财政资金投入2.62亿元，其中，专项投资2亿元，设备和维护费2700万元，智力扶贫资金3500万

第九章　创建培训促就业新机制——模式创新之五

元，加快技校建设。各地在整合技工学校教育资源的同时，重点抓好两个关键环节。

一是在招生环节上，实行学校自主招生和政府扶贫招生相结合的办法。尤其是政府资助技校招收农村家庭人均年纯收入1500元，年收入万元以下的贫困家族子女读技校，一石激起千层浪，在社会上引起了极大的反响，全社会都知道贫困家庭子女入读技校，能够顺利就业，稳步脱贫。广大农村生源纷纷报读技校，使技校招生规模不断扩大，招生总量从未实行此项政策前的2001年的7.07万人上升至2003年的9.92万人。

二是在毕业生就业这个问题环节上。广东省在各类技校普遍设立了职业指导课程和就业指导服务机构，积极与企业建立伙伴合作关系，帮助毕业生顺利实现就业，近年来毕业生每年就业率达95%以上。

（二）继续落实"三年百万"再就业培训计划

近年来广东省各地积极组织实施第二期"三年百万"再就业培训计划，确认了第一批300家再就业培训定点单位，充分运用再就业扶持政策，采取政府购买培训成果的办法，对下岗失业人员开展再就业培训和创业培训，至10月底全省培训下岗失业人员达30万人，培训后的再就业率达65%左右，有效地促进了下岗失业人员再就业。如江门市结合社区岗位开发需要，开设了29个再就业培训项目，2003年来共培训下岗失业人员8439人，再就业率达61%。广东省还按照部的要求，制定了创业培训实施方案，积极组织开展创业培训。同时，还制定政策，鼓励开展创业培训。省委决定从2003年起，拟定3年，每年增加安排再就业资金5000万元，专项用于补助民营企业和个体户招用下岗失业人员的6项补贴以及创业培训补贴。目前，全省已设立了5个创业培训示范基地，参加创业培训的学生达5000多人。广州市海珠区3年来共培训1699人，424人创业成功，为社会提供了3816个就业岗位，吸纳了下岗失业人员1036人就业，初步实现了一人创业带动多人就业的目标，促进了民营经济的发展。

（三）全面实施劳动预备制培训，提高新成长劳动力的职业素质

实践证明，开展劳动预备制培训，对于提高劳动者素质，缓解就业压力，提高企业竞争力具有重要的作用。2003年来各级劳动保障部门依托技工学校和就业培训机构，对未能继续升学的城镇初、高中毕业生进行1～3

年的劳动预备制培训,并逐步向农村延伸和拓展,取得了良好的效果,2003年全省培训量达 80 万人次。我们计划到 2005 年末全省城镇未能继续升学的初、高中毕业参训率达 60%。各级劳动保障部门把劳动预备制培训与加强新成长劳动力的管理结合起来,与提高技能、促进就业结合起来,切实抓好此项工作,努力提高新成长劳动力的基本职业素质和择业能力。

（四）大力开展农村劳动力转移培训和流动人员的职业培训

这是加快广东省城市化建设的必然要求。据统计,目前广东省农村人口约占 68.4%,农村富余劳动力有 800 万,"十五"期间,每年要向非农产业转移的农村劳动力约 100 万。但转移出来的农村劳动力普遍存在素质不高的问题,延缓了广东省农村劳动力转移的速度。按照国务院关于加强农民工培训的规划和省委、省政府关于加快山区发展的决定,广东省把农村劳动力的转移培训作为实现脱贫奔康目标的重要内容列入十项民心工程。着力抓了两方面的工作。

一是大力开展智力扶贫,运用省财政转移支付的资金,支持技工学校继续招收 5000 名贫困家庭子女入学。珠江三角洲各市积极落实省政府关于对口扶贫的要求,资助当地技工学校招收对口扶贫市、县贫困家庭子女入读技校,扩大扶贫规模,并努力做到培养一个,推荐就业一个,脱贫一户。

二是组织开展农村劳动力向非农产业转移的短期培训。我们要求每个山区县以现有的就业训练中心为基础,建立农村劳动力转移就业培训基地,年培训能力不少于 2500 人,着眼于提高其基本职业素质和市场应变能力,促进转移就业。

（五）指导行业、企业搞好在职职工培训

按照劳动保障部等三部门《关于进一步发挥行业组织、企业在职业教育和培训工作作用的意见》,指导行业开展人力资源需求预测,制订本行业职业培训规划,建立培训、考核与使用、待遇相结合的机制;要求企业按规定足额提取职工教育培训经费。有条件的大中型企业应继续办好技工学校或培训机构,着重开展新技术、新工艺、新设备、新材料的培训;不具备建立培训机构条件的,应当与社会培训机构建立合作伙伴关系,充分利用社会培训资源,开展在岗、转岗、转业培训,提高本行业、本企业职工的职业技能和转业、转岗能力,加快培养企业急需的技术工人。

（六）积极实施高技能人才培养工程，加快高技能人才的培养步伐

目前，我国高级技术工人占技工总量的比例只有3.5%，广东省只占3%左右，与发达国家的40%差距很大。高技能人才短缺已成为制约广东省经济持续快速发展的重要因素。2003年来，广东省各级劳动保障部门结合国家产业技术政策，围绕省政府关于加快发展装备工业和高新技术产业的要求，确定要建设高技能人才培养基地，在制造、加工、能源、环保等传统产业和信息通信等新技术领域实施高技能人才培训工程，确定了机电、数控、模具等四个高技能人才培训基地，在高级技校基础上设立了7个技师学院，加快培养社会所需的高级技术工人。高级技工学校和技师学院立足广东、面向市场，招收各类职业学校和大中专毕业生以及企业职工，强化职业技能训练，探索校企结合培养技师和高级技师的途径，2003年，全省高级技校招收高级班学员达9577人。技校和各类教育培训机构根据企业技术进步需要，调整专业结构，扩展教学内容，培养复合型技能人才。各地坚持以考为主、考评结合、评聘分离的原则，推进技师考评社会化，拓宽高级技能人才成长的通道，同时，初步建立了培训、考核和使用、并与待遇相联系的激励机制，鼓励广大职工岗位成才，提高了广东省技术工人的整体素质。

（七）大力推行就业准入制度和职业资格证书制度，努力推进职业教育与劳动就业的有机衔接

职业资格证书制度是国际上通行的一种对技术技能人才资格进行认证的重要制度，是国家确定的一项旨在通过职业教育，把全面提高劳动者素质与促进就业紧密联系的重要政策。国家明确提出要"在全社会实行学业证书和职业资格证书并重的制度"。2003年来，广东省认真贯彻劳动保障部颁发的《招用技术工人从业人员规定》，会同教育、人事、工商部门，重点抓好以下三个环节。

一是坚持实行就业准入制度。劳动者就业前或上岗前必须接受必要的职业教育培训。凡属国家和省规定实行就业准入控制的工种，必须从取得相应的职业学校学历证书或职业培训合格证书并获得相应职业资格证书的人员中录用。从事个体工商经营的，也必须接受职业教育培训。切实做到先培训后就业，在职业介绍、企业招工和个体工商登记等各个环节严格把

关,加大宣传力度,把就业准入要求落到实处。

二是按照劳动保障部等三部门关于进一步推动职业学校实施资格证书制度的意见,会同教育、人事部门,按照统筹规划、合理布局、择优建站、稳步推进的原则,选择具备条件的职业院校建立职业技能鉴定机构,积极做好各类职业学校毕业生的职业技能鉴定工作。

三是加强学历教育与职业标准的衔接。组织指导各类职业学校依据国家职业分类和职业标准,瞄准市场需求,调整专业结构,深化课程和教学内容改革,不断增强学生的动手能力和实际操作技能,使教学内容与国家职业标准相衔接。并按国家规定,通过严格的技能考核鉴定,切实保证职业资格证书的含金量,确保职业资格证书的质量和权威性。据统计,2003年上半年,全省参加技能鉴定人数达40.8万人,获取职业资格证书的有30.7万人,比上年有明显增加。

二、进一步健全培训促就业新机制的思路

21世纪是一个知识经济占主导地位的时代,是一个经济全球化、知识化、信息化进程空前加快的时代。综观当今世界,不论是发达国家还是发展中国家,都已经制定并实施人才资源开发战略,并将之作为经济全球化进程中增强国际竞争力、抢占制高点的重要武器。广东省是人力资源最丰富的省份之一,但劳动力整体素质未能适应现代化建设的需要。面对新的形势,党的十六大报告指出:"要加强职业教育与培训,发展继续教育,构建终身教育体系。""全面推进素质教育,造就数以亿计的高素质劳动者,数以千万计的专门人才和一大批拔尖创新的人才。"十六大再次为职业教育提出了明确的目标、任务和要求。在2003年召开的全国再就业工作座谈会上,胡锦涛总书记一再强调,要加强人力资源能力建设,不断提高劳动者的创业能力和就业能力。当前,广东省经济建设进入工业化和信息化并举的新阶段,省委、省政府决定加快发展装备工业,大力推进经济结构调整和产业升级,深化国有企业改革,全面建设小康社会,加快推进现代化建设。在这一新的历史阶段,我们不仅需要大批专业的管理人才和科研人才,同时需要大批掌握职业技能的能工巧匠和技术工人。特别是国有企业下岗失业人员职业能力比较低,再就业困难,需要开展职业培训,帮助他们转变观念,提高择业创业能力。最近,省委、省政府深入贯彻"三个代表"重要思想,决定实施"十项民心工程",把强化再就业培训,抓好"两个基

地、一所技校"建设,纳入"十项民心工程",要求"每个市要建设一所以上国家重点技校,经济较发达的县要建设一所技校,力争5年内,全省技校在校规模扩大到36万人"。

根据省委、省政府的部署要求,我们认为,当前职业培训工作应当以"三个代表"重要思想为指导,以促进就业为目标,大力提高劳动者的职业技能和择业(创业)能力,切实根据市场需求变化的实际情况,大力调整布局结构,调整专业设置,改革课程和学制,积极构建终身职业教育体系,加快发展技工教育和培训事业,为全面建设小康社会服务。

第一,要加快发展技工教育,构建终身职业教育体系。

现在看来,技工学校分布还不够合理,规模不够大,层次不够高。终身职业教育体系尚未形成。按照十六大的要求,劳动保障部门应当根据市场需求,依托就业训练中心、社会培训机构和技工学校,构建具有培养初、中、高级技术工人功能的终身职业培训体系。全省国家重点以上技工学校、技师学院要充分利用现有办学条件,面向企业、瞄准市场需求,积极组织实施高技能培养工程,为广东省经济建设加快培养中、高级技能人才做出贡献。

第二,要大力加强再就业培训,努力提高下岗失业人员的再就业能力和适应职业变化的能力。全省技工学校、各类职业培训机构要积极响应政府的号召,积极承担起就业培训任务。特别是省重点以上技校要成为再就业培训基地,运用好再就业培训补贴政策,组织实施"三年百万"再就业培训计划,根据市场需求,就地招收下岗失业人员,积极开展有针对性、实用性的职业技能培训和创业培训,帮助他们转变观念,提高技能,自主就业或自我创业,实现再就业。

第三,要继续全面实施劳动预备制培训,提高新成长劳动力的就业能力。广东省大量初、高中毕业生没有经过必要的职业教育和培训就直接就业,不仅加大就业的压力,也使相当一部分人不能适应就业岗位的要求,就业不稳定,造成结构性失业矛盾突出。这个问题要引起重视。建议对初、高中毕业生,尤其是城镇户籍的初、高中毕业生,要强制进行1~3年的劳动预备制培训。各地技工学校、职业培训机构要全面承担起实施劳动预备制培训的任务,把实施劳动预备制度培训同加强就业前培训、开展职业指导、实行就业准入制度、调节就业紧密结合起来,为全面提高新生劳动力的素质和就业能力服务。

第四,要运用财政资金,积极实施智力扶贫工程,加大农村富余劳动力转移就业的培训力度。

广东省委、省政府决定安排 2.1 亿元,连续 4 年每年资助 5000 名农村贫困家庭子女就读技工学校,在社会上引起了广泛的影响,受到群众的好评。人们认为这是提高劳动者整体素质,促进就业,解决贫困和两极分化的重要举措。2003 年,广东省将继续推进这项工作,并不断扩大受惠范围。

第五,要以促进就业为目标,不断拓展培训项目,推动培训与就业的紧密结合。特别是深化课程设置和学制改革,根据新兴产业发展需要,开拓新的专业和培训项目,开发新的适应发展需要的课程和教材,要加强职业指导和就业后的跟踪服务,解决好培训与就业相衔接问题。

第六,要重视提高职业教育培训的质量。要按照国家标准加强教学督导评估。同时要通过招聘引进和在职培训相结合等方式,加强师资队伍建设,提高教师整体水平,改善师资结构,以确保培训质量,进一步健全以培训促就业的新机制。

第五节 关于开发智力密集型产业相关职业的思考[①]

一、开发智力密集型产业相关职业的指导思想和目标任务

(一) 指导思想

基于上述分析,我们认为,智力密集型产业不仅属于新兴产业,而且是国家战略性产业,我们在指导思想上应当坚持以科学发展观为指导,抓住世界技术和产业发展的新机遇,结合我国国情和经济社会发展的现有基础、独特优势和现实需求,把加快培育和发展智力密集型产业上升为国家发展战略,作为推进产业升级的主攻方向,以体制、技术创新为动力,以提升产业国际竞争力为目标,着力发展智力密集型产业,着力打造新的产业升级版,加快以信息技术为核心的智慧技术在经济社会各个领域的全面推广和集成应用;同时把大力发展智力密集型产业与扩大就业紧密结合起来,坚持在发展智力密集型产业过程中,着力挖掘新的就业增长点,创造更多的适合大学生就业的岗位,丰富就业层次结构,提升就业质量;着力

---

① 本节为笔者参与中国就业促进会《关于发展智力密集型产业和开发相关职业岗位研究》课题所撰写的部分内容。

建立促进产业发展与就业结构调整的良性互动机制，促进人才与产业合理配置，以实现充分的、更高质量的就业，促进经济社会持续健康发展。

（二）应遵循的基本原则

1. 明确方向，统筹规划

坚持把发展智力密集型产业作为抢占新一轮国际经济和科技发展制高点的重大战略和主攻方向，选择我国最有基础和条件的优势产业作为突破口，统筹规划、科学布局、集中资源、重点突破、分步实施、有序推进，实现产业重点领域跨越发展与产业层次结构整体协调发展，力争实现产业发展与就业良性互动。

2. 政府引导，市场运作

坚持政府引导、扶持与发挥市场机制作用相结合的运行机制，对关系经济社会发展全局的重要领域和关键环节，加强政府规划引导、资金投入和组织协调，在充分发挥市场配置资源的基础上，根据市场需求，以战略眼光统筹考虑近期和中长期的发展规划，集中力量力争在一些关键核心技术和有市场需求的领域重点突破，以引领和推动智力密集型产业加快发展。

3. 政策激励，资源整合

坚持制定出台鼓励智力密集型产业发展和培养引进高层次高技能人才的规划和政策，通过政策激励和引导，整合官、产、学、研、资和人才等资源，以企业为主体，吸纳高素质员工。依托高技术高技能人才，掌握和应用关键核心技术，推进包括品牌、技术、商业模式、产业制度、业务流程等在内的全方位自主创新，增强智力密集型产业持续发展能力。

4. 典型引路，整体推进

认真总结国内外发展智力密集型产业的典型经验和培养吸纳高素质人才的成果，加大宣传力度，充分发挥先进典型的示范引领作用。同时，组织力量，着力开发智力密集型企业相关职业岗位，根据新的岗位需求，改革现行人才培养模式，全面提升劳动者素质，促进产业与人力资源的有效匹配，推进全社会实现充分就业。

（三）目标任务

根据我们对全球化、信息化趋势的把握，以及我国未来经济社会发展的总体判断，提出我国近期智力密集型产业发展的目标任务。

（1）在深入贯彻国家"十二五"规划和现代产业体系建设总体规划的

过程中，按照整体布局、突出重点、分步推进的思路，对具有一定技术基础和潜在优势的新一代信息技术、新能源、新材料、节能环保、生物、高端装备制造以及现代服务业等产业进行重点突破，加快发展，力争在"十二五"期末形成一批在国际上处于领先地位的智力密集型产业体系，建设一批带动力强的重大项目和重大产业基地，形成一批集聚度高、竞争力强、产业链完整的产业集群，力争智力密集型产业增加值占国内生产总值的比重达20%左右；至2020年，其增加值占GDP的比重达30%左右。

（2）根据智力密集型产业发展的要求，大力开发一批适应新产业需要的职业及相关教育培训资源，为培养与产业发展相匹配的各层次、各类型人才提供依据奠定基础，为高层次、高技能人才就业提供合适的职业岗位。

（3）加快培养造就一批与智力密集型产业发展相适应的高层次高技能人才和创新创业团队。努力扩大吸纳高素质劳动者的规模，在发展智力密集型产业过程中，形成经济发展与扩大就业、产业升级与提升就业质量良性互动的长效机制，力争到2015年在智力密集型产业就业的人数占城镇从业人员总数的比重达到20%以上。

二、加快发展智力密集型产业及开发相关职业岗位的对策建议

产业发展是人力资源需求的现实基础，也是人才成长和集聚的重要载体；人才集聚和实现充分就业是产业发展的重要支撑。特别是大力发展智力密集型产业对于增加新的就业岗位、提升人的技能、促进经济发展、解决就业问题等方面都具有十分重要的作用。因此，从规划政策、财政支持、教育培训、人才匹配、用人环境等方面，采取措施，促进产业发展和实现充分就业，很有必要。

（一）高度重视，把发展智力密集型产业和促进就业纳入各级党委、政府重要议事日程，列入经济发展和促进就业规划

1. 建立智力密集型产业发展齐抓共管的工作机制，加强统筹协调与指导

国家应当把发展智力密集型产业列入中长期发展战略，具备条件的地级以上市政府应当建立智力密集型产业发展相关部门齐抓共管的工作机制，将发展智力密集型产业摆上重要日程，共同研究解决发展智力密

集型产业及促进就业等重点难点问题，在编制产业发展规划及相关专项规划时要充分考虑人才培养与解决就业问题，加强产业运行监测与就业形势分析。各成员单位要按照职责分工，密切配合，形成合力，统筹推动产业发展。

2. 把开发智力密集型产业新的就业岗位纳入促进就业规划

各地在制订或调整促进就业规划时，应当充分发挥发展智力密集型产业对于带动、提升产业层次，延伸产业链，扩大就业空间、提升就业层次的作用；安排政府主导性智力密集型产业投资项目时，要突出投资项目对扩大就业贡献率的分析和测算，把增加就业岗位、配置人力资源作为项目建议书和可行性报告的重要内容；探索建立投资带动就业评估机制，更好地发挥投资对就业的带动作用；大力发展吸纳就业能力强的智力密集型产业和企业，扩大就业。

3. 把发展智力密集型产业、解决大学生就业问题列入就业目标责任制考核内容

制定关于培育和发展智力密集型产业促进高校毕业生就业的实施办法，把发展智力密集型产业、解决好大学生就业问题纳入各级党委、政府年度工作计划，列入就业工作目标责任制年度考核内容，完善就业工作协调机制，完善考核评价体系，落实工作责任，各司其职，协调配合，确保就业工作目标的实现。

（二）科学布局，突出重点，努力实现重点地区重点行业智力密集型产业取得突破性进展

1. 制定地区和行业发展规划，引领智力密集型产业错位发展

根据国务院关于加快培育和发展战略性新兴产业和现代产业体系的决策部署，制定地区和行业智力密集型产业发展规划以及主体功能区规划，按照国家主体功能区域规划和产业结构调整指导目录，着重加强"长三角""珠三角""环渤海"等经济圈智力密集型产业发展的统筹协调，推进企业兼并重组或退出、转移，提升优势产业集中度，打造产业集群布局，增强智力密集型产业发展的集群效应，以实现重点突破、错位发展。加大资金投入，探索建立以财政专项资金引导为主的经济圈产业合作推进专项资金，支持经济圈之间以产业链为纽带的重点项目、配套项目、兼并重组项目、示范基地（园区）项目等的建设，点面结合，形成以智力密集型产业为支柱的新的经济增长点，推动经济圈产业的合

作双赢、有序发展。

2. 坚持以高新技术产业园区（以下简称"高新区"）为重要载体，重点扶持发展拥有关键技术或产业集群的智力密集型企业

按照"高端集聚、创新发展"的原则，面向支柱产业、高新技术产业和战略性新兴产业的创新发展需要，加大自主研发创新力度，充分发挥高新区在培育和发展智力密集型产业中的骨干作用，重点推进高新区以发展先进制造业和现代服务业、完善技术创新体系、优化创新创业环境为主要内容的"二次"创业，促进创新资源在高新区的有效集聚，形成各具特色的高端产业集群。充分利用高新区专项资金，积极推进国家高新技术产业化和现代服务业基地建设，形成先进制造业与现代服务业有机融合的现代产业体系。

3. 坚持以人为本和以需求为导向，大力发展高技术服务业

选择智力密集型服务业成长的突破口，加大资金、技术、人才和政策支持，逐步形成新的业态。高端信息服务业是一个先导性、战略性和高倍增性的智力型业态，其产业关联度高、经济带动力强，智力资本得到充分渗透，是未来经济发展最活跃、最具突破性的部分。要充分发挥智力密集型服务业的支撑作用，大力发展研发服务、信息服务、创业服务、技术交易、智慧金融、知识产权和科技成果转化等高技术服务业，把它作为智力密集型产业未来竞争的制高点和产业升级的核心驱动力，在资金上给予支持、在创新上给予政策鼓励、在行业标准上给予协调指引、在知识产权保护上给予倾斜，尽快形成以智力密集型服务业为主导的新业态，以扩展高质量就业队伍。

（三）加强各类研发平台建设，为吸纳高校毕业生就业及施展才华提供岗位

智力密集型产业是以智力资本为主要生产要素的产业，其发展需要高度信赖智力成果。通过采取措施加强各类研发平台建设，不仅可以聚集大量智力型员工，而且可以有力推进新产业的发展。因此，建议从四个方面加强研发平台建设。

1. 积极引导企业增加科研投入，建立以企业为主体的技术创新体系

（1）推动企业建立工程技术研发中心、科技创新中心、孵化器等研发机构，开发更多适合高校毕业生就业的岗位。

（2）支持有条件的大型企业与高校、科研院所共建企业博士后科研工作站、院士工作站、重点实验室、检测检验平台等载体，吸引院士、博士到企业研发机构从事科技成果转化和科技创新活动。

（3）制定和实施企业吸引优秀高校毕业生计划，采取团队引进、核心人才带动等方式参与企业研发机构的建设。

（4）鼓励跨国公司在国内设立研发机构，并与国内高校科研机构联合创建研发基地，开展多种形式的研发活动，探索国际科技合作创新平台建设新模式，吸纳和引进科研创新团队。

2. 鼓励构建以大学和科研院所为主的知识创新体系

以大学和科研院所为主要依托，建立一批高水平的开放式的技术实验室或应用基础研究基地，加强具有前瞻性、战略性、公益性的核心技术、关键技术、共性技术的开发研究，为智力产业发展和社会进步提供长远的智力人才、智力成果支撑。支持科研机构加强与行业和地方合作，建立科技创新平台，承担重大科技改革项目，促进科技与经济紧密结合。围绕产业发展需要，积极采用高新技术和先进适用技术改造传统产业，提高产品质量和档次，加快产业升级。

3. 加快以高新技术开发（产业转移）园（区）为主要载体的创新创业服务平台建设

实施园区生产服务业示范工程，鼓励园（区）瞄准市场需求，建设一批集科技信息、物流、风投、技术研发、人才培训和质量检测等于一体的生产性服务平台，消除创新要素跨地域、跨行业、跨企业流动的体制障碍，构建从研发、服务到产业化的一条龙创新载体和比较完善的技术服务体系，大力促进高新技术产业化。建立以专业中介服务机构为主体的知识传授和技术扩散体系，包括生产力促进中心、评估咨询机构、职业培训机构和技术信息中心等，形成组织网络化、服务社会化的创新服务网络。

4. 加强政府主导的科技基础设施和技术创新公共服务平台建设

本着"政府主导，多方共建"的原则，由中央和部分有条件的省（市、区）在统筹规划基础上，对现有科技资源进行战略重组和系统优化。通过财税、金融、投资等政策推动，建成布局合理、层次分明、资源共享、持续创新的国家级公共实验室等技术创新公共服务平台，提高科研成果的工程化与系统集成能力，为发展地方经济和产业技术升级提供公共服务；通过技术创新公共服务平台水平的不断提升和完善，促进高校毕业生、项目、资金、设施、信息等各类创新要素的集聚，进而推动智力密集型产业的集聚发展；加快区域性智力密集型产业技术创新、质量技术标准、检验检测、融资担保、信息服务、物流配送、人员培训等公共服务平台建设，着力解决中小企业科研力量不足问题，为中小企业提供技术创新服务，发展壮大科技含量高的中小企业，推动智力密集型产业的整体提升。

总之，要通过加强上述四类平台建设，为高校毕业生等各类高层次、高技能人才提供就业岗位，同时集聚大批高素质人才，研发一批关键和核心技术，为发展智力密集型产业提供人才和关键核心技术保障。

（四）制定扶持政策，大力开发适合智力密集型产业发展的相关职业岗位及职业标准，为培养和引进人才提供依据

智力密集型产业是一种全新的业态。在其发展过程中形成的新职业岗位，技术和知识含量高，其内涵和外延需要重新界定，以便为培养和引进人才提供客观依据。

一是国家和地方设立智力密集型产业发展专项资金，重点扶持关键技术研发和新职业的开发。特别是在新职业的开发方面，要在部级和省级建立或指定专门机构，组织与智力密集型产业相关的行业或大型企业，抓紧研究开发适应智力密集型产业发展需要的新职业，重新界定职业名称，充实职业内涵。

二是抓紧制定或修订国家职业标准。考虑到我国经济发展不平衡，不少新职业已在沿海省、市出现，在国家尚未对新职业及其标准进行开发和界定之前，建议发挥各地的积极性，把新职业及其标准的开发审定权下放到各省和行业协会，由部、省联合共同开发新职业及其标准，为培养和选用人才提供依据，为促进就业提供明确的岗位规范。

三是要深化职业技能鉴定制度改革，创新企业技能人才评价方式，进一步完善国家职业资格评价体系。在进一步完善社会化鉴定的基础上，重点推动行业和大型企业建立技能人才评价专家委员会，组织开发新职业和制定职业标准，并依据国家统一的职业标准，结合智力密集型企业生产技术条件，通过生产现场职业能力和业绩评审方式，重点对企业职工职业能力、创新能力和工作业绩开展评价。经评价合格的，由当地人社部门颁发职业资格证书。对新兴产业发展急需而国家尚未制定职业标准的职业（工种）和专项能力项目，可由行业协会组织开发标准，按行业标准鉴定合格的，核发行业（企业）职业资格证书或单项能力证书；积极探索建立高技能人才与工程技术人员职业资格互认贯通办法，促进人才的双向流动和合

理使用。

（五）深化教育体制改革，打造一批世界一流的高层次、高技能人才培养基地，着力培养优秀的智力密集型产业后备军

1. 以新兴产业发展为导向，引领和深化高校教育体制改革

各类高等院校应当以智力密集型产业发展为导向，深化教学管理体制改革，合理调整专业设置，增加高新技术专业和教学内容，创新人才培养模式，改进教学方法。国家重点高等院校应当通过建立国家级智力密集型产业研发中心，承担国家重点研发项目，改革教学模式，打造与智力密集型产业相适应的、符合新兴产业发展方向的人才培养模式。

2. 实施高等教育质量提升工程

引进和培育世界一流的师资队伍，改革传统的教学模式，鼓励有条件的高校设置新兴产业专业，政府在招生计划安排、专业建设和经费投入等方面给予支持。鼓励采取多种形式的校企合作，着力提高教育质量，大力培养科研生产一线高层次的专业技术人才、科技领军人才和高技能人才。

3. 打破封闭式的教育体制，积极探索建立中职、高职与应用技术性本科教育、技术型专业硕士教育相互衔接、贯通的完整链条，形成完善的现代职业教育体系

特别是各类职院要明确定位，各司其责，培养好各层次的实用型、技能型人才。高等职业技术院校要重点面向生产、科研一线，着力为智力密集型产业培育多层次、多类型、实用型、技能型人才，推动人才链与产业链无缝对接，提升自主创新能力和产业竞争力。

4. 实施智力密集型产业人才培养开发战略，形成新兴产业职工继续教育培训体系

坚持树立人力资源是第一资源和终身学习的理念，鼓励大中型企业建立职工职业培训机构，把人力资源开发与技术开发结合起来，鼓励科研院所、高校和企业各类人才双向交流，依托各类培训、研发载体，全面开展职工全员岗位培训和专业技术、技能晋升培训，切实加强职业技术培训和创业培训，通过全面提升劳动者职业素质和就业创业能力，提高就业质量，实现稳定就业，促进产业升级和持续发展。

（六）落实措施，加大培养和引进"双高"人才力度，促进人才与产业发展良性互动

1. 制定和实施产业、岗位与人才对接培养计划

根据产业发展与岗位需求，着力实施产业与人才对接培养三大计划，形成多层次的创新团队。大力实施高技能人才培养计划，从中级技能人员中选拔培养一大批高技能人才；大力实施科技项目协理员计划，吸纳高校毕业生直接参与国家与地方重大技术研发项目，在实践中培养中青年后备人才；大力实施科技人才国际化培养计划，选拔拔尖科技人才到国外培训、研修，培养一批具备国际视野的高端人才。

2. 采取多种形式，实施重点人才引进计划

根据我国智力密集型产业发展需要，采取项目合作、兼职、讲学、聘请顾问等多种灵活方式引进各类优秀人才。

（1）重点依托重大科研项目、重大工程项目、重点学科、重点科研基地、国际交流合作项目，每年引进一批世界一流的首席科学家、首席工程技术专家、管理专家和创新创业型领军人才以及创新团队。

（2）重点引进智力密集型产业急需的高层次、高技能人才。特别是自带资金、技术项目的优秀创新人才。

（3）实施留学人员回国创业计划，引导出国留学的优秀人才回国创业和就业等，推动新兴产业的发展。

3. 实施校企对接合作培养人才计划

（1）鼓励和引导企业加强与高等院校的合作，通过委托开发和联合开发等途径，着力培养高校毕业生研发能力、创业能力和就业能力，加快培养企业急需的尖端研发人才。

（2）利用企业科研成果，创新项目，培养高校毕业生的创业能力。

（3）积极发展职业技术教育，根据企业实际需要，强化高校毕业生职业技能和岗位培训，加快培养具有较高水平和操作技巧的技能人才。

4. 加强人力资源公共服务体系建设，促进人才要素向新兴产业集聚

首先要加强省、市、县（区）和街道（乡镇）四级公共就业（人才）服务机构建设，建立健全以城市为核心，覆盖城乡人力资源公共就业服务的信息网络，及时发布人力资源供求、职位空缺、薪酬价位等相关信息，建设网上招聘和办理有关手续的公共服务平台，促进人力资源供需匹配，促进人才合理流动并向新兴产业集聚。

（七）完善制度，营造吸引高层次、高技能人才的良好环境

国际经验表明，要聚集一流人才，促进产业发展，必须通过制定政策，营造引才、留才的良好环境。

1. 制定政策，鼓励高校毕业生到智力密集型产业就业创业

对到条件艰苦、工资水平不高的欠发达地区智力密集型企业就业的高校毕业生，给予岗位津贴和社保补贴；对到智力密集型企业工作并做出突出贡献的高校毕业生，实行工资与业绩挂钩办法，并给予重奖；对自主创业的高校毕业生，要落实和完善高校毕业生自主创业扶持政策，进一步探索运用财政资金、风险投资资金等，积极为高校毕业生创办企业量身定制资金规划，多渠道加大创业资金投入，扶持高校毕业生自主创业。对高校毕业生创办的年应纳税所得额低于3万元（含3万元）的智力密集型小微企业，应减免企业所得税；对申请贷款数额较小、就业困难的高校毕业生免除反担保手续；对毕业5年以内的高校毕业生自主创业自筹资金不足的，可在创业地按规定申请小额担保贷款，并按规定可享受不超过20万元贷款额度的财政贴息扶持；对合伙经营和组织起来就业的，可根据实际需要适当提高贷款额度，以促进创业。

2. 探索制定人才住房政策，着力解决好智力密集型产业人才住房问题

各级政府要加强统筹规划，大力实施人才安居工程，以地方或企业出资为主，建设一批专家公寓、白领公寓、蓝领公寓、政府公寓等不同层次的住房，以出租或出售等多种方式，提供给智力密集型企业引进的高层次、高技能人才居住。对领军人才、拔尖人才、急需人才，可由当地政府或企业给予租房补贴或一次性住房补贴；对于高校毕业生就业，亦可在租住房方面给予扶持。

3. 深化户籍制度改革，消除引进人才的制度障碍

一是放宽户口迁移限制，凡是企业招聘或引进并与企业签订聘用合同的员工，应准予办理户口迁入手续。

二是要取消附着在户籍上的一些诸如子女入学、职称评定、办理出国手续等规定。凡是在就业所在地有合法住所（包括租借房屋）、稳定职业和生活来源的外来人员子女，均享有与城市适龄儿童同等的入学教育权利，不再收取入学赞助费、借读费等，以体现教育公平。

三是允许各类劳动者在就业所在地参加职称评审，对工作能力强、业绩突出的可以越级参评；凡是引进（招聘）的各类人才，可凭本人身份证

及就业所在地住满一年以上的暂住证，申办护照等出国手续。

4. 建立与智力密集型产业发展相适应的人才使用、工资待遇和社会保险等激励保障机制

第一，在人才使用上，应当由双方协商确定合适的工作岗位，并签订3年及以上的聘用合同。此外，还可通过项目聘用、任务聘用等灵活用人方式，吸引更多的专家、高层次技术人才采取兼职或短期工作的方式，为产业发展服务。

第二，要建立灵活的、富有激励功能的薪酬制度，对高层次、高技能人才实行协议工资、项目工资等分配办法，其薪酬水平与本人能力、业绩、贡献挂钩，不受现行政策限制；对做出突出贡献的可实行期权、股权和年金等中长期激励方式，对其收入可在一定幅度内减免个人所得税。

第三，对引进的国内外人才，由用人单位按规定缴纳养老、医疗、工伤等社会保险，免除其后顾之忧。

（八）加强宣传，充分发挥典型引路的示范效应，扩大社会影响

1. 大力宣传各地发展智力密集型产业及开发相关就业岗位的政策和经验，引导与推动新兴产业的发展

重点宣传国家发展战略性新兴产业和高新技术产业的规划和政策，宣传产业发展所产生的新兴职业，及时发布智力密集型产业岗位需求和人才招聘等相关信息，促进人才及高校毕业生与岗位需求的合理匹配。大力宣传促进高校毕业生就业的各项政策和先进典型，引导企业和劳动者转变就业观念，引导企业树立正确的用人观念，为各类人才营造宽松包容、平等创业的良好环境。大力宣传智力密集型企业研发机构取得的重大科研成果、以及科研成果产业化的进展情况，树立企业的良好形象，促进企业健康发展，增加就业岗位。

2. 大力宣传智力密集型企业引才、用才、留才经验，促进新岗位的开发和人才的使用

主要是宣传智力密集型企业重视人才开发，尊重人才、关心人才成长的先进典型，宣传推广企业在引才引智、留才、育才等方面的成功案例，使企业在人才开发中少走弯路、不走回头路。同时，要通过定期召开人才工作会议和企业人才工作现场会、开展"人才宣传月"活动、举办人才工作巡回展览、摄制人才工作专题片等，宣传推广企业在人才评价激励、培养使用等方面的成功经验。

3. 树立高校毕业生到企业就业创业的典型，引导高校毕业生自主创新创业

通过收集高校毕业生成功创业的典型事例，宣传创业精神和创业理念，培育创业文化；利用暑期组织学生参加社会实践，参观考察大学生创办的企业，让学生与创业校友面对面交流，感受创业经历和创业环境，激发大学生的创业激情；通过举办创业先进事迹报告会，大力宣传脚踏实地、不畏挫折、敢于创新、敢于实践的创业精神，引导毕业生树立科学的创业观、成才观，在全社会营造向创业典型学习、争当创业典型的良好氛围，充分发挥创业带动就业的倍增效应。

第六节　实施创业培训工程，促进创业带动就业

在劳动和社会保障部和国际劳工组织的指导下，广东省认真贯彻落实国家创业培训政策，实施创业富民培训工程，把SIYB（创办和改善你的企业）培训项目作为促进就业再就业的重要手段，以培训促进创业、以创业带动就业，使创业培训工作取得良好效果。2004年全省参加创业培训人数为1.12万人，成功创业的有3360人；2005年创业培训人数2.44万人，成功创业的有7109人，新创造就业岗位55596个；2006年第一季度参加创业培训的有4564人，成功创业的有1460人，新创造就业岗位4614个，实现了一人创业带动多人就业的倍增效应，有效地促进了广东省的就业和再就业工作。

一、高度重视，营造良好创业培训政策环境

创业培训是促进就业和加快民营经济发展的有效办法，广东省委、省政府高度重视，省委办公厅、省政府办公厅《关于印发〈扩大与促进就业民心工程实施方案〉的通知》规定各地级以上市要建立创业培训示范基地，力争每个示范基地每年培训500人，培训合格率达到80%以上，成功创业率达到30%以上。《广东省关于鼓励民营企业吸纳下岗失业人员再就业的实施办法》又规定，各级劳动和社会保障部门要对有创业愿望和具备创业条件的下岗失业人员提供免费创业培训。从2003年起，省重点扶持办好若干个创业培训示范点，开发教材，培训师资，每年培养1万名创业带头人，所

需资金从下岗失业人员再就业专项资金中解决。省政府办公厅《转发省劳动和社会保障厅等六部门关于进一步加快推进下岗失业人员小额担保贷款工作的意见的通知》规定，参加创业培训并取得合格证书的国有企业下岗失业人员，可免贷款担保，经办银行凭创业培训合格审核放贷。这些规定，为全省创业培训工作提供了政策保障。

省劳动保障厅专门成立了创业培训领导机构，厅领导挂帅，组织有关部门指导协调全省的创业培训工作。省厅先后出台了《建立创业培训示范基地工作方案》《关于加强和规范创业培训（SYB）工作的通知》《转发劳动保障部办公厅关于做好"创办和改善你的企业"（SIYB）项目实施推广工作的通知》和《关于印发〈全面开展 SIYB 培训实施创业富民培训工程实施方案〉的通知》等相关文件，有效地指导了全省的创业培训工作。省公安厅、农业厅、工商行政管理局、中小企业局、共青团、妇联、总工会等单位也发挥各自职能，积极推进创业培训工作。各地根据国家和省的要求，制定了创业培训实施意见并组织实施。如深圳市对有创业意愿的失业人员实施创业扶助的"彩虹计划"；珠海市提出实施促进创业"1533"工程，即引进开发创业项目 100 个，培训有创业愿望的下岗失业人员和农村富余劳动力 500 名，扶持 300 名学员成功创业，每个成功创业项目平均带动 3 人以上就业。

二、加强示范基地建设，为全省创业培训提供样板

为给全省开展创业培训工作提供示范经验，广东省高度重视创建创业培训示范基地，以省级创业培训示范基地为龙头，全面推动创业培训工作。省厅发文明确创建创业培训示范基地的指导思想、总体目标以及示范基地的基本条件和工作任务。各地根据要求创建创业培训示范基地。目前，广东省已建立了 15 个省级创业培训示范基地，起到了示范和辐射作用。创业培训示范基地基本配置有现代化教学设备，装修"U"型标准创业培训教室，开发了创业培训基地计算机管理系统，将学员、教师、专家、创业项目等资料输入计算机，以便及时全面地了解学员的学习及创业进展情况。开设了创业培训申请、创业项目查询、创业成果展示、专家咨询指导、小额贷款申请、开业办证代理、后续跟踪服务等"一站式"服务，综合服务功能较强。如广州市海珠区劳动就业训练中心探索针对性和实用性互助教学，提供全程后续服务的创业培训特色品牌，走出一条"以培训促创业，

以创业促就业"的新路子。近5年来,共举办了创业培训班66期,培训人数达3003人,其中,已自主创业的有895人,为社会提供就业岗位4850个。又如,肇庆市创业培训工作已经形成了集创业项目搜集、创业意识和创业技能培训、创业资金筹集、创业启动服务、企业管理服务等于一身的综合性服务体系。项目发展上,创业培训已经从单纯的培训发展成为企业综合服务;培训内容上,已经从GYB、SYB培训发展到IYB和EYB等多元化培训;服务对象上,从下岗失业人员扩展到退伍军人、服刑犯人、青年学生、社会人员等;服务区域上,从市直单位发展到各县区,实现了"送教上门"等。

三、加强质量管理,逐步形成质量监控体系

一是明确省市工作职责。省劳动和社会保障厅负责制订全省创业培训规划和组织实施,做好对全省创业培训师资的管理和组织培训,负责创业培训合格证书的组织登记和发放。市劳动和社会保障部门负责对辖区内创业培训工作的具体指导和管理,负责对举办创业培训班的管理,对培训考核合格人颁发创业培训合格证书。

二是规定培训机构资格。举办创业培训的机构应具备两个条件:有一定的培训工作经验,工作积极性较高,具备符合举办条件的固定场所;有2名以上经部、省级劳动保障部门培训合格的创业培训师资人员。

三是规定教学管理制度。创业培训基础理论集中培训时间不少于10天55个小时,开业后跟踪辅导要达到半年以上。统一使用国家劳动保障部和国际劳工组织开发的《创办你的企业(SYB)》教材;建立学员档案和教学管理制度,严格按照教学计划和课时要求进行培训,确保质量地完成培训计划。四是严格证书管理。学员经培训考核合格,由地级以上市劳动和社会保障局核发《创业培训(SYB)合格证书》,各地所需创业培训证书需向省、厅订购。

四、加强师资队伍建设,提升创业培训水平

创业培训的成败,很大程度取决于培训教师队伍建设。广东省把师资队伍建设作为推动创业培训的重要环节来抓,在国家项目办的支持下,广东省多次聘请创业培训师前来培训授课。至今,广东省已举办了六期SYB

师资培训班，共培养了 248 位 SYB 教师。2005 年，广东省推荐的 67 名 SIYB 教师和 1 名培训师通过了劳动和社会保障部和国际劳工组织的资格认证。

五、建立创业培训和小额担保贷款工作联动机制

为切实推进下岗失业人员小额担保贷款和创业培训工作，广东省规定，参加创业培训并取得结业证书的下岗失业人员，办理小额担保贷款时一律取消贷款担保，经办银行凭劳动保障部门出具的证明材料及创业培训结业证审核放贷。劳动保障部门严把创业培训质量关，对创业培训不合格的，不得发放创业培训结业证书。2003 年开始，广东省在 21 个地级市陆续启动了下岗失业人员小额担保贷款业务。至 2005 年年底，省级筹集担保基金 2.5 亿元，全省共发放小额担保贷款 4787 人，累计放贷 7892.9 万元。

六、加强后续服务，提高创业成功率

创业培训成功与否，后续扶持是关键。为此，广东省着力为创业者服务，把创业者的需要送上门，把他们遇到的难题带回来，实施高质量的后续服务。

一是做好跟踪服务，帮助解决实际困难。如广州市海珠区就业训练中心为创业人员建档立册，把创业者个人资料、参加创业培训情况、创业信息、跟踪反馈表、创业企业状况调查等归档管理；发给每位创业学员后续服务卡，提供八项免费服务：法律咨询、劳动政策法规咨询、工商税务咨询、经营管理咨询、融资咨询、有关创业最新信息及优惠政策咨询、代办创业资助手续、职业设计与素质测评。至今已为创业学员提供免费经济合同和租赁合同审阅修改 385 份，免费为学员打官司 5 宗，代办创业资助手续 36 宗。

二是开发和引进创业项目，供创业培训学员选择。如肇庆市建立了下岗失业人员自主创业成功案例库和小本经营创业项目案例库，编写了《创业项目汇编》，共搜集了创业项目 1000 多个；江门市建立了一支由劳动保障、工商、国税、地税、卫生、环保、银行、企业家和社会各界专业人士等人员组成的 50 人的专家队伍，指导下岗失业人员自主创业；广州市成立 38 人组成的"广州市创业指导专家志愿服务团"，为创业人员提供咨询

服务。

七、树立创业典型，加大宣传力度

创业需要一个良好的社会舆论环境。为大力推广创业培训，广东省注重加强创业培训宣传。通过电台、电视、报纸杂志、互联网等媒体刊登创业培训政策，报道创业成功典型案例，印发创业优惠政策宣传单、小册子，多渠道、全方位、深入地宣传创业扶持政策。如肇庆市SYB培训班学员吴炳光，原是肇庆市石油公司职工，2001年8月下岗，2005年6月参加创业培训班，8月开办"肇庆市端州区宏利织造店"，为出口厂家加工编制藤篮，现有员工38人，1人创业带动了38人就业。又如广州市化工进出口公司下岗职工傅庆军，2003年5月下岗，6月参加SYB培训班学习之后，在琶洲开办押花画工厂，并在文德路、一德路和黄沙设店铺销售押花画，取得较好的社会效果。广州市劳动和社会保障局与广东卫视台拍摄了200多集《天天有钱赚》节目，对创业成功案例进行专题系列报道；江门、肇庆和广州市海珠区就业训练中心设立了创业项目展示厅，全面介绍创业培训内容、流程、项目和成功创业的案例，营造了良好的创业氛围，有力地推进了创业培训工作。

最近国务院36号文明确提出要开展创业培训，建立完善创业服务体系。广东省要认真贯彻国务院的决定，把创业培训作为培训就业工作的一个新增长点来抓，把创业培训纳入再就业目标责任制，全面实施创业富民培训工程，针对各种有创业需求的劳动者，包括下岗失业人员、城镇新成长劳动力、失地农民、农村转移劳动力、高校毕业生、复退军人等，加大资金投入，抓好培训机构、教师队伍、后续服务专家队伍和监控体系的建设，有条不紊地推进SIYB项目的开展，为全省就业再就业工作做出更大贡献。

主要参考文献

[1] 中共中央文献编辑委员会. 邓小平文选（第三卷）[M]. 北京：人民出版社，1993.

[2] 中共中央整党工作指导委员会. 十一届三中全会以来重要文献简编[M]. 北京：人民出版社 1983.

[3] 习近平. 习近平谈治国理政[M]. 北京：外文出版社，2014.

[4] 宋健. 现代科学技术基础知识[M]. 北京：科学出版社，中共中央党校出版社，1993.

[5]《中共中央关于全面深化改革若干重大问题的决定》辅导读本[M]. 北京：人民出版社，2013.

[6] 张小建. 为实现技能中国理想努力奋斗[M]. 北京：中国劳动社会保障出版社，2011.

[7] 卢钟鹤. 广东人才规划研究[M]. 广州：广东人民出版社，1998.

[8] 广东省科技厅. 跨世纪的重大战略——广东省可持续发展的实践与前瞻[M]. 广州：广东经济出版社，2002.

[9] 国家体改委经济体制改革研究院. 中国国际竞争力发展报告（1999）科技竞争力主题研究[M]. 北京：中国人民大学出版社，1999.

[10] 梁桂全，李新家. 建设智慧广东战略研究[M]. 广州：广东经济出版社，2012.

[11] 宋晓梧，张小建，陈宇. 中国人力资源开发与就业[M]. 北京：中国劳动出版社，1996.

[12] 许正中，等. 中国现代职业教育理论体系研究[M]. 北京：人民出版社，2013.

[13] 梁茂信. 美国人力培训与就业政策[M]. 北京：人民出版社，2006.

[14] 劳动和社会保障部培训就业司. 加强职业培训提高就业能力[M]. 北京：中国劳动社会保障出版社，2002.

[15] 劳动保障部. 高技能人才工作文件汇编[M]. 北京：中国劳动社会保障出版社，2006.

[16] 毕结礼. 高技能人才开发探索与实践[M]. 北京：企业管理出版

社，2005．

[17] 里夫金．第三次工业革命：新经济模式如何改变世界［M］．张体伟，孙豫宁，译．北京：中信出版社，2012．

[18] 于法鸣．培训与就业［M］．2版．北京：中国劳动社会保障出版社，2004．

[19] 王晓初，信长星．就业促进与职业能力建设［M］．北京：中国劳动社会保障出版社，2012．

[20] 毕结礼．终身职业培训体系建设［M］．北京：中国物资出版社，2003．

[21] 国际劳工局．世界就业报告：1998—1999［R］．劳动和社会保障部国际劳工研究所，译．北京：中国劳动社会保障出版社，2000．

[22] 中国就业培训技术指导中心．中国社会职业发展观察报告（1978—2008）［R］．北京：中国劳动社会保障出版社，2010．

后　记

习近平总书记在2016年新年贺词时说"只要坚持，梦想总是可以实现的"。多年来，我心里一直有个梦，就是把自己撰写的书稿汇编成书，作为自己在劳动就业战线工作30多年的一个纪念。但退休三年多，这个夙愿一直没有实现。现在，经过几个月的努力，《广东技能人才供给侧改革与模式创新》一书终于出版了，我如释重负，感到欣慰。

这本书是笔者亲身参与和亲眼见证广东以及全国劳动就业与职业教育体制改革40年过程中撰写的书稿。在收集和整理过程中，多年来一次次攻坚克难的改革情景展现眼前，难以忘怀；一项项改革举措实施后取得的成效，令人振奋；一幕幕与同事们加班起草改革文件的场景再现眼帘，终生难忘。笔者一生的工作与成长，与劳动就业结下了不解之缘。在成长过程中，得到了有关领导、同事、朋友和亲人的关心和帮助，为社会、为人民做了一些有益的事情，感到荣幸与自豪。

笔者1982年大学毕业后，被分配到珠海市唐家中学任教。恰逢改革开放，政府机构改革，干部青黄不接，我有幸于1984年8月被抽调到省劳动厅工作。这一干就是整整30年。作为农民的孩子，从一名教师到政府机关工作，这是一件十分荣幸的事，也是个人职业生涯的一次重要改变，心中总有一种使命感，暗下决心要在政府工作岗位上，为老百姓做些有益的事情。笔者刚到劳动部门工作时，被安排在计划劳动力处当一名科员。这是计划经济时期劳动部门权力最集中的业务部门啊！从企业招工调工到工资分配，全由指令性计划管着，由劳动部门代表国家实行统包统配。然而，为了适应改革开放，发展经济的需要，改革正好从这里突破。我有幸正好赶上围绕企业改革破"三铁"（铁饭碗、铁工资、铁交椅），率先推进劳动制度改革。到任一周后就陪同郑永辉、邹华副厅长到清远县开展劳动制度改革调研，在全国率先指导企业实行劳动合同制。当时，笔者执笔写了第一篇关于广东省实行劳动合同制的调研报告，得到领导的称赞。两年后被调到厅办公室负责文秘并兼厅综合改革办公室工作，先后任秘书科科长、办公室副主任。

1995年，笔者被任命为综合规划处处长，负责全厅劳动工资保险制度综合改革、综合性政策研究、制定中长期规划以及起草综合报告、工作总结等工作，尽管担子重、压力大，但在安清明、郑永辉、孙仁、孔令渊、邹华、甘兆炯等几任老厅长的带领下，笔者有比较多的机会接触省部级领导，学会站在比较高的位置，开阔视野思考问题，全面了解我国经济体制改革动向，能够从全局的角度，把握劳动领域各项改革节点和重点，努力按照市场导向，大力推进劳动领域综合改革。

2000年至2013年间，笔者先后转任培训就业处、劳动工资处、职业能力建设处处长和厅副巡视员，负责或分管具体业务工作。这期间，刚好是劳动保障制度深化改革、攻坚克难，推动体制转轨的关键时期，在方潮贵、欧真志、林王平、林应武等厅长的领导下，在同事们的积极支持下，笔者有幸参与了对下岗职工从保生活到再就业的转轨、并轨全过程，成为改革就业制度、开放劳动力市场、建立市场就业机制的重要参与者；有幸成为扩大技工教育规模、加强职业培训、加快培养技能人才的组织者；有幸成为进一步深化企业工资分配制度改革，健全协调劳动关系制度的推动者。对这些工作，笔者都能够兢兢业业，亲力亲为，积极投身于政策调研制定和具体组织实施过程中，成为这个阶段广东劳动就业、职业培训、工资分配、劳动关系调整、劳动力市场建设等工作的重要见证者。从中央的决策部署到省级的具体指导和贯彻落实，我们承上启下，付出了心血，也取得了明显成绩，受到国务院以及部省领导的表彰，多次被评为先进工作者或先进单位，因而深感欣慰。同时，也深刻体会到，个人的成长与自身努力和社会发展是分不开的。个人在成长过程中，不要争名利地位，不要计较个人得失，要主动融入党和国家发展大业中去，敢于担当，积极作为，并与得到所在单位领导的关心指导和同事们的大力支持帮助是分不开的。在此，我要衷心感谢40年来从大学毕业任教到省劳动部门，从省劳动保障部门到省人力资源和社会保障部门所有领导和同事们长期以来的关心支持！衷心感谢人力资源和社会保障部张小建副部长以及相关部门的各位领导和朋友们的长期以来的关心、支持和鼓励！

个人的成长还与良好的家庭环境和教育是分不开的。我的父母出身于农民家庭，一生勤勉，诚实正直，经常借古训告诫说："做人以诚实为本""业精于勤荒于嬉""谦受益，满招损""勤俭持家，莫生贪念"，等等。父母的训示常萦绕于耳，从而警示自己，勿违父母之命。在几十年的职业生涯中，本人谨遵父母之命，不忘初心，兢兢业业，勤奋钻研，很少陪伴在父母身边。今天我谨以此书为荣，报答父母之恩。然而，父母却已长辞，无法分享，内心深感愧疚。

在这里，我还要感谢勤劳贤惠的妻子云文娟，是她牺牲自己的学业与专长，一力承担起繁重的家务，养育儿子和照顾好双方父母，让我集中精力做好工作。对她的无私奉献精神，谨表示由衷的感谢！

本书的编辑、出版得到人力资源和社会保障原副部长张小建同志、广东省第十一届政协副主席唐豪同志、省人力资源和社会保障厅原厅长欧真志等同志的支持和指导，在此谨表示衷心的感谢！

本书在编辑过程中，还得到于法鸣、郑东亮、莫荣、毕结礼、韩敏、阚广长、周林生、吴志清、肖晓宇、莫秀全、霍立国、黎明、刘强、林曙光等挚友和儿子陈悦、儿媳王文的热情帮助，得到中山大学王尔新教授、华南农业大学经管学院罗明忠教授、广州大学张仁寿教授和中山大学出版社徐劲总编辑以及吕肖剑、廉峰、王延红、高洵等同志的大力支持。在此，谨一并表示衷心的感谢！